Georg Adam Keyser

Allgemeine Dorf-Geographie von Deutschland

Georg Adam Keyser

Allgemeine Dorf-Geographie von Deutschland

ISBN/EAN: 9783744675789

Hergestellt in Europa, USA, Kanada, Australien, Japan

Cover: Foto ©ninafisch / pixelio.de

Weitere Bücher finden Sie auf **www.hansebooks.com**

Zweyter Nachtrag

zu der
allgemeinen
Dorf-Geographie
von
Deutschland
oder
alphabetische Beschreibung
der
Dörfer, Flecken, Stifter, Klöster, Schlösser, Festungen, Herrschaften, Ritter- und Landgüter, Vorwerke, Meyerhöfe, Eisen- und Kupferhämmer, Fabrik-, Salz- und Farbenwerke, Glashütten, Papiermühlen, auch einzeln liegenden Häuser und Schäfereyen ꝛc.
nach
i h r e r L a g e,
wem, und zu welchem Kreiß, Aemtern, oder Gerichten sie gehören

C. bis E.

Erfurt, 1795.
im Verlag der Keyserschen Buchhandlung.

Vorrede.

Hiermit übergebe ich den zweyten Nachtrag zur Dorfgeographie, und habe nichts dabey zu erwehnen, als daß ich folgende Schriften wieder genützt habe:

Cäsar Aquilin. Jul., Beschreibung des Herzogthums Steyermarks, 2 Thle, gr 8 Gräz 1786.

Geographus wetterauischer, d. i. Beschreibung aller der in und an der Wetterau liegenden Herrschaften, Städte, Schlösser, Flecken, Dörfer, Klöster ꝛc. 8 Frf. 1748.

Jargow Herrn von, Verzeichnis der meklenburgischen Güter, welche ein gebohrner Meklenburger ausgezogen hat.

Kapp M. Joh., Einladungsschrift zum Geburtstage Sr. Kön. Maj. Friedrich Wilhelms, Königs von Preußen ꝛc. wo ein alphabetisches Verzeichnis aller Ortschaften in dem Fürstenthume Bayreuth mitgetheilt wird, 8 Bayreuth 1795.

Lucanus Joh. Heinr., Beyträge zur Geschichte des Fürstenthums Halberstadt, 1s Heft, Halberstadt 1784.

Martel M. Just. Gottfr., geographische Beschreibung der Fürstenthümer Anhalt-Köthen, Anhalt-Zerbst, Anhalt-Bärenburg und Anhalt-Dessau ꝛc. 4 Hefte, neue Auflage, Köthen und Lpz. 1788.

Prediger-Denkmal ostfrießländisches reformirtes ꝛc. Aurich 1774.

Provinzialberichte Schleswig-Holsteinische, 1794. Altona und Kiel, gr 8.

Rudloff F. A., Legationsrath zu Schwerin: Mecklenburg-Schwerinsche Staats-Notizen. Macht den 2ten Theil des Mecklenburg-Schwerinschen Staatskalenders aus.

Wegweiser für Fremde und Einheimische, durch die königlichen Residenzstädte Berlin und Potsdam und die umliegende Gegend, enthaltend eine kurze Nachricht

Vorrede.

richt von allen daſelbſt befindlichen Merkwürdigkeiten. Berlin 1793.

Dann ſind noch einige Benennungen zu bemerken, wovon Orte und Güter ihre Nahmen haben, und Urſprung und Verhältniſſe zu erklären ſind:

Beguinenhäuſer waren ſonſt Stiftungen reicher und frommer Menſchen, in welche wollüſtige, üppige, lüderliche Mädchen, wenn ſie ihren Wandel verlaſſen wollten, aufgenommen wurden und Buße thun konnten.

Kathe, Fiſcherkathen, einzelne Häuſer, worinne Fiſcher mit ihren Familien wohnen und die Fiſcherey beſorgen, auch wohl Oekonomie drum herum treiben, und dahero mit Ställen und andern Gebäuden verſehen, wohl Gütern ähnlich ſind.

Kurmed- oder Kurmedialgut, haben ihre Benennung von verſchiedenen Rechten und Abgaben, Zinſen und Verträgen, nach welchen z. B. in Franken, Schwaben, Pfalz, Braunſchweig, Weſtphalen u. a. O. den Erbgrundherrn, bisweilen auch den Gerichtsherrn, das Recht zuſteht, auf den

* 3   Todes-

Todesfall eines Leibeigenen, oder eines Gerichtsunterthans aus dessen Verlassenschaft das beste Stück Vieh, oder dasjenige fordern können, was ihnen nach eines jeden Orts Herkommen, Verträgen und Gesetzen, zukömmt.

Sennerey, Sennhof, ein Viehhof, wo nämlich in Wäldern oder in entlegenen Gegenden von Orten, ganze Heerden Vieh unterhalten werden, und worüber ein Mann gesetzt ist, der ihre Pflege und Huth besorgt, und gewöhnlich Senner heißt. Aufm Harz, in Tirol, Schweiz ꝛc. ist dies gewöhnlich.

Mehrern nahen und fernen Gelehrten, Gönnern und Freunden, die mich auch seitdem wieder mit Beyträgen erfreuet und sonst unterstützt haben, sage ich hier meinen verbindlichsten Dank, und ermuntere Sie und Andere zu fernern Notizen bey ihrer Lectüre und Reisen.

Noch mögte ich einer Bemerkung hier begegnen, die ich in einem erst neulich zu Gesicht bekommenen Wochenblatte unterm Titel: der fränkische Merkur, oder Unterhaltungen gemeinnützigen Innhalts für die fränkischen Creislande

Vorrede.

lande und ihre Nachbarn, 12s St. 1794. pag. 217. ff. fand.

Es erwähnet der Herausgeber dieſer Schrift, der Herr Magiſter Bundſchuh in Schweinfurth bey Gelegenheit eines Aufſatzes über den Hopfenbau im Bißthume Eichſtedt mehrere Dörfer, wo dergleichen gebauet werden ſoll, von denen er in Noten äußert, daß die wenigſten in dieſer Dorfgeographie noch vorkämen, und daher dies Werk für mangelhaft erklärt, und daß noch viele Supplementbände nachgekauft werden müßten, die auch das Nachſchlagen ungemein erſchwerten und vertheuerten.

Der erſten Klage kann ich durch meine eigene in den Vorreden der zeitherigen Bände, und beſonders der des Erſten Nachtrags begegnen, wo dies Bißthum eben p. XIII. mit unter den Landen aufgeführt ſteht, die noch unter die unbekannten gehören, von welchen ich eben die Ortsbenennungen und Lagen noch wünſche, und daß er ein verdienſtlicheres Werk thäte, wenn er, ſtatt dieſes lächerlichen Tadels, eine

Topographie von diesem Lande nach jeder ihm gefälligen Weise hervor brächte, wenn er kann.

Ueber die gefürchtete Anzahl der Nachträge oder Supplementbände kann nur ein solcher Tadler seine Unzufriedenheit zu Tage bringen, der bey solchen Aeußerungen nichts weiter denkt und nicht begreifen kann, daß es unter die Unmöglichkeiten eines Erdensohns und Wesen der Arbeit gehört, eine solche Dorfgeographie etwa in einigen Bändchen oder in einer Nuß darzustellen, und sie um ein paar fränkische Batzen zu verkaufen; das Nachschlagen aber nur so bequeme Herren abschrecken kann.

Wenn ich aber dem Publikum hier den Aufschluß zu geben für nöthig finde, daß wahrscheinlich dieser Wochenblättler und der Verfasser des in der Vorrede zum Ersten Nachtrag p. VIII. erwähnten abentheuerlichen Plans einer Dorfgeographie, der in dem Journal von und für Franken, 1r Bd. 3s H. S. 295 steht, eine und die nämliche Person ist: So kann sich jeder Kluge vieles von diesem Tadel und eigentnen Widerspruch erklären und leicht vermuthen, warum der Mensch gegen diese Arbeit so heftig deklamirt, und daß er schlechterdings nicht weis, was er dort und in diesem Wochenblatte schreibt, und daß er sich lächerlich macht, da er nicht einmal erwägt, daß die mehresten der in dem Blatte aufgeführten Orte noch nicht in dem vorigen Nachtrage stehen können, da der erste nur die Buchstaben A. B. enthält, indeß zum Theil schon unter meinem seitdem wieder gesammleten Handschriften = Vorrath vielleicht die mehresten verzeichnet liegen, oder noch verzeichnet werden, wie sie mir bisher bekannt wurden, und ferner zur Kenntniß kommen.

Ueber den Preiß der Bände mögte auch wohl kein Vernünftiger klagen, der mit den jetzigen Druck- und Papierpreisen bekannt ist; da ich jeden Band von gewöhnlich 30 bis 36 Bogen für 20 Gr. gebe und ferner geben werde, wenn auch mancher einige Bogen mehr würde; und wer noch erwägt, daß diese Arbeit in Drukkereyen theurer bezahlt wird, wie ein Wochenblatt. Im Ganzen ist es aber wohl einerley,

ob

als die in den Nachträgen vorkommende Orte in die Reihe der ersten 2 Bände gekommen waren, denn am Ende wären es doch eben so viele Bände geworden. Erfurt, den 20. July 1795.

Georg Adam Keyser.

C.

Caan, ein Ort im fürstlich-oranien-nassau-siegenschen Amte Siegen.

Caaßerinchen, Kaasewinchen, ein Dorf im Bezirk des herzoglich-sachsen-gotha-altenburgischen Amts Eisenberg.

Caasen, ein Dorf im Vogtlande zur fürstlich-reußischen Herrschaft Gera gehörig.

Cabelow, ein Hof und Dorf im Herzogthume Pommern, im stralsunder Districte.

Cabelsdorf, ein Hof im Herzogthume Pommern, im loizer Districte im obersächsischen Creise.

Cachlin, ein Vorwerk im königlich-preußischen Vorpommern, im usedomschen Creise in Obersachsen, ins Amt Pudagla gehörig.

Cachrien, ein Dorf im Churfürstenthume Braunschweig-Lüneburg, zum Amte Dannenberg gehörig.

Caden, ein Dorf im Erzstift Trier im churrheinischen Creise, ins Amt Saarburg und Abtey Matthia.

Caden, Codden, Goden, Katten, ein Dorf in der landgräflich-hessenkasselschen Grafschaft Nidda, im Amte Nidda, 1 halbe Stunde oberhalb der Stadt Nidda.

Cadenberge und Cadenberger Mohr, Orte im churbraunschweig-lüneburgischen Fürstenthume Bremen, zum Amte Neuhauß Oste gehörig.

Cadenhof, ein Ort in Stormarn, im königlich-dänischen Herzogthume Holstein in Niedersachsen, im Amte Segeberg und Stadtbezirk Oldeslo.

Cadwischer Mohr, ein Ort im Fürstenthume Bremen, zum hannöverischen Amte Neuhauß-Oste gehörig.

Cadin, ein Ort im öſtreichiſchen Etſchlande in Tirol, zum Gericht Belfort gehörig.

Cadolzhofen, ein markgräflich-anſpachiſches Dorf in Franken, im königlich-preußiſchen Amte Colmberg, 2 Stunden davon gegen Windsheim.

Cadow, ein adeliches Vorwerk, 2 und zviertel Meilen weſtwärts von Anklam, im königlich-preußiſchen Antheile des Herzogthums Pommern, und zwar in Vorpommern, im anklamſchen Creiſe in Oberſachſen.

Cäcilia St., ein Ort im Oeſtreichiſchen hinter Bärſchling, bey Büchelmkirchen unter der Ens, im Viertel unterhalb dem wiener Walde.

Cäcilia St., ein kleines Dorf im Oeſtreichiſchen, 3 bis 4 Stunden von Adlsberg, in Innercrain.

Cämmenau, Kämmenan, ein Dorf in dem Fürſtenthume Naſſau, 1 halbe Stunde vom Emſer Bad, eine ganze von Naſſau. Es iſt Naſſaudietz und Heſſendarnnſtadt gemeinſchaftlich.

Cämmerey, ein Dorf bey Brandis im Amte Grimma, im leipziger Creiſe in Churſachſen.

Cämmeritz, ein Dorf bey Stöhlen im Amte Weißenfels in Thüringen, in Churſachſen.

Cämmerswalder-Bretmühle, ſ. **Rauſchenbach**.

Cäpernitz, ein Dorf in dem königlich-preußiſch-zieſariſchen Diſtricte des zauchſchen Creiſes in der Mittelmark Brandenburg, 6 Stunden von Magdeburg, ins Amt Zieſar gehörig.

Cärnitz, ein Rittergut im trachenbergiſchen Creiſe, im Herzogthume Schleſien.

Cäſarea, ein Ort im Vinſtgau in Tirol, zum öſtreichiſchen Gerichte Glurns gehörig.

Cäſendorf, ein Dorf im Amte Gadebuſch im Herzogthume Meklenburg Schwerin im niederſächſiſchen Creiſe.

Caffenburg, ein ſächſiſch-gothaiſches Kammergut ohnweit Crannichfeld am thüringer Walde.

Cahnsdorf, ein zur Herrſchaft Lübbenau gehöriges Dorf bey Lübbenau, im Amte Calau, in der Niederlauſitz in Churſachſen.

Cahstädt, ein Vorwerk im Amte Artern, in der ehemaligen Grafschaft Mannsfeld in Thüringen in Chursachsen.

Caja, ein zur Dompropstey in Merseburg gehöriges Dorf im Stifte Merseburg in Chursachsen.

Caja, s. **Kaya**.

Caladino, ein Dorf am Toblingsee im trientinischen Gerichte im Oestreichischen.

Calbach, Kalbach, ein Dorf in dem churmainzischen Amte Ursel, an der Urselbach, 2 Stunden von Frankfurt und so weit von Kronenburg.

Calbe, ein adelich-alvenslebischer Flecken in der königlich-preußischen Altmark Brandenburg, im arendseeschen Kreise und Bezirke des Amtes, 2 Meilen von Gardeleben und 4 von Stendal und Salzwedel.

Calberg, ein Hof im Stift Fulde im Gericht Gersfeld.

Calberg, ein Dörfgen im herzoglich-sächsisch-hildburghäusischen Amte Heldburg.

Calberlah, ein Ort im churbraunschweig-lüneburgischen Amte Gifhorn.

Calberwisch, ein Dorf und Gut in der königlich-preußischen Altmark Brandenburg, im seehausischen Creise, in die Inspection Werben gehörig.

Calceranica, ein Dorf in der Herrschaft Caldonaz, im trientinischen Gebiete im Oestreichischen.

Caldenrad, Kaltenrad, ein Ort im Stift Münster im Amte Vechta, zum Gogericht Südholz gehörig.

Caldes, ein Dorf im Salzthale, im östreichischen Gerichte Rabbi, zum trientinischen Gebiete

Caldif, ein Schloß in Tirol im Etschlande bey Neumarkt im Oestreichischen.

Caldonatz, ein Dorf und Herrschaft im trientinischen Gebiete im Oestreichischen.

Calenberg, ein Starosteidorf im Amte, und 1 halbe Meile von Draheim, zwischen zwey Armen des grosen Sees Drazig, die grose- und kleine Lanke genannt, im königlich-preußischen Hinterpommern, im neustettinschen Creise in Obersachsen.

Calenberge, ein adeliches Gut **Calentrimp**, ein Freyhof

hof in der königlich-preußischen Altmark Brandenburg, im seehausischen Creise.

Calenberga, s. **Kaltenberga**.

Calenborn, ein Dorf in der Eyssel im rheinischen Rittercreise, gehört den Grafen von der Leyen, und ist trierisches Lehn.

Calenhöfe, s. Vorrede des Ersten Nachtrags.

Calentrimp, s. **Calenberge**.

Calian, ein Flecken an der Etsch, ohnweit Roveredo, im trientinischen Gebiet im Oestreichischen.

Calinreuth, Calmreuth, ein Ort im kön. preuß. Markgrafthume Bayreuth, in dieses Amt gehörig in Franken.

Callande, ein Rittergut in der freyen Minderherrschaft Freyhan im Herzogthume Schlesien.

Callatz, s. **Collatz**.

Calle, ein Dorf in der churhan. Grafschaft u. Amte Hoye.

Callegg, Collegg, ein Ort im Oestreichischen, zwischen Wolfsberg und St. Paul in Kärnten

Callehne, ein adeliches Dorf und Rittergut in der königlich-preußischen Altmark Brandenburg, im arneburgischen Creise und Bezirk des Amtes Tangermünde.

Callenbrock, ein Ort im Churbraunschweig-Lüneburgischen, zum Amte Bodenteich gehörig.

Callmohr, ein Ort im Churbraunschweig-Lüneburgischen, zum Amte Haarburg gehörig.

Calloo, ein Dorf in der Grafschaft Flandern, im Lande Bevern im burgundischen Creise.

Calmreuth, s. **Calinreuth**.

Calpfuß, ein Vorwerk bey der Stadt Barby, in dieses Amt gehörig, im Churcreise in Sachsen.

Caluberhof, ein zur Stadt Treptow gehöriges Vorwerk im königlich-preußischen Antheil des Herzogthums Pommern, und zwar in Vorpommern, im demmin- und treptowschen Creise in Obersachsen.

Calzendorf, Amtsdorf 1 viertel Stunde von Steigra, zwischen Freyburg und Querfurt in Thüringen in Chursachsen, ins Amt Freyburg gehörig.

Camberg, ein Ort und Amt im oranien-nassauischen Fürstenthume Dietz, mit Churtrier gemeinschaftlich.

Cam-

Camberg, ein Dorf im Bißthum Wirzburg in Franken.

Cambron, Camberon, eine Bernhardiner-Mönchs-abtey in dem östreichischen Antheile an der Grafschaft Hennegau in den Niederlanden.

Cambs, ein mekkenburgisches Dorf im Amte Schwerin, des Herzogthums Schwerin im niedersächsischen Creise.

Cambz, ein adelicher Wohnsitz und Vorwerk, 1 und 1 viertel Meile westnordwestwärts von Greifenberg, im königlich preußischen Hinterpommern, im greifenbergischen Creise in Obersachsen.

Cameese, ein Dorf im neumarktischen Creise im Herzogthume Schlesien, dem Stift Trebnitz gehörig.

Camelow, ein Dorf im königlich preußischen Hinterpommern, im lauenburgischen und bütowschen Creise in Obersachsen, der Stadt Lauenburg gehörig, 1 halbe Meile davon entfernt.

Camelshorst, eine Colonie im königlich-preußischen Antheile des Herzogthums Pommern, und zwar in Vorpommern, im randowschen Creise in Obersachsen, den Städten Gollnow und Stettin gehörig.

Camen, ein Ort in der königlich-preußischen Grafschaft Mark in Westphalen, 3 Stunden von Hamm.

Camen, ein Dorf im Oestreichischen, unweit der krainischen Grenze, bey Scrille und Tabor, in den Grafschaften Görz und Gradisca.

Camenstadt, ein Ort in der Probstey Ellwangen im schwäbischen Creise, zum Amte Thanenberg gehörig.

Camerhof, auch Seehausische Kamps, ein Erbgut des Raths in Seehausen, in der königlich-preußischen Altmark Brandenburg im seehausischen Creise.

Camerl, ein Ort im Oestreichischen, bey Schärfling ob der Ens, im Hausrukviertel.

Camern, ein Dorf mit einem adelichen Vorwerk im serichower Creis des preußischen Herzogthums Magdeburg.

Camerschlag, Cammerschlag, ein Ort im Oestreichischen ob der Ens, bey Gramastätten im alten Mühlviertel.

Camienitz, ein Rittergut im lublinitzer Creise im Herzogthume Schlesien.

Camin, ein Dorf im Herzogthume Pommern, auf der Insel Wittow im obersächsischen Creise.

Camin, ein Rittergut im wohlauschen Creise im Herzogthume Schlesien.

Caminke, ein Hof im Herzogthume Pommern, im wolgaster Districte im obersächsischen Creise.

Caminke, ein Dorf nahe am Haff 1 halbe Meile südwestwärts von Swinemünde, im königlich-preußischen Vorpommern, im usedomschen Creise, in Obersachsen, ins Amt Pudagla gehörig.

Camissow, Camzow, ein adeliches Dorf mit 2 Vorwerken, dem Ober= und Nieder=Hof, 1 halbe Meile westsüdwestwärts von Belgard an der Persante und am Nonnebach, im königlich-preußischen Hinterpommern, im belgard-polzinschen Creise in Obersachsen.

Camiz, ein zur Herrschaft Corttau gehöriges Dorf, im Districte der Grafschaft Glatz im Herzogthum Schlesien.

Camiz, ein Dorf und Hof im Herzogthume Pommern im Amte Barth.

Cammelwiz, ein Rittergut im steinau-raudtenschen Creise im Herzogthume Schlesien, dritthalb Meilen von Gross Glogau, und 1 halbe Meile von Raudten.

Cammeltwiz, ein Rittergut im breslauischen Creise im königlich-preußischen Herzogthume Schlesien.

Cammer, Kammer, ein Schloß und Herrschaft im Oestreichischen, der Grafschaft Frankenberg einverleibt, ob der Ens, im Hausrukviertel.

Cammer, zur Cammer, ein Hof im Lüneburgischen, zum Amte Fallingbostel gehörig.

Cammer, gehört zu Ulbersdorf im haynauschen Creise im Herzogthume Schlesien.

Cammerau, ein Ort im Gerichte Köpting, Rentamts Straubingen in Unterbayern.

Cammerau, ein Ort im wartenbergischen Creise im Herzogthume Schlesien, dem Herzoge von Curland gehörig.

Cammerau, ein Ort im östreichischen Schlesien, versteuert nur im Preußischen seine im leobschützer Creise liegenden Gründe, und gehört dem Fürsten von Lichtenstein.

**Cammerberg, ein ruinirtes Felsenschloß im Rheingau an der Wisperbach, 1 Stunde von Lorch, 2 von Caub.

Cammerberg**, ein sachsen-weimarisches Dorf am thüringer Walde, 1 halbe Stunde von Jmenau gelegen, in dieses Amt gehörig.

Cammerbusch, ein Ort im churhannöverischen Fürstenthume Bremen, zum Amte Oelm gehörig.

Cammeregg, ein Ort im Gerichte Cham, Rentamts Straubingen in Unterbayern.

Cammerforst, ein königlich-preußisch-markgräflich-onspachisches Dorf, 1viertel Stunde von Anspach in Franken, ins Oberamt Schwabach gehörig.

Cammern, ein Pfarrdorf im Oestreichischen bey Lißing, in Steyermark im brucker Creise.

Cammern, s. Kammern.

Cammerschlag, s. Camerschlag.

Cammerswaldau, ein Rittergut, 1 und 1viertel Meile von Hirschberg im königlich-preußischen Herzogthume Schlesien.

Cammin, ein ritterschaftliches Gut im Amte Stargard des Herzogthums Meklenburg.

Cammrau, ein Vorwerk nach Deutschwette gehörig, im neißischen Creise im Herzogthume Schlesien.

Camniko, ein Dorf im Oestreichischen, nahe an dem Natisoneflusse unweit Palmanowa im aquilejer Gebiete.

Camnitz, ein Dorf im landecker Districte in der Grafschaft Glatz im Herzogthume Schlesien, zur Herrschaft Settenberg gehörig: nicht weit davon ist der Hainberg, Schneeberg und Mühlberg.

Camnitz, ein adeliches Dorf mit 3 Vorwerken, 1 halbe Meile nordwestwärts von Rummelsburg, im königlich preußischen Hinterpommern im rummelsburger Creise in Obersachsen.

Camp, ein Fischerdorf am Haff, in dem königlich-preußischen Antheile des Herzogthums Pommern, und zwar in Vorpommern, im anclamischen Creise in Obersachsen, anderthalb Meilen von Anclam, dieser Stadt gehörig.

Camp, eine kleine Insel und Fischerwohnung an der Ostsee, im königlich-preußischen Hinterpommern im g.eifenbergibergischen Creise in Obersachsen, ins Amt Treptow gehörig.

Camp, ein Ort und Kirchspiel im Erzstift Trier, ins Amt Boppard im churrheinischen Creis gehörig.

Camp, Campe, einige Ortschaften im churhannöverischen Fürstenthume Bremen, zum Klosteramt Stade und Amt Ottersberg gehörig.

Camp, ein Ort in Stormarn im königlich-dänischen Herzogthum Holstein in Niedersachsen, im Amte Segeberg.

Campen, ein Ort in Stormarn im königlich-dänischen Herzogthume Holstein in Niedersachsen, im Amte Segeberg und Stadtbezirke Oldeschlo.

Campen, einige Oete im Churhannöverischen, im Amte Haarburg und Nienburg gelegen.

Campen, s. Nord- und Süd-Campen.

Campen oder Campinau, gehört dem Vincentkloster in Breslau, 1 Meile von Strehlen im königlich-preussischen Herzogthume Schlesien.

Campenhout, eine Meyerey und Dorf mit einem Castell am Flusse Obstal im burgundischen Creise im östreichischen Antheile des Herzogthums Brabant im Gebiete der Stadt Brüssel.

Camper, ein Dorf im Herzogthume Pommern im loizer Districte in Obersachsen.

Campern, ein Dorf mit einer evangelischen Kirche im liegnitzischen Creise im Herzogthume Schlesien, zum Amte Gros-Baudis gehörig.

Camphof, s. Timmenhagen.

*Campi, ein östreichisches Dorf im Gerichte Riva im trientinischen Gebiete.

Camptschlacken, ein Ort und Forstamt im churhannöverischen Fürstenthume Grubenhagen.

Camsdorf, s. Gros- und Klein-Camsdorf.

Camteich, ein Ort im churhannöverischen Fürstenthume Bremen, zum Amt Neuhauß-Oste.

Camzow, s. Camissow.

Canale, Canal di Konzina, ein Markt im Oestreichischen, nahe an Berge Tehaven, am Flusse Lisonza,

zwischen

Canale   Cantichen

zwischen Görz und Tulmino in den Grafschaften Görz und Gradisca.

Canale, ein Dorf in der östreichischen Herrschaft Primör in Tirol, mit einer kaiserlich-königlichen Mauth.

Canano, ein Ort im churhannöverischen Fürstenthume Calenberg, im Amte Langenhagen.

Candelin, ein adelicher Hof im Herzogthume Pommern, im loitzer Districte.

Candern, ein Flecken mit einem Weiler, wozu auch eine Glashütte gehört, in der Landgrafschaft Sausenberg im Oestreichischen.

Canderschoff, Candersch, ein Dorf und Edelsitz im Oestreichischen, 4 Meilen von Laybach, im Gebirge in Obercrain.

Caniz, ein Vorwerk zu Urschlau gehörig im Herzogthume Schlesien.

Caniz, ein Dorf bey Meissen, im meißner Creise in Chursachsen, ins Creisamt Meissen gehörig.

Caniz, ein Dorf im leipziger Creise in Churfachsen, anderthalb Stunden von Wurzen, in dieses Stift geh.

Cannberg, s. St. Annaberg.

Cannin, ein Dorf 1 und zuviertel Meilen nordostwärts von Rügenwalde im königlich-preußischen Hinterpommern im schlawischen und pollnowschen Creise im Amte Rügenwalde.

Cannewiz, ein Dorf 1 Stunde von Bischofswerda im meißner Creise in Churfachsen, ins Amt Stolpen geh.

Canow, ein Dorf im Amte Wesenberg des Herzogthums Mecklenburg-Strelitz im niedersächsischen Creise.

Cantersdorf, ein Dorf 2 Meilen von Brieg im Herzogthume Schlesien, gehört der dasigen Kämmerey.

Canterwiz, ein Dorf im trachenbergischen Creise im königlich-preußischen Herzogthume Schlesien, gehört dem Domkapitel zu Breslau.

Canthen, ein Feldvorwerk zu Mondschütz im wohlauschen Creise im Herzogthume Schlesien gehörig.

Cantichen, ein Dorf bey Schweidniz im königlich-preußischen Herzogthume Schlesien.

A 5   Cau-

Cantnitz, ein Dorf im Amte Strelitz des Herzogthums Mecklenburg-Strelitz in Niedersachsen.

Cantnitz, eine Meyerey im Amte Bergfeld des Herzogthums Mecklenburg-Strelitz.

Cantreck, ein adelicher Wohnsitz und Vorwerk, anderthalb Meilen nordostwärts von Gollnow, im königlich preussischen Hinterpommern im greifenbergischen Creise in Obersachsen.

Cantrup, ein Ort in der churhannöverischen Grafschaft Hoye, zum Amte Ehrenburg gehörig.

Canum, ein Dorf in Westphalen im Fürstenthume Ostfriesland im Amt Emden.

Canz, ein Dorf in der königlich-preussischen Churmark Brandenburg in der Prignitz und Kyritzer Districte.

Canzian St., ein Ort im Oestreichischen nordwärts vom Geilflusse bey Arnoldstein, in Kärten.

Canzian St., ein Ort im Oestreichischen südwärts vom Geilflusse, ostwärts von Arnoldstein in Kärnten.

Canzlars Grund, ein Viehhof im fürstl. heßischen Amte Hallenburg auf der Leube bey Schönau.

Capel, ein königlich-preußisch-markgräflich-anspachisches Dorf in Franken, 1 Meile von Anspach gegen das Bayreuthische.

Capel, ein Dorf in diesem Markgrafthume im Amte Schwabach, 1 Meile davon gegen Cadolzburg.

Capel, ein anspachisches Dorf in Franken, im Oberamte Feuchtwang, 1 Meile davon gegen Rothenburg gelegen.

Capel, ein Dorf bey Burgenroth im Wirzburgischen in Franken.

Capel, ein Dorf im Stifte Aichstätt in Franken, ins Amt Spalt gehörig.

Capel, ein Dorf im Bambergischen, bey Weingartsgereuth in Franken.

Capelhof, ein Dorf bey Neußlingen im königlich-preussischen Markgrafthume Anspach in Franken, ist Anspach und den Herren von Schenken zuständig.

Capell, ein Dorf im nürnbergischen Pflegamte Hilpoltstein, wo nürnberg- und bayrische Unterthanen sind.

Capell, ein gräflich-wertheimisches Dorf in Franken, 1 Meile von Wertheim gegen Aschaffenburg.

Capell, ein Dorf im Oestreichischen, unweit der niedert östreichischen Gränze, bey Kloster Neuberg in Steyermark, im brucker Creise.

Capell, ein Ort im Oestretchischen ob der Ens, im Amte Braunau, unweit Althaim im Innviertel.

Capell, s. Afalderbachs-Capell.

Capelle, Cappelle, Kappelle, ein Dorf und Rittergut im Amte Bitterfeld im Churcreise in Sachsen, an der anhältischen Gränze, 2 Stunden von Ragun auf Cöthen zu, dem Fürsten von Anhalt gehörig.

Capelle (n), ein Dorf im untern Erzstift Trier, im churrheinischen Creise, ins Amt Ehrenbreitstein an der Mosel.

Capelle, ein adelicher Hof im Herzogthume Pommern auf der Insel Rügen.

Capelle, ein adeliches Dorf im Herzogthume Pommern, auf der Insel Jasmund.

Capelle Sanct Lambert, ein Dorf, neben welchem das Schloß la Tour liegt, im burgundtschen Creise im östreichischen Antheil am Herzogthume Brabant, im Gebiete der Stadt Brüssel.

Capellen, ein Pfarrdorf im Oestreichischen südwärts von Radkersburg im Steyermark, im marburger Creise.

Capellen, ein Amt von zerstreuten Unterthanen im Oestreichischen im Isperthale, oberhalb dem Mannhardsberge.

Capellen, ein Dorf und Gut im Oestretchischen unter der Ens, an der Poststrase, hinter Barschling im Viertel oberhalb dem wiener Walde.

Capellen, s. Wetten.

Capellen-Lüdersfeld, ein Dorf in Westphalen im lippischen Antheil, der Grafschaft Schaumburg-Lippe, im Amte Sternhagen.

Capern, ein Dorf im Lüneburg-Hannöverischen, zum Amte Bartow.

Capersberg, ein Ort in den königlich-preussischen Fürstenthume Bayreuth in Franken, zum Amte Erlesbach gehörig.

Capolunjo, ein Dorf im Oestreichischen am Flusse Torre, zwischen Runda und Versa, im aquilejer Gebiete.

Cappel, ein fürstlich-schwarzenbergisches Dorf in Franken, zwischen Markbibert und Schnozenbach gelegen.

Cappel, ein königlich-preußischer, margräflich-bayreuthischer Ort, im Amte Birkenfeld in Franken.

Cappel, ein Dorf, des Amts Herrnsdorf im Wirzburgischen in Franken.

Cappel, ein fürstlich-hohenlohischer Ort in Franken.

Cappel, ein Ort im Oestreichischen ob der Ens, unweit Röhrbach und Lembach, im alten Mühlviertel.

Cappel, ein katholisches Pfarrdorf zum Amte Büchel gehörig, in der obern Markgraffschaft Baden.

Cappel, ein Ort in dem markgräflich-badenschen Antheile der vordern Graffschaft Sponheim in der Unterpfalz, zum Oberamte Kirchberg und Pflege Belg gehörig.

Cappel, Cappeln, ein adeliches Stift in der Graffschaft Lippe in Westphalen, in dem Amte Lipperode ohnweit Lippstadt.

Cappel, ein Nonnenkloster in Niederhessen, zur Linken der Eder ohnweit Fritzlar.

Cappel, s. Marien- und Veits-Cappel.

Cappelle, s. Capelle.

Cappellmühle, eine Wasser- und Windmühle beym Rittergute Poug, im Amte Bitterfeld im Churkreise in Sachsen.

Cappellmühle, eine nach Haseler gehörige Mühle bey Steinbach in Thüringen in Churfachsen, im Amte Eckartsberga gelegen.

Cappelln, zwey Dörfer im churhannöverischen Fürstenthume Bremen, zum Land Wursten und Amt Hechthausen gehörig.

Cappeln, ein Ort im Churbraunschweig-Wolfenbüttlischen bey Dorum im Lande Wursten.

Cappeln, s. Cappel.

Cappenberg, s. Kappenberg.

Cappleer-

Cappler=Neufeld, ein Dorf im churhannöverischen Fürstenthume Bremen, zum Amte Nordholz gehörig.

Capriva, ein Ort im Oestreichischen, zwischen den Flüssen Lisonza und Versa, unweit Gradisca, in den Grafschaften Görz und Gradisca.

Capsdorf, ein vermischter Weiler im Fraischbezirk, des k. preus. anspachisen Oberamtes Windsbach in Franken.

Caputh, s. Kaput.

Carbach, ein Dorf im fürstlich=bischöflichen Amte Rothenfels, im Wirzburgischen in Franken.

Carbach, ein Dorf im Wirzburgischen in Franken, im Amte Preisdorf, 1 Stunde davon gegen Geroldshofen.

Carbe oder Carve, ein Dorf und Gut in der königlich-preußischen Priegnitz, oder Vormark Brandenburg, im perleburgischen Creise, wozu das Vorwerk Münkels Fuhl gehört

Carben, s. Gros=Klein=Occarben, und Ober=Carben.

Carbitz, ein Dorf 1 halbe Meile von Trachenberg im Herzogthume Schlesien, dem Fürsten Hazfeld gehörig.

Carbon, s. Cherbon.

Carbow, ein adelicher Hof im Herzogthume Pommern im wolgaer Districte.

Cardemin, ein adeliches Dorf und Vorwerk, 1 Meile südwärts von Greifenberg im königlich-preußischen Hinterpommern im greifenbergischen Creise in Obersachsen. Ein Theil dieses Dorfs gehört zum ostenschen Creise.

Carden, ein Flecken im Erzstifte Trier im churrheinischen Creise, im Bezirk des Amtes Münster=Meinfeld gelegen.

Carlau, ein Vorwerk bey Neiße im Herzogthume Schlesien, dem Bischof zuständig.

Carlbach, ein Dorf des Amtes Carlstadt im Wirzburgischen in Franken.

Carlbau, ein Dorf in der königlich-preußischen Altmark Brandenburg im arneburgischen Creise und Amte Tangermünden, wobey auch die carlbauische Kuhstelle, ein einzelnes Haus liegt.

Carlburg, Karelburg, so heißt das feste Schloß, das bey Ober=Carlstadt im Wirzburgischen in Franken liegt.

Carlowiz, ein Coloniedorf im wartembergischen Creise im Herzogthume Schlesien, gehört dem sanct Matthäusstifte in Breslau.

Carlowiz, ein Dorf im breslauischen Creise im Herzogthume Schlesien, nach sanct Vincent zu Breslau gehörig.

Carlowiz, ein königliches Vorwerk im Herzogthume Schlesien, zu Schüllersdorf gehörig.

Carlsbach, ein Ort im Oestreichischen ob der Ens bey Saringsbach im alten Mühlviertel.

Carlsbach, ein Dorf im Amte Unter-Carlstadt im Bambergischen in Franken.

Carlsbach, Ober=, Mittel= und Unter=, eine zum Amte Friedrichswalde gehörige neue Colonie am Ihnafluße, anderthalb Meilen südwärts von Gollnow, im königlich-preußischen Hinterpommern, im sapiger Creise in Obersachsen.

Carlsberg, ein zum Rittergute Hartha gehöriges Dorf bey Friedberg im Queißcreise, in der Oberlaußz in Chursachsen, im bauzner Amtsdistricte.

Carlsberg, ein bey Mannsfeld in der Graffschaft liegendes Freygut, zum königlichen Amte Kloster Mannsfeld gehörig.

Carlsberg, ein Dorf unweit der Heuscheuer, einem der höchsten Berge in der Graffschaft Glatz, im wünschelburger Districte des Herzogthums Schlesien.

Carlsberg, ein Dörfchen bey Stybendorf im neustädter Creise im Herzogthume Schlesien.

Carlsbergerkrug, eine Schenke im churhannöverischen Fürstenthume Calenberg, zum Amte Rehburg gehörig.

Carlsbrunn, einige neuerbaute Häuser, nach Unwürde gehörig, im Amte Bauzen, in der Oberlaußz in Chursachsen.

Carlsburg, eine Colonie, zum Amte Carlsmarkt gehörig, anderthalb Meilen von Brieg im Herzogthume Schlesien.

Carlsburg, ein adelicher Hof im Herzogthume Pommern im Wolgaer Districte.

Carlsdorf, ein Dorf am Flüßchen Lempe, welches im Amte Reinhardtswalde entspringt, 1 gute halbe Stunde von dem hessenkasselischen Amte Hofgeismar, eine französische Colonie.

Carls=

Carlsdorf   **Carlshof** 15

Carlsdorf, ein Rittergut, anderthalb Meilen von Nimptsch im Herzogthume Schlesien.

Carlsdorf, ein Ort in der Oberlausitz in Churfachsen im görlitzer Amtsdistricte, 1 halbe Stunde von Mittel-Gerlachsheim, zu diesem Amte gehörig.

Carlsdorf, Carsdorf, Karsdorf, zur geistlichen Vorsteherey und unterm Rath zu Rochlitz gehöriges Dorf bey Wechselburg im leipziger Creise in Churfachsen.

Carlsdorf, ein neu angelegtes Dörfchen im Amte Dahme, im Fürstenthume Querfurt in Churfachsen, 1 halbe Stunde von Bollensdorf, zu diesem Rittergute gehörig.

Carlsdorf, s. Neu-Carlsdorf.

Carlsfeld, eine Eisenfabrik im churfächsischen Obergebirge im vogtländischen Creise.

Carlsgnaden, ein Vorwerk zu Hummel, im lübenschen Creise im Herzogthume Schlesien gehörig.

Carlsgrün, ein Ort im königlich-preußischen Fürstenthume Bayreuth in Franken, zum Amte Lichtenberg gehörig.

Carlshauß, ein Jagdhaus bey Denbeck in der Grafschaft Wernigerode am Harz im oberfächsischen Creise, ins Amt Wernigerode.

Carlshausen, ein Cammergut unweit Pforzheim, in der Markgrafschaft Baden.

Carlshayn, ein sachsen-meinungischer Hof im herzoglich-coburgischen Gerichte Rodach oder Lautern.

Carlshorsen, ein Ort im churhannöverischen Fürstenthume Bremen, in die Aemter Bremervörden und Hanstedt gehörig.

Carlshoff, ein Dorf im Amte Strelitz, des Herzogthums Meklenburg Strelitz.

Carlslust, ein ritterschaftliches Gut im Amte Stargard des Herzogthums Meklenburg Strelitz.

Carlshof, ein Hof im Herzogthume Pommern, im barthenschen Districte.

Carlshof, ein zur Stadt Gollnow gehöriger Ort im königlich-preußischen Vorpommern, im randowschen Creise in Obersachsen.

Carlshof, ein zum adelichen Guts Vogelsang gehöriges Dorf

Vorwerk im königlich-preußischen Antheile des Herzogthums Pommern, und zwar in Vorpommern, im anclamschen Creise in Obersachsen.

Carlshof, s. Gumenz und Reddis.

Carlshof, ein einzeln liegendes adeliches Vorwerk, im beuthenschen Creise im Herzogthume Schlesien.

Carlshof, ein Vorwerk bey Dobrau im neustädtschen Creise, im Herzogthume Schlesien.

Carlshoff, im neußischen Creise im Herzogthume Schlesien.

Carlsholz, ein königlich-preußsches-markgräflich-anspachisches Dorf in Franken, 1 Stunde von Dünkelspühl gegen Wassertrüding gelegen.

Carlsmarckt, poln. Karlowicze, Domänenamt und Dorf mit einer evangel. und kathol. Kirche, mit einer Wassermühle, die Pelzmühle genannt, dritthalb Meilen von Brieg, im Herzogthume Schlesien.

Carlspauer, ein Ort im Oestreichischen ob der Ens, bey Eschelberg und Rothenberg, im alten Mühlviertel.

Carlsperg, ein Schloß und Herrschaft im Oestreichischen, nicht weit von St. Veit, im untern Viertel in Kärnten.

Carlsruhe, s. Zettin.

Carlstatt, ein ritterschaftliches Dorf des Cantons Altmühl, im Anspachischen in Franken, den Herren von Rauber gehörig.

Carlstatterhof, ein Hof im fränkischen Rittercreise im Canton Ottenwald, gehört denen von Wambold.

Carlstein, ein Schloß im Gerichte Reichenhal, Rentamts Burghausen in Oberbayern.

Carlstein, ein Hofmarkt mit Schloß im Bißthume Regensburg und Herzogthume Neuburg, zum k. Pflegamt Regenstauf und der Pfarrey Kühberg im Nordgau gehörig.

Carlsthal, anderthalb Meilen von Löwenberg im Herzogthume Schlesien, heißt auch die Folgenhäuser, und macht mit Hausdorf ein Dorf aus.

Carmerau, eine auf der Grenze des oppelnschen- und großstrehlitzschen Creises angelegte Kolonie. 4 Meilen von Oppeln im Herzogthume Schlesien, hat ihren Namen vom preusischen Groscanzler von Carmer, und gehört dem Grafen Colonna.

Carmine, ein Rittergut 1 Meile von Militsch, in der schlesischen freyen Standesherrschaft Militsch im Herzogthume Schlesien.

Carmiz, ein Ort im Fürstenthume Braunschweig-Lüneburg, zum Amte Büchow gehörig.

Carnalez, ein Ort im östreichischen Gerichte Castelpfund, im Etschlande in Tirol.

Carnin, ein Dorf im Amte Schwerin, des Herzogthums Meklenburg Schwerin.

Carnin, ein adelicher Hof im Herzogthume Pommern, im barthenschen Districte.

Carnin, ein Dorf nahe am Hof, 1 halbe Meile südwärts von Usedom, im königlich-preusischen Vorpommern, im usedomschen Creise in Obersachsen, ins Amt Pudagla gehörig.

Carnitz, ein adeliches Dorf und Vorwerk, 1 Meile südwärts von Regenwalde, im königlich-preusischen Hinterpommern, im borkschen Creise in Obersachsen.

Carnitz, ein adeliches Dorf und Vorwerk mit einem Predigerwittwenhause, anderthalb Meilen westwärts von Treptow und 2 Meilen ostnordostwärts von Cammin, im königlich-preusischen Hinterpommern, im greifenbergischen Creise in Obersachsen.

Caroksbostel, ein Vorwerk im Lüneburgischen, zum churhannöverischen Amte Haarburg gehörig.

Carolath, ein Ort im Herzogthume Schlesien, dem Fürsten von Schönaich gehörig, 1 Meile von Neusalz.

Carolinenhorst, eine zum Amte Colbatz gehörige Colonie, 2 Meilen südostwärts von Damm, im königlich-preusischen Hinterpommern, im pyritzischen Creise in Obersachsen.

Carolsgrün, ein königlich-preusisch-bayreuthisches Dorf in Franken, ins Amt Lichtenberg gehörig.

Carow, ein adeliches Dorf, wovon ein Theil ins königliche Amt Stettin gehört, 1 und 1 viertel Meile westwärts von Stettin, im königlich-preuß. Vorpommern, im randowschen Creise in Obersachsen.

Carow, ein adelicher Wohnsitz mit 2 Vorwerken, 1 Meile südostwärts von Regenwalde an der Rega, im königlich-preußischen Hinterpommern, im borkschen Creise in Obersachsen.

Carowahne, ein Dorf, dem Stift auf dem Sande gehörig, im breslauschen Creise im Herzogth. Schlesien.

Carpoferus St., ein Ort im Winstgau in Tirol, zum östreichischen Gerichte Schlanders gehörig.

Carrzow, bey Buchow, adeliche Dörfer und Meyerey in der k. preuß. Kur- und Mittelmark Brandenburg.

Carrenzien, ein Dorf im churhannöverischen Fürstenthume Lauenburg, zum Amte Neuhauß Elbe.

Carrin, ein adelicher Hof und Dorf im Herzogthume Pommern, im Amte Wolgast.

Carriz, ein adeliches Dorf und Rittergut in der königlich-preuß. Altmark Brandenburg, im stendal. Creise und Inspektion Gardelegen.

Carsau, ein Dorf im Churfürstenthume Lüneburg, zum Amte Luchow gehörig.

Carsbach, ein bischöflich-wirzburgisches Dorf in Franken.

Carsdorf, ein Amtsdorf im Amte Grimma, im leipziger Creise in Chursachsen.

Carsdorf, s. **Carlsdorf.**

Carsten, ein Dorf im churhannöverischen Fürstenthume Lauenburg, zum Amte Neuhauß Elbe gehörig.

Carstenhagendorf, s. **Probstshagen.**

Carstnitz, Teutsch-Carstnitz, ein Dorf mit 2 Vorwerken von denen der Grünhof auf dessen Feldmark liegt eine und eine halbe Meile ostwärts von Stolpe im königlich-preußischen Hinterpommern, im stolpischen Creise in Obersachsen, im Amte Stolpe.

Carstnitz, Wendisch-Carstnitz, ein adelicher Wohnsitz mit 2 Vorwerken, von denen das eine Felsow oder Filstow heißt, im königlich-preußischen Hinterpommern, im stolpischen Creise in Obersachsen, im Amte Stolpe.

Cartau,

Cartau, ein adeliches Gut und Forsthaus in der königlich-preußischen Vormark Brandenburg, oder Prignitz im peleburgischen Districte.

Cattaus, s. Karthaus.

Cattchen, s. Wundichow.

Cartelow, s. Neu-Cartelow.

Carthause, ein Vorwerk, ehemaliges Closter und nachheriges fürstliches Gut, im Herzogthume Schlesien nahe bey der Stadt Liegnitz.

Cartheuser Weyher, ein Weyher und Schlößchen nahe an Feucht, nach Nürnberg dem Rath gehörig.

Cartlow, s. Karilow.

Carvin, ein adeliches Dorf mit 4 Vorwerken, 1 Meile westsüdwestwärts von Cörlin, im königlich-preußischen Hinterpommern, im Fürstenthume Cammin in Obersachsen.

Carwen, ein Dorf mit 3 Vorwerken und der Kolonie Neu-Carwen im königlich-preußischen Hinterpommern, im stolpischen Creise in Obersachsen. Eines der Vorwerke heißt Neuhof.

Carweser, ein adeliches Gut und Dorf in der königlich-preußischen Chur- und Mittelmark Brandenburg zum Theil ins Amt Fehrbellin gehörig.

Carwiz, ein Ort im churhannoverischen Fürstenthume Lüneburg, zum Amte Dannenberg gehörig.

Carwitz, ein Dorf im Amte Feldberg, des Herzogthums Meklenburg Strelitz.

Carwitz, ein Gut und 2 Vorwerke, 1 Meile westwärts von Schlawe, im königlich-preußischen Hinterpommern, im schlaweschen und pollnowschen Creise in Obersachsen. Eines der Vorwerke heißt Siegmundsthal, und liegt auf der Feldmark.

Carze, ein Ort im Churfürstenthum Braunschweig-Lüneburg, zum Amte Garze.

Carzenburg, s. Groß- und Klein-Carzenburg.

Carzig, ein Dorf und Vorwerk im Amte und 1 viertel Meile nordwestwärts von Naugard, im kön. preußischen Hinterpommern, im daber-naugard- und dewitzischen Creise in Obersachsen.

Carzin, ein Dorf mit 3 Vorwerken, 1 Meile nordwärts von Stolpe, im königlich-preußischen Hinterpommern, im stolpeschen Creise in Obersachsen.

Carzin, ein adeliches Dorf und Vorwerk, 2 Meilen nordwärts von Bublitz, im königlich-preußischen Hinterpommern, im Fürstenthum Cammin in Obersachsen.

Carzin oder Karzin, ein Dorf, 1 und 1 viertel Meile von Rügenwalde, im königlich-preußischen Hinterpommern, im schlaweschen und pollnowschen Creise, im Amte Rügenwalde.

Carziz, adeliche Höfe im Herzogthume Pommern, auf der Insel Rügen.

Casabra, ein Dorf und Rittergut im meißnischen Creise in Chursachsen, im Amtsbezirk Oschatz.

Caseburg, ein Dorf 1 Meile ostwärts von Schwinemünde, im königlich-preußischen Vorpommern, im usedomschen Creise in Obersachsen, ins Amt Pudagla gehörig.

Casel, ein Dorf im Erzstift Trier im churrheinischen Creise, zur pauliner Probstey bey Trier gehörig.

Casendorf, ein Marktflecken in Franken, 3 Stunden von Culmbach gegen Bayreuth gelegen, in die königlich-preußische Amtshauptmannschaft Culmbach gehörig.

Caseritz, ein nach Crosiewitz zum Kloster Marienstern gehöriger Ort in der Oberlausitz in Chursachsen, im baußner Amtsdistricte.

Cashagen, ein ins Amt Saziz gehöriges Dorf und Vorwerk, 1viertel Meile nordostwärts von Jacobshagen, im königlich-preußischen Hinterpommern, im saziger Creise in Obersachsen.

Casimir, ein Rittergut im glogauischen Creise im Herzogthume Oberschlesien.

Casimirsburg, ein königliches Amt und Vorwerk im königlich-preußischen Hinterpommern, im Fürstenthum Cammin in Obersachsen.

Casimirshof, ein ins Amt Bublitz gehöriges Dorf, 1 Meile südwestwärts von der Stadt Baldenburg, im königlich-preußischen Hinterpommern, im Fürstenthume Cammin in Obersachsen.

Casimirshof, s. Tiezow.

Caslin, Kaslin, ein Dorf 1 und viertel Meile südwärts von Demmin, im königlich preußischen Antheile des Herzogthums Pommern, und zwar in Vorpommern, im demmin- und treptowschen Creise in Obersachsen, ins Amt Lindenberg gehörig.

Casnevitz, ein Dorf im Herzogthume Pommern auf der Insel Rügen.

Caspauer, ein Dorf im Bambergischen, 1 Stunde von Weismayn in Franken.

Casperg, ein nürnbergisches Dorf in Franken, im Amte Hilpoltstein, 2 Stunden von Forchheim und Egloffstein.

Caßalitz, s. Ober- und Unter-Caßalitz.

Caßawe und **Goruschke** machen ein Dorf aus, und gehören zur freyen Standesherrschaft Militsch, 1 halbe Meile von Militsch im Herzogthume Schlesien.

Caßdorf, ein Dorf im Fürstenthume Hessen-Rheinfels, im Amte Reichenberg, 2 Stunden von Rheinfels, eine von Rastett.

Caßebruch, ein Dorf im churhannöverischen Fürstenthume Bremen adelichen Gerichts.

Caßeburg, ein Ort im churhannöverischen Fürstenthume Lauenburg, zum Amte Schwarzenbeck gehörig.

Caßelwitz, ein adelicher Hof im Herzogthume Pommern auf der Insel Rügen.

Caßevitz, ein Dorf im Herzogthume Pommern auf der Insel Wittow.

Caßick oder **Caßligk** (‡), ein Ort in der königlich preußischen Altmark Brandenburg im tangermünder Creise und Amte Neuenburg.

Caßuhn, ein Dorf in der königlich preußischen Altmark Brandenburg im arentseeischen Creise und Amtsbezirke.

Cast, s. Unter-Cast.

Castagnat, ein Ort im Oestreichischen südwärts von Görz, ostwärts von Gradisca bey Ranzano, in den Grafschaften Görz und Gradisca.

Castagnoviza, Kastagnavizza, ein Karmeliterkloster auf einem Berge im Oestreichischen, nahe bey Görz bey Salcano, in den Grafschaften Görz und Gradisca.

Castahn, ein Dorf im Amte Grevismühlen des Herzogthums Mecklenburg-Schwerin.

Castel, ein Kloster im Stifte Aichstätt in Franken.

Castelbark, Kastelbarco, ein Schloß in der Herrschaft Castelan in Tirol.

Castelbell, ein Gerichte mit einem Schlosse an der Etsch im Vinstgau in Tirol.

Castelberg, ein fürstlich-hohenlohe-weickersheimisches Dorf und Jagdhaus in Franken, 1 Stunde von Weikersheim gegen Röttingen.

Castell, eine bareuthische Vestung in Franken, in die königlich-preußische Amtshauptmannschaft Wohnsiedel gehörig.

Castello, ein Dorf im Val Sugana in Tirol, zum Gerichte Ivano gehörig.

Castello perpetuo, ein Ort im Oestreichischen, 12 italienische Meilen von Görz nahe an der venetianischen Grenze, in den Grafschaften Görz und Gradisca.

Castem, ein Ort im Oestreichischen ob der Ens, unweit der kleinen Mühle bey Haslach im alten Mühlviertel.

Castendamm, ein Ort im churhannoverischen Fürstenthume Calenberg, zum Amte Ricklingen gehörig.

Castenreich, ein Dorf in der churhannoverischen Grafschaft Hoye, zum Amte Syke gehörig.

Castlrud, ein östreichisches Dorf und Gericht bey Gustbaun im Eusacke in Tirol, 3 Stunden von Clausen, und 5 Stunden von Brixen, nicht weit davon ist ein Bad.

Castnersreuth, ein Dorf bey Rostall im königlich preusisch-markgräflich-Anspachischen in Franken, gehört Anspach und Nürnberg gemeinschaftlich.

Castorf, ein Dorf und Gerichte, im churhannoverischen Fürstenthume Lauenburg gelegen.

Castrup, ein Ort im Stifte Münster im Amte Cloppenburg in Westphalen.

Casum, ein Ort in der Grafschaft und Amt Ravensberg in Westphalen, zur Vogtey Borgholzhausen gehörig.

Catasch, ein Dorf im Vinstgau in Tirol, zur östreichischen Herrschaft Matsch gehörig.

Cataule, ein kleines Dorf im Oestreichischen, nordwärts von Hubria, im Obercrain.

Catensen, ein Dorf im Lüneburgischen, zum churhannöverischen Amte Meinersen gehörig.

Catharina St., ein Ort im Oestreichischen bey Altenmark und St Oswald, unweit den unterschwanberger Alpen in Steyermark, im marburger Creise.

Catharina St., ein Bad im Oestreichischen in Oberkärnten, nahe bey Kleinkirchheim, unweit Mühlstadt.

Catharina St., ein Ort im Oestreichischen, bey Malsborget und Pontafeln in Kärnten.

Catharina St., ein Ort im Oestreichischen bey Velden in Kärnten.

Catharina St., ein Dorf im Oestreichischen nordwärts von Görz, an Ahonzaflusse, unweit St. Daniel und Salcano, in den Grafschaften Görz und Gradiska.

Catharina St., ein Ort im Oestreichischen an der Muer bey Bruck, in diesem Creise in Steyermark.

Catharina St., ein östreichisches Dorf in Tirol, zum Gericht Castelbell gehörig in Vinstgau.

Catharina St., ein Ort im Etschlande in Tirol, zum östreichischen Gerichte Altenburg gehörig.

Catharina, s. Simons-Catharina.

Catharina, so heißen 5 gewerkschaftliche Bergwerksgebäude im raschauer Gemeindewalde im Erzgebirge in Churfachsen, ins Bergamt Schneeberg gehörig.

Catharinen, ein Cisterzienser-Nonnencloster im Erzstift Cöln, 1 Stunde nordostwärts von dem Städtchen Linz, es gehört zur Probstey Heurode.

Catharinenberg, Catternberg, Deutsch-, ein Grenzzollhaus nach Oberseifenbach gehörig, im Amte Frauenstein, im Erzgebirge in Churfachsen.

Catharinenberg, s. Deutsch-Catharinenberg.

Catharinenbronn, Catharinenbrunn oder das Neuehaus, ein Jagdhaus und herrschaftliches Vorwerk bey Dillenburg im Fürstenthum oranien-Nassau-Dillenburg in dies Amt gehörig.

Catharinenhütte, besteht aus 4 verschiedenen Gebäuden, hinter Leimbach, in der Grafschaft Mannsfeld in Thüringen, zum Bergamt Eisleben gehörig.

Catharinenmühle, eine Mühle bey und im Amte Großenhayn, im meißner Creise in Chursachsen, zum Rittergute Zschieschen gehörig.

Catharinenthal, Kammergut im Oberamte Pforzheim in Schwaben.

Cathariner Zechenhaus, liegt auf dem obern Fastenberge im Erzgebirge in Chursachsen, und gehört ins Bergamt Johanngeorgenstadt.

Cathemien, einige Orte im Lüneburgischen, zu den churhannöverischen Aemtern Bleckede und Scharnbeck gehörig.

Catschow, ein Dorf und Vorwerk, anderthalb Meilen ostnordwärts von Usedom, im kön. preuß. Vorpommern, im usedomschen Creise in Obersachsen, ins Amt Pudagla gehörig.

Cattensteigische Mühle, in der königlich-preußischen Prignitz oder Vormark Brandenburg, im wittstockischen Districte und Amte Zechlin.

Cattensteigischemühle, s. Königsberg.

Cattern, ein Dorf und Rittergut im breslauschen Creise, dem Stift St. Matthiä zu Breslau gehörig, im Herzogthume Schlesien.

Catternberg, s. Catharinenberg.

Cattersee, ein Rittergut im glogauschen Creise in Niederschlesien, 1 Meile von Schlawa.

Catz, insgemein, sonst aber Neucatzenellenbogen genannt, ist die sehr wichtige Schanze oder Schloß oberhalb dem Städtchen St. Goarshausen auf einem hohen Berge in der niedern Grafschaft Catzenellenbogen am Rheine.

Catzenelnbogen, schlechthin auf den Landcharten, es wird aber zum Unterschied der Bergfestung Catz oder Neucatzenelnbogen, Altcatzenelnbogen genannt. Es ist dies eigentlich ein Schloß, Dorf und Amt, in der hessendarmstädtischen niedern Grafschaft Catzenelnbogen,

Catzenfurth   **Cell**   25

bogen, 4 Stunden von Dietz und eben so viel von Nassau. Das Schloß ist ruinirt.

Catzenfurth, s. **Ratzenfurth**.

Caub, ein Ort am rechten Ufer des Rheins, 1 halbe Stunde unterhalb Bacharach, in dieses churpfälzische Oberamt gehörig.

Caubitz, ein Dorf im frankensteinischen Creise, im Herzogthume Schlesien.

Cauria, ein Dorf in der Herrschaft Primoer in Tirol.

Caußen, ein Ort in der Grafschaft Neuwied, niederysenburgischen Antheils.

Cautendorf, ein markgräflich-bayreuthischer Ort in Franken, 2 Stunden von Hof, in die jetzige königlich-preußische Landeshauptmannschaft gehörig.

Cavalese, ein östreichischer Marktflecken im trientinischen Gebiete. Hier ist ein Kloster der reformirten Franziskaner.

Cavedago, ein östreichischer Ort im Etschlande in Tirol, im Gerichte Belfort.

Cavedine, ein Dorf am See gleiches Namens, im trientiner Gerichte im Oestreichischen.

Cavelpaß, ein zum adelichen Gute Zinzow gehöriges Zollhaus, 1 halbe viertel Meile von Zinzow, im königlich-preußischen Antheile des Herzogthums Pommern, und zwar in Vorpommern, im anclamschen Creise in Obersachsen.

Cavelwisch, ein Vorwerk im königlich-preußischen Vorpommern, im randowschen Creise in Obersachsen, ins Amt Stettin gehörig.

Cavriana, ein Dorf im Thale Fleins, im trientinischen Gebiete.

Cawallen, ein breslauisches Kämmereygut im breslauschen Creise des Herzogthums Schlesien.

Cayerlind, s. **Kaierlintach**.

Cazenow, ein Hof und Dorf im Herzogthume Pommern, im barthenschen Districte.

Cazien, ein Ort im Lüneburgischen, zum churhannövrischen Amte Bodenteich gehörig.

Cell, ein Dorf in der Abtey Ursberg in Schwaben.

Cell, (e) ſ. Zell, Zelle.

Cellä, ſ Vorrede des Ersten Nachtrags.

Celles oder **Selles,** ein ansehnliches Dorf und Herrſchaft, im burgundiſchen Creiſe im öſtreichiſchen Antheile am Herzogthume Brabant; im Gebiete der Stadt Brüſſel.

Cembra, ein Dorf im Gerichte Königsberg, im Etſchlande in Tirol, im Oeſtreichiſchen.

Cemmeriz, ein bayreuthiſches Dorf in Franken, in die jetzige königlich-preuſiſche Amtshauptmannſchaft Culmbach gehörig.

Centawa, ein adliches Dorf mit einer katholiſchen Kirche, im grosſtrehlitzer Creiſe im Herzogth. Schleſien.

Ceniga, ein Dorf in der Grafſchaft Arco, am Sarcafluſſe in Tirol im Oeſtreichiſchen.

Cernier, ein Dorf in dem königlich-preuſiſchen Fürſtenthume Welſch-Neuenburg, in die Meyerey Vallenain gehörig.

Cero di Sopra, ein Dorf im Oeſtreichiſchen an der Verſa, unweit St Florian und Görz, in den Grafſchaften Görz und Gradiſca.

Cero di Sotto, ein Dorf im Oeſtreichiſchen an der Verſa, unweit Viſtana und St Quiſca, in den Grafſchaften Görz und Gradiſka.

Cerweny Hradek, ſ. Roth-Hradek.

Ceſekwia, ſ. Neukirch, im koſeler Creiſe im Herzogthume Schleſien.

Ceslow, ein Dorf mit einer kathol. Kirche, im toſter Creiſe im Herzogthume Schleſien.

Ceſtow oder **Zeeſtow,** ein adeliches Dorf in der königlich-preuſiſchen Chur- und Mittelmark Brandenburg.

Chaborz, ein Ort im Königreiche Böhmen im königsgrätzer Creiſe, zum Gute Skalka gehörig.

Chabr, ſ Ober- und Unter-Chabr.

Chabrowicz, Habrowicz, ein Dorf im Königreiche Böhmen im taborer Creiſe, zum Gute Chauſtnik gehörig.

Chabry, ſ. Ober-Chabr.

Chabrzicz, ein Dorf im Königreiche Böhmen, im czaslauer Creise, zur Herrsch. Raczow gehörig.

Chaby, ein Dorf im rakonitzer Creise im Königreiche Böhmen, der St. Adalbertkirche in der Neustadt Prag gehörig.

Chacholicz, ein Dorf im Königreiche Böhmen, im chrudimer Creise, zur Herrschaft Chrast gehörig.

Chadoltis, s. Radolz.

Chadoltismarchat, s. Korholz.

Chadyma, eine Mühle im Königreiche Böhmen im berauner Creise, zur Herrschaft Chlumetz gehörig.

Chalmunche, s. Kollmitz.

Chambrile, s. Montecillon.

Chamutitz, Chamuticze, ein Schloß und Dorf im Königreiche Böhmen, im prachiner Creise, den Herren Grafen von Lichtenberg gehörig.

Chalaupek, Chalaupky, ein Dorf im Königreiche Böhmen im berauner Creise, zur Herrschaft Horzowitz.

Chalaupky, s. Klein-Rischiz.

Chalaupky Trsowsky, s. Chalupky.

Chalupech, ein Dorf im Königreiche Böhmen im klattauer Creise, gehört aber zur Herrschaft Stiahlau im pilsner Creise.

Chalupen, Ober-Jdiar, ein Dorf im Königreiche Böhmen im prachiner Creise, zur Herrschaft Liebigitz gehörig.

Chalupen, s. Heinzlische-Chalupen.

Chalupky v. Wiskitny, ein Dorf im taborer Creise im Königreiche Böhmen, zur Herrschaft Neu-Reichenau gehörig.

Chalupky, Chalupy, Chalaupky Trsowsky, ein Dorf im Königreiche Böhmen im taborer Creise, zur Herrschaft Neu-Reichenau gehörig.

Chaluppe, ein Ort im Königreiche Böhmen im klattauer Creise, gehört aber zur Herrschaft Stiahlau im pilsner Creise.

Chaluppen, s. Jacober-Teich-Hegers-Chaluppen.

Chaluppy, ein Ort im Königreiche Böhmen im czaslauer Creise, der Gemeinde zu Ledetsch gehörig.

Chalupy, ein Ort im Königreiche Böhmen im czaslauer Creise, zum Gute Bestwin und Klokoczow gehörig.

Chalupy, s. Chalurky.

Chanowitz, Chanowicze, ein Allodialgut, Dorf und Bergschloß auf einem Berge zwischen Horazdowitz und Kassegowitz, 12 Meilen westsüdwärts von Prag, im Königreiche Böhmen im prachiner Creise, den Herren von Rummerskirch gehörig.

Chanz, s. Ganz.

Charbrow, ein adelicher Wohnsitz, 1 Meile von Leba im königlich-preußischen Hinterpommern, im Lauenburg und bütowschen Creise in Obersachsen, im lauenburger Districte.

Charbusin, ein Ort im Königreiche Böhmen, im königsgrätzer Creise, zum Gute Przim gehörig.

Charhof, ein anspach'scher Hof in Franken, ins itzige königlich-preußische Oberamt Feuchtwangen gehörig.

Charlottenberg, mit Radzlun verbunden, ein Ort im trachenbergischen Creise im Herzogthume Schlesien.

Charlottenberg, s. Radziunz.

Charlottenburg, ein fürstlich-hohenlohe-pfadelbachisches Schloß in Franken, 1 Stunde von Oehringen gegen Heilbronn.

Charlottenburg, ein Hof im Herzogthume Sachsen-Hildburghausen in Franken.

Charlottendorf, eine Colonie bey Moschen im neustädter Creise im Herzogthume Schlesien.

Charlottenfeld, ein bey Ossen neuerbautes adeliches Dörfchen im olsischen Creise im Herzogthume Schlesien.

Charlottenhof, eine Meyerey in der königlich-preußischen Altmark Brandenburg im arneburgischen Creise und Bezirke des Amtes Tangermünde.

Charlottenhof, im Amte Lübz des Herzogthums Mecklenburg-Schwerin.

Charlottenhof, s. Klein-Crien, Chmelenz, Dresnow und Machnim.

Charlottenlust oder Wendfeld, ein zum adelichen Dorfe Boldekow gehöriges Vorwerk, nicht weit davon, im königlich-preußischen Antheile des Herzogthums Pommern, und

und zwar in Vorpommern, im anklamischen Creise in Obersachsen.

Charlottenlust, ein gräfliches Vorwerk im Fürstenthume Halberstadt in der Grafschaft Wernigerode in Niedersachsen.

Charlottenlust, s. Schmazfeld und Wendefeld.

Charlottenbrunn, ein Marktflecken im Herzogthume Schlesien, mit einem Gesundbrunnen, zu Taunhausen gehörig.

Charlottenthal, ehemals Sußelbach, ein herrschaftlicher Hof, in dem ohnweit der Stadt Siegen gelegenen Thiergarten, zu diesem oranien-nassauischen Fürstenthum und Amte gehörig.

Charlottenthal, eine Colonie, 1 halbe Meile vom Dorfe Jezowa im lublinitzer Creise im Herzogthume Schlesien.

Charlottenthal, ein adelicher Ort im wartenbergischen Creise im Herzogthume Schlesien.

Charlottenthal, s. Lindenbusch.

Charmoille, oder Galmis, ein Dorf im Hochstifte Basel im oberrheinischen Creise, ins Amt Bruntrut und Land Elsgau gehörig.

Charmühl, eine Mühle im Fraischbezirke des königlich-preusisch-anspachischen Oberamtes Feuchtwang in Franken.

Charow, ein Dorf im Herzogthume Pommern auf der Insel Rügen.

Charwatecz, ein Ort im Königreiche Böhmen im bunzlauer Creise, zur Herrschaft Dobrawitz gehörig

Charwatez, ein Dorf im Königreiche Böhmen im rakonitzer Creise, zur Herrschaft Hospozin gehörig.

Charwatitz, ein Dorf im Königreiche Böhmen im leutmeritzer Creise, zur Herrschaft Liebshausen gehörig.

Charwatowa, s. Lhota hlawaczkowa.

Charzow, ein Dorf mit einer katholischen Kirche im beuthenschen Creise im Herzogthume Schlesien, gehört dem Kloster Miechow in Pohlen.

Charzowicze, ein Dorf im Königreiche Böhmen im brauner Creise, zur Herrschaft Kurpischt gehörig.

Chastoborz, ein Dorf im Königreiche Böhmen im berauner Creise, zum Gute Nalzowitz gehörig.

Chaumont, ein Dorf im Hochstifte Lüttich im westphalischen Creise an der Maas, zur Herrschaft Hermal und ehemaligen Grafschaft Hasbain gehörig.

Chaustnik, Chausnik, Chusnik, Chusnicze, ein Dorf im Königreiche Böhmen im taborer Creise, zum Gute Chaustnik gehörig.

Chauty, s. Rauty.

Chaur du Milieu, ein Dorf in dem königlich-preussischen Fürstenthum Welsch-Neuburg, in die Kastelaney Rochenfort gehörig, gegen die burgunder Gränze zu.

Chauzawa, ein Dorf im Königreiche Böhmen im berauner Creise, zur Herrschaft Dobrzisch gehörig.

Chauzow, ein Dorf im Königreiche Böhmen im klattauer Creise, zur Herrschaft Hradischt gehörig.

Chbelnicz, ein Dorf im Königreiche Böhmen im klattauer Creise, zur Herrschaft Unter-Lukawecz.

Chechlo, ein Rittergut im beuthenschen Creise im Herzogthume Schlesien.

Chechlow, ein Rittergut mit 4 Vorwerken; drey davon heißen Dziedziekau, Tomaskau und Stodalkau im tosier Creise im Herzogthume Schlesien.

Chedischau, s. Klein-Chorieschau.

Chedrb, ein Ort im Königreiche Böhmen im czaslauer Creise, zu den Herrschaften Sedlecz und Krchleb gehörig, wobey die Chedria-Mühle liegt.

Cheelstorf, im Amte Totterwinkel des Herzogthums Mecklenburg-Güstrow.

Cheinawa, s. Chiniawa.

Cheine, ein Dorf in der königlich-preussischen Altmark Brandenburg im salzwedelschen Creise und Bezirke des Amtes Diesdorf, dem Schulamt Dambeck gehörig.

Cheinitz, ein Dorf in der königlich-preussischen Altmark Brandenburg im arendseeschen Creise und Bezirke dieses Amtes, zum Theil in die alvenslebischen Gerichte nach Calve gehörig.

Chelczicz, ein Dorf im Königreiche Böhmen im prachiner Creise, zur Herrschaft Liebigitz gehörig.

Chelichs

Chelichdorf, s. Kallendorf.

Chelm, ein Dorf in der freyen Standesherrschaft Pleße im Herzogthume Schlesien, dem Bisthume Krakau gehörig.

Chemenz, s. Kahlenberg.

Chemniz oder **Remniz**, ein zum heiligen Grabe gehöriges Dorf in der königlich-preusischen Prignitz oder Vormark Brandenburg im pritzwalkischen Districte.

Chemnitz oder **Remniz**, ein Dorf und adeliches Gut in der königlich-preusischen Altmark Brandenburg, im Bezirke des Amtes Diesdorf bey Altsalzwedel.

Chemnitz, **Remnitz**, ein Amtsdorf und Rittergut im Amte Plauen. 3 Stunden von dieser Stadt im Voigtlande in Chursachsen, den Herren von Kospodt gehörig.

Chemnitzer Vorwerk bey Chemnitz in Chursachsen im gebirgischen Creise.

Chemnitz, im Amte Stavenhagen des Herzogthums Mecklenburg-Güstrow.

Chemnitz, s. Alt-Dorf-Chemnitz.

Cherbon, **Charbon**, ein Dorf im Oestreichischen unweit dem zepitscher See in Hysterreich.

Chesnowitz, **Cheznowicze**, ein Dorf im Königreiche Böhmen im prauner Creise, zur Herrschaft Horzowitz gehörig.

Cheuremont, eine Abtey regulirter Chorherren an dem Weserfluß unweit Lüttich in Westphalen.

Cheviney oder **Rörbernach**, ein Dorf im Hochstifte Basel, ins Oberamt Bruntrut und Land Elsgau geh.

Cheyna, s. Heyna.

Cheynic, ein Dorf im rakonitzer Creise im Königreiche Böhmen, der Dechaney zu Alle-heiligen in Prag gehörig.

Cheynow, **Chynov**, ein Marktflecken und Schloß im Königreiche Böhmen im taborer Creise, zur Herrschaft gleiches Namens gehörig, 10 Meilen von Prag entfernt.

Cheynow, ein Meyerhof im Königreiche Böhmen im prauner Creise, zum Gute Kniowitz gehörig.

Cheynow, ein Dorf im Königreiche Böhmen im rakonitzer Creise, zur Herrschaft Stredoklut gehörig.

Cheyßtie, Cheist, ein Dorf im Königreiche Böhmen, im bidschower Creise, zur Herrschaft Chlumecz gehörig.

Cheystowitz, ein Freysaßendorf des Joh. Schwenda im Königreiche Böhmen, im czaslauer Creise.

Chezard, ein Dorf in dem königlich-preußischen Fürstenthume Welschneuenburg, in die Meyerey Vallengin behörig.

Chenowicze, s. Chesnowitz.

Chiavenzen, ein Dorf im Oestreichischen, zwischen Palmanova und Gradisca, im aquilejer Gebiete.

Chiavoreto, ein Ort im Oestreichischen am Lisonza, zwischen Serpeniza und Valzona, in der Hauptmannschaft Tulmino.

Chibka, ein Gasthaus und Schmiedte im Königreiche Böhmen, im czaslauer Creise, zur Herrschaft Zleb gehörig.

Chiembing, ein Ort im Gerichte Traunstein, Rentamts Burghausen in Oberbayern.

Chiemsee oder **Frauenchiemsee**, Frauenwörth, ein sehr reiches adeliches Frauenkloster Benedictinerordens, auf einer Insel im Chiemsee in Oberbayern, ins Gericht Kling, Rentamts Burghausen gehörig.

Chiemsee, Herrenchiemsee, Herrenwörth, eine Probstey regulirter Chorherrn, auf einer Insel im Chiemsee, im bayerschen Creise.

Chiemseehof, zu Krems, ein Ort im Oestreichischen, oberhalb dem Mannhardsberge.

Chigitz, Chygicze, ein Dorf im Königreiche Böhmen im bidschower Creise, zur Herrschaft Wokschitz gehörig.

Chinast, war ein Dorf mit einem Schlosse in Schlesien, welches aber im 30jährigen Kriege zerstöhrt worden, und wovon im wilkauer Busche noch einige Ruinen sind: siehe Neudeke.

Chiniawa, Cheinawa, ein Dorf im Königreiche Böhmen, jenseits der Mies, im rakoniker Creise, zur Herrschaft Bürglitz gehörig.

Chinicz, s. Weiß-Chinicz.

Chinin, ein Dorf mit einem Meyerhofe im Königreiche Böhmen im pilsner Creise, zur Herrschaft Brenntes Porzicz gehörig.

Chinitz,

Chinitz, s. Wchynicze.

Chinnow, ein adeliches Vorwerk, 1 Meile nordwärts von Wollin, am großen See Coperow, im königlich-preußischen Vorpommern, im wollinschen Creise in Obersachsen.

Chinow, ein Gut mit dem auf der Feldmark liegenden Vorwerke Brandswerder im königlich-preußischen Hinterpommern, im lauenburg- und bütowschen Creise in Obersachsen, im lauenburger Distrikte.

Chiny, ein Dorf, sonst eine Stadt an dem Flusse Semois in der Vogtey Chiny im Herzogthume Luxenburg, mit einem Jesuitenkloster.

Chirchle, s. Schönkirchen.

Chischka, Chisska, s. Klein-Chischka.

Chissna, Chisten, s. Chyschka.

Chlaponicz, ein Ort im Königreiche Böhmen im praschiner Creise, zur Herrschaft Drhowl (Druchow) disseits der Watawa gehörig.

Chlaudow, ein Ort im Königreiche Böhmen im bunzlauer Creise, zur Herrschaft Groß-Rohosetz gehörig.

Chleb, Chleby, ein Dorf im Königreiche Böhmen im bidschower Creise, zur Herrschaft Podiebrad gehörig.

Chleb, Chleby, ein Dorf im Königreiche Böhmen im brauner Creise, zur Herrschaft Litschau gehörig.

Chlebow, ein Dorf im Königreiche Böhmen im budweiser Creise, der Stadt Sobieslau gehörig.

Chlebsch poln. **Chlebitschow**, ein Rittergut im leobschützer Creise im Herzogthume Schlesien.

Chleby, s. Chleb.

Chlenn, ein Dorf im Königreiche Böhmen im königgratzer Creise, zur Herrsch. Kostelecz am Adlerflusse geh.

Chlesstienicze, s Kleschtienitz.

Chlinky, Hlinky, ein Ort im Königreiche Böhmen im königgratzer Creise, zum Gute Daudleb gehörig.

Chlistau, Chlistow, Klistow, ein Dorf im Königreiche Böhmen im klattauer Creise, zur Herrschaft Teinitzl gehörig.

Chlistow, ein Dorf der Herrschaft Chlumetz im Königreiche Böhmen, im brauner Creise.

Chlistow, einige Dörfer im Königreiche Böhmen im
brauner Creise, zur Herrschaft Litschau und Kurpisch
gehörig.

Chlistow, einige Orte im Königreiche Böhmen im bunzlauer Creise, zur Herrschaft Klein-Skal, und Böhmisch-
Eiche und Münchengräz gehörig.

Chlistow, ein Ort im Königreiche Böhmen, im czaslauer Creise, zur Herrschaft Okrauhlitz gehörig.

Chlistow, Chlistau, ein Dorf im Königreiche Böhmen im königgrätzer Creise, zur Herrschaft Nachod und
Neustadt gehörig.

Chlistow, einige Dörfer im Königreiche Böhmen im
taborer Creise, zur Herrschaft Nadiekau, zum Frey-
sassenviertel Slumeczko gehörig.

Chlistow, s. Chlistau.

Chlistowicz, ein Dorf und Hof im Königreiche Böhmen im czaslauer Creise, dem Hospitale in Ledetsch
gehörig.

Chlistowicze, ein Dorf im Königreiche Böhmen im
czaslauer Creise, zur Herrschaft Maleschau gehörig.

Chliwicz, Klibitz, ein Dorf im Königreiche Böhmen
im königgrätzer Creise, zur Herrschaft Starkstadt gehörig.

Chloby, Chlowy, ein Dorf im Königreiche Böhmen
im taborer Creise, zum Gute Wonschow gehörig.

Chlomek, Chlumek, einige Dörfer im Königreiche
Böhmen im bidschower Creise, zur Herrschaft Radim
und im bunzlauer Creise zur Stadt Melnik gehörig.

Chlomek, einige Orte im Königreiche Böhmen im chrudimer Creise, zur Herrschaft Chotzen, und im prachtner Creise zur Herrschaft Schlüsselburg gehörig.

Chlomek, s. Chlumek.

Chlomin, s. Chlumin.

Chlomin, Klomin, Chlumin, ein Dorf und Gut
mit einem Schlosse im Königreiche Böhmen im kaurzimer Creise. Nicht weit davon ist die sogenannte Ste-
phansüberfuhr.

Chlowy, s. Chloby.

Chluczow,

Chluczow, eine Mühle nebst 4 Häusern im Königreiche Böhmen im bunzlauer Creise, zum Gute Stranka und Nzeptn gehörig.

Chlum, einige Dörfer im Königreiche Böhmen im berauner Creise, zum Gute Nalzowitz, 6 Meilen von Prag, und im bidschower Creise, zur Herrschaft Lomnitz, auch zur Herrschaft Horzitz gehörig.

Chlum, ein Dorf im Königreiche Böhmen im budweiser Creise, zur Herrschaft Krummau gehörig.

Chlum, einige Orte im Königreiche Böhmen im bunzlauer Creise, zur Herrschaft Swigan und Herrschaft Groß Skall gehörig.

Chlum, einige Orte im Königreiche Böhmen im chrudimer Creise, zur Herrschaft Richenburg und Herrschaft Naßaberg gehörig.

Chlum, ein Meyerhof im Königreiche Böhmen im czaslauer Creise, zu den Herrschaften Habern, Seblez und Krchleb gehörig.

Chlum, ein Dorf an der Grenze des czaslauer Creises, 2 Meilen südwärts von Chrast im Königreiche Böhmen im chrudimer Creise, zur Herrschaft Chrast gehörig.

Chlum, ein Dorf im Königreiche Böhmen im ellnbogner Creise, zur Herrschaft Luditz, jenseits der Strzela gehörig.

Chlum, ein Gut und Meyerhof im Königreiche Böhmen im kaurzimer Creise, zum Gute Lojowitz und Herrschaft Rattey gehörig.

Chlum, einige Dörfer im Königreiche Böhmen im klattauer Kreise, zu den Herrschaften Planitz und Unter-Lukawecz gehörig.

Chlum, ein Dorf im Königreiche Böhmen im königgratzer Creise, zum Gute Nedlelischt gehörig.

Chlum, ein Dorf im Königreiche Böhmen im pilsner Creise, zum Gute Zwikowecz gehörig.

Chlum, Chumo, ein Gut und Dorf im Königreiche Böhmen im prachiner Creise, den Herren von Widersperg, das andere zur Herrschaft Blatna gehörig.

Chlum, ein Edelsitz und Dorf im Königreiche Böhmen im taborer Creise, zur Herrschaft Nadiekau gehörig.

Chlum, s. Krems-Kulm, Maria-Kulm, Vorder- und Hinter-Chlum.

Chlumczan, Chlumczany, ein Dorf im Königreiche Böhmen im saatzer Creise, zur Herrschaft Czitolib gehörig.

Chlumczany, s. Chlumtschan.

Chlumecz, Groß-Chlumecz, ein Ort im Königreiche Böhmen im berauner Creise, zur Herrschaft Wosuwek gehörig.

Chlumecz, Klein-Chlumecz, ein Dorf ohnweit Groß Chlumecz.

Chlumecz, ein Marktflecken und Majoratsherrschaft im Königreiche Böhmen im berauner Creise, 7 u. 1 viertel Meile von Prag.

Chlumecz, einige Dörfer zwischen vielen großen Teichen, 1 halbe Meile von der östreichischen Gränze im Königreiche Böhmen im budweiser Creise, den Herren von Fünfkirchen, das andere zur Herrschaft Frauenburg gehörig.

Chlumecz, s. Kolmen und Kulm.

Chlumeczek, ein Dorf im Königreiche Böhmen im budweiser Creise, zum Gute Goldenkron gehörig.

Chlumek, Chlomek, ein Dorf im Königreiche Böhmen im bidschower Creise, zum Gute Groß-Gerzicz gehörig.

Chlumek, Chlumka, ein Dorf im Königreiche Böhmen im bidschower Creise, zum Gute Holowaus gehörig.

Chlumek, einige Orte im Königreiche Böhmen im bunzlauer Creise, zu den Herrschaften Groß-Stall und Dobrawitz gehörig.

Chlumek, ein Ort und ehemalige Jesuiterresidenz im Königreiche Böhmen im chrudimer Creise, zur Herrschaft Koschumberg gehörig.

Chlumek, Chlomek, ein Dorf im Königreiche Böhmen im czaslauer Creise, zur Herrschaft Neu-Studenetz gehörig.

Chlumek, s. Chlomek, Kobylyhlawa.

Chlumietin, ein Dorf im Königreiche Böhmen im chrudimer Creise, zur Herrschaft Richenburg gehörig.

Chlumin, Chlomin, ein Ort im Königreiche Böhmen im bunzlauer Creise, zur Herrschaft Kosmonos gehörig.

Chlumin, s. Chlomin.

Chlumka, s. Chlumek.

Chlumtschan, Chlumczany, einige Dörfer im Königreiche Böhmen im klattauer Creise, zur Herrschaft Unter-Lukawecz, und im sanzer Creise zur Herrschaft Petersburg gehörig.

Chlupin, s. Hlupin.

Chlustina, ein Dorf im Königreiche Böhmen im berauner Creise.

Chmelarze, s. Nowy-Rybnik.

Chmelenz, ein adelicher Wohnsitz anderthalb Meilen von Lauenburg im königlich-preussischen Hinterpommern, im lauenburg- und bütowschen Creise in Obersachsen, im lauenburger Distrikte. Es gehören hierzu die Vorwerke **Philippinenbruch, Leopoldshof, Peterhof, Charlottenhof, Antonshof** und **Langenstück.**

Chmeleschen (o) s. **Chmelischen.**

Chmelischen, ein Dorf im Königreiche Böhmen im saatzer Creise, zur Herrschaft Schönhof gehörig.

Chmelischen, Chmeleschen, Chmelessno, ein Dorf am Hubertswalde im Königreiche Böhmen im saatzer Creise, zur Herrschaft Petersberg gehörig.

Chmelischt, Chmelisst, ein Dorf im Königreiche Böhmen im kaurzimer Creise, zur Herrschaft Rattey gehörig.

Chmelna, einige Dörfer im Königreiche Böhmen im budweiser Creise, zum Gute Rausching, im czaslauer und taborer Creise, zum Gute Neustift gehörig.

Chmelna, s. Groß- und Klein-Chmelna.

Chmelowicz, Podolil, ein neu angelegtes Dorf im Königreiche Böhmen im bidschower Creise, zum Gute Slaupno gehörig.

Chmiellowitz, ein Rittergut im oppelnschen Creise im Herzogthume Schlesien.

Chmielowken, s. Auer.

Chniewa, ein Meyerhof und Schäferey im Königreiche Böhmen im budweiser Creise, zur Herrschaft Frauenburg gehörig.

Chobie, auch **Mischline**, eine Colonie zum Amte Oppeln gehörig, im oppelnschen Creise, 4 Meilen von Oppeln im Herzogthume Schlesien.

Chobot, ein Dorf im Königreiche Böhmen im kaurzimer Creise, zum Gute Cztiborz gehörig.

Chochol samt dem sogenannten **Neuhofe**, ein Dorf von 9 Häusern im Königreiche Böhmen im kaurzimer Creise, zur Herrschaft Sternberg gehörig.

Chociewke, s. Chortschwete.

Choczou, s. Chottschow.

Choczebus, s. Czebus.

Choczemicze, s. Chotemnitz.

Choczen, s. Chozen.

Choczeradi, s. Roczehrad.

Choczim, ein Dorf im Königreiche Böhmen im taborer Creise, zur Herrschaft Cheynow gehörig.

Choczin, s. Roczin.

Choczow, **Roczow**, ein Dorf und zerstückter Meyerhof im Königreiche Böhmen im taborer Creise, zur Herrschaft Jung-Wozicz gehörig.

Chodau, ein Ort im Königreiche Böhmen im berauner Creise.

Chodaulitz, **Chodowlicze**, **Kotaulitz**, **Chodolitz**, ein Dorf im Königreiche Böhmen im leutmeritzer Creise, zu den Herrschaften Czischkowitz und Trebnitz gehörig.

Chodecz, s. Chodcz.

Chodecz-Hof, ein Hof mit einer Mühle im Königreiche Böhmen im taborer Creise, der pilgrimmer Stadtgemeinde gehörig.

Chodenschloß, **Chodowo**, ein Dorf und Schloß im Königreiche Böhmen im klattauer Creise, zur Herrschaft Kauth gehörig.

Chodieschim, ein Dorf im Königreiche Böhmen im königgratzer Creise, zum Gute Nedielischt gehörig.

Chodieticz, ein Dorf und Meyerhof im Königreiche Böhmen im berauner Creise, zur Herrsch. Smiltau geh.

Chodolitz, s. Chodäulitz.

Chodow, ein Dorf im Königreiche Böhmen im kaurzimer Creise, zum Gute Kundratitz gehörig.

Chodowicz, ein Dorf im Königreiche Böhmen im bidschower Creise, zum Gute Holowaus gehörig.

Chodowlicze, s. Chodäulitz.

Chodowo, s. Chodenschloß.

Chodcz, Chodecz, ein Dorf im Königreiche Böhmen im bunzlauer Creise, zur Herrschaft Liblitz gehörig.

Chörau, ein Dorf im preuß. Herzogthume Magdeburg, im Holzkreise, zum königl. Amt Acken gehörig.

Chößlarn, ein Marktflecken im Gerichte Griesbach, Rentamts Burghausen in Bayern.

Cholczicz, s. Holtschitz.

Cholenicz, ein Dorf im Königreiche Böhmen im bidschower Creise, zur Herrschaft Kupidlno gehörig.

Cholin oder Cholinsko, ein Gut im Königreiche Böhmen, im berauner Creise.

Choltitz, Cholticze, eine Herrschaft, Schloß und Flekken 10 Meilen ostwärts von Prag und 1 u. 1 halbe Meile von Pardubitz, und 1 und 1 halbe Meile westnordwestwärts von Chrudim im Königreiche Böhmen im chrudimer Creise, den Grafen von Thun gehörig.

Choluna, Cholunow, ein Dorf im Königreiche Böhmen im taborer Creise, zur Herrschaft Serowitz gehörig.

Cholupitz, Cholupicze, ein Dorf im Königreiche Böhmen im kaurzimer Creise, zur Herrschaft Brzezow gehörig.

Chomautowa, s. Lhota Chomautowa.

Chomitz, s. Varzin.

Chomle, ein Dorf im Königreiche Böhmen im pilsner Creise, zur Herrschaft Radnitz gehörig.

Chomuticz, s. Groß=Klein=Chomuticz.

Chomuticzek, s. Groß=Chomuticz.

Choquier, ein altes Schloß und fester Platz im Hochstifte Lüttich im westphäl. Creise an der Maas, zur ehemaligen Grafschaft Hasbain, den Grafen von Berlo gehörig.

Choratitz, Koraticze, ein Dorf im Königreiche Böhmen im kaurzimer Creise, zum Gute Wostrzedek gehörig.

Chorauschek, ein Ort im Königreiche Böhmen im bunzlauer Creise, zur Herrschaft Horzin gehörig.

Choren, s. Alt=Neu=Choren.

Chorherrn, Schloß, Gut und Dorf im Oestreichischen, hinter Klostermauerbach, zwischen Freiendorf und Tulbing unter der Ens, im Viertel oberhalb des wiener Waldes.

Chorhof zu Stein, ein Ort im Oestreichischen oberhalb dem Mannhardsberge.

Chorietin, ein Dorf im Königreiche Böhmen im berauner Creise.

Chorin, ein Amthaus und Vorwerk auf einer Seeinsel in der Uckermark, es war sonst ein Kloster.

Chorinskowiz, eine Kolonie unweit Lohna, im toster Creise im Herzogthume Schlesien.

Chorning, s. Korning.

Chorow, ein adeliches Dorf und Vorwerk, 2 Meilen südwärts von Schlawe, im königlich=preussischen Hinterpommern, im rummelsburgischen Creise in Obersachsen. Ein Theil gehört zum adelichen schlaweschen Creise.

Chorulla, ein Rittergut im oppelnschen Creise im Herzogthume Schlesien.

Choruschitz, ein Dorf im Königreiche Böhmen im bunzlauer Creise, zur Herrschaft Horzin gehörig.

Chorzow, s. Schorzau.

Chotanek, Chotianek, ein Dorf im Königreiche Böhmen im bidschower Creise, zur Herrschaft Podiebrad gehörig.

Chotaun, einige Dörfer mit dem Hofe Turin im Königreiche Böhmen im kaurzimer Creise, zur Herrschaft Brzezan, und im rakonitzer Creise, zur Herrschaft Raudnitz jenseits der Elbe gehörig.

Chotaun, Chotunn, Kotunn, ein Dorf im Königreiche Böhmen im bidschower Creise, zur Herrschaft Podiebrad gehörig.

Chotec, ein Schloß und Dorf im rakonitzer Creise im Königreiche Böhmen, der Dechaney zu Allerheiligen in Prag gehörig.

Chotecz, ein Dorf im Königreiche Böhmen im bidschower Creise, zum Gute gleiches Namens gehörig.

Chotegssan, s. Chotiessan.

Choteinicz, s. Chotiemicz.

Choteisch, ein Dorf im Königreiche Böhmen im kaurzimer Creise, zur Herrschaft Schwarzkastelez gehörig.

Chotelicz, s. Chotieticz.

Chotelsko, s. Kotulsko.

Chotemnitz, Choczemicze, Chotienicze, ein Dorf und Schlößchen im Königreiche Böhmen im kaurzimer Creise, zur Herrschaft Czerhenitz gehörig, 7 Meilen von Prag.

Choteschau, Chotieschow, ein Dorf im Königreiche Böhmen im saatzer Creise, zur Herrschaft Petersburg gehörig.

Chotetsch, ein Ort im Königreiche Böhmen im chrudimer Creise, zur Herrschaft Pardubitz gehörig.

Chotianek, s. Chotanek.

Chotieborek, Chotieborzicze, ein Dorf im Königreiche Böhmen im königgrätzer Creise, zur Herrschaft Horzeniowas gehörig.

Chotieborz, ein Ort im Königreiche Böhmen im praschiner Creise, zur Herrschaft Protiwin diseits der Wastawa gehörig.

Chotieborz, eine Herrschaft, Schloß und Marktflecken, 13 Meilen von Prag und 3 Meilen ostsüdostwärts von Czaslon im Königreiche Böhmen im czaslauer Creise, den Herren von Brachfeld gehörig.

Chotieborzicze, s. Chotieborek.

Chotiekow, s. Chotikau.

Chotiemerzicze, ein Hof und Glashütte im Königreiche Böhmen im czaslauer Creise, zum Gute Zbraslawitz gehörig.

Chotiemicz, Chotemicz, ein Dorf im Königreiche Böhmen im budweiser Creise, zum Gute Ditna gehörig.

Chotiemierzicz, ein Dorf im Königreiche Böhmen im czaslauer Creise, zur Herrschaft Herrmanstadt gehörig.

Chotiemirz, ein Dorf und Gut mit einem Schlößchen im Königreiche Böhmen im klattauer Creise.

Chotienicz, ein Ort im Königreiche Böhmen im chrudimer Creise, zur Herrschaft Herrmannstadt und Moraschitz gehörig.

Chotienicze, s. Chotemnitz.

Chotienow, ein Ort im Königreiche Böhmen im chrudimer Creise, zur Herrschaft Leutomischl gehörig.

Chotierzin, s. Roterschin.

Chotieschau, ein Dorf im Königreiche Böhmen im leutmeritzer Creise, zur Herrschaft Libochowitz gehörig.

Chotieschau, s. Klein-Chotieschau.

Chotieschin, **Chotiessiny**, ein Dorf zviertel Stunden ostwärts von Hohenmauth im Königreiche Böhmen im chrudimer Creise, der Stadt Hohenmauth gehörig.

Chotieschitz, ein Dorf im Königreiche Böhmen im bidschower Creise, zur Herrschaft Dimokur gehörig.

Chotieschow, s. Choteschau.

Chotiessan, **Chotegssan**, **Chotiessany**, ein Dorf und Gut im Königreiche Böhmen im kaurzimer Creise.

Chotiessiny, s. Chotieschin.

Chotieticz, **Chotelicz**, ein Dorf im Königreiche Böhmen im bidschower Creise, zur Herrschaft Dimokur gehörig.

Chotietow, s. Rutenthal.

Chotikau, **Chotiekow**, **Kodikow**, ein Dorf im Königreiche Böhmen im pilsner Creise, zur Herrschaft Krzimitz gehörig.

Chotilsko, ein Dorf im Königreiche Böhmen im berauner Creise.

Chotina, ein Dorf im Königreiche Böhmen im rakonitzer Creise jenseit des Flusses Strela, zum Stiftsgebiete Strela gehörig.

Chotina, **Chotinna**, ein Dorf mit einem grosen Teiche im Königreiche Böhmen im pilsner Creise, zum Gute Kaczerow gehörig.

Chotiowicz, ein Dorf im Königreiche Böhmen im bidschower Creise, zur Herrschaft Chlumecz gehörig.

Chotiw, ein Meyerhof im Königreiche Böhmen im königgratzer Creise, zum Gute Borohradek gehörig.

Chotowicze, ein Dorf im Königreiche Böhmen im chrudimer Creise, zur Herrschaft Neuschloß gehörig.

Chotowin, ein Dorf im Königreiche Böhmen im taborer Creise, der Herrschaft gleiches Namens gehörig. Liegt 9 Meilen von Prag.

Chotsche, ein Ort im Königreiche Böhmen im budweisser Creise, zur Herrschaft Grazen gehörig.

Chottenreut, ein Amt im Oestreichischen im Gerichte Aigen unter der Ens, im Viertel oberhalb dem wiener Walde.

Chottenreut, s. Rottenreut.

Chottschow oder **Choczau**, ein Gut am schottschower See im königlich-preusischen Hinterpommern im lauenburg- und bütowschen Creise in Obersachsen, im lauenburger Districte.

Chottschweke oder **Choociewke**, ein adelicher Wohnsitz mit einem Vorwerke im königlich-preusischen Hinterpommern, im lauenburger- und bütowschen Creise in Obersachsen, im lauenburger Districte.

Chotunn, s. Chotaun.

Chotusitz, **Chotusycze**, **Chotwiz**, ein Flecken bey Sehuschitz im Königreiche Böhmen im czaslauer Creise, zur Herrschaft Sehuschitz. Den 17. May 1742 fiel hier zwischen den Preusen und Keyserlichen ein Treffen vor, worin die erstern siegten.

Chocuticz, ein Dorf im Königreiche Böhmen im kaurzimer Creise, zur Herrschaft Radim gehörig.

Chotutz, s. Meczirz.

Chotwiz, s. Chotusitz.

Chotzen, **Choczen**, Herrschaft, Marktflecken und Schloß am Adlerflusse, 16 und 1 halbe Meile von Prag, 2 Meilen von Leutomischl und 1 Meile nordostwärts von Hohenmauth im Königreiche Böhmen im chrudimer Creise, den Fürsten Kinsky von Chinitz und Tettau gehörig. Hierbey liegt noch eine Papiermühle.

Chozlow, ein Dorf 1 Meile von Lauenburg im königlich-preußischen Hinterpommern, im lauenburg- und bütowschen Creise in Obersachsen, im lauenburger Districte.

Chrabrzecz, ein Dorf im Königreiche Böhmen im saatzer Creise, dem Stadtspitale zu Laun gehörig.

Chránczowicz, s. **Kránschowitz**.

Chramischt, ein Dorf im Königreiche Böhmen im berauner Creise, zum Gute Altknin gehörig.

Chramosty, s. **Chranost**.

Chran-Boze, eine 1771 angelegte Glashütte im Königreiche Böhmen im czaslauer Creise, zur Herrschaft Wrbicze gehörig.

Chranost, **Chramosty**, ein Dorf im Königreiche Böhmen im berauner Creise, zur Herrschaft Chlumecz gehörig.

Chrasch, s. **Kirasch**.

Chraschtian, **Chrasstiany**, einige Dörfer und Schlösser im Königreiche Böhmen im budweiser Creise, zur Herrschaft Moldau-Tein, und im rakonitzer Creise in Böhmen, dem Domkapitel zu Prag gehörig.

Chraschtian, **Chrasstiany**, ein Dorf im Königreiche Böhmen im kaurzimer Creise, zur Herrschaft Schwarz-Kostelez gehörig.

Chraschtian, **Chrasstiany**, **Chrast**, einige Orte im Königreiche Böhmen im prachiner Creise, zur Herrschaft Netolitz, und am Fuße des Berges Hradek im Königreiche Böhmen im leutmeritzer Creise, zur Herrschaft Dlaschkowitz gehörig.

Chrasney, s. **Krasney**.

Chrasstiany, ein Dorf im Königreiche Böhmen im berauner Creise, zur Herrschaft Kurpischt gehörig.

Chrasstiany, s. **Chraschtian**.

Chrast, ein Dorf im Königreiche Böhmen im berauner Creise, zur Herrschaft Kurpischt gehörig.

Chrast, ein Meyerhof im Königreiche Böhmen im bunzlauer Creise, zur Herrschaft Benatek gehörig, und im bunzlauer Creise zur Herrschaft Kosmonos gehörig.

Chrast,

Chrast, Herrschaft, Marktflecken und Schloß am Bache Hegtra, zwischen Chrudim und Luze, 15 Meilen von Prag und 1 Meile südostwärts von Chrudim im Königreiche Böhmen im chrudimer Creise, dem Bischof zu Königgratz gehörig.

Chrast, einige Orte und Mühle im Königreiche Böhmen im czaslauer Creise, zum Gute Kraupen und zum Gute Frauenthal gehörig.

Chrast, ein Dorf im Königreiche Böhmen im czaslauer Creise, zu den Gütern Aumonin und Krjesetitz gehörig, und ein Meyerhof und Schäferey im kaurzimer Creise, zur Herrschaft Schwarz-Kostelez gehörig.

Chrast, ein Dorf im Königreiche Böhmen im kaurzimer Creise, zur Herrschaft Brandeis gehörig, und ein Dorf mit einem Eisenhammer im pilsner Creise, zur Stadt Pilsen gehörig.

Chrast, ein Ort und Schäferey im Königreiche Böhmen im prachiner Creise, zu den Herrschaften Worlik und Horazdiowitz gehörig.

Chrast, ein Ort und Meyerey bey Wysoka im Königreiche Böhmen im prachiner Creise, zur Herrschaft Drachenitz gehörig.

Chrast, s. Chraschtian und Grast.

Chrastau, Chraustow, ein Dorf im Königreiche Böhmen im chrudimer Creise, zur Herrschaft Biela gehörig.

Chrastawa, ein Dorf im Königreiche Böhmen im beraunter Creise, zum Gute Stietkowitz gehörig.

Chrasticz, ein Ort im Königreiche Böhmen im czaslauer Creise, zur Herrschaft Golz-Jenikau gehörig.

Chrastin, ein Meyerhof im Königreiche Böhmen im rakonitzer Creise, zur Herrschaft Perutz gehörig.

Chrastitz, Gros- und Klein-Chrastitz, Hraschticz, Dörfer im Königreiche Böhmen im berauner Creise, zur Herrschaft Dobrzisch gehörig.

Chrastna, ein Dorf im kaurzimer Creise im Königreiche Böhmen, zur Herrschaft Rattey gehörig.

Chrastney, s. Krasney.

Chrastniczr, ein Ort im Königreiche Böhmen im königsgratzer Creise, zum Gute Lipschan gehörig.

Chrasto,

Chrasto, ein Ort im Königreiche Böhmen im prachiner Creise, zur Herrschaft Protiwin dißeits der Watawa gehörig.

Chrastow, ein Dorf im Königreiche Böhmen im taborer Creise, zur Herrschaft Ober-Czerekwa gehörig.

Chrastowicz, Krastowicze, ein Dorf im Königreiche Böhmen im klattauer Creise, zur Herrschaft Bischhofteinitz gehörig.

Chrastowicze, Kraschowitz, ein Ort im Königreiche Böhmen im ellnbogner Creise, zur Herrschaft Rabenstein dißeits der Eger gehörig, und ein Herrnhof im czadlauer Creise, zur Herrschaft Krziwsaudow gehörig.

Chrastowicze, s. Kraschtiowitz.

Chraustkow, ein Ort im Königreiche Böhmen im czaslauer Creise, zur Herrschaft Maleschau gehörig.

Chraustow, Chrostow, ein Dorf im Königreiche Böhmen im bidschower Creise, zur Herrschaft Miletin gehörig, und eine Mahlmühle, im kaurzimer Creise, zur Herrschaft Schwarz-Kostelez gehörig.

Chraustow, ein Dorf im Königreiche Böhmen im bidschower Creise, zur Herrschaft Dimokur gehörig.

Chraustow, s. Chrostau.

Chraustowitz, Chraustowicze, ein herrschaftlicher Marktflecken und Schloß, mit einem Lust-, Thier- und 3 Fasahengärten am Wolsinka oder neuschlosser Bache, 15 und 1 halbe Meile von Prag, und anderthalb Meilen ostwärts von Chrudim im Königreiche Böhmen im chrudimer Creise, den Fürsten Kinsky von Chinitz und Tettau gehörig.

Chrbokow, Chyrbatow, Hrbokow, ein Dörfchen im Königreiche Böhmen im chrudimer Creise, zur Herrschaft Herrmannstadt und Moraschitz gehörig.

Chrbonin, ein Dorf im Königreiche Böhmen im taborer Creise, zur Herrschaft Hroby gehörig.

Chrczicze, s. Chrtschitz.

Chressenbrunn, s. Kroisenbrunn.

Chriesdorf, Krisdorf, Krzizany, ein Dorf im Königreiche Böhmen im bunzlauer Creise, zur Herrschaft Grafenstein gehörig.

Christanz, ein Dorf im fränkischen Creiſe im Fürſtbiſthume Bamberg, ins Amt Potterſtein gehörig.

Chriſtazhofen, ein Pfarrdorf in der Grafſchaft Trauch in Schwaben; dem Erbtruchſeß Grafen von Waldburg und Zeil-Zeil gehörig.

Chriſtdorf oder **Chriſtorf**, ein adeliches Dorf in der königlich-preußiſchen Prignitz oder Vormark Brandenburg im wittſtockiſchen Amtsdiſtricte.

Chriſtelwitz, ein Rittergut im ſchweidnitziſchen Creiſe, 14 Meilen von Schweidnitz im Herzogthume Schleſien.

Chriſtendorf, ein Ort im Oeſtreichiſchen, zwiſchen Capel und Pleyburg in Kärnten.

Chriſterode, ein Dorf in der heſſencaſſelſchen Grafſchaft Ziegenhayn, zum Amte Oberaule gehörig, 1 Stunde von Schwarzenborn, 3 viertel Stunden von Neukirchen.

Chriſterzhofen, ein Pfarrdorf im Burgau, in der ſchwäbiſchen Grafſchaft Weißenhorn. Es gehört dem Gottes hauſe Roggenburg, ins Amt Nordholz. Nahe dabey iſt ohnlängſt ein Geſundbad entdeckt worden.

Chriſtesgrün, ein Dorf von 12 Häuſern in der königlich-preußiſch-markgräflich-bayreuthiſchen Amtshauptmannſchaft Hof im vogtländiſchen und fränkiſchen Creiſe, ins Amt Lichtenberg.

Chriſtgarten, ehemalige Karthauſe im fürſtlich-wallerſteiniſchen Oberamte Hochhaus in Schwaben.

Chriſtianberg, ein Dorf im Königreiche Böhmen im budweiſer Creiſe, zur Herrſchaft Krummau gehörig.

Chriſtianenburg, ein Jagdſchloß 1 Stunde von Marsdorf im Walde im Königreiche Böhmen, im leutmeritzer Creiſe, zur Herrſchaft Tetſchen gehörig.

Chriſtianenhauß, ein Jagdſchloß in der Grafſchaft Hohnſtein, zu Sophienhof gehörig.

Chriſtianenthal, Wohnung eines gräflichen Fiſchmeiſters im Fürſtenthume Halberſtadt in der Grafſchaft Wernigerode in Niederſachſen.

Chriſtiani-Schloß, ein Schloß im Erzſtift Salzburg im bayeriſchen Creiſe in der hellabronner Straße bey Salzburg.

Christians, ein bayreuthisches Dorf in Franken, ins königlich-preußischen Cassen-Amt Bayreuth gehörig.

Christiansaue, ein Dorf am Hofeflüßel im Königreiche Böhmen im bunzlauer Creise, zur Herrschaft Friedland gehörig.

Christianseck, ein Hof in der Grafschaft Witgenstein unweit der Eder im Gebirge, anderthalb Stunden von Berlenberg.

Christiansglück, s. Wolfstein.

Christianshof, s. Krogulno.

Christina, ein groses Dorf im Viertel Elsack in Tirol im Gerichte Gusidaun im Oestreichischen.

Christina St, eine Pfarre in der untern Landvogtey in Schwaben.

Christina St., ein Ort im Vinstgau in Tirol, zum Gerichte Glurms gehörig im Oestreichischen.

Christina St., ein Dorf am Innflusse, im Gerichte Laudeck bey Ried, im Oberinnthal in Tirol, im Oestreichischen.

Christindorf, im Amte Schwerin, des Herzogthums Meklenburg Schwerin.

Christinenhöhe, eine Kolonie zur Herrschaft Triebelswiz im jauerschen Creise im Herzogthume Schlesien gehörig.

Christinenhof, Lustschloß der Grafen von Hochberg zu Fürstenstein, im schweidnitzischen Creise des Herzogthums Schlesien.

Christinenhof, s. Grabow.

Christl, ein Ort in Tirol im Etschlande, zum Gerichte Paßeyr gehörig im Oestreichischen.

Christl, liegt in der Herrschaft Krummau im Königreiche Böhmen, im budweiser Creise.

Christlhof, ein Dorf mit einem Schlosse im Königreiche Böhmen im klattauer Creise, zur Herrschaft Bistriz gehörig.

Christlschlag, ein Dorf im Königreiche Böhmen im prachiner Creise, zur Herrschaft Winterberg gehörig.

Christofsthal, ein Thal im wirtembergischen Schwarzwalde

Christoph   **Chrtnik**

Walde bey Freudenstadt in Schwaben. Es sind daselbst Eisenminen, Eisenhammer und Eisenschmelzen.

Christoph St., ein Ort im Oestreichischen, zwischen Zollfeld und Volkenmarkt in Kärnten.

Christophen St., ein Pfarrdorf und Amt im Oestreichischen, hinter Heiligenkreuz bey Thurm unter Ens, im Viertel oberhalb dem wiener Walde.

Christophorigrund, ein Dorf im Königreiche Böhmen im bunzlauer Creise, zur Herrschaft Gabel gehörig.

Christophshammer oder **Neubau**, ein Dorf im Königreiche Böhmen im saatzer Creise, zur Herrschaft Preßnitz gehörig.

Christow, ein Hof und Dorf im Herzogthume Pommern, zum Stadtbezirk Greifswalde gehörig.

Chrobold, ein Dorf im Königreiche Böhmen im budweißer Creise, zur Herrschaft Krummau gehörig.

Chromostek, ein Ort im Königreiche Böhmen im bunzlauer Creise, zur Herrschaft Horzin gehörig.

Chronsto, ein oppelnsches Amtsdorf, anderthalb Meilen von Oppeln im Herzogthume Schlesien.

Chropatschow, ein Rittergut im beuthenschen Creise im Herzogthume Schlesien.

Chrosczinka, s. **Weisdorf**.

Chrost, auch **Chrust**, ein adeliches Dorf im koseler Creise im Herzogthume Schlesien.

Chrostow, s. **Chraustow**.

Chrostzinna, ein Dorf mit einer katholischen Kirche im oppelnschen Creise im Herzogthume Schlesien, nach Czarnowanz gehörig.

Chrostzüz, ein Dorf mit einer katholischen Kirche, 2 starke Meilen von Oppeln im Herzogthume Schlesien, zum Rentamte Kup gehörig.

Chrowitz Ort im oppelnschen Creise im Herzogth. Schlesien, zur Herrschaft Ptoskau gehörig.

Chrtnicz, ein Dorf und Meyerhof im Königreiche Böhmen im czaslauer Creise, zur Herrschaft Golz Jenikau gehörig.

Chrtnik, ein Ort im Königreiche Böhmen im chrudimer Creise, zur Herrschaft Choltiz gehörig.

Chrtschitz, Chrzicze, ein Dorf im Königreiche Böhmen im bidschower Creise, zur Herrschaft Podiebrad gehörig.

Chrustenitz, ein Schloß und Dorf im Königreiche Böhmen im rakonitzer Creise, zur Herrschaft Tachlowitz gehörig.

Chrustoklat, s. Kostoklat.

Chrutt, s. Dürrenkrutt.

Chryn, Chyryn, ein Dorf nahe bey Welwara an der laußnitzer Straße, 3 und vviertel Meile von Prag im Königreiche Böhmen im rakonitzer Creise, zur Allodial-Herrschaft Zlonitz gehörig.

Chrzeliz, eine königlich-preußische Herrschaft und Amt im Herzogthume Schlesien, dritthalb Meilen von Ober-glogau.

Chrzib, s. Hrzib.

Chrzumbzütz, ein Dorf mit einer katholischen Kirche im oppelnschen Creise im Herzogthume Schlesien, zur Herrschaft Proskau gehörig.

Chtiegow, ein Bauerngrund im Gebiete des Stiftes Selau im Königreiche Böhmen im czaslauer Creise, zum Dorfe Alt-Brzist gehörig.

Chuchel, s. Kuchel.

Chudenitz, Chudenicze, ein Flecken mit einem uralten Schlosse im Königreiche Böhmen im klattauer Creise, zur Herrschaft gleiches Namens gehörig. Er liegt 15 Meilen von Prag, und 1 Meile von Klattau.

Chudenicze, s. Chudenitz, Kudenitz.

Chuderzicze, ein Ort im Königreiche Böhmen im bidschower Creise, zur Herrschaft Chlumecz gehörig.

Chudirz, ein Dorf im Königreiche Böhmen im bunzlauer Creise, zur Herrschaft Dobrawitz gehörig.

Chudiwa, ein Dorf im Königreiche Böhmen im klattauer Creise, zur Herrschaft Kauth gehörig.

Chudo, eine Mühle im Königreiche Böhmen im czaslauer Creise, zur Herrschaft Krzywsaudow gehörig.

Chudolas, ein Dorf im Königreiche Böhmen im leutmeritzer Creise, zur Herrschaft Doxan, Czebus, Trahobus und Liboch gehörig.

Chudonicz, ein Dorf im Königreiche Böhmen im bidschower Creise, der Stadt Neu-Bidschow gehörig.

Chudopleß, Chudopleßy, ein Ort im Königreiche Böhmen im bunzlauer Creise, zur Herrschaft Münchengrätz gehörig.

Chudow, auch Chutow, ein adeliches Dorf und Schloß im beuthenschen Creise, im Herzogthume Schlesien.

Chudowa, ein Rittergut im rosenbergschen Creise, im Herzogthume Schlesien.

Chudowa und Sarnau, s. Wilmsdorf.

Chudlas, ein Dorf im Königreiche Böhmen im taurzimer Creise, zum Gute Lischna gehörig.

Chürchbuch, s. Kirchbuch.

Chütliz, ein adeliches Dorf in der königlich-preußischen Altmark Brandenburg im salzwedelischen Creise, im Bezirk des Amtes Diesdorf, ohnweit Alt-Salzwedel.

Chüvenhüll, s. Revenhüll.

Chum, Kum, Dorf im Königreiche Böhmen im budweiser Creise, zur Herrschaft Gratzen gehörig.

Chumau Chum, Kum, ein Dorf im Königreiche Böhmen, im budweiser Creise, zur Herrschaft Krummau gehörig.

Chumb, ein eingezognes Kloster in dem pfalzischen Fürstenthume Simmern im oberrheinischen Creise, ins Oberamt Simmern gehörig.

Chumena, ein Dorf im Königreiche Böhmen im prachiner Creise, zur Herrschaft Welsch-Birken gehörig.

Chumo s. Chlum.

Chumska, ein Dorf im Königreiche Böhmen im klattauer Creise, zur Herrschaft Chudenitz gehörig.

Chundorf, s. Klein-Cundorf.

Chunendorf, ein jetzt ödes Dorf im Oestreichischen auf dem Marchfelde unweit Marcheck, im Viertel unterhalb dem Manhardsberge.

Chunzen, s. Kunzen.

Chursanawiz, ein Rittergut im ohlauschen Creise im Herzogthume Schlesien, 2 starke Meilen von Ohlau.

Chursdorf, ein zur Herrschaft Penig und Rochsburg gehöriges Dorf bey Werda, 1 Stunde von Penig, im Erzgebirge in Chursachsen, im zwickauer Amtsdistricte.

Chursdorf, s. Klein-Chursdorf und Cursdorf.

Chusnicze, s. Chaustnik.

Chusnik, s. Chaustnik.

Chuteslawicze, s. Kuteslawitz.

Chutnowka, ein Ort im Königreiche Böhmen im bunzlauer Creise, zur Herrschaft Groß-Skall gehörig.

Chuvenhüll, ein Dorf im Stifte Aichstätt in Franken, ins Amt Hirschberg gehörig.

Chwala, Chwalla, Chwal, Chwaly, ein Cammeraladministrationsgut und Dorf im Königreiche Böhmen im kaurzimer Creise, liegt auf einem Berge anderthalb Meilen von Prag, und hat ein altes Schloß.

Chwalczowicze, s. Chwalschowitz.

Chwalenitz, ein Dorf im Königreiche Böhmen im pilsner Creise, zur Herrschaft Stiahlau gehörig.

Chwalenzitz, ein Dorf im rattiborschen Creise im Herzogthume Schlesien, dem Kloster Rauden gehörig.

Chwaleticze, ein Dorf im Königreiche Böhmen im chrudimer Creise, zum Gute Zdechowitz, und ein Dorf im prachiner Creise, zur Herrschaft Protiwin, disseits der Watawa gehörig.

Chwalin, ein Dorf im Königreiche Böhmen im rakonitzer Creise, zur k. k. Kammeralherrschaft Dopan, disseits der Eger gehörig.

Chwalina, ein Dorf im Königreiche Böhmen im bidschower Creise, zur Herrschaft Horzitz gehörig.

Chwalkau, s. Kwalkow.

Chwalkow, ein Gut und Dorf mit einem Schlosse im im Königreiche Böhmen im taborer Creise, denen ritterswaldischen Erben gehörig.

Chwalkow, ein Meyerhof im Königreiche Böhmen im budweiser Creise, zur Herrschaft Gratzen gehörig.

Chwalkowicz, ein Schloß und Dorf am Bache Rothewasser, 1 Stunde ostwärts von Kukus und 15 Meilen von Prag im Königreiche Böhmen im königgratzer Creise, den Herren von Dobrzenitz gehörig.

Chwal

Chwalkowiz, s. Falkowiz, ein Ort im oppelnschen Creise im Herzogthume Schlesien.

Chwalkowskey, Chwalkowitz, ein Ort im Königreiche Böhmen im czaslauer Creise, dem Stifte Seilau gehörig.

Chwalla, s. Chwala.

Chwallow, ein Ort mit 2 Hegerswohnungen im Königreiche Böhmen im czaslauer Creise, zum Gute Janowitz gehörig.

Chwalkowiz, ein Dorf im rattiborschen Creise im Herzogthume Schlesien.

Chwalmirowiz, s. Falmirowiz.

Chwalow, ein Dorf im Königreiche Böhmen im berauner Creise, zur Herrschaft Chlumecz gehörig. Zwey andere Dörfer im raborer Creise, zur Herrschaft Roth Rzeczicz, und im kaurzimer Creise zur Herrschaft Przezan gehörig.

Chwalowicz, zwey Dörfer im Königreiche Böhmen im bidschower Creise, zur Herrschaft Podiebrad, u. im czaslauer Creise, zur Herrschaft Zleb gehörig.

Chwalowicze, zwey Dörfer 1 Stunde westwärts von Goltsch Jenikau im Königreiche Böhmen im czaslauer Creise, zum Gute Kluk, und eins im kaurzimer Creise zur Herrschaft Radim gehörig.

Chwalschowitz, Chwalczowicze, ein Ort im Königreiche Böhmen im bunzlauer Creise, zur Herrschaft Böhmisch-Eiche gehörig.

Chwalsowicz, zwey Dörfer und Meyerhöfe im Königreiche Böhmen im budweiser Creise, zur Herrschaft Frauenburg, und eins im prachiner Creise, zur Herrschaft Przetschin gehörig.

Chwaltina, s. Unter Chwaltina.

Chwaly, s. Chwala.

Chwalzin, s. Kakschin.

Chwatelka, ein Dorf im Königreiche Böhmen im kaurzimer Creise, zur Herrschaft Unterbrschid gehörig.

Chwatierub, Kwadirub, Chwatoruby, ein Dorf und Gut im Königreiche Böhmen im kaurzimer Creise, rechter Hand der Moldau, 3 Meilen von Prag.

Chwatlin, s. Ober- und Unter-Chwatlin.
Chwatoruby, s. Chwatierub.
Chwogen, Groß-Chwogen, ein Dorf u. Meyerhof im Kön. Böhmen i. berauner Creiße, z. Herrsch. Knrpischt geh.
Chwogen, Klein-Chwogen, Chwoginecz, ein Dorf ohnweit Groß-Chwogen.
Chwogenecz, ein Dorf im Kön. Böhmen im chrudimer Creiße, zur Herrschaft Pardubitz gehörig.
Chwoginecz, s. Chwogen.
Chwogno, ein Dorf im Königreiche Böhmen im chrudimer Creiße, zur Herrschaft Pardubitz gehörig.
Chwognow, ein Dorf im Königreiche Böhmen im taborer Creiße, der pilgramer Stadtgemeinde gehörig.
Chwosteck oder Rzyczinvolkerhammer, mit einem hohen Ofen und einem Zainhammer im lublinizer Creiße im Herzogthume Schleßen.
Chwosteck, s. Rzyczinvolka.
Chwostule, ein Dorf im Königreiche Böhmen im klatauer Creiße, zur Herrschaft Grünberg gehörig.
Chygicze, s. Chigitz.
Chynow, s. Cheynow.
Chyrbatow, s. Chrbokow.
Chyryn, s. Chryn.
Chyschka, Chyssna, ein Dorf im Königreiche Böhmen im czaslauer Creiße, zur Herrsch. Krziwsaudowlge.
Chyschka, Chisten, ein Dorf im Königreiche Böhmen im czaslauer Creiße, zur Herrsch. Windig Jenikau geh.
Chyrry, eine Mühle der Herrschaft Tloskau im berauner Creiße im Königreiche Böhmen.
Cigristorf, s. Iersdorf.
Cilli, Neu-, ein Schloß und Ort im Oestreichischen, 1 halbe Meile von der Stadt Cilli in Steyermark, im cillier Creiße.
Cinte, ein Dorf im Gerichte Juans in Tirol, im Oestreichischen.
Circow, ein Dorf im Herzogthume Pommern auf der Insel Rügen.
Cirknitz, s. Zirknitz.
Cirkwerum, ein Dorf in Westfalen im Fürstenthume Ostfriesland, im Amte Esden.

Ciß-

Cißmar, ein Hof, Mühle und Amt, ehedem ein Kloster im königlich-dänischen Herzogthume Holstein in Niedersachsen, im nördlichen Wagrierlande.

Cißmar, ein Ort im königlich-dänischen Herzogthume Holstein in Niedersachsen, im Amte Steinburg.

Citterpennungshagen, ein Beihof im Herzogthume Pommern, im stralsundischen Bezirke.

Cladow, ein Dorf im Gebiete der Stadt Greifenhagen, ¼ Meile südwärts davon, im königlich-preußischen Hinterpommern, im greifenhagenschen Creise in Obersachsen.

Cladow, ein Dorf in der königlich-preußischen Chur- und Mittelmark Brandenburg, ins Amt Spandow gehörig.

Cladrubium, s. Kladrau.

Clåden, ein Dorf in der kön. preuß. Altmark Brandenb., im Creise und Amte Arendsee, bey Arendsee gelegen.

Clåden, ein adeliches Gut und Dorf in der königlich-preußischen Altmark Brandenburg, im obersächsischen und stendalschen Creise bey Stendal.

Clåffheim, ein königlich-preußisch-markgräflich-anspachisches Dorf in Franken, im Hof-Castenamte Anspach, 1 Stunde davon gegen Wassertrüding.

Clafeld, ein Ort im oranien-nassauischen Fürstenthume und Amte Siegen.

Claholt, ein Kloster in der Herrschaft Rheda in Westphalen, zwischen dem Hochstift Münster und der Grafschaft Ravensberg.

Clain-München, ein Ort im Gerichte Eggenfelden, Rentamts Burghausen in Unterbayern.

Claire fontaine, eine cisterzienser Nonnenabtey in der Vogtey Arlan im östreichischen Antheile, im Herzogthume Luxenburg.

Clairgoutte, ein Dorf in der Grafschaft Mümpelgard, an den Gränzen des Bißthums Basel, der Grafschaft Burgund und Lothringen.

Clam, ein Markt, Schloß und Herrschaft, auch 2 Oerter im Oestreichischen ob der Ens, ohnweit Grein und Kreizen, in der Nachbarschaft von Perg, im Mühl- und alten Machlandsviertel.

Clanin, ein adeliches Dorf und Vorwerk anderthalb Meilen nordnordwestwärts von Bublitz, im königlich-preusischen Hinterpommern, im Fürstenthume Cammin in Obersachsen. Zu diesem Gute gehören die Vorwerke Heidkefier, oder Hütgenfier, und das sogenannte grüne Haus, nahe dabey.

Clanschwitz, bey Hof, ein Ort im meisnischen Creise in Churfachsen, im Amtsbezirk Oschatz.

Clanschwitz, Clischwitz, ein Dorf bey Strehla im Amte Oschatz, im meisner Creise in Churfachsen.

Claptow, ein Edelsitz mit 2 Vorwerken, 1 Meile nordnordwestwärts von Cörlin, an der Westseite der Persante, im königlich-preußischen Hinterpommern, im Fürstenthume Cammin in Obersachsen.

Clarencranz, ein Dorf im breslauschen Creise, dem Clarenstift in Breslau gehörig, im Herzogthume Schlesien.

Claren-Mühl, s. Hauben-Mühl.

Clarenthal, ein fürstlicher Hof, ehemals ein Nonnenkloster in den nassau-saarbrück-usingischen Landen, im Oberamte Wisbaden.

Clarenwerder, s. Crangen.

Clarhof, ein anspachischer Hof in Franken, ins Oberamt Wassertrudingen gehörig.

Clarholz, ein Ort und norbertiner Probstey in der Herrschaft Rheda im westphälischen Creise.

Clarmühl, eine anspachische Mühle in Franken, ins königlich-preußische Oberamt Wassertrudingen gehörig.

Clarmühl, eine Mühle im nürnbergischen Pflegamt Hersbruck, 3 Stunden davon gegen Amberg.

Clarsbach, ein Dorf von verschiednen Landesherrschaftlichen Unterth. bey Roßtall im Anspachischen in Franken.

Clasberg, ein adelicher Hof im herzoglich-sächsischen Oberamte Eisenach.

Claser, s. Glaser.

Clattenhafen, ein Dorf im Herzogthume, ehemaligen dänischen Grafschaft Oldenburg und Delmenhorst, in der Landvogtey Oldenburg u. Vogtey Hatten an der Hunte.

Clatzow, ein Pfarrdorf nahe an der Tollense, 1 Viertel Meile nordwärts von Treptow, im königlich-preußischen Antheile

Antheile des Herzogthums Pommern, und zwar in Vorpommern, im anclamschen Creise in Obersachsen, ins königliche Amt Clempenow gehörig.

Clauburg, Glauburg, Glaberg, Gleiberg, ein Kirchdorf in der Grafschaft Stollberg-Gedern, ohnweit der Nidda, 2 Stunden von Ortenburg, 3 von Büdingen.

Claudersmühle, Unter-Walkmühle, eine Mühle bey Neustadt an der Ort im Amte Arnshaugk, im neustädter Creise in Churfachsen.

Claudersmühle, s. Walkmühle.

Clauen, ein Ort bey Hohenhaneln im Stift Hildesheim ins Amt Peine gehörig.

Clauß, ein Hof im Fürstenthume Calenberg, zum Amte Harbegsen gehörig.

Claus, Ober- und Unter-, zwey Oerter unweit Windischgarten an der steyermärkischen Gränze im Oestreichischen ob der Ens, im Traunviertel.

Claus, Vestung Claus, Vestung und Pas an der steyermärkischen Grenze im Oestreichischen ob der Ens, bey dem Pieru, nahe am Stöcherflusse, im Traunviertel.

Claus an der Drau, ein Ort im Oestreichischen unweit der kärnthenschen Grenze in Steyermark, im warbutiger Creise.

Claus-Aurach, ein bayreuthisches Dorf in Franken, unweit Markerlbach, gegen Emskirchen gelegen, hat seinen Namen von Aurach, welche daselbst entspringt.

Clausberg, ein meiningisches Dorf im Amte Salzungen in Franken, darin besitzen die Herren von Boynesburg ein Gut als meiningisches Lehen.

Clausberg, ein nürnbergisches Dorf in Franken, im Amte Bezenstein, 1 Meile davon gegen Gräfenberg.

Clausdernbach, Closter-Dernbach, ein Hof im churtrierischen Amte Limburg, 1 Stunde von Wilmar, 2 von Wasburg.

Clausdörp, ein Ort im königlich dänischen Herzogthum Holstein in Niedersachsen.

Clausdorf, ein kleiner Hof im nördlichen Wagerlande

de, im königlich-dänischen Herzogthume Holstein in Niedersachsen, im oldenburger Lande.

Clausdorf, ein adelicher Hof im Herzogthume Pommern, im stralsundischen Bezirke.

Clausdorf, ein meklenburgisches Dorf im Amte Buckow des Herzogthums Schwerin.

Clausdorf, ein Dorf im meklenburgischen Amte Neustadt bey Warren, im Herzogthume Schwerin.

Clauße, ein zum Rittergute Puschwitz gehöriges Vorwerk im Amte Mühlberg, im meißner Creise in Chursachsen.

Clause, s. Klause.

Clausen, Ober- und Unter-, Orte im Oestreichischen an der Ens, bey Frauenberg und Rottenmann in Steyermark, im brucker Creise.

Clausen, Unter-, ein vermischtes nürnberg-bayreuthisches und churbayerisches Dorf am Hirschbache in Franken, ins nürnbergische Pflegamt Velden gehörig.

Clausen, Eberhardts-Cluse, ein benedictiner Collegiatstift im Erzstift Trier im churrheinischen Creise, welches zwischen hohen Bergen liegt, im Bezirk des Amtes Wittlich.

Clausen, ein Dorf im markgräflich-badenschen Amte der Herrschaft Grafenstein zu Radalben in Schwaben.

Claushagen, ein adelicher Wohnsitz mit 2 Vorwerken, 1 Meile südwärts von Labes, im königlich-preußischen Hinterpommern, im borkschen Creise in Obersachsen.

Claushagen, ein Starosteydorf im Amte und 1 halbe Meile von Draheim, nahe am See Prössin, im königlich-preußischen Hinterpommern, im neustettinschen Creise in Obersachsen.

Claushagen, ein zum Gute Benz gehöriges ritterfreyes Vorwerk im königlich-preußischen Hinterpommern, im stemminschen Creise in Obersachsen.

Claushof, ein anspachischer Hof in Franken, ins königlich-preußische Pflegamt Langenzenn gehörig.

Claushusen, ein Dorf im Holstein-Dithmarschen, zum Kirchspiel Marne gehörig.

Claußnitz, ein zur gräflich-schönburgischen Herrschaft Wech-

Wechselburg gehöriges Dorf mit 3 Mühlen im Amte Zwickau, im Erzgebirge in Churſachſen.

Clauze, ein Dorf im Lüneburgiſchen, zum churhannöveriſchen Amte Gartow gehörig.

Clebach, ſ. Hinter-Clebach.

Cleeberg, ein Ort und Amt im Landgräflich-Heſſendarmſtädtiſchen im oberrheiniſchen Creiſe.

Cleebow, ein zum Amte Colbatz gehöriges Dorf und Vorwerk, anderthalb Meilen ſüdweſtwärts von Damm im königlich-preußiſchen Hinterpommern, im pyritziſchen Creiſe in Oberſachſen.

Cleedorf, ein nürnbergiſcher Weiler in Franken im Amte Hersbruck, zwiſchen dieſen und Kirch-Sittenbach gelegen.

Cleeſtadt, (R) ein groſes Dorf anderthalb Stunden von Babenhauſen, in dieſes heſſencaſſel-, zur Grafſchaft Hanau gehöriges Dorf.

Clemenshof, ein Dorf im fränkiſchen Creiſe im Fürſtbiſthum Bamberg, ins Amt Burgebrach gehörig.

Clement, am Leiſſenberge, Schloß, Gut und Dorf im Oeſtreichiſchen, nordwärts hinter Ernſtbrunn bey Oberleis, im Viertel unterhalb dem Mannhardsberge.

Clementelviz, ein Hof im Herzogthume Pommern, auf der Inſel Jasmund.

Clemmen, ein adeliches Dorf und Vorwerk, 1 viertel Stunde vom Lindenberge, im königlich-preußiſchen Hinterpommern, im pyritziſchen Creiſe in Oberſachſen.

Clempau, ein Dorf im Fürſtenthume Lauenburg, zum Amte Ratzeburg gehörig.

Clempenow, ein Dorf und Vorwerk mit einem Dammzolle, 1 Meile nordoſtwärts von Treptow, im königlich-preußiſchen Antheile des Herzogthums Pommern und zwar in Vorpommern, im anklamſchen Creiſe in Oberſachſen. Nicht weit davon iſt eine Ziegel- und Kalkbrennerey. Es iſt der Sitz eines königlichen Domainenbeamten und Generalpächters, und auch eines Juſtizbeamten.

Clempenow, ſ. Kothen-Clempenow.

Clempin, ein der Stadt Stargard gehöriges Dorf, 1 viertel Meile nordwärts von Stargard, an der Ihna, im königlich preußischen Hinterpommern Saßiger Creise in Obersachsen, hat ein Predigerwittwenhaus.

Clempin, s. **Klempin.**

Clentz, ein Flecken im churhannöverischen Fürstenthume Lüneburg oder Celle, im Amte Lüchow.

Clepsheim, ein Dorf im Bißthume Wirzburg in Franken.

Cles, Schloß und Herrschaft mit Marktflecken im Thale Nonsberg, zum trientinischen Gebiete im Oestreichischen gehörig.

Cleßheim, ein fürstliches Sommer- und Jagdschloß im Erzbisthume Salzburg im bayrischen Creise, an der reichenhaller oder tyroler Straße.

Cleusdorf, ein Schloß und Dorf an der Itsch im Wirzburgischen in Franken, 1 Stunde von Ebern, und gehört außer einigen wirzburgischen Unterthanen, dem Kloster Banß zu.

Cleve, ein Ort in der Grafschaft und Amt Ravensberg in Westphalen, zur Vogtey Bergholzhausen gehörig.

Cleve, ein Dorf im Hollstein-Dithmarschen, ins henstedter Kirchspiel gehörig.

Clevenov, ein adelicher Hof im Herzogthume Pommern im loizer Bezirk.

Cleverns, ein Ort in der Reichsunmittelbaren Herrschaft Jever an der Nordsee in Westphalen, bisher dem fürstlichen Hause Anhalt-Zerbst, jetzt der Kaiserin von Rußland gehörig.

Clevetz, ein Meyerhof und Dorf im Fürstenthume Plön, im königlich dänischen Herzogth. Holstein, im südlichen Wagrierlande in Niedersachsen.

Cletzin, Kletzin, ein Dorf u. Vorwerk 1 Meile ostwärts von Demmin, im königlich preußischen Antheile, des Herzogthums Pommern, und zwar in Vorpommern, im demminschen und treptowschen Creise in Obersachsen, ins Amt Loitz gehörig.

Clings, Klings, ein Dorf im Hochstift Fulda ins Amt Fischberg gehörig, im Oberrheinischen Creise.

Clischwitz, s. **Clanzschwitz.**

Clodermühle, zum Rittergute Clodra gehörige Mühle, im Amte Weyda im neustädter Creiße, in Churfachsen.

Clodnitze, ein Rittergut im beuthenschen Creiße, im Herzogthume Schlesien.

Cloeze, ein Flecken und Amt im churhannöverischen Fürstenthume Braunschweig-Lüneburg.

Cloezenhof, ein Ort im Churhannöverischen-Lüneburgschen zum Amte Bergen gehörig.

Clofeld, ein Dorf auf dem Westerwald, im Fürstenthume Nassau-Siegen.

Clokaw, ein adeliches Gut in der königlich-preußischen Vormark oder Prignitz, im perleburgischen Districte.

Clonsbach, ein anspachsches Dorf in Franken, 1 Stunde von Leutershausen, in dieses jezige königlich-preußische Vogtey-Amt gehörig.

Cloppenburg, Kloppenburg, ein Ort und Amt im Stift Münster in Westphalen.

Closter, ein Hof im Lüneburgschen zum Amte Nustrow.

Closter, das Neue oder Neucloster, ein adeliches Nonnenkloster ohnweit Aeperken und der Stadt Choch, im Herzogthume Cleve in Westphalen.

Closterberg, ein dem Rathe zu Schneeberg gehöriges Vorwerk im Amte Schwarzenberg, im Erzgebürge in Churfachsen.

Closter-Bose, ein ehemaliges Benedictinerkloster, jezt ein Vorwerk dem Amte Zeiz geh., im Stifte Naumburg-Zeiz in Churfachsen.

Closterdoll, Clostertulba, ein Dorf und Kloster im Stifte Fulda, drittehalb Stunden von dieser Stadt.

Clostern-Dernbach, s. Clausdernbach.

Closterrade, eine Abtey unweit der kleinen Stadt Hertogenrade in dem östreichischen Antheil, an dem Herzogthume Limburg.

Clostertron, Thron, Tron, ein ehemaliges cistercienser Nonnenkloster, so jezt ein Hof ist in dem Chur-Trierschen und Nassau-Dillenburgschen gemeinschaftlichen Amte Wehrheim, eine starke Stunde von Usingen, und anderthalb Stunden von Homburg an der Höhe.

Closterzelle, ein churfürstlich-sächsisches Vorwerk im geburgischen Creise, im Amtsbezirk Noßen.

Closwiz, ein Dorf im herzoglich-sächsischen Amte Jena in Thüringen, ein Filial von Cospleda.

Clotten, ein Dorf im Erzstift Trier im churrheinischen Creise, im Amte Cochem.

Clozow, ein adelicher Hof im Herzogthume Pommern im wolgaster Bezirk.

Cludenbach, ein Ort in dem markgraf-badenschen Antheil der vordern Grafschaft Sponheim in der Unterpfalz, zum Oberamte Kirchberg und Pflege Costenz geh.

Cluden, ein adeliches Dorf in der königlich-preußischen Altmark Brandenburg im arneburgischen Creise, und Bezirk des Amtes Tangermünde, zum Theil ins Herzogthum Magdeburg gehörig.

Clues, ein Dorf im Churhannöverischen in der Grafschaft Hoye, zum Amte Eyke gehörig.

Cluftern, ein Dorf in Schwaben, zur Commende Meinau gehörig.

Clunder, ein Ort im churhannöverischen Fürstenthume Bremen, zum Amte Ottersberg gehörig.

Cluptow, ein Hof im Herzogthume Pommern auf der Insel Rügen.

Clus, bey Burg eine Schenke und Landgeleite im jerichoer Creise des Herzogthums Magdeburg, dem Magistrat daselbst gehörig.

Clus, bey Magdeburg, ein Wirthshaus und Zollgeleite im jerichoer Creise des Herzogthums Magdeburg, dem Magistrat daselbst gehörig.

Cluß, Groß-Cluß, ein der Stadt Cößlin gehöriges Dorf, 1 Meile nordostwärts davon am Nestbache im königlich-preußischen Hinterpommern, im Fürstenthume Cammin in Obersachsen.

Cluß, s. Klein-Cluß.

Cluvenhagen, ein Ort im churhannöverischen Fürstenthume Bremen, zum Amte Achim gehörig.

Cluversbostel, ein Ort im churhannöverischen Fürstenthume Bremen, zum Amte Ottersberg gehörig.

Cobbel, ein adeliches Dorf in der königlich-preussischen Altmark Brandenburg im arenburgischen Creise und Bezirke des Amtes Tangermünde.

Cobergskothe, ein Ort im churhannöverischen Fürstenthume Lüneburg, zum Amte Burgsdorf gehörig.

Cobern, ein Ort im untern Erzstifte Trier im churrheinischen Creise, im Bezirke des Amtes Münster-Meinfeld gehörig.

Coblank, s. **Kuhblank.**

Coblau, ein Dorf im Herzogthume Schlesien im Fürstenthume Münsterberg, bey Münsterberg.

Coblenz, ein Dorf im Amte Stolpen, 3 Stunden von Bischofswerda an der oberlausitzischen Grenze, im meißner Creise in Chursachsen.

Coccejendorf, ein Dorf 1 halbe Meile von der Stadt Schlawe, wohin es auch gehört, im königlich-preussischen Hinterpommern, im schlawischen und pollnowschen Creise in Obersachsen.

Codach, Ober- und Nieder, Orte im königlich-preussischen Fürstenthume Bayreuth in Franken, ins Amt Culmbach gehörig.

Codden, s. **Caden.**

Codlewe, fürstliche Domäne, 1 Meile von Trachenberg im Herzogthume Schlesien.

Codram, ein Dorf und Vorwerk im Amte, und 3 viertel Meilen nordwestwärts von Wollin, im königlich-preussischen Vorpommern, im wollinschen Creise in Obersachsen.

Cöllerbeck, ein Ort im Bißthume Paderborn im westphälischen Creise.

Cöllitzsch, ein zum Cammergute Kreyschau gehöriges Bauergut im Amte Schweinitz, im Churcreise in Sachsen.

Cöllitzsch, ein nach Adelwitz gehöriges Bauergut im Stifte Wurzen, im leipziger Creise in Chursachsen.

Cöllmen, ein Dorf in der Grafschaft Mannsfeld im schraplauer Creise, zum königlich-preussischen Amte Holzzelle gehörig.

Cöllmsmühle, eine zum Rittergute Großböhla gehörige Mühle im Amte Oschätz im meißner Creise in Chursachsen.

Cölmünz, ein anspachisches Dorf in Franken im königlich-preußischen Oberamte Cadolzburg, 3 Stunden davon gegen Anspach gelegen.

Cölln, polnisch **Kalinie,** zum Amte Carlsmarckt gehörig, 2 Meilen von Brieg im Herzogthume Schlesien.

Cölln, ein Dorf 1 Meile nordostwärts von Treptow im königlich-preußischen Antheile des Herzogthums Pommern, und zwar in Vorpommern im anclamschen Creise in Obersachsen, ins königliche Amt Clempenow gehörig.

Cöllnbach, s. **Obercöllnbach.**

Cöllnhofe, s. Vorrede des Ersten Nachtrags.

Cöllnitz, ein Dorf bey Groitzsch im leipziger Creise in Sachsen, ins Amt Pegau gehörig.

Cölpin, ein Rittersitz und Dorf mit 2 Vorwerken, 2 Meilen westwärts von Neustettin im königlich-preußischen Hinterpommern im neustettinschen Creise in Obersachsen; hierzu gehören noch das auf der Feldmark liegende Vorwerk **Neuhof,** und das zu Bärwalde eingepfarrte Feldgut **Knick,** mit einem kleinen dazu gehörigen Ackerwerke **Sonntag.**

Cölpin, ein adeliches Dorf mit 2 Vorwerken, anderthalb Meilen ostwärts von Greifenberg, nahe an einem ostwärts gelegenen ziemlich großen See, im königlich-preußischen Hinterpommern, im greifenbergischen Creise in Obersachsen.

Cöperniz, ein Dorf im Herzogthume Magdeburg, im ziesarschen Creise und Amte gelegen.

Córbecke, ein Ort im Bißthume Paderborn im westphälischen Creise.

Córbeliz, ein Dorf im Magdeburgischen, im jerichowschen Creise, zum Dohmprobsteyamt in Magdeburg gehörig.

Cörlin, ein Vorwerk und königliches Amt, im königlich-preußischen Hinterpommern, im Fürstenthume Cammin in Obersachsen.

Cörlin,

Cörlin, ein Dorf im königlich-preußischen Hinterpommern im schlaweschen und pollnowschen Creise in Obersachsen, 2 Meilen ostnordostwärts von Rügenwalde in dieses Amt gehörig.

Cörtenthin, ein Dorf und Vorwerk im Amte und 1 Meile nordwärts von Wollin, am Divenowstrom, im königlich-preußischen Vorpommern, im wollinschen Creise in Obersachsen.

Cöseln, ein Rittergut und Dorf hinterm Petersberge an der Fähre bey Löbegün, im Stifte Merseburg in Chursachsen, ins Amt Lauchstedt gehörig.

Cößlin, ein ins Amt Cößlin gehöriges Vorwerk, bey der Stadt Cößlin, im königlich-preußischen Hinterpommern im Fürstenthum Cammin in Obersachsen.

Cösternitz, s. Kösternitz.

Coeuve, s. Auf.

Cofrane, ein Dorf in dem königlich-preußischen Fürstenthume Welsch-Neuenburg, in der Meyerey Vallengin im Walde Suz an der schweizerschen Gränze.

Cogel, ein Ort im Oestreichischen ob der Ens unweit der Donau, bey Ottenham im alten Mühlviertel.

Cohlenfeld, ein Dorf im churhannöverischen Fürstenthume Calenberg, zum Amte Blumenau gehörig.

Cojentschine, mit dem nicht weit davon entfernten Grundvorwerk, Herzoglich im wartenbergschen Creise im Herzogthume Schlesien.

Colbatz, ein Amt und ritterfreyes Vorwerk, 2 Meilen südostwärts von Damm an der Plöne, im königlich-preußischen Hinterpommern im pyritzischen Creise in Obersachsen. Hier ist eine Kalkbrennerey.

Colberger-Deep, s Deep.

Colbitz, ein Dorf im magdeburgischen Holzkreise, zum königlichen Amte Wolmirstedt gehörig.

Colbitzow, ein Dorf an einem kleinen See, 1 und 1 halbe Meile südwestwärts von Stettin, in dieses Amt gehörig im königlich-preußischen Vorpommern im ranbowschen Creise in Obersachsen.

Coldemanz, ein adelicher Wohnsitz und Vorwerk, 3 viertel Meilen südwestwärts von Greifenberg an einem füsstreichen See, im königlich-preußischen Hinterpommern im flemmingschen Creise in Obersachsen.

Coldenhof, ein Hof und Schäferey im Bißthume Lübeck, im königlich-dänischen Herzogthume Holstein, im südlichen Wagrierlande in Niedersachsen.

Coldenweide, ein Ort in der Herrschaft Pinneberg im königlich-dänischen Herzogthume Holstein in Niedersachsen.

Coldeweyhe, ein Dorf in der churhannöverischen Grafschaft Hoye, zum Amte Ehrenburg gehörig.

Coleiwermühle, eine Feldmühle zu Kunzendorf im wartenbergschen Creise ins Herzogthum Schlesien gehörig.

Colezheim, Colizheim, ein Dorf im Würzburgischen in Franken im fürstbischöflichen Amte Klingenberg geleg.

Collau, ein Dorf im churhannöverischen Fürstenthume Calenberg, zum königlichen Amte Sülzau gehörig.

Collatz, Callatz, ein adelicher Wohnsitz mit 3 Vorwerken, von den 2 Groß-Nemrin und Ziegenborn auf der Feldmark liegen, 1 halbe Meile ostnordostwärts von Polzin, im königlich-preußischen Hinterpommern im neustettinschen Creise in Obersachsen.

Collegg, s. **Callegg**.

Collenberg, ein ritterschaftliches Dorf, des Cantons Odenwald im Würzburgischen in Franken, den Herrn Ruben von Collenberg gehörig.

Collenrade, ein Dorf im Churhannöverischen, zum Amte Diepholz gehörig.

Collin, ein Dorf an der kleinen oder faulen Ihna, 1 Meile südsüdostwärts von Stargard, im königlich-preußischen Hinterpommern im pyritzschen Creise in Obersachsen, dem Johanniterorden zu Sonnenburg geh.

Collis, ein Dorf von 14 Häusern in der fürstlich-reusischen Herrschaft Gera im Vogtlande

Collm, ein churfürstliches Cammergut am Colmberge, bey Oschatz im leipziger Creise in Chursachsen, ins Amt Mutzschen gehörig.

Collmann St., ein Ort im Oestreichischen ob der Ens, im Amte Braunau, bey St. Georg, im Innviertel.

Collmann St., ein Ort im Oestreichischen ob der Ens

im Amte Ried an der Grenze vom Hausrukviertel im Innviertel.

Collmar, ein Dorf in der ehemahligen dänischen Grafschaft jetzigen Herzogthum Oldenburg und Delmenhorst im stedinger Lande, in die Landvogtey Oldenburg und Vogtey Struckhausen gehörig.

Collmar, s. Colmar.

Collmberg, ein königlich-preussisch-markgräflich-anspachtischer Schloßflecken und Oberamt, 3 Stunden von Ansbach.

Collmen, ein Amtsdorf im Stifte Wurzen im leipziger Creise in Chursachsen, ins Amt Wurzen gehörig.

Collmen, ein amtsäßiges Gut und Dorf bey und im Amte Colditz, im leipziger Creise in Chursachsen.

Collmiz, ein Ort in Chursachsen im meißnischen Creise im Amtsbezirk Hayn.

Collniz, ein Schloß und Herrschaft im Oestreichischen, zwischen Villach und Sachsenburg in Kärnten.

Collwey, ein Ort in der ehemaligen dänischen Grafschaft jetzigen Herzogthum Oldenburg in die Landvogtey des Nahmens und Vogtey Struckhausen gehörig.

Collwing, ein Ort im Churfürstenthum Trier an der Lahn, zur safter Zent gehörig.

Colman, s. Sanct=Colman.

Colmar, ein Kirchdorf im königlich-dänischen Herzogthume Holstein in Niedersachsen im Amte Steinburg.

Colmar, s. Collmar.

Colmarsreuthe, ein kleiner Ort in der badenschen Markgrafschaft Hochberg, 3 viertel Stunden von Emmendingen.

Colmdorf, ein Ort im königlich-preußischen Fürstenthume Bayreuth in Franken, ins Amt St. Johannis gehörig.

Colmniz, Nieder= ein adeliches Dorf und Rittergut, im Amte Freyberg im Erzgebürge in Chursachsen, 1 Meile von Freyberg auf Dippoldiswalde zu gelegen.

Colnbach, ein Schloß zwischen Crailsheim und Schwäbisch-Hall in Franken, war die Residenz des lezten Grafen

Grafen Geyers im königlich-preußischen Markgrafthume Anspach.

Colomann St., ein Dorf im Oestreichischen an der Donau oberhalb Stockerau, im Viertel unterhalb dem Mannhardsberge.

Colombier, ein Dorf und Gerichtsbarkeit in dem königlich-preußischen Fürstenthume Welsch-Neuenburg.

Colonien, Colonien-Dörfer s. Vorrede des ersten Nachtrags.

Colow, zum Amte Colbatz gehöriges Dorf, 3 viertel Meilen südwärts von Damm, im königlich-preußischen Hinterpommern im puritzischen Creise in Obersachsen.

Colpin, ein nach Werben gehöriges Forsthaus in der königlich-preußischen Prignitz oder Vormark Brandenburg, im Prizwaldischen Distrikte.

Colrep, Kolrep, oder **Kohlreif**, ein dem Stifte zu heiligen Grabe gehöriges Dorf, in der Prignitz oder Vormark Brandenburg im prizwaldischen Distrikte

Coischhausen, Kelshausen, ein Dorf in der Herrschaft Greifenstein, 1 und 1 halbe Stunde von Greifenstein, 2 von Hohensolms und Herborn im niederrheinischen Creise.

Colshorn, ein Ort im Fürstenthume Bremen, zum Amte Achim gehörig.

Colshörn, ein Ort im churbraunschweigisch-lüneburgischen Amte Burgtorf.

Colvino, ein Dorf im Oestreichischen, am Lisonzaflusse, nahe am Montesanto in den Grafschaften Görz und Gradisca.

Colzow, s. Kolzow.

Comasowo, s. Comsow.

Combach, ein Ort im landgräflich-hessen-darmstädtschen Amte Biedenkopf im oberrheinischen Creise.

Combe, Echelette, kleine Dörfer in dem königlich-preußischen Fürstenthume Welsch-Neuenberg, in die Meyerey Vallengin gehörig.

Combe-Girard, ein Ort in dem königlich-preußischen Fürstenthume Welsch-Neuenberg, in die Meyerey le Cocle gehörig, an der schweizer Grenze.

Combe, s. Lachataigne.

Combes, s. Frachau.

Comeise, ein Dorf im leobschützer Creise in Schlesien, ein Antheil gehört ins Oestreichische, der andre ins Preusische, beyde aber sind ein Eigenthum des Magistrats zu Jägerndorf.

Commende, ein Theil der Vorstadt von Münsterberg im Herzogthume Schlesien, mit einer Kirche, gehört dem Stifte St. Matthias zu Breslau.

Commerau, zum Rittergute Zerna gehöriges Dorf bey Wittichenau, in der Oberlausitz in Churfachsen, im bautzner Amtsdistricte.

Comorn, s. Romorno.

Compatsch, ein Dorf im östreichischen Gerichte Meran, westwärts von der Stadt Meran im Etschlande in Tirol.

Compinirte Gruben auf dem Stahlberge, Quecksilberbergwerke im Herzogthume Zweybrücken.

Comsow oder Comasowo, Ober- Nieder- und Unter-, drey adeliche Dörfer, jedes mit einem Vorwerke, 1 und 3 viertel Meilen nordwärts von Lauenburg im königlich-preusischen Hinterpommern im lauenburgisch- und butowschen Creise in Obersachsen im lauenburger Districte.

Condt, ein Dorf im Erzstifte Trier im churrheinischen Creise und Amt- Cochen.

Conerow, ein Dorf im Herzogthume Pommern, ins Amt Wolgast gehörig.

Conken, ein Dorf und Schultheiserey des herzoglich-zweybrückischen Oberamtes Lichtenberg, der alten Grafschaft Veldenz im oberrheinischen Creise.

Connersreuth, s Ober- Connersreuth.

Connsdorf, s. Conradsdorf.

Conow, ein mecklenburgisches Dorf im Amte Doemitz, des Herzogthums Schwerin.

Conow, eine Meyerey im Amte Feldberg des Herzogthums Mecklenburg Strelitz.

Conow, s. Cunow.

Conrad, ein Ort im Oestreichischen bey Unbach, ohnweit dem Traunsee, ob der Ens, im Traunviertel.

Conrad, St. ein Ort im Oestreichischen westwärts von Attersee, bey der Stadt Mannsee ob der Ens, im Hausrukviertel.

Conradsberg, ein Dorf im fürstbischöflichen Amte Aschach, im Würzburgischen in Franken

Conradsbronn, ein Ort im Amte Rötteln, in der Probstey Ellwangen.

Conradsdorf, ein Rittergut mit einer evangelischen Kirche, 1 viertel Meile von Haynau im Herzogthum Schlesien.

Conradsdorf oder Connsdorf, ein ehemaliges Nonnenkloster, jetzt herrschaftliches Vorwerk in der Grafschaft Hanau-Münzenberg, in dem hanauischen- und stolbergischen Amte Ortenberg, in der Landgrafschaft Hessen nicht weit von dem Städtchen Ortenberg und Selters, nach Hanau gehörig.

Conradshofen, ein Dorf in der Herrschaft Schwabeck in Schwaben, dem Churfürst von Bayern gehörig.

Conradsreuth, Cunersreuth, ein Dorf und Rittergüter in der königlich-preußisch-markgräflich-bayreuthischen Amtshauptmannschaft Hof im Vogtlande im fränkischen Creise, anderthalb Stunden v. der Stadt, auf der Landstraße nach Bayreuth, Herren v. Reizenstein gehörig.

Conradsthal, eine adeliche Kolonie bey Salzbrunn im schweidnitzischen Creise im Herzogthume Schlesien.

Conradswalde, ein Dorf im tauerschen Creise in Schlesien.

Conradswaldau, ein Dorf mit einer evangelischen Kirche, zum briegschen Stiftamte gehörig, anderthalb Meilen von Brieg im Herzogthume Schlesien.

Conradswaldau, ein adeliches Dorf und Schloß mit mit einer evangelischen Kirche, 1 und 3 viertel Meilen von Schweidnitz, im Herzogthume Schlesien.

Conradswaldau, ein adelliches Dorf mit einer evangelischen und katholischen Kirche, 3 und 1 halbe Meile von Hirschberg im Herzogthume Schlesien.

Conradswaldau, ein Rittergut im guhrauschen Creise im Herzogthume Schlesien.

Conradswaldau, ein Rittergut im landecker Districte,

der Grafschaft Glatz, mit einer katholischen Kirche im Herzogthume Schlesien.

Conradswaldau, ein Dorf mit einer evangelischen Kirche, im Fürstenthume Jauer in Schlesien.

Conradswaldau, ein Rittergut bey Gottesberg im Herzogthume Schlesien.

Conradswalde, ein Dorf ohnweit Schweidnitz im Herzogthume Schlesien.

Conradswiese, ein Amtsdorf und Vorwerk im Amte Schwarzenberg, im Erzgebürge in Chursachsen.

Conrade, ein Dorf bey Schencklengsfeld, ins landgräflich-hessen-casselsche Amt Landeck gehörig.

Consrade, ein mecklenburgisches Dorf im Amte Schwerin, des Herzogthums Schwerin.

Constages, ein adelicher Hof im Herzogthume Pommern, im wolgaster Bezirke.

Constallhammer, ein Blau- und Frischfeuer, welches dem Schwarz- oder Bodenblechhammer zu Rothseifen das nöthige Eisen liefert, im Schwarzburg-Rudelstädtschen in Thüringen.

Constantinopel, ein ins Amt Satzig gehöriges Dorf, 1 halbe Meile ostwärts von Jacobshagen, auf einer Anhöhe, nicht weit von Döllitzsee, im königlich-preußischen Hinterpommern im satziger Creise in Obersachsen.

Contop, ein Dorf und Hof auf der Halbinsel Wittow in schwedisch Pommern.

Contwich, ein Dorf und Schultheißerey, des herzoglichen Oberamts Zweybrücken im oberrheinischen Creise.

Contuavel, ein Markt im Oestreichischen, im Triester Gouvernement.

Conz, ein Flecken im Erzstifte Trier an der Saar, im Amte Pfalzel im churrheinischen Creise.

Conzell, ein Ort im Gerichte Mitterfels Rentamts Straubingen in Unterbayern.

Conzen, ein churpfälzisches Dorf im Amte Monjoye im Herzogthume Jülich in Westphalen.

Conzenberg, ein Ort und Reichsherrschaft an der Nordseite der Donau, nicht weit von der wittembergischen

Stadt Tuttlingen im schwäbischen Creise, der Domsprobstey des Hochstifts Konstanz gehörig.

Coppeln, ein Ort im churhannöverischen Fürstenthume Bremen, zum Amte Achim gehörig.

Coppenhausen, ein Dorf im schwäbischen Rittercreise, im Canton Donau.

Coppenow, s. Roppenow.

Coppenwind, ein Dorf im Wirzburgischen in Franken, 1 Stunde von Kloster Eberach gegen Zabelstein gelegen, darinn dies Kloster 115 Unterthanen hat.

Copreinig, ein Ort im Oestreichischen bey St. Ulrich und Burgstall in Steyermark, im marburger Creise.

Copreinig, s. Ropreinig.

Coprieben, ein adel. Dorf, hat mit Inbegriff 3 auf der Feldmark befindlicher Vorwerke oder Feldgüter, Parchlin, Joachimsthal und Grünhof, 5 Vorwerke, 1 halbe Meile südwestwärts von Bärwalde, an einem fischreichen See, im königlich-preußischen Hinterpommern, im neustettinschen Creise in Obersachsen.

Corangelwiz, ein Rittergut im wohlauschen Creise im Herzogthume Schlesien.

Corbeckoverloo, ein Dorf im östreichischen Antheile des Herzogthums Brabant im burgundischen Creise.

Corberoth oder **Korbenroth**, ein Ort von 4 Häusern, im Bezirke des herzoglich-sachsen-meinungtschen Amtes Schollau im Fränkischen.

Corbersdorf, ein Ort im königlich-preußischen Herzogthume Bayreuth in Franken, im Amte Arzberg.

Corbetha, ein Dorf im Stifte Merseburg, 1 Stunde von dieser Stadt, im Amte Lauchstedt in Chursachsen, zum Rittergute Neukirchen gehörig.

Corcelles, ein Dorf in dem königlich-preußischen Fürstenthume Welsch-Neuenburg, in die Meyerey la Lote gehörig, ohnfern Neuenburg.

Cordel, ein Dorf im Erzstifte Trier, im Amte Pfalzel im churrheinischen Creise.

Cordeshagen, **Curdshagen**, ein Dorf mit den Vorwerken Niederhof und Altenhagen, oder Endeshof, 2 Meilen von Cößlin, im königlich-preußischen Hin-

Hinterpommern, im Fürstenthume Cammin in Obersachsen.

Cordingen, einige Orte im Lüneburgischen, in die Aemter Rethen und Fallingbostel gehörig.

Cordshagen, ein Hof und Dorf im Herzogthume Pommern im Amte Franzburg, wo auch die Cordsmühle hin gehört.

Cored, ein Schloß im Thale Nonsberg, im trientinischen Gebiete.

Coridigo, Curidigo, ein Markt im Oestreichischen, unweit dem Queissoflusse, in Hunsterreich.

Coritau, ein adeliches Dorf und Herrschaft, im glatzer Districte der Graffschaft Glatz, im kön. preuß. Herzogthume Schlesien.

Corlfsmühle, Beckers-Mühle, im fürstlich-oranien-nassauischen Amte Mengerskirchen, ins Kirchspiel Neunkirchen gehörig.

Cormondreche, ein Dorf in dem königlich-preußischen Fürstenthume Welsch-Neuenburg, in die Meyerey la Cote gehörig.

Cornau, ein Flecken im Churbraunschweig-Lüneburgischen, zum Amte Diepholz gehörig.

Cornek, ein Ort im Oestreichischen unweit Gmünd, bey St. Veit in Kärnten.

Corneliberg, oder **Mont Cornillon**, ein Nonnenkloster unweit der Stadt Lüttich in Westphalen.

Cornol, ein Dorf im Hochstift Basel im oberrheinischen Creise, ins Oberamt Bruntrut und Land Elsgau gehörig.

Corona, ein Dorf im Oestreichischen, nordwärts von Gradisca, unweit der Bisterza, in den Graffschaften Görz und Gradiska.

Corpulo, ein Ort im Oestreichischen bey Samarein, nordwärts von Rein und Sauerbrunn, in Steyermark im cillier Creise.

Corres, ein waldenser Dorf im wirtembergischen Amte Maulbronn in Schwaben.

Corschwant, ein Dorf am Gotmersee, 1 halbe Meile westwärts von Swinemünde, im königlich preußischen

Vorpommern, im usedomschen Creise in Obersachsen, ins Amt Pudagla gehörig.

Corsenbroich, ein Dorf in der Herrschaft Mylendank oder Millendorf, zwischen Cöln und Jülich, am Nirsflusse im westphälischen Creise, den Herrn Grafen von Ostein gehörig.

Corsendank, eine Probstey regulirter Chorherrn im teutschen Flandern, 3 Meilen von Brügge.

Corsentz, ein fürstliches Domänengut mit einer kathol. Kirche, 1 Meile von Trachenberg, im Herzogthume Schlesien.

Cortaillod, ein Dorf und Meyerey in dem königlich-preußischen Fürstenthume Wesch-Neuburg gehörig.

Cortendorf, ein Dorf im herzoglich-coburgischen Amte oder Gerichte Lautern.

Cortina, ein großes zerstreutes Dorf im östreichischen Gerichte Beitelstein am Voitaflusse in Tirol.

Cortsch, ein Ort im Vinstgau, zum östreichischen Gerichte Schlanders gehörig, bey Schlanders in Tirol.

Corvey, eine gefürstete Abtey Benedictinerordens im westphälischen Creise an der Weser, wo die Schelpe hineinfließt.

Corvey, ein Dorf in der gefürsteten Grafschaft Salm im oberrheinischen Creise.

Corvien, ein Dorf und adeliches Gericht im Chur-braunschweig-Lüneburgischen.

Corvignan, ein Dorf im Oestreichischen am Ansora-flusse, zwischen Palmanova und Aglar, im aquilejer Gebiete.

Cosano, ein Dorf im Oestreichischen unweit der Judri, an der venetianischen Grenze, zwischen Bigliana und St. Martin, in den Grafschaften Görz und Gradisca.

Coschen, ein Amtsdorf im Amte Jüterbogk, im Fürstenthume Querfurth in Chursachsen.

Coschine, ein Rittergut 1 u. 1 viertel Meile von Militsch, im Herzogthume Schlesien.

Cose oder Rose, ein Dorf mit einer Glashütte und 2 Vorwerken, wovon das eine Bratenkrug heißt, im königl-

königlich-preußischen Hinterpommern, im stolpischen Creise in Obersachsen.

Coseger, ein Rittersitz und Vorwerk, 1 halbe Meile westsüdwestwärts von Cörlin, im königlich-preußischen Hinterpommern, im Fürstenthume Cammin in Obersachsen.

Cosel, ein Dorf im breslauschen Creise, dem Domkapitel in Breslau gehörig, im königlich-preußischen Herzogthume Schlesien.

Cosemühle oder Rosemühle, ein Rittersitz an der Lupow, mit einem Vorwerke im königlich-preußischen Hinterpommern, im stolpischen Creise in Obersachsen.

Cosenow, s. Alt-Cosenow.

Coserow, ein Dorf 2 Meilen ostwärts von Wolgast im königlich-preußischen Vorpommern im usedomschen Creise in Obersachsen, ins Amt Pudagla gehörig.

Cosliak, s. Wachsenstein.

Cosmann St., ein Ort im östreichischen Gerichte Neuhaus, im Etschlande in Tirol.

Cosmütz, ein Rittergut im leobschützer Creise, im königlich-preußischen Herzogthume Schlesien.

Cospersgrün, ein Ort im gebirgischen Creise in Sachsen, im Amtsbezirke Zwickau.

Cospoda, ein Rittergut und Dorf im Amte Arnshaugk im neustädter Creise in Chursachsen, 1 Stunde von Neustadt an der Orl.

Coßa, ein Rittergut und Dorf im Amte Eilenburg im leipziger Creise in Chursachsen, 1 Meile von Düben, auf Dommitzsch zu gelegen.

Costau, auch Rostau, ein adeliches Dorf mit einer evangelischen Kirche, 1 Meile von Pitschen im Herzogthume Schlesien.

Costendorf, ein Ort im Oestreichischen, unweit St. Ermachor und Ortenburg in Kärnten.

Coßa, ein Rittergut und Dorf in Chursachsen, im leipziger Creise, im Amtsbezirke Eilenburg.

Coßbach, ein Dorf im fränkischen Creise im Fürstbißthume Bamberg, ins Amt Büchenbach und Attelsdorf gehörig.

Coßebau oder Coßebue, ein adeliches Dorf in der königlich-preußischen Altmark Brandenburg, im arendseeischen Creise und Amtsbezirke.

Coßebue, s. Coßebau.

Coßliz, ein Dorf und Rittergut in Chursachsen, im meißnischen Creise, im Amtsbezirke Hoya.

Coßen, ein Dorf in der fürstlich-landgräflich-schönburgischen Herrschaft und Amte Wechselburg an der Mulda, ohnweit Lauzenau in Chursachsen, im obersächsischen Creise.

Coßengrün, ein Dorf im fürstlich-reußischen Herrschaft Gretz im obersächsischen Creise, ins Amt Dölau gehörig im Vogtlande.

Coßin, ein adeliches Gut und Dorf 1 Meile ostsüdostwärts von Pyritz, im königlich-preußischen Hinterpommern, im pyritzischen Creise in Obersachsen.

Cotta, ein Ort im Amte Eilenburg, im leipziger Creise in Chursachsen.

Cotta, ein Amtsdorf im Amte Belzig, im Churcreise in Sachsen.

Cottenau, ein ritterschaftliches Dorf des Cantons Gebirg, im Bayreuthischen in Franken, den Herrn Oberländer ins Amtsbezirk Wirsberg gehörig.

Cottenbach, ein königlich-preußisch-markgräflich-bayreuthisches Dorf in Franken, ins Oberamt Bayreuth gehörig.

Cottenhayn, ein herrschaftliches Vorwerk, zwiertel Stunden von Blankenhayn, in diesem gräflich-gleichens-hazfeldische, jezt churmainzische Amt gehörig.

Cottenheim, ein Ort im Erzstift Trier im churrheinischen Creise, ins Amt Mayen gehörig.

Cottmannsweyler, ein Dorf im Anspachischen in Franken, ist theils Königlich-Preußisch-Anspachisch, theils Hohenlohisch.

Cottmark, Rottmark, ein Ort im Oestreichischen ob der Ens, ohnweit Gretn am Jeperflusse, im Mühl- und alten Machlandviertel.

Courchavon oder Vogtspurg, ein Dorf im Hochstift Basel, ins Oberamt Bruntrut und Land Elsgau gehörig.

Courdemaiche, ein Dorf im Hochstift Basel im oberrheinischen Creise, ins Oberamt Bruntrut und Land Elsgau gehörig.

Courfaivre, ein Dorf im Hochstift Basel im oberrheinischen Creise, ins Oberamt Delsperg im Thale.

Courgenay oder Irnustorf, ein Dorf im Hochstifte Basel im oberrheinischen Creise, ins Oberamt Bruntrut und Land Elsgau gehörig.

Cournaux, ein Dorf in dem königlich-preußischen Fürstenthume Welsch-Neuenburg, in die Meyerey oder Gerichtsbarkeit Thiele oder Zihl gehörig.

Courtedour, ein Dorf im Hochstifte Basel, ins Oberamt Bruntrud und Land Elsgau gehörig.

Courtetelle, ein Dorf im Hochstifte Basel im oberrheinischen Creise, ins Oberamt und Thal Delsperg.

Couthenaus, ein Dorf in der Grafschaft Mümpelgard, an den Grenzen des Bisthums Basel, der Grafschaft Burgund und Lothringen.

Couvet, ein grosses Dorf in dem königlich-preußischen Fürstenthume Welsch-Neuenburg an der schweizerischen Gränze, in die Castelaney Travers gehörig, 1 halbe Stunde von Travers.

Covahl, ein Ort im Churbraunschweig-Lüneburgischen, zum Amte Bleckede gehörig.

Coverden, ein Vorwerk unter der Schauenburg am Fuße des Berges, in dem landgräflich-hessencassel gehörigen Antheile der Grafschaft und Amte Schaumburg.

Cowall, ein adelicher Hof im Herzogthume Pommern, auf der Insel Rügen.

Cowall, ein Dorf im Hollstein-Dithmarschen, zum Kirchspiel Barlet gehörig.

Cowanz, ein Dorf im Amte, und 1 viertel Meile westwärts von Cörlin, im königlich-preußischen Hinterpommern, im Fürstenthume Camin in Obersachsen.

Coyghem, ein Ort an der Leye im burgundischen Creise, in der Grafschaft Flandern.

Craaz, ein Dorf in der königlich-preußischen Altmark Brandenburg, im arendseer Creise und Amte bey Eldien.

Cracau,

Cracau, ein Dorf mit einem Vorwerke und Amtshofe, der Prinzenhof genannt, im Magdeburgischen, im jerichowschen Creise, zum Dohmprobsteyamt zu Magdeburg gehörig.

Cracau, s. Krakow.

Cracauer-Mühle, eine Mühle vor der Stadt Zahne im Amte Wittenberg, im Churcreise in Sachsen.

Crackau, ein Privatis zugehöriges Vorwerk, 1 viertel Stunden von Blankenhayn in Thüringen, in dieses gräflich-gleichen-hatzfeldische, jezt churmaynzische Amt gehörig.

Cradiz, ein Dorf im Herzogthume Pommern auf der Insel Rügen.

Cräst, ein königlich-preusisch-markgräflich-bayreuthisches Dorf in Franken.

Crälling, ein Ort im Gerichte Stahrenberg, im Rentamte München in Bayern.

Crafftsbuch, ein Dorf im Stifte Aichstätt in Franken, ins Amt Sing gehörig.

Craftsolms, ein Dorf in der Grafschaft Solms-Braunfels, 3 Stunden von Braunfels und 4 Stunden von Butzbach im niederrheinischen Creise.

Craich, ein Ort bey Limburg im Churfürstenthume Trier an der Lahn, zur lindenholzhauser Cent und Amt geh.

Craienhagen, ein Vorwerk im Lüneburgischen, zum hannöverschen Amte Schnega.

Crainfeldt, Krannichfeld, ein sehr alter Flecken und Gericht in der landgräflich-hessendarmstädtischen Herrschaft und Amte Nidda im oberrheinischen Creise im Amte Schotten auf dem Vogelsberge im Oberwald, 3 Stunden von Gedern, 4 von Birnstein.

Crainsdorf, ein Dorf im wünschelburger Districte der Grafschaft Glatz, unweit des Berges, die Jägerkuppe genannt, unter Jurisdiktion des königlich-preusschen Rentamts im Herzogthume Schlesien.

Crainthal, königlich-preusisch-markgräflich-anspachisch-und bayreuthische Dörfer in Franken, 1 Stunde von Creglingen, in dieses Oberamt und Amt Frauenthal gehörig.

Crainsdorf, ein fürstl. bischöflich-wirzburgisches Dorf in Franken, ins Amt Ebere gehörig.

Craja, ein Dorf im Fürstenthume Schwarzburg-Sondershausen, an der hohensteinischen Grenze, 1 Stunde von Bleicherode und 2 Meilen von Nordhausen gelegen.

Craluck, ein Dorf im Hochstift Fulda, ins Amt Geys im oberrheinischen Creise.

Cramberg, ein Dorf in der Herrschaft Schaumburg im oberrheinischen Creise in der Wetterau.

Cramberg, s. Kramberg.

Crammühle, eine Mühle im Lüneburgischen, zum churhannöverischen Amte Dannenberg gehörig.

Crammühle, eine Mühle an der Kramme, zwischen Weißensee und Erfurt, 3 Stunden von Erfurt.

Cramon, ein Dorf im meklenburgischen Amte Schwerin, des Herzogthums Schwerin.

Cramonsdorf, ein adeliches Dorf, 1 halbe Meile westwärts von Daber, im königlich-preußischen Hinterpommern, im daber-naugard- und dewitzischen Creise in Obersachsen.

Cramonshagen, ein Dorf im meklenburgischen Amte Schwerin, im Herzogthume Schwerin.

Cramorsin, s. Cremerbruch.

Crampe, ein adelicher Wahnsitz mit 2 Vorwerken, davon eins, Sichthof genannt, vor dem Dorfe liegt, 1 und 3viertel Meilen nordwestwärts von Bublitz, im königlich preußischen Hinterpommern, im Fürstenthume Cammin in Obersachsen.

Crampe, ein Dorf mit einem Vorwerke im königlich-preußischen Hinterpommern, im lauenburg- und bütowschen Creise in Obersachsen, 1 und 1 viertel Meile von Lauenburg im Amte Lauenburg.

Crampe, ein Dorf mit einem Rittersitze, 1 halbe Meile südsüdostwärts von Stolpe, im königlich-preußischen Hinterpommern, im stolpenschen Creise in Obersachsen.

Crampe, ein freies Rittergut und adelicher Wohnsitz mit einem Vorwerke, 2 Meilen südsüdwestwärts von Belgard,

gard, im königlich-preußischen Hinterpommern, im belgard-polzinschen Creise in Obersachsen.

Crampeniz, ein Kolonistenort und Vorwerk in der königlich-preußischen Chur- und Mittelmark Brandenburg, ins Amt Fahrland gehörig.

Carmthal, ein königlich-preußisch-markgräflich-anspachisches Dorf, im Oberamt Kreilingen, 1 Stunde davon an der Tauber.

Cranenburg, einige Dörfer und Höfe im Fürstenthum Bremen, zum Amte Hechthausen gehörig.

Crangen, ein adeliches Dorf mit 2 Vorwerken, von den das eine Stiboborn ritterfrey ist, und auf der Feldmark liegt, 1 und 1 viertel Meile südwestwärts von Neustettin, im königlich-preußischen Hinterpommern im neustettinschen Creise in Obersachsen.

Crangen, ein Schloß mit 3 Vorwerken, von denen 2 Clarenwerder und Vogelsang auf der Feldmark liegen, im königlich-preußischen Hinterpommern im schlawesch- und pollnowschen Creise in Obersachsen.

Cransberg, Kransberg, ein Dorf, 1 und 1 halbe Stunde von Usingen, 2 von Friedberg, 3 von Hornburg an der Höhe im niederrheinischen Creise.

Cransburg, ein Dorf im churhannöverischen Fürstenthume Bremen, zum Land Wursten gehörig.

Cransewiz, ein Dorf und Hof im Herzogthum Pommern auf der Insel Rügen.

Cranungen, ein Dorf im Amte Ebenhausen im Würzburgischen in Franken, ist mit 32 Amtsunterthanen besezt.

Cranz, ein Rittergut im breslauschen Creise im königlich-preußischen Herzogthume Schlesien.

Cranz, s. **Rauten Cranz.**

Crapfenau, ein königlich-preußisch-markgräflich anspachischen Dorf in Franken, 1 Stunde von Feuchtwang, gegen Wassertruding.

Craschwiz, ein Dorf im herzoglich-sachsen-gothaischen Amte Altenburg.

Crasselin oder **Krosselin,** ein Hof im Herzogthume Pommern, ins Amt Wolgoß.

Crassoch,

Crassoch, ein Ort im Bambergischen in Franken, 1 halbe Stunde von Weismayn, in dieses fürstbischöfliche Amt gehörig.

Crassiniz, Crassiniza, ein Schloß im Oestreichischen, 1 Meile von Freyenthurm, 2 Meilen von Mörling, 2 von Dschernembl, und 12 von Laybach in Untercrain.

Crassow, ein Dorf zum lendziner Amt gehörig, in der königlich-preusisch-herzoglich-schlesischen freyen Stansdesherrschaft Pleß.

Crassticzek, s. Groß=und Klein=Kraschtitz.

Craswiz, im münsterbergschen Creise in königlich preusischen Herzogthume Schlesien, dem Kloster Heinrichau gehörig.

Craufsthal, ein Dorf in der pfalzzweybrückischen Grafschaft Lützelstein im Elsas.

Craumburg, ein Schloß und Dorf in der Grafschaft Anhalt-Schaumburg, 3 viert. Stunden von Schaumburg, 1 und 1 halbe von Diez im niederrheinischen Creise.

Crautheim, s. Krautheim.

Crauthem, ein Dorf im markgräflich-badenschen Amte, der Herrschaft Hespringen in Schwaben.

Crauwinckel, ein Ort bey Closterheßler, im Bezirk des chursächsischen Amtes Eckartsberga.

Crauze, ein Ort im Braunschweig-Lüneburgischen, zu den Aemtern Gartow und Kolborn gehörig.

Crayn, ein Rittergut im lignitzischen Creise im königlich preußischen Herzogthume Schlesien.

Crayn, ein Dorf, 2 Meilen von Strehlen in Schlesien gegen Grotgau zu.

Craysch, ein Dorf im fränkischen Creise im Fürstenthume Bamberg im Amte Leyenfels.

Craza, ein Hammergut und Mühle bey Gottleube im Amte Pirna im meißner Creise in Chursachsen.

Craza, s. Nieder-Boyritz.

Craze, ein Ort im Chur-Braunschweigisch-Lüneburgischen, zum Amte Meinersen gehörig.

Crazeroda, ein Hof im Bezirke des herzoglich-weimar-eisenachischen Amts Hausbereitenbach, den Herrn von Herda gehörig.

Crazig, ein Rittersitz mit 2 Vorwerken, von denen das eine Neuenfelde genannt vor dem Dorfe liegt, 1 und 1 halbe Meile westwärts von Cößlin, im königlich-preussischen Hinterpommern im Fürstenthume Cammin in Obersachsen.

Crazig, ein adeliches Dorf und Vorwerk, 1 halbe Meile nordwärts von Wangerin, im königlich-preussischen Hinterpommern im bortschen Creise in Obersachsen.

Crazkau, s. Krazkau.

Credenbach, ein Ort im oranien-nassauischen Fürstenthume Siegen, ins Amt Hilchenbach gehörig.

Creez, ein Dorf im königlich-preussischen Fürstenthume Bayreuth in Franken, ins Amt Bayreuth gehörig.

Creidliz, ein Dorf im herzoglich-coburgischen Amts-Gerichts-Lautern.

Creilshausen, ein fürstlich-hohenlohe-ingelfingisches Dorf in Franken, 1 Meile von Bartenstein gegen Rotenburg.

Creina, ein Amtsdorf im Amte Düben, im leipziger Creise in Churfachsen.

Creisewiz, auch Kreisewiz, ein Dorf dem deutschen Orden gehörig, im leobschützer Cretse im Herzogth. Schlesien.

Creißbach, Crißbach, Criespach, ein fürstlich-hohenlohe-ingelfingisches Dorf am Kocher in Franken, 1 halbe Stunde von Ingelfingen gegen Schönthal.

Creitenbach, ein Dorf im fränkischen Creise im Fürstbisthume Bamberg, ins Amt Oberscheinfeld gehörig.

Crellwitz, ein Ort der mit dem Dorfe Oberreißen eine Gemeinde ausmacht, bey Buttelstädt, im Amte Eckartsberge in Thüringen in Churfachsen.

Cremerbruch, in der caßubischen Sprache Cramorsin, ein adelicher Wohnsitz und Vorwerk, 2 Meilen ostnordostwärts von Rummelsburg, im königlich-preussischen Hinterpommern im rummelsburgischen Creise in Obersachsen.

Cremiz, ein königlich-preussisch-markgräflich-bayreuthisches Dorf in Franken, ins Oberamt Himmelcron gehörig.

Cremkau, ein adeliches Dorf in der königlich-preußischen Altmark Brandenburg im stendalischen Creise, außerhalb des Werders, zum alvenslebenschen Gesamt-Gerichte zu Calbe gehörig.

Cremmelien, einige Orte im Lüneburgischen, zu den Aemtern Luchow und Wustrow gehörig.

Cremmin, ein ins Amt Satzig gehöriges Dorf, 3 viertel Meilen ostwärts von Jacovshagen, im königlich-preußischen Hinterpommern im satziger Creise in Obersachsen.

Crempeldorf, ein Ort im Bißthume Lübeck im königlich-dänischen Herzogthume Holstein, im südlichen Wagrierlande in Niedersachsen.

Cremsdorf, ein Ort im Bambergischen an der Aisch, 1 Stunde von Höchstett, zum Kloster Münnichsberg in Franken gehörig. Hieß ehedem Cremelndorf.

Cremsdorf, ein unter den Ritterort Bannach gehöriges Dorf im Würzburgischen in Franken, eine Stunde von der Stadt Ebern gelegen.

Cremzow, ein ehemaliger Marktflecken, jetzt ein adeliches Dorf und Vorwerk, 1 Meile südsüdostwärts von Stargard, im königlich-preußischen Hinterpommern im pyritzischen Creise in Obersachsen.

Crenzach, Grenzach, ein Dorf und Vogtey in der Markgraffschaft Baden, zum Amte Rötein gehörig. Hier wird der schönste markgräfer Wein gezogen.

Crepta, ein Dorf im Amte Arnshaugk im neustädter Creise in Chursachsen.

Cresewitz, s. Cressewitz.

Crespach, ein Dorf im schwäbischen Creise im Rittercanton am Neckar und Schwarzwald.

Cressewitz, Cresewitz, ein Amtsdorf im Amte Rochlitz im leipziger Creise in Chursachsen.

Cresstillau, polnisch Censzielow, ein Rittergut im leobschützer Creise im Herzogthume Schlesien.

Creßier, Grißach, ein Dorf in dem königlich-preußischen Fürstenthume Welsch-Neuenburg an der schweitzerischen Grenze, 2 Stunden von Neufchatel, in die Kastelaney Landeron gehörig.

Creßenbach, (K.) ein Dorf in dem Landgräflich-Hessen-Casselischen, zur Grafschaft Hanau gehörigen Amt Schlüchtern, 1 Stunde von Breitenbach, 1 und 1 halbe von Steinau.

Cretemin, ein Dorf im Amte und 1 halbe Meile süd-ostwärts von Cößlin, im königlich-preußischen Hinter-pommern im Fürstenthume Cammin in Obersachsen.

Cretlow, ein adeliches Bauerndorf, 2 Meilen ostwärts von Wollin, im königlich-preußischen Hinterpommern, im stemmingschen Creise in Obersachsen.

Cretschwiz, ein Rittersitz im Vogtlande, in der fürst-lich-reußischen Herrschaft Gera.

Crettenbach, ein fürstlich-schwarzenbergisches Dorf in Franken, 1 Meile von Schwarzenberg gegen Kitzingen.

Crettenbach, ein Dorf im Fränkischen, worinne Würz-burg, Cossel und Wertheim Unterthanen hat.

Creunitz, ein Dorf im herzoglich-sachsen-coburgischen saalfeldtischen Amte Gräfenthal.

Creusen, s. Alten-Creusen.

Creutzberg, ein ritterschaftliches Dorf, des Cantons Alt-mühl im Anspachischen in Franken, den Herrn von Raus-ber gehörig.

Creuz, ein gräflich-wertheimisches Dorf am Mayn in Franken, hat ein Residenzschloß nahe an Wertheim.

Creuz, Krisch, ein Schloß und Herrschaft im Östrei-chischen, ohngefähr 1 Meile von Stein, 3 Meilen von Crainburg, 2 und 1 halbe Meile von Laybach in Obercrain.

Creuz, Heiligen, ein Ort im Oestreichischen bey Siegers-dorf und Staden, zwischen der Mur und Raab, un-weit Gräz in Steyermark im gräzer Creise.

Creuz, s. Biadatz, zum Heiligen Creuz und Heilig Creuz.

Creuzberg, ein Servitencloster mit einer starken Wall-fahrt im Erzstifte Cöln, nicht weit von Bonn hinter-halb dem bekannten Dorfe Poppelsdorf.

Creuzbuellach, ein Ort im Gerichte Wolfertshausen Rentamts München in Baiern.

Creuzbühl, ein Ort im königlich-preußischen Fürstenthume Bayreuth in Franken, ins Amt Osternoh gehörig.

Creuzburg, ein Dorf in der königlich-preußischen Vormark Brandenburg oder Prignitz, im perleburgischen Districte.

Creuzburg mißbräuchlich Schnapauf, ein Rittergut im strehlenschen Creise im Herzogthume Schlesien, stößt an Schreibendorf.

Creuzburgerhütte, s. Friedrichsthal.

Creuzdorf, ein Dorf mit einer katholischen Kirche, zum Deutsch-Weichsleramt gehörig, in der schlesischen freyen Standesherrschaft Pleß.

Creuzendorf, ein Dorf mit einer Kirche, dem deutschen Orden gehörig, im leobschützer Creise im Herzogthume Schlesien.

Creuzendorf, im östreichischen Schlesien, gehört dem Fürsten von Lichtenstein, und versteuert Aecker im preußisch-leobschützschen Creise im Herzogthume Schlesien.

Creuzendorf, ein bischöfliches Dorf im namslauschen Creise im Herzogthume Schlesien.

Creuzdorf, Kerschate, ein Schlößchen, zwischen den Schlössern Moräutsch und Galleneck, 4 Meilen von Laybach in Obercrain.

Creuzen, einige Oerte im Chur-Braunschweigisch-Lüneburgischen, zu dem Aemtern Ebstorf und Winsen-Luhe gehörig.

Creuzfeld, ein fürstlich-hohenlohe-ingelfingisches Dorf in Franken, 3 Stunden von Bartenfeld gegen Rothenburg gelegen.

Creuzheim, ein Dorf im Würzburgischen in Franken, im fürstbischöflichen Amte Grunfeld gelegen.

Creuzhorst, eine Försterwohnung, zwischen der alten und neuen Elbe bey Magdeburg im Holzcreise, gehört nach Magdeburg, dem Closter Unser Lieben Frauen.

Creuzhütte, 5 verschiedene Gebäude bey Limbach in der Grafschaft Mannsfeld in Thüringen, ins Bergamt Eisleben gehörig. Ist chursächsische Hoheit.

Creuzmannshagen, ein Dorf im Herzogthume Pommern, im loitzer Bezirke.

Creuzmühle, eine Mühle vor der Stadt Freyberg im Erzgebürge in Chursachsen, ins Amt Freyberg gehörig.

Creuzmühle, s. Elstermühlen.

Creuzschäferey, bey Cröllwiz, eine Schäferey im magdeburgischen Saalcreise, zum königlichen Amte Giebichenstein gehörig.

Creuzstall, Creuzthal, ein Dorf im Würzburgischen in Franken, 2 Stunden von Hasfurth gegen Laurinsgen, gehört der Universität zu Würzburg.

Creuzstein, ein Ort im königlich-preusischen Fürstenthume Bayreuth in Franken, ins Amt St. Johannis gehörig.

Creuzstieger-Forsthaus, gehört ins Amt Rodleberode, in der Grafschaft Stolberg Stolberg am Harze.

Creuzthal, eine Kalonie, zum Amte Oppeln gehörig, 3 Meilen von Oppeln im Herzogthume Schlesien.

Creuzthal, s. Creuzstall.

Creuzwiz, s. Klein-Creuz.

Crewese, ein Dorf in der königlich-preusischen Altmark Brandenburg, im seehäusischen Creise und Inspection Osterburg.

Creymer, ein Hof im herzoglich-sachsen-meiningischen Amte Frauenbreitungen, eine Stunde von Salzungen in Franken.

Crez, ein königlich-preusisch-markgräflich-bayreuthisches Dorf in Franken, in die Amtshauptmannschaft Bayreuth gehörig.

Crtebizich, ein Dorf im herzoglich-sachsen-gothaischen Fürstenthume Altenburg, in dieses Amt gehörig.

Criekenbeck, ein Ort und Amt und ziemlicher District, in dem königlich-preusischen Herzogthume Geldern.

Crien, ein Dorf und Vorwerk, 2 Meilen westwärts von Anklam im königlich-preusischen Antheil des Herzogthums Pommern, und zwar in Vorpommern, im anklamischen Creise in Obersachsen, ins königliche Amt Stolpe gehörig, nicht weit hiervon liegt der neu angelegte Ort Neu-Crien.

Crien, s. Groß- und Klein-Crien.

Crienke, Krienke, ein adeliches Dorf und Vorwerk an der

der Peene, und dem sogenannten Erkenkersee, 1 Meile nordwärts von Usedom, im königlich-preußischen Vorpommern, im usedomschen Creise in Obersachsen.

Criespach, s. Creißbach.

Crieve, Krieve, Kribbe, ein adeliches Dorf in der königlich-preußischen Vormark Brandenburg im perleburgischen Distriete.

Criewiz, ein Ort im Chur-Braunschweigisch-Lüneburgischen, im Amt Luchow.

Crinhofen, ein fürstlich-hohenlohe-ingelfingisches Dorf in Franken, 1 Meile von Sindringen gegen Bartenstein.

Crimmeunsen, ein Dorf in dem hildesheimischen Amte Hunnesrück.

Crimmitschen, ein Ort im Thüringischen im Stifte Naumburg-Zeiz in Chursachsen gelegen.

Crimsleut, ein Ort in Chursachsen, im Amtsbezirke Plauen im Vogtlande.

Criniz, ein Dorf in der königlich-preußischen Churmark Brandenburg in der Prigniz, im lenzenschen Distrikte.

Crinitz, s. Nieder-Crinitz.

Crinsitz, ein Amtsdorf im Amte Düben, im leipziger Creise in Chursachsen.

Criptau, ein Rittergut im breslauischen Creise im Herzogthume Schlesien.

Crispendorf, Krispendorf, ein Dorf mit einem Schloß und Garten in der fürstlich-reußischen Herrschaft Greiz im Amte oder Herrschaft Burg im obersächsischen Creise im Vogtlande.

Crispenhofen, ein fürstlich-hohenlohischer Ort in Franken.

Crispinsburg, ein Landgut des Domdechanten zu Osnabrück, ohnfern dieser Stadt im Westphalen gelegen.

Crißbach, s. Creißbach.

Crißenbach, ein Ort im oranien-nassauischen Fürstenthume Siegen, im Amte Netschen.

Cristein, ein Ort im Oestreichischen ob der Ens, bey der Stadt Ens, im Traunviertel.

Critzum, ein Dorf in Westphalen, im Fürstenthume Ostfriesland im Amte Emden.

Criwan, ein Dorf mit einem Vorwerke. 1 Meile süd-ostwärts von Stolpe im königlich-preußischen Hinter-pommern im stolpischen Creise in Obersachsen.

Criwiz, ein Dorf im Amte und 2 Meilen südwestwärts von Naugard, im königlich-preußischen Hinterpommern, im daber-naugard- und dewitzischen Creise in Obersachsen.

Croce, St. ein Dorf im Oestreichischen an der Wippach, unweit Nemizhof, in den Grafschaften Görz und Gradisca.

Crock, oder **Crockau**, ein Pfarrdorf im Herzoglich-Sachsen-Hildburghäusischen, ohnweit Eisfeld.

Cröchern, ein Dorf im magdeburgischen Holzcreise, zum adelichen Jungfräuleinstifte zu Wollmirstedt gehörig.

Cröftelbach, ein Dorf im Fürstenthume Solms-Braunfels, ins Amt Braunfels gehörig, im oberrheinischen Creise.

Cröllwiz, ein Dorf, Vorwerk und Schäferey, mit einer Amtsfähre über die Saale, im magdeburgischen Saalcreise, zum königlichen Amt Giebichenstein, wobey eine Papiermühle liegt.

Crölpa, ein Dorf und Rittergut im neustädtschen Creise in Chursachsen, im Amtsbezirke Arnshaugk.

Cröndörfel, s. Ober-Arnsdorf.

Crönung, s. Silberne-Harnischkammer.

Crößen, ein Rittergut im Bezirke des herzoglich-sachsen-coburg-saalfeldischen Amtes Saalfeld im obersächsischen Creise.

Crößin, ein adeliches Vorwerk, 1 Meile ostsüdostwärts von Regenwalde, im königlich-preußischen Hinterpommern, im borkschen Creise in Obersachsen.

Crößin, s. Groß-Klein-Crößin.

Crößin, ein Dorf im Herzogthume Pommern, ins Amt Wolgast gehörig.

Cröstel, s. Wald-Cröstel.

Cröve, ein Dorf im Cröverreich im pfalz-zweybrückischen Antheil, der hintern Grafschaft Sponnheim, ins Amt Castellaun auf dem Hundsrück gehörig, im oberrheinischen Creise, jenseits der Mosel.

Crosdorf, ein Ort im Nassau-Wilburgischen, ins Amt Gleiberg gehörig.

Crohehof und Crohemühl, ein anspachischer Hof und Mühle in Franken, ins königlich-preusisch-markgräfliche Oberamt Roth gehörig.

Croize, ein Dorf und Mühle im Chur-Braunschweigisch-Lüneburgischen, zum Amte Bodenteich gehörig.

Crollage, ein Gut in der Grafschaft Ravensburg in Westphalen, zur Vogtey Oldendorf und Kirchspiel Holzhausen, den Herrn von Ledebur gehörig.

Crolow, s. Krolow.

Crombacher Mühle, s. Rehe.

Cromenau, ein Dorf in der Niederngrafschaft Dhaun, auf dem Hundsrück im oberrheinischen Creise, ins Oberamt oder Hochgericht Rhaunen, dem fürstlichen Häusern Salm-Salm und Chur-Trier gehörig.

Crommhübel und Plagniz, ein Rittergut, 2 Meilen von Hirschberg, im Herzogthume Schlesien, hat viele Laboranten, welche aus den Gebirgskräutern Arzneyen bereiten

Crommenau, nebst Jung-Seifferschau, ein Rittergut mit einer evangelisch- und katholischen Kirche, anderthalb Meilen von Hirschberg, im Herzogthume Schlesien.

Cromperg, Cronperg, ein Schloß und Dorf im Oestreichischen unweit Görz, bey St. Daniel und Loque, in den Grafschaften Görz und Gradisca.

Cronach, Ronnhof zum Sak, verschiedene Höfe nach Nürnberg gehörig, im Bezirke des markgräflichen Oberamts Cadolzburg gelegen.

Cronach, ein Ort im königlich-preusischen Fürstenthume Bayreuth in Franken, ins Amt Bayersdorf gehörig.

Cronach, s. Cronau.

Cronacker, ein Ort im Gerichte Erding Rentamts München in Unterbayern.

Cronau, Cronach, ein gräflich-werthelmisches Kloster, 1 Meile von Wertheim in Franken.

Cronburg, ein Schloß westwärts von Imbst, am Innflusse im Oberinnthal in Tirol im Oestreichischen.

Crondorf, Crotendorf, Cronendorf, ein Dorf im magdeburgischen Saalcreise, zum königlichen Amte Giebichenstein gehörig.

Cronheim, ein königlich-preußisch-markgräflich-anspachisches Schloß und Dorf in Franken, 1 Stunde von Gunzenhausen, gegen Oettingen.

Cronhof, ein Dorf bey Laub, im Markgräflich-jetzt Königlich-Preußisch-Anspachischen in Franken, ist Anspachisch und Churpfälzisch.

Cronperg, s. Cromperg.

Cronsberg, nach Groten-Nordsee gehöriger adelicher Ort, im königlich-dänischen Herzogthume Holstein in Niedersachsen, im Bezirke des Amtes Rendsburg.

Cronschwitz oder Cronswicz, ein Ort, sonst ein Kloster im Vogtlande, 1 Meile von Gera, in der naumburger Diöcese.

Cronsbostel, ein Ort im churhannöverischen Fürstenthume Calenberg, zum Amte Blumenau gehörig.

Cronsnest, ein Ort im Churhannöverisch-Lüneburgischen, zum Amte Fallingbostel gehörig.

Cronstadt, ein kaiserliches Dorf in der Grafschaft Glatz: die Brücke über das Grenzwasser ist halb Preußisch, halb Böhmisch, im Herzogthume Schlesien.

Cronstorf, s. Kronstorf.

Cronweiler, ein Ort in dem markgräflich-badenschen Antheile der Grafschaft Sponheim in der Unterpfalz, zum Oberamte Birkenfeld, der hintern Grafschaft gehörig.

Cronwinkl, Altenpreising, ein Ort im Gerichte Erding, Rentamts München in Unterbayern.

Cronwinkel, ein Ort in der Abtey Ochsenhausen in Schwaben.

Croppach, ein Ort aufm Westerwalde in der Grafschaft Sayn, hachenburgischen Antheils in Westphalen.

Croppenmühle, eine zum Amtsdorfe Schönburg gehörige Mühle, im Stifte Naumburg in Chursachsen.

Croschnitzer-Hammer, ein Rittergut, anderthalb Meilen von Militsch, im Herzogthume Schlesien.

Croschweier, ein Schloß und Dorf in der obern Markgrafschaft Baden.

Croschwiz, nebst dem Feldvorwerk **Poyliez**, ein adeliches Dorf, in der freyen Standesherrschaft Militsch im Herzogthume Schlesien.

Croßdorf, Krußdorf, ein Dorf und Schloß in dem nassau-weilburgischen Amte Gleiberg, 1 Stunde von Gießen und 2 von Hohensolms.

Croßelsheim, ein fürstlich-schwarzenbergisches Dorf in Franken.

Crossen, ein Dorf und Mühle im Amte und bey Zwikkau, im Erzgebirge in Chursachsen.

Crossenau, ein Ort in der königlich-preußisch-markgräflich-bayreuttischen Amtshauptmannschaft Hof im vogtländischen und fränkischen Creise, ins Kasten- und Richteramt Sparneck und Münchberg gehörig.

Croste, ein Ort im nördlichen Wagrierlande, im königlich-dänischen Herzogthume Holstein in Niedersachsen, im oldenburgischen Districte.

Crosten, ein Ort im herzoglich-sachsen-coburg-saalfeldischen Amte Saalfeld im obersächsischen Creise, 1 halbe Stunde von Saalfeld.

Crostigall, so heißt eine Vorstadt von der Stadt Wurzen, im Stifte Wurzen, im leipziger Creise in Chursachsen.

Crotenbach, ein Dorf auf dem Westerwalde, im Fürstenthume Nassau-Usingen, im Amte Ferndorf.

Crotendorf, s. **Crondorf**.

Crotta, ein Ort in Chursachsen im meißnischen Creise, im Amtsbezirke Pirna gelegen.

Crotta, Crotte, ein Dorf bey Maxen im Amte Pirna, im meißner Creise in Chursachsen.

Crottorf, ein Dorf an der Bode im aschersleblischen See in dem Fürstenthume Halberstadt. Bey dem Dorfe ist eine große Schäferey.

Crottendorf, ein Ort in dem königlich-preußischen Fürstenthume Bayreuth in Franken, im Amte Bayreuth.

Croya, ein Dorf im Lüneburgischen, zum churhannöverischen Amte Brohme gehörig.

Crücheln, ein Dorf mit einem Rittergute, den Herrn von Wülknitz gehörig im Anhaltischen, im Bezirke des Amtes Cöthen.

Crüden, ein adeliches Dorf in der königlich-preußischen Altmark Brandenburg, im seehausischen Creise und Inspection, worinne das Amt Arendsee einiges hat.

Crüßow, Krüßow, ein adeliches Dorf mit 4 Vorwerken, zviertel Meilen südsüdostwärts von Stargard, an der kleinen oder faulen Ihna, im königlich-preußischen Hinterpommern, im pyritzischen Creise in Obersachsen.

Crüßow, ein Vorwerk und Mühle im ziesarschen Creise im Magdeburgischen, nach Leitzkau eingepfarrt, Herrn von Münchhausen gehörig.

Crüßow, ein Dorf und Rittersitz im jerichower Creise im Magdeburgischen, Herrn von Schulenburg gehörig.

Crustelbach, ein Dorf in der Grafschaft Solms-Braunfels, 3 Stunden von Braunfels, viertehalb Stunden von Butzbach im niederrheinischen Creise.

Crufft, Krufft, ein Dorf im Erzstift Trier im churrheinischen Creise, im Bezirke des Amtes Mayen.

Crum, ein Dorf im Wirzburgischen in Franken, im fürstbischöflichen Amte Haßfurth, 2 Stunden davon gegen Zeil gelegen.

Crum, s. Grum.

Crumbach, ein Ort im landgräflich-hessendarmstädtischen Amte Blankenstein im oberrheinischen Creise.

Crumbach, ein Amtsdorf mit 2 Mühlen im Amte Nossen, im Erzgebirge in Churfachsen.

Crumbach, ein Dorf im fränkischen Creise, im Fürstbißthume Bamberg, ins Amt Tambach gehörig.

Crumbeck, ein Ort im Wagerlande, im königlich-dänischen Herzogthume Holstein in Niedersachsen.

Crummasel, ein Dorf im Lüneburgischen, zum hannöverischen Amte Luchow gehörig.

Crummendamm bey Plaue, ein adeliches Vorwerk in der königl.-preuß. Chur- u. Mittelmark Brandenburg.

Crummenhagen, ein Hof und Dorf im Herzogthume Pommern, ins Amt Franzburg gehörig.

Crummeß, ein Ort im Fürstenthume Lauenburg, zum Amte Razenburg gehörig.

Crummin, ein Dorf und Vorwerk mit einem Predigerwittwenhause, an der crumminschen Wieke, 1 halbe Meile ostwärts von Wolgast, im königlich-preußischen Vorpommern, im usedomschen Creise in Obersachsen, ins Amt Pudagla gehörig.

Crumpach, s. Grumbach.

Crumpenau, s. Krumau.

Crumstadt, ein Dorf im landgräflich-hessendarmstädtischen Amte Dornberg im oberrheinischen Creise.

Crusano, ein Dorf zum trientinischen Gebiete im Lagerthal, ohnweit Ala und Roveredo.

Crußau, ein Vorwerk in dem königlich-preußisch-zieserschen Districte, des zauchischen Creises in der Mittelmark Brandenburg, 3 Stunden von Magdeburg, in die Neuleißkauische von Münchhausischen Gerichte geh.

Crußen, ein Dorf anderthalb Stunden südwärts von Stolpe im königlich-preußischen Hinterpommern im stolpischen Creise, der Stadt Stolpe gehörig.

Crutzfelde, ein nach Eutin gehöriges Dorf im Fürstenthume Plön, im königlich-dänischen Herzogthume Holstein, im südlichen Wagrierlande in Niedersachsen.

Crzebacz, s. Strzewacz.

Ctinewes, s. Cztinowes.

Cuba, ein Dorf im Vogtlande, in der fürstlich-reußischen Herrschaft Gera.

Cubiz, ein Dorf im Herzogthume Pommern, auf der Insel Rügen.

Cublitz oder **Kublitz**, ein Dorf im königlich-preußischen Hinterpommern im stolpischen Creise, theils der Stadt Stolpe eigen, theils zum königlichen Amte Stolpe gehörig.

Cuculau, churfürstliches Cammervorwerk in Thüringen in Churfachsen, bey Schulpforta, in dieses Amt gehörig.

Cudowa, ein Gesundbrunnen im hummler Districte der Grafschaft Glatz im Herzogthume Schlesien, 1 Meile von Lewin und 1 halbe Meile von Nachod in Böhmen.

Cülbe, s. Kölbe.

Cünzbach, ein fürstlich-hohenlohischer Ort in Franken.

Cünzelsau, ein zur Grafschaft Hohenlohe gehöriger gant erblicher Ort am Köcher, zwischen sehr hohen Bergen, wo ein starkes Gewerbe getrieben wird, 2 Meilen von Hall in Schwaben.

Cüstenlohr, ein Ort im königlich-preußischen Fürstenthume Bayreuth, im Amte Frauenthal in Franken.

Cüstrena, ein Dorf im Saalcreise des Herzogthums Magdeburg, ins Amt Bösen an der Saale gehörig.

Culbe, s. Kölbe.

Culenfels, ein bayreuthisches Dorf in Franken, im königlich-preußisch-markgräflichen Amte Pegniz, 1 Stunde davon gegen Erlangen gelegen.

Culenfels, s. Culmfels.

Culenhof, ein bayreuthisches Dorf in Franken, ins königlich-preußisch-markgräfliche Oberamt Bayreuth gehörig.

Culm, die Rauhe=, und Culm die Schlechte= oder Hohe=, sind 2 Schlösser, in deren Mitte das Städtchen Neustatt am Culm lieget, im Bayreuthischen in Franken.

Culm, im steinau-raudtenschen Creise im Herzogthume Schlesien, macht mit Bartsch ein Dorf aus.

Culm, s. Rauh=Culm und Maria=Kulm.

Culmberg, ein Ort im königlich-preußischen Fürstenthume Bayreuth, ins Amt St. Johannis gehörig in Franken.

Culmein, ein Dorf in der Oberpfalz.

Culmikau, gemeinhin Guncke, ein Rittergut im stetnauschen Creise im Herzogthume Schlesien.

Culmiz, ein Dorf und Rittergut in der königlich-preussisch-markgräflich-bayreuthischen Amtshauptmannschaft Hof im vogtländischen und fränkischen Creise, 4 Stunden von Hof, Herrn von Waldeck geh. Die Obergerichte hat das Vogteyamt Naila, 2 Stunden von Schauenstein.

Culmizhammer, ein Ort im königlich-preußischen Fürstenthume Bayreuth in Franken, ins Amt Naila gehörig.

Culpis,

Culpin, ein Dorf und adliches Gerichte im Fürstenthume Lauenburg.

Culsow, oder **Kulsow,** ein adelicher Wohnsitz mit einem Vorwerke in Dorf und den Höfen Friedrichshof und Mittelburg auf der Feldmark im königlich-preussischen Hinterpommern, im stolpeschen Creise, in Obersachsen.

Culten, ein Dorf im Amte Zwickau, im Erzgebirge in Chursachsen.

Cumbach, Kumbach, ein Dorf im Herzogthume Gotha in Thüringen, im Amte Tenneberg, wobey ein groser fischreicher Teich liegt.

Cumlosen, ein adeliches Dorf in der königlich-preussischen Vormark Brandenburg im prizwaltischen Districte, macht mit 8 andern Dörfern ein eigenes Ländchen aus.

Cummelwitz, ein Dorf im Fürstenthume Münsterberg in Schlesien.

Cummerau, ein Dorf im Amte Rochlitz, im leipziger Creise in Chursachsen.

Cummerow, etliche Dörfer und Höfe im Herzogthume Pommern, auf der Halbinsel Witrow, und ins Amt Barth gehörig.

Cummerow, ein adeliches Dorf 2 Meilen westwärts von Garz, im königlich-preussischen Vorpommern, im randowschen Creise in Obersachsen.

Cummerow, ein Ort im königlich-preussischen Herzogthume Pommern, im anklammischen Creise.

Cummerow, ein adeliches Vorwerk und Dorf mit einer Waser- und einer Oelmühle und zwey Meyereyen, Arelshof und die neue Meyerey genannt, an der Peene, 2 und 1 viertel Meile südwestwärts von Demmin, im königlich-preussischen Antheile des Herzogthums Pommern, und zwar in Vorpommern, im demmin- und treptowschen Creise in Obersachsen.

Cammerow, ein adeliches Dorf mit 2 Vorwerken, Groß- und Klein-Rübenhagen, 1 halbe Meile nordwärts von Regenwalde, im königlich-preussischen

Hinterpommern, im osten- und blücherschen Creise in Obersachsen.

Cummerow, s. Kummerow.

Cummershayn, zum Klostervorwerke Zella gehörige Schäferey im Amte Nossen, im Erzgebirge in Chursachsen.

Cummerzin, s. Kummerzin.

Cummin, ein adeliches Dorf mit 3 Vorwerken, 1 und 1 viertel Meile südostwärts von Cammin, im königlich preußischen Hinterpommern, im greifenbergischen Creise in Obersachsen.

Cumtich, eine Meyerey und Baronie im östreichischen Antheile des Herzogthums Brabant im burgundischen Creise.

Cundorf, ein Ort im Amte Schweinitz, im Churcreise in Sachsen.

Cundorf, s. Klein-Cundorf.

Cunern, ein Schloß und adeliches Dorf im wohlauschen Creise im Herzogthume Schlesien.

Cunersdorf, ein Dorf nahe bey Hirschberg im Herzogthume Schlesien, Eigenthum der Kämmerey daselbst.

Cunersdorf, im grünbergschen Creise im Herzogthume Schlesien, gehört dem Herzoge von Curland.

Cunersdorf, ein Dorf bey Hohnstein, im meißner Creise in Chursachsen, ins Amt Hohnstein gehörig.

Cunersdorf, bey Glashütte, ein Dorf und Freygut im Amte Pirna, im meißner Creise in Chursachsen.

Cunersdorf, bey Königstein, ein Amtsdorf mit 2 Mühlen und einem Forsthause, im meißner Creise in Chursachsen, ins Amt Pirna gehörig.

Cunersdorf, bey Haynichen, ein Amtsdorf an der Striegnitzbach im Amte Nossen, im Erzgebirge in Chursachsen.

Cunersdorf, ein Amtsdorf und Mühle im Amte Grünhayn, im Erzgebirge in Chursachsen.

Cunersdorf, ein adeliches Dorf und Rittergut, 1 Stunde von Görlitz in der Oberlausitz in Chursachsen, ins Amt Görlitz gehörig.

Cunersdorf, ein adeliches Dorf und Rittergut, 3 Stunden von Finsterwalde in der Niederlausitz, in Chursachsen im calauer Amte.

Cunersdorf, Spitz-Cunersdorf, ein adeliches Dorf bey Zittau am Spitzberge, in der Oberlausitz in Chursachsen, ins Amt Zittau gehörig.

Cunersreuth, s. Conradsreuth.

Cunigund, s. Kunegund.

Cunnern, s. Ober-Cunnern.

Cunnersdorf, s. Cunersdorf, Neu-Cunnersdorf, Nieder-Cunnersdorf.

Cunnewalde, ein dem Domstifte St. Petri zu Bautzen gehöriges Dorf, in der Oberlausitz in Chursachsen, im bautzner Amtsdistricte.

Cunnewitz, ein nach Lautitz gehöriges Dorf bey Lautitz, in der Oberlausitz in Chursachsen, im bautzner Amtsdistricte.

Cunostein-Engers, s. Engers.

Cunow, Conow, ein Dorf, 1 viertel Meile vom großen Haf, im königlich preusischen Hinterpommern im flemmingischen Creise in Obersachsen, ins Amt Stepenitz gehörig.

Cunow, ein adeliches Dorf und Vorwerk am Welsesflusse, 1 und 1 halbe Meile westsüdwestwärts von Garz, im königlich-preusischen Vorpommern, im randowschen Creise in Obersachsen.

Cunow, bey Bahn, ein adeliches Gut und Dorf mit 3 Vorwerken, 1 halbe Meile nordostwärts von Bahn, im königlich-preusischen Hinterpommern, im pyritzischen Creise in Obersachsen.

Cunow, an der Straße, ein Dorf und Vorwerk, 1 Meile westwärts von Stargard, nahe an der Madüe, im königlich-preusischen Hinterpommern im pyritzischen und saziger Creise in Obersachsen, theils der Stadt Stargard, theils adelichen Besitzern gehörig.

Cunow, ein adeliches Dorf in der königlich-preusischen Prignitz oder Vormark Brandenburg, im pritzwalbischen District, bey Klezke.

Cunrau, oder Currau, ein adeliches Dorf in der königlichs lich-preußischen Altmark Brandenburg, im Bezirke des Amtes Diesdorf, bey Steimke.

Cunreuth, ein ritterschaftliches Dorf, des Orts Gebürg im Bayreuthischen in Franken, unweit Erlangen, den Herren von Egglofstein gehörig.

Cunreuth, ein Dorf im fränkischen Creise im Fürstbißthume Bamberg, ins Amt Stadtsteinach gehörig.

Cunsow, ein Rittersitz und Vorwerk, 1 Meile südwestwärts von Stolpe, im königlich-preußischen Hinterpommern im rummelsburgischen Creise in Obersachsen.

Cunzow, ein adelicher Hof im Herzogthume Pommern im wolgaster Bezirke.

Cunzwerda, ein amtsäßiges Gut und Vorwerk im Amte Torgau im meißner Creise in Chursachsen.

Cuprighausen, ein Dorf im Bißthume Würzburg in Franken.

Curburg, ein Ort in Vinstgau in Tirol, zum östreichischen Gerichte Glurns gehörig.

Curdshagen, s. Cordeshagen.

Curidigo, s. Coridigo.

Curow, ein Ort im königlich-preußischen Herzogthume Pommern im anklamischen Creise.

Curow, ein Dorf im Amte und 1 Meile nordwärts von Bublitz, im königlich-preußischen Hinterpommern, im Fürstenthume Cammin in Obersachsen.

Curow, ein adeliches Dorf und Vorwerk nahe an der Oder, 1 Meile südwärts von Stettin, im königlich-preußischen Vorpommern, im randowschen Creise in Obersachsen.

Currau, s. Cunrau.

Cürschütz, Kurschütz, ein nach Petzschwitz gehöriges adeliches Dorf bey Lommatzsch, im Creysamte Meißen, im meißner Creise in Chursachsen.

Cursdorf, Chursdorf, ein Ort im Amte Delitzsch, im leipziger Creise in Chursachsen.

Cursewantz, ein adeliches Dorf mit 2 Vorwerken, 2 Meilen südwärts von Cößlin, im königlich-preußischen Hinterpommern im Fürstenthume Cammin in Obersachsen.

Curtsburg, ein einzelnes amtsäßiges Haus im Amte Finsterwalde im meißner Creise in Chursachsen.

Curtshagen, ein zu Neuendorf gehöriges Vorwerk, im königlich-preußischen Herzogthume Pommern im anklamschen Creise.

Curtshof, ein zum adelichen Dorfe Altwigshagen gehöriges Vorwerk, nicht weit von demselben, im königlich preußischen Antheile des Herzogthums Pommern, und zwar in Vorpommern im anklamschen Creise in Obersachsen.

Cus, ein Dorf und Kirchspiel im Erzstifte Trier im churrheinischen Creise, ins Amt Berncastel am Hundsrück gehörig.

Cusenlohr, ein Dorf im Würzburgischen in Franken, im Amte Bibert, 1 Stunde davon gegen Rüdenhausen gelegen.

Cußebode, einige Orte im Lüneburgischen, zu den churhannöverischen Aemtern Wustrow und Luchow.

Cusserow, s. Russerow.

Cussow, ein Dorf mit einem Vorwerke und Kalkofen an der Glaskow, 1 halbe Meile südostwärts von Stolpe, im königlich-preußischen Hinterpommern im stolpischen Creise in Obersachsen.

Custenlohr, ein anspachisches Dorf in Franken, im königlich preußisch-markgräflichen Oberamte Uffenheim, 1 Stunde davon gegen Rothenburg.

Custenlohr, ein bayreuthisches Dorf in Franken, ins königlich-preußisch-markgräflichen Klosteramte Frauenthal gehörig.

Cutten, ein nach Schweinsburg gehöriges Dörfchen von 9 Häusern, im Amte Zwickau, im Erzgebirge in Chursachsen.

Cutzow, ein Vorwerk im königlich-preußischen Vorpommern im üsedomschen Creise in Obersachsen, ins Amt Pudagla gehörig.

Cyriacsweimar, s. Ziriaksweimar.

Czabelicz, ein Meyerhof im Königreiche Böhmen, im czaslauer Creise, zur Herrschaft Ratzow gehörig.

Czabrow, s. Westecz.

Czabus, ein Ort im Königreiche Böhmen im prachiner Creise, zur Herrschaft Protiwin, dießseits der Watawa gehörig.

Czabus, ein Dorf im Königreiche Böhmen im prachiner Creise, zur Herrschaft Przetschin gehörig.

Czachlsdorf, s. Zahostin.

Czachnow, ein Ort im Königreiche Böhmen im chrudimer Creise, zur Herrschaft Richenburg gehörig.

Czachotin, ein Dorf im Königreiche Böhmen im czaslauer Creise, zum Gute Rosochatez gehörig.

Czachowicz, Czakowicze, ein Gut und Dorf im Königreiche Böhmen im kaurzimer Creise.

Czachowicz, s. Czachwitz.

Czachowicze, Czuchowicze, ein Ort im Königreiche Böhmen im bunzlauer Creise, zur Herrschaft Lauczim gehörig.

Czachrau, Czachrow, Czachrowicza, ein Schloß und Dorf mit 2 Gesundbrunnen im Königreiche Böhmen im prachiner Creise, am Bache Perlowa, 15 und 1 halbe Meile westsüdwärts von Prag, der adelichen Familie von Oczelowicz gehörig.

Czachwitz, Czakowicze, Czachowicz, ein Dorf mit einem Gesundbrunnen im Königreiche Böhmen im saazer Creise, zur Stadt Kaaden gehörig.

Czakanow, ein Rittergut im toster Creise im Herzogthume Schlesien.

Czakow, ein Dorf im Königreiche Böhmen im kaurzimer Creise, zum Gute Wostrzedek gehörig.

Czakowecz, s. Klein-Czekau.

Czakowicz, ein Dorf im Königreiche Böhmen im leutmeritzer Creise, zu den Herrschaften Czebus, Trachobus und Liboch gehörig.

Czakowicz, Czastkowicz, ein Dorf im Königreiche Böhmen, im taborer Creise, zur Herrschaft Roth-Rzeczicz gehörig.

Czakowicz, ein Dorf im Königreiche Böhmen im taborer Creise, zum Gute Prosecz gehörig.

Czakowicz, s. Klein-Czakowicz.

Czakowicze, ein Dorf im Königreiche Böhmen im berauner Creise, zur Herrschaft Knzpischt gehörig.

Czakowicze, s. Czachowicz.

Czalawsko, ein Schloß und Dorf, 1 Meile südostwärts von Pawoninn im Königreiche Böhmen im czaslauer Creise, der adelichen Familie von Stromberg gehörig.

Czalositz, ein Dorf im Königreiche Böhmen, im leutmeritzer Creise, zu den Herrschaften Czernosek und Listochowan gehörig.

Czalowicze, ein Ort im Königreiche Böhmen, im bunzlauer Creise, zur Herrschaft Kost gehörig.

Czammer, auch Tschammer-Ellgut, ein adeliches Dorf im grossstrehlitzer Creise im Herzogthume Schlesien.

Czamerdowes, ein Ort im Königreiche Böhmen, im rakonitzer Creise, zur Herrschaft Bürglitz gehörig.

Czanka, ein Dorf im Königreiche Böhmen, im königgratzer Creise, zur Herrschaft Opotschna gehörig.

Czankowicz, ein Dorf Königreiche Böhmen im chrudimer Creise, zur Herrschaft Roßitz und Hrochow-Teinitz gehörig.

Czanowitz, ein Dorf im Königreiche Böhmen im rakonitzer Creise, zur Herrschaft Smetschna gehörig.

Czap, s. Schaup.

Czaparticze, s. Nepomuk.

Czapek, eine Mühle im Königreiche Böhmen im berauner Creise.

Czaperhof, Czapow, ein Meyerhof im Königreiche Böhmen im taborer Creise der Stadtgemeinde in Tabor gehörig.

Czaplau, s. Tschapel.

Czapow, s. Czaperhof.

Czarkow, ein Dorf im tosler Creise im Herzogthume Schlesien.

Czarkow, ein Dorf zum schadlitzer Amt in der schlesischen freyen Standesherrschaft Pleß.

Czarlowicz, Czerniowicze, ein Dorf im Königreiche Böhmen im klattauer Creise, zur Herrschaft Bischhofsteinitz gehörig.

Czarn=Damerow, ein Dorf im königlich=preußischen Hinterpommern, im lauenburg=und bütowschen Creise in Obersachsen, im Amte Bütow.

Czarnoſin, ein Rittergut im großstrehlitzer Creise, im Herzogthume Schlesien.

Czarnowanz, ein Dorf im oppelnschen Creise im Herzogthume Schlesien, gehört dem hier befindlichen Prämonstratenser=Nonnenkloster, hat eine katholische Kirche und eine Kapelle, 2 Frischfeuer und einen Zaynhammer.

Czarnuchowiz, gehört zu Koptiowiz, im pleßischen Creise im Herzogthume Schlesien.

Czartowiz, ein Rittergut eine Meile von Oberglogau im Herzogthume Schlesien.

Czartowiz, ſ. **Golſchowiz**.

Czarzel, ein Dorf im Königreiche Böhmen im leutmeritzer Creise, zur Herrschaft Konoged gehörig.

Czaslawek, liegt in der Herrschaft Smirzicz im Königreiche Böhmen, im königgratzer Creise.

Czaslawek, ein Dorf im Königreiche Böhmen im königgratzer Creise, der Stadt Jaromirz gehörig.

Czastalowitz, Czastalowicze, eine Herrschaft, Schloß und Marktflecken am rechten Ufer des Wilden=Adlerflusses, und am Bache Vahnicze, 3 Meilen von den glatzischen Gränzen, und 3 Meilen von Königgratz, im Königreiche Böhmen im königgratzer Creise, dem Grafen von Sternberg gehörig.

Czastalowicze, ſ. **Czastalowitz**.

Czastkow, ein Ort im Königreiche Böhmen im chrudimer Creise, zur Herrschaft Naßaberg gehörig.

Czastkow, ein Ort im Königreiche Böhmen, im prachiner Creise, zum Gute Zikow gehörig.

Czastkowicz, ſ. **Czakowicz**.

Czastanin, ein Dorf im Königreiche Böhmen im taborer Creise, der Stadtgemeinde von Pilgram gehörig.

Czastonicze, ein Ort im Königreiche Böhmen, im prachiner Creise, zum Gute Kunkowitz gehörig.

Czastoniz, ein Ort im Königreiche Böhmen im rakonitzer Creise, zur Herrschaft Bürglitz gehörig.

Czastrow, ein Dorf und Gut mit einem Schlößchen im Königreiche Böhmen im taborer Creise, 1 halbe Meile von Kamenicz entfernt.

Czastrowicz, ein Meyerhof im Königreiche Böhmen im taurzimer Creise, zum Gute Cztiborz gehörig.

Czasy, ein Ort im Königreiche Böhmen im chrudimer Creise, zur Herrschaft Pardubitz gehörig.

Czausch, ein Dorf im saatzer Creise im Königreiche Böhmen, zur Stadt Brüx gehörig.

Czebau, Czebiw, ein Dorf mit einem Schlosse im Königreiche Böhmen im pilsner Creise, zur Herrschaft Weseritz gehörig.

Czebaum, Tscheben, ein Dorf im Königreiche Böhmen im pilsner Creise, zur Herrschaft Theysing gehörig.

Czebiw, s. Czebau.

Czebus, Jebus, Trzebobus, ein Dorf und Schlößchen im Königreiche Böhmen im pilsner Creise, zum Gute Lohowa gehörig.

Czebus, Choczebus, Herrschaft, Schloß u. Dorf, 2 M. ostwärts v. Leutmeritz, u. 5 u. 1 halbe M. v. Prag im Kön. Böhmen, im leutmeritzer Creise, d. Grafen v. Bachta geh.

Czech, s. Czechow.

Czeche, ein Ort im Königreiche Böhmen im leutmeritzer Creise, zur Herrschaft Tetschen gehörig.

Czechow, Czech, Czekow, ein Dorf im Königreiche Böhmen, im berauner Creise.

Czechowitz, ein adeliches Dorf mit einer katholischen Kirche im toster Creise, im Herzogthume Schlesien.

Czechtitz, ein Flecken, Schloß und Herrnhof nahe bey Krzywsaudow im Königreiche Böhmen im czaslauer Creise, zur Herrschaft Krzywsaudow gehörig.

Czeczelicze, ein Dorf und verfallenes Schloß im Königreiche Böhmen, im bunzlauer Creise, zur Herrschaft Horzin gehörig.

Czeczelowicze, s. Cziczelowitz.

Czezkowitz, ein Dorf und Meyerhof im Königreiche Böhmen im czaslauer Creise, zum Gute Bestwin und und Kloloczow gehörig.

Czeczin, s. Zetschin.

Czeczkow, ein Dorf im Königreiche Böhmen im kaurzimer Creise, zum Gute Woolochowitz gehörig.

Czeczkow, eine Schäferey im Königreiche Böhmen im taborer Creise, zur Herrschaft Bechin gehörig.

Czeczowicz, Czeyczowicze, ein Dorf im Königreiche Böhmen im klattauer Creise, zur Herrschaft Bischhofsteinitz gehörig.

Czeczowicze, ein Dorf mit einem Gesundbrunnen im Königreiche Böhmen im klattauer Creise, zur Herrschaft Grünberg gehörig.

Czedlicze, s. Alt=Zetlitz.

Czedule, s. Czetule.

Czegetitz, ein Dorf im Königreiche Böhmen im prachiner Creise, zur Herrschaft Stiekna gehörig.

Czegker = oder Boiker=Mühle, eine Mahlmühle im Königreiche Böhmen im czaslauer Creise, zur Herrschaft Polna gehörig.

Czegkow, ein Dorf und verfallenes Schloß im Königreiche Böhmen im prachiner Creise, zur Herrschaft Elischau gehörig.

Czegkow, s. Czekow, Czeikow.

Czegkowicz, Czekowitz, ein Dorf im Königreiche Böhmen im saatzer Creise, zur Herrschaft Schönhof gehörig.

Czegkowicze, ein Meyerhof im Königreiche Böhmen im kaurzimer Creise, zur Herrschaft Sternberg gehörig.

Czegkowicze, s. Czeikowic, Czeikowicz.

Czegow, ein Dorf mit 2 Tuchwalken im Königreiche Böhmen im czaslauer Creise, zur Herrschaft Humpolecz gehörig.

Czegrau, Czerau, Czegrow, ein Dorf im Königreiche Böhmen im budweiser Creise, zur Herrschaft Grazzen, Budweis und Forbes gehörig.

Czegticze, ein Dorf im Königreiche Böhmen im czaslauer Creise, zum Gute Horka, Oberkralowitz, Hammerstadt 2c. gehörig.

Czehnitz, Czehnieze, ein Dorf und verfallenes Schloß im Königreiche Böhmen im prachiner Creise, zur Herrschaft Stiekna gehörig.

Czeikow, Czegkow, ein Dorf im Königreiche Böhmen

men im taborer Creise, zur Herrschaft Ober-Czerekwa gehörig.

Czeikowic, Czegkowicze, ein Dorf im Königreiche Böhmen im budweiser Creise, zur Herrschaft Frauenberg und Stadt Budweis gehörig.

Czeikowicz, Czegkowicze, Czekowicz, ein Dorf im Königreiche Böhmen im bidschower Creise, zur Herrschaft Wolschitz gehörig.

Czeikowicz, Czeikowicze, ein Ort im Königreiche Böhmen im chrudimer Creise, zur Herrschaft Herrmannstadt und Moraschitz gehörig.

Czeikowitz, Czeikowicze, ein Dorf im Königreiche Böhmen im czaslauer Creise, zu den Herrschaften Sedlecz und Rchleb gehörig.

Czeirzow, ein Ort im Königreiche Böhmen im chrudimer Creise, zur Herrschaft Naßaberg gehörig.

Czeiticz, ein Freysaßenort des Johann Schwenda im Königreiche Böhmen, im czaslauer Creise.

Czeiticze, ein Ort im Königreiche Böhmen im czaslauer Creise, zur Herrschaft Martinitz gehörig.

Czeititz, s. Groß- und Klein-Czeititz.

Czeitowicz, Schetiowitz, Ssetiegowicze, ein Dorf im Königreiche Böhmen im czaslauer Creise, zur Herrschaft Martinitz gehörig.

Czekai, ein Vorwerk bey Körnitz im neustädtschen Creise im Herzogthume Schlesien.

Czekanicz, ein Dorf im Königreiche Böhmen im taborer Creise, der Stadtgemeinde in Tabor gehörig.

Czekanicze, ein Dorf im Königreiche Böhmen im klattauer Creise, zur Herrschaft Chudenitz gehörig.

Czekanitz, ein Dorf und Schlößchen im Königreiche Böhmen im prachiner Creise, 1 halbe Stunde westwärts von Seblitz gelegen.

Czekanow, ein Dorf im Königreiche Böhmen im kaurzimer Creise, zur Herrschaft Rattey gehörig.

Czekanow, ein Dorf im Königreiche Böhmen im czaslauer Creise, zur Herrschaft Okrauhlitz gehörig.

Czekau, s. Groß-Czekau, Klein-Czekau.

Czefenthal, ein Gasthaus und Bauernhof im Königreiche Böhmen im leutmeritzer Creise, zur Herrschaft Tetschen gehörig.

Czekow, Czegkow, ein Dorf im Königreiche Böhmen im chrudimer Creise, zum Gute Przestawlk gehörig.

Czekow, s. Czechow.

Czekowicz, s. Czeikowicz.

Czekowitz, s. Czegkowicz.

Czelaken, Czelakow, ein Dorf im Königreiche Böhmen im klattauer Creise, zur Herrschaft Merklin gehörig.

Czelakow-Hradek, ein Dorf im Königreiche Böhmen im kaurzimer Creise, zur Herrschaft Brandeis gehörig.

Czelakow, s. Czelaken.

Czelakowa, s. Lhota Machaczkowa.

Czelechowitz, ein Dorf im Königreiche Böhmen im rakonitzer Creise, zur Herrschaft Smetschna gehörig.

Czeleticze, ein Ort im Königreiche Böhmen im prachiner Creise, zum Gute Kunkowitz gehörig.

Czelichow, Czelkow, ein Dorf im Königreiche Böhmen im kaurzimer Creise, zur Herrschaft Gemnischt gehörig.

Czelin, ein Ort im Königreiche Böhmen im berauner Creise.

Czelisna, ein Dorf im Königreiche Böhmen im taborer Creise, der pilgramer Stadtgemeinde gehörig.

Czelisny, ein Dorf im Königreiche Böhmen im taborer Creise, zur Herrschaft Ober-Czerekwa gehörig.

Czeliw, ein Dorf im Königreiche Böhmen im pilsner Creise, zur Herrschaft Weseritz gehörig.

Czeliw, ein Dorf im Königreiche Böhmen im kaurzimer Creise, zur Herrschaft Gemnischt gehörig.

Czelitz, s. Strzelice.

Czelkow, s. Czelichow.

Czelkowicz, ein Dorf im Königreiche Böhmen im taborer Creise, der Stadtgemeinde in Tabor gehörig.

Czellin, ein Rittergut anderthalb Meilen von Oberglogau, im Herzogthume Schlesien.

Czelline,

Czelline, s. Zelline.

Czelney, ein Ort im Königreiche Böhmen im königgratzer Creise, zur Herrschaft Geyersberg gehörig.

Czelyn, Czelyna, ein Dorf und Gut im Königreiche Böhmen im berauner Creise, liegt 5 und 1 viertel Meile von Prag.

Czelyna, s. Czelyn.

Czemin, ein Dorf mit einem Schlößchen im Königreiche Böhmen im pilsner Creise, zur Herrschaft Kladrau gehörig.

Czenczicz, ein Dorf im Königreiche Böhmen im leutmeritzer Creise, zur Herrschaft Teplitz und Kostemblat gehörig

Czenczicz, ein Dorf im Königreiche Böhmen im leutmeritzer Creise, zur Herrschaft Wrschowitz gehörig.

Czenczicz, ein Dorf im Königreiche Böhmen im saatzer Creise, zur Herrschaft Petersburg gehörig.

Czendrowitz, s. Stubendorf.

Czeneci, ein Hof im Königreiche Böhmen im königgratzer Creise, in der Herrschaft Horzentowes, zum Flecken Pirglitz gehörig.

Czeneticz, Czineticz, Czerneticz, ein Dorf im Königreiche Böhmen im kaurzimer Creise, zum Gute Stirzim gehörig.

Czeninitz, ein Ort im Königreiche Böhmen im czaslauer Creise, zur Herrschaft Krzimsaudow gehörig.

Czeniowicze, s. Czenowicz.

Czenkow, ein Dorf im Königreiche Böhmen im berauner Creise, zur Herrschaft Ginetz gehörig.

Czenkow, ein Dorf im Königreiche Böhmen im kaurzimer Creise, zur Herrschaft Jungfrauen-Brzezan gehörig.

Czenkow, ein Dorf im Königreiche Böhmen im taborer Creise, zur Herrschaft Selcz gehörig.

Czenkow, Gorakow, ein Dorf im Königreiche Böhmen im taborer Creise, zur Herrschaft Bechin gehörig.

Czenkowitz, ein Dorf im Königreiche Böhmen im chrudimer Creise, zur Herrschaft Landskron gehörig.

Czenskowiz, auch **Cziensfowitz, Tienskowitz**, poln. **Czieskowice**, ein Rittergut im Koseler Kreise im Herzogthume Schlesien.

Czenowicz, ein Dorf im Königreiche Böhmen im czaslauer Kreise, zur Herrschaft Kaczow gehörig.

Czenowicz, Czeniowicze, ein Dorf im Königreiche Böhmen im kaurzimer Kreise, zum Gute Trzebeschitz gehörig.

Czentitz, ein Ort im Königreiche Böhmen im czaslauer Kreise, zur Herrschaft Kaczow gehörig.

Czep, Trieschel, Troschl, ein Dorf im Königreiche Böhmen im budweiser Kreise, zur Herrschaft Wittingau gehörig.

Czepanowitz, ein Rittergut im falkenbergischen Kreise im Herzogthume Schlesien.

Czepansdorf, s. **Tschöpsdorf**.

Czeperka, ein Ort an einem großen Teiche gleiches Namens im Königreiche Böhmen im chrudimer Kreise, zur Herrschaft Pardubitz gehörig.

Czepicz, ein Dorf im Königreiche Böhmen im prachiner Kreise, zur Herrschaft Zichowitz gehörig.

Czepie, Czep, ein Ort im Königreiche Böhmen im chrudimer Kreise, zur Herrschaft Pardubitz gehörig.

Czepil, s. **Luchy**.

Czepinetz, ein Dorf im Königreiche Böhmen im klattauer Kreise, zur Herrschaft Zinkau gehörig.

Czeplidul, Czeplydoll, s. **Warmenthal**.

Czeppelwitz, poln. **Szepanowize**, ein Rittergut im falkenbergischen Kreise im Herzogthume Schlesien.

Czeppern, ein Dorf im Königreiche Böhmen im saatzer Kreise, zur Stadt Brüx gehörig.

Czeprowicze, ein Dorf im Königreiche Böhmen im prachiner Kreise, zur Herrschaft Wälsch-Birken gehörig.

Czeradicz, ein Ort im Königreiche Böhmen im chrudimer Kreise, zur Herrschaft Pardubitz gehörig.

Czeraditz, ein Dorf im Königreiche Böhmen im saatzer Kreise, zur Herrschaft Schönhof gehörig.

Czeras, ein Ort im Gebiete der Stadt Gobleslau im Königreiche Böhmen im budweiser Kreise.

Czerau, s. Czegrau.

Czerczany, ein Dorf und Meyerhof im Königreiche Böhmen im brauner Creise, zur Herrschaft Kurpischt gehörig.

Czerda, Czirta, ein Ort im Königreiche Böhmen im leutmeritzer Creise, zur Herrschaft Tetschen gehörig.

Czerekwicz, Czerekwicze, ein Dorf und Gut mit einem nieblichen Schlosse im Königreiche Böhmen, im bidschower Creise.

Czerekwicze, ein Dorf im Königreiche Böhmen im chrudimer Creise, zur Herrschaft Leutemischl gehörig.

Czerekwicze, s. Czerekwicz.

Czerhan, Czyrhan, ein Bauernhof im frauenberger Revier im Königreiche Böhmen im budweiser Creise, zur Herrschaft Wittingau gehörig.

Czerhenitz, Czerhonicze, ein Marktflecken und Herrschaft im Königreiche Böhmen im kaurzimer Creise, liegt 6 u. 1 halbe Meile von Prag, und hat einen Phasanengarten und ein altes Schloß.

Czerhinek, ein Dorf mit einem Meyerhofe im Königreiche Böhmen im kaurzimer Creise, zur Herrschaft Schwarzkostelez gehörig.

Czerhonicze, s. Czerhenitz.

Czerhonitz, Czrhonicze, ein Gut, Schloß und Dorf im Königreiche Böhmen, im prachiner Creise.

Czerkau, Zerkau, ein Ort im Königreiche Böhmen im budweiser Creise, zur Herrschaft Hohenfurt gehörig.

Czerkitel, ein Dorf im Königreiche Böhmen im chrudimer Creise, zur Stadt Policzka gehörig.

Czerkowicze, s Czirkowicz.

Czerlabor, s Czerna Hora.

Czerlowicz, Scherlowicz, ein Dorf im Königreiche Böhmen im pilsner Creise, zur Herrschaft Tepel gehörig.

Czerma, ein Dorf im Königreiche Böhmen im prachiner Creise, zur Herrschaft Hradek gehörig.

Czermich, s. Tschürmig.

Czermna, s. Böhmisch-Rothwasser, Schirmsdorf, Tscherma.

Czermut, s. Tschürnig.

Czern, s. Tscheren.

Czerna bey dem Walde Bor, Czerna za Bory, ein Ort im Königreiche Böhmen im chrudimer Creise, zur Herrschaft Pardubitz gehörig.

Czerna, ein Ort bey Bohdanecz im Königreiche Böhmen im chrudimer Creise, zur Herrschaft Pardubitz gehörig.

Czerna, ein Dorf im Königreiche Böhmen im königgratzer Creise, zur Herrschaft Kosteletz am Adlerflusse gehörig.

Czerna Hawrzy, ein Dorf im Königreiche Böhmen im bidschower Creise, zur Herrschaft Lomnicz gehörig.

Czerna Hora, Czerlahor, ein Dorf im Kön. Böhmen im klattauer Creise, zur Herrschaft Bischofteinitz geh.

Czerna Hora oder Hura, ein Dorf im Königreiche Böhmen im bidschower Creise, zur Herrschaft Dimokur gehörig.

Czerna, s. Böhmisch= und Czerna, Groß= und Klein=Czerna.

Czernaus, s. Tschernhaus.

Czernausek, ein Dorf im Königreiche Böhmen im rakonitzer Creise, zur Herrschaft Unter=Birschkowitz geh.

Czerncicz, ein Dorf im Königreiche Böhmen im königgratzer Creise, zur Herrschaft Neustadt gehörig.

Czerncim, s. Czerniin.

Czernecz, ein Dorf im Königreiche Böhmen im prachiner Creise, zur Herrschaft Eltschau gehörig.

Czernegsch, ein Ort im Königreiche Böhmen im ezaslauer Creise, zum Gute Sauttey gehörig.

Czernegssowicz, ein Dorf im Königreiche Böhmen im taborer Creise, zur Herrschaft Bechin gehörig.

Czerneticz, s. Czeneticz.

Czerni, ein Dorf im Königreiche Böhmen im bidschower Creise, zur Herrschaft Neudorf gehörig.

Czernicz, Cirnicz, ein Dorf im Königreiche Böhmen budweiser Creise, zum Gute Goldenkron gehörig.

Czernicz, ein Dorf im Königreiche Böhmen im pilsner Creise, zur Stadt Pilsen gehörig.

Czernicz, ein Dorf im Königreiche Böhmen im saazer Creise, zur Herrschaft Neundorf gehörig.

Czernicz, ein Dorf und Meyerhof im Königreiche Böhmen im saazer Creise; zur Herrschaft Klösterle gehörig.

Czernicz, s. Groß= und Klein=Czernicz.

Czernicze, ein Ort im Königreiche Böhmen im prachiner Creise, zum Gute Woseletz gehörig.

Czerniczy, ein Dorf im Königreiche Böhmen im czaslauer Creise, zur Herrschaft Krziwsaudow.

Czerniekow, ein Ort im Königreiche Böhmen im prachiner Creise, zur Herrschaft Stiekna gehörig.

Czernietitz, Czernieticze, ein Schloß, Dorf und Papiermühle am Bache Wolinka, 16 Meilen südsüdwestwärts von Prag im Königreiche Böhmen im prachiner Creise; den Herren von Schönthal gehörig.

Czernik, ein Dorf im Königreiche Böhmen im kaurzimer Creise, zur Herrschaft Kaunicz gehörig.

Czernik, s. Klein=Czerna, Schirnik.

Czernikau, ein Dorf im Königreiche Böhmen im klattauer Creise, zur Herrschaft Chudenitz gehörig.

Czernikowice, ein Dorf im Königreiche Böhmen im rakonitzer Creise, zum Stiftsgebiete Pleß gehörig.

Czernikowicze, ein Dorf im Königreiche Böhmen im berauner Creise, zur Herrschaft Knrpitscht gehörig.

Czernikowicze, Grunow, ein Schloß und Dorf im Königreiche Böhmen im königgratzer Creise, zur Herrschaft Reichenau gehörig.

Czernilow, s. Dolno= und Horno=Czernilow.

Czernin, Czerniczin, ein Dorf und Mühle im Königreiche Böhmen, im czaslauer Creise, zu den Gütern Aumonin, Krzesetitz und Janowitz gehörig.

Czernin, ein Dorf im Königreiche Böhmen im berauner Creise.

Czerniowicze, s. Czarlowicz.

Czernitscher, Czersing, ein königliches Cammergut oder Dorf im Königreiche Böhmen im leutmeritzer Creise.

Czernisko, ein Dorf im Königreiche Böhmen, im prachiner Creise, zur Herrschaft Drachenitz gehörig.

Czernist, ein Dorf im Königreiche Böhmen im berauner Creise, zur Herrschaft Wotitz gehörig.

Czerniw, ein Dorf im Königreiche Böhmen im leutmeritzer Creise, zur Herrschaft Libochowitz gehörig.

Czernitz, ein Rittergut im rattiborschen Creise im Herzogthume Schlesien.

Czernochow, ein Dorf im Königreiche Böhmen im rakonitzer Creise, zur Herrschaft Perutz gehörig.

Czernodub, Czernoduben, ein Ort im Kön. Böhmen im budweiser Creise, zur Stadt Budweis gehörig.

Czernohad, ein Dorf im Königreiche Böhmen im pilsner Creise, zur Herrschaft Augezd gehörig.

Czernolitz, ein Dorf im Königreiche Böhmen im berauner Creise.

Czernoschin, ein Dorf mit einer Poststation im Königreiche Böhmen im pilsner Creise, zur Herrschaft Trpist gehörig.

Czernoschütz, Czernozicz, ein Dorf im Königreiche Böhmen im königgratzer Creise, zur Herrschaft Swirzicz gehörig.

Czernosek, s. Groß-Czernosek, Klein-Czernosek.

Czernositz, Ober-Czernositz, ein Dorf im Königreiche Böhmen, im berauner Creise.

Czernositz, Unter-Czernositz, ohnw. Ober-Czernositz.

Czernositz, s. Klein-Czernicz.

Czernotin, ein Dorf im Königreiche Böhmen im pilsner Creise, zur Herrschaft Groß-Chotieschau gehörig.

Czernoticz, ein Dorf im Königreiche Böhmen im berauner Creise, zum Gute Strzezmirz gehörig.

Czernow, ein Dorf im Königreiche Böhmen im taborer Creise, zur Herrschaft Ober-Czerekwa gehörig.

Czernowes, ein Dorf samt dem Neuhofe im Königreiche Böhmen im klattauer Creise, zur Herrschaft Zinkau gehörig.

Czernowes, ein Dorf im Königreiche Böhmen im rakonitzer Creise, zur Herrschaft Raudnitz, jenseits der Elbe gehörig.

Czernowitz, ein Flecken im Königreiche Böhmen im taborer Creise, zur Herrschaft Serowitz gehörig.

Czernowicze, ein Dorf im Königreiche Böhmen im saatzer Creise, zur Herrschaft Brunnersdorf gehörig.

Czernowik, ein Dorf im Königreiche Böhmen im rakonitzer Creise, zur Herrschaft Stredokluk gehörig.

Czernowitz, Name einiger vom Dorfe Kramelau abgesondert liegender Häuser, im neustädter Creise im Herzogthume Schlesien.

Czernowir, ein Dorf im Königreiche Böhmen im chrudimer Creise, zur Herrschaft Landskron gehörig.

Czernowka, ein Ort im Königreiche Böhmen im bunzlauer Creise, zum Gute Neu-Stranow gehörig.

Czernowka, s. Jernowka.

Czerno Wodierad, ein Dorf im Königreiche Böhmen im kaurzimer Creise, zur Herrschaft Schwarzkostelez gehörig.

Czernozicz, s. Czernoschitz.

Czernuseck, s. Groß-Czernoseck.

Czernuteck, s. Ober-Czernuteck.

Czernutz, ein Dorf im Königreiche Böhmen im rakonitzer Creise, zur kais. kön. Kammeralherrschaft Doxan, jenseits der Eger gehörig.

Czersing, s. Czernischt.

Czertin, ein Dorf im Königreiche Böhmen im budweisser Creise, zur Herrschaft Krummau gehörig.

Czertin, ein Dorf im Königreiche Böhmen im berauner Creise, zur Herrschaft Milin gehörig.

Czertowka, ein Dorf im Königreiche Böhmen im kaurzimer Creise, zur Herrschaft Kolin gehörig.

Czerwena-Hura oder Hora, ein Dorf im Königreiche Böhmen im königgratzer Creise, zur Herrschaft Nachod gehörig. Nicht weit davon liegt das zerstörte Schloß gleiches Namens.

Czerwena-Hurka, ein Ort im Königreiche Böhmen im chrudimer Creise, zur Herrschaft Rossitz gehörig.

Czerwena Lhota, s. Roth-Lhota.

Czerwena Trzemessna, s. Roth Trzemeschna.

Czerwena Zahorzy, s. Roth-Zahorzy.

Czerwene Wesely, s. Hohen-Wesely.

Czerwenecz, eine Mahlmühle im Königreiche Böhmen im chrudimer Creise, zur Herrschaft Herrmannstadt und Moraschitz gehörig.

Czerwenecz, eine Brett = und Mahlmühle im Königreiche Böhmen im taborer Creise, zur Herrschaft Bechin gehörig.

Czerweney, ein Meyerhof im Königreiche Böhmen im taborer Creise, zur Herrschaft Selcz gehörig.

Czerwenicze, ein Ort im Königreiche Böhmen im bunzlauer Creise, zur Herrschaft Swigan gehörig.

Czerwenowes, Czerweniowes, ein Dorf im Königreiche Böhmen im bidschower Creise, zur Herrschaft Smidar gehörig.

Czerweneny, s. Roth = Janowicz, Rothenhaus.

Czerweny Augezd, s. Rothaugezd.

Czerweny Porzicz, s. Kron.

Czerwenzitz, ein Rittergut im ratiborschen Creise im Herzogthume Schlesien.

Czerwonka, ein Rittergut im ratiborschen Creise im Herzogthume Schlesien.

Czerzen, ein Ort im Königreiche Böhmen im königgrätzer Creise, zur Herrschaft Kostelecz am Adlerflusse gehörig.

Czerzenicze, s. Tscherschenitz.

Czeschnowitz, Czesniowicze, ein Dorf im Königreiche Böhmen im budweiser Creise, zur Herrschaft Frauenberg gehörig.

Czeska = Trzebowa, s. Böhmisch Tribau.

Czesky = Hermanicze, s. Böhmisch = Hermanitz.

Czesky = Richnow, s. Böhmisch = Reichenau.

Czesky = Rybny, s. Böhmisch = Ribna.

Czesky = Wernerzowicze = Dolnj, s. Unter = Böhmisch = Wernersdorf.

Czesky = Wernerzowicze, Hornj, s. Ober = Böhmisch = Wernersdorf.

Czes = Lhotice, s. Böhmisch = Lhoticz.

Czeslitz, Sesslicze, Sestlicz, ein Dorf im Königreiche Böhmen im kaurzimer Creise, zur Herrschaft Pruchonitz gehörig.

Czesniowicze, s. Czeschnowitz.

Czeſſky-Herschlag, s. Hörschlag.

Czeſſow, s. Tscheschow.

Czesticz, ein Dorf im Königreiche Böhmen im königgrätzer Creise, zur Herrschaft Czastalowitz gehörig.

Czestin, Czesstin-Kostel, ein Flecken und Schloß zwischen Raczow und Zdraslawitz, 7 Meilen ostsüdostwärts von Prag im Königreiche Böhmen im czaslauer Creise, zur Herrschaft Raczow gehörig.

Czestin, ein Dorf im Königreiche Böhmen im kaurzimer Creise, zum Gute Jankau gehörig.

Czestitz, Czesticze, ein Allodialgut, Schloß und Dorf, 15 Meilen südsüdwestwärts von Prag im Königreiche Böhmen im prachiner Creise, den Herren von Cheynow und Winterberg gehörig.

Czetno, s. Ober- und Unter-Czetno.

Czetnow, ein Dorf im Königreiche Böhmen im bunzlauer Creise, zur Herrschaft Weißwasser gehörig.

Czetoras, ein Dorf im Königreiche Böhmen im taborer Creise, zur Herrschaft Patzau gehörig.

Czetule, Czedule, Zedule, ein Dorf im Königreiche Böhmen im taborer Creise, zum Gute Groß-Chisska gehörig.

Czezemicz, s. Sezemecz.

Cziasko, ein Rittergut im lublinitzer Creise im Herzogthume Schlesien.

Czibotin, Seibendorf, ein Dorf im Königreiche Böhmen im czaslauer Creise, zum Gute Frauenthal gehörig.

Czibrzich, s. Trzibrich.

Czibus, ein Dorf im Königreiche Böhmen im königgrätzer Creise, zur Herrschaft Smirzicz gehörig.

Czichalowa, s. Sichlau.

Czichticze, ein Dorf im Königreiche Böhmen im prachiner Creise, zur Herrschaft Lieblitz gehörig.

Cziczelowiz, Czeczelowicze, ein Dorf im Königreiche Böhmen im prachiner Creise, zur Herrschaft Hoschitz gehörig.

Cziczenicze, ein Dorf im Königreiche Böhmen im prachiner Creise, zur Herrschaft Protiwin und Frauenberg gehörig.

Cziczowicz, ein Dorf im Königreiche Böhmen im taborer Creise, zur Herrschaft Mühlhausen gehörig.

Czidlina, ein Dorf im Königreiche Böhmen im bidschower Creise, zur Herrschaft Miltschowes gehörig.

Czielmitz, ein Dorf zum lendziner Amt gehörig, in der schlesischen freyen Standesherrschaft Pleß.

Czierwienz, s. Zierwenz.

Czieschowa, ein Rittergut mit einer katholischen Kirche und Judenschule im lublinitzer Creise im Herzogthume Schlesien.

Czihadka, ein Ort im Königreiche Böhmen im bunzlauer Creise, zur Herrschaft Münchengrätz gehörig.

Czihadla, Sanct=Hieronymusberg, Bon repos, ein Ort und prächtiges Schloß, zwischen Liſſa und Benatek, 4 und 1 viertel Meile von Prag im Königreiche Böhmen im bunzlauer Creise, zur Herrschaft Benetek gehörig.

Czihak, ein Dorf im Königreiche Böhmen im königgratzer Creise, zur Herrschaft Senftenberg gehörig.

Czihan, ein Dorf im Königreiche Böhmen im klattauer Creise, zur Herrschaft Tinitzl gehörig.

Czihana, ein Dorf im Königreiche Böhmen im ellnbogner Creise, zur Herrschaft Chisch gehörig.

Czihana, ein Dorf im Königreiche Böhmen im pilsner Creise, zur Herrschaft Tepel gehörig.

Czihar, eine Schäferey im Königreiche Böhmen im bidschower Creise, zur Herrschaft Chlumecz gehörig.

Czihelna, ein Ort im Königreiche Böhmen im chrudimer Creise, zur Herrschaft Choititz gehörig.

Czihoſt, ein der Herrschaft Ledetsch einverleibtes Dorf im Königreiche Böhmen, im czaslauer Creise.

Czichowicz, ein Meyerhof und Schäferey im Königreiche Böhmen, im budweiser Creise, zur Herrschaft Moldau=Tein gehörig.

Czihowicz, s. Cziwicz.

Czihowitz, ein Dorf im Königreiche Böhmen im czaslauer Creise, dem Stifte Selau gehörig.

Czikanka, ein Ort im Königreiche Böhmen im chrudimer Creise, zur Herrschaft Richenburg gehörig.

Cziklasowicz, ein Dorf im Königreiche Böhmen im taborer Creise, zum Gute Chaustnik gehörig.

Czikowitz, s. Groß= und Klein=Czikowiz.

Czikwaska, ein Dorf im Königreiche Böhmen im bidschower Creise, zur Herrschaft Kumburg gehörig.

Czilecz, ein Dorf im Königreiche Böhmen im bunzlauer Creise, zur Herrschaft Benatek gehörig.

Czilla, ein Dorf im Königreiche Böhmen jenseite der Mies im rakoniger Creise, zur Herrschaft Bürglitz gehörig.

Czim, ein Lehngut von der Herrschaft Karlstein im Königreiche Böhmen, im brauner Creise.

Czimelitz, eine Allodialherrschaft, Schloß und Dorf im Königreiche Böhmen im prachiner Creise, 10 Meilen südsüdwestwärts von Prag, am Bache Skalicze, zwischen Warwoschau und Drahenitz gelegen.

Czimers, s. Schamers.

Czimicz, ein Dorf im Königreiche Böhmen im kaurzimer Creise, zum Gute Liben gehörig.

Czimisch, ein Meyerhof und Gasthaus im Königreiche Böhmen im leutmeritzer Creise, zur Herrschaft Sukohrad und Schnedowitz gehörig.

Czimischl, ein Ort im Königreiche Böhmen im bunzlauer Creise, zur Herrschaft Groß=Skall gehörig.

Czimitz, ein Dorf im Königreiche Böhmen im prachiner Creise, zu den Herrschaften Zichowitz und Stralonitz gehörig.

Czimolden, Zimolten, Semotin, ein Dorf im Königreiche Böhmen im taborer Creise, zur Herrschaft Neuhaus gehörig.

Czimsch, s. Julienau.

Czinawa, s. Steinau.

Czinieticz, s. Czeneticz.

Czinow, s. Neuhof.

Cziniowes, Cinowes: ein Dorf im Königreiche Böhmen im bidschower Creise, zur Herrschaft Poblebrad gehörig.

Cziniowes, s. Cziniowes.

Czinowice, s. Schönau.

Ciochowitz, ein Rittergut mit 2 Vorwerken, woren eins Neuhof heißt, im rosler Creise im Herzogthume Schlesien.

Czipryanow, polnisch Pieprzanow, im rattiborschen Creise, dem Dohmkapitel zu Ratibor im Herzogthume Schlesien gehörig.

Czirchowicze, s. Cirkwitz.

Cziring, ein Dorf im Königreiche Böhmen im budweiser Creise, zur Herrschaft Rosenberg gehörig.

Czirkowicz, Czerkowicze, ein Dorf im Königreiche Böhmen im leutmeritzer Creise, zum Gute Gablitz und Lobositz gehörig.

Czirkwitz, ein Gut im Königreiche Böhmen im kaurzimer Creise, gehört dem Ritter von Schönthal.

Czirkwitz, Czirchowicze, ein Dorf an der Wiener Poststraße im Königreiche Böhmen im czaslauer Creise, zur Herrschaft Neuhof gehörig.

Cziemka, s. Tschirmkau.

Cziemkow, s. Tschirmkau.

Czirnau, s. Zirnau.

Czirnicz, s. Tzernicz.

Czirzowitz, ein Rittergut in der freyen Minderherrschaft Loslau im Herzogthume Schlesien.

Czischkow, Czistow, ein Dorf im Königreiche Böhmen im pilsner Creise, zur Stadt Rokitzan gehörig.

Czischkowitz, ein Ort im Königreiche Böhmen im bunzlauer Creise, zur Herrschaft Swigan gehörig.

Czischkowitz, Czißkowicze, eine Cammeralherrschaftliches Schloß und Dorf, 1 Stunde von Lobositz, und 1 Meile südsüdwestwärts von Leutmeritz im Königreiche Böhmen im leutmeritzer Creise.

Czismitz, ein Dorf im Königreiche Böhmen im königgratzer Creise, zur Herrschaft Gradlitz gehörig.

Czisowitz, Czizowicze, ein Dorf im Königreiche Böhmen im berauner Creise.

Czissetin, s. Tschischetin.

Czißkowicze, s. Czischkowitz.

Czissowa, ein Dorf mit einer Potaschensiederey im lußlinger Creise im Herzogthume Schlesien.

Cissowka, ein Rittergut in der freyen Minderherrschaft Loslau im Herzogthume Schlesien.

Czista, ein Dorf und Gut mit einem Schlosse im Königreiche Böhmen im bidschower Creise. Es liegt 13 Meilen von Prag entfernt.

Czistey, Czista, Czisty, ein Marktflecken, 7 und 1 halbe Meile westwärts von Prag im Königreiche Böhmen im rakonitzer Creise, zur Herrschaft Kritz gehörig.

Czistey, Czista, ein Dorf im Königreiche Böhmen im bunzlauer Creise, zur Herrschaft Weißwasser gehörig.

Czistl, ein Ort im Königreiche Böhmen im budweiser Creise, zur Herrschaft Krummau gehörig.

Czistow, s. Czischkow

Czistowes, Pschistowes, ein Dorf im Königreiche Böhmen im königgratzer Creise, zur Herrschaft Horzeniowes gehörig.

Czisty, s. Czistey.

Czithar, s. Siegshof.

Czitkow, ein Ort im Königreiche Böhmen im chrudimer Creise, zur Herrschaft Herrmannstadt und Moraschitz gehörig.

Czitolib, eine Herrschaft, Schloß, Fasangarten und Dorf, 7 Meilen von Prag und 1 halbe Meile südwärts von Laun im Königreiche Böhmen, im saatzer Creise, den Grafen von Pachta gehörig.

Czitow, ein Dorf im Königreiche Böhmen im rakonitzer Creise, zur Majoratsherrschaft Raudnitz gehörig, 4 Meilen von Prag, zwischen Ober- und Unter-Berschkowitz gelegen.

Cziwicz, ein Dorf im Königreiche Böhmen im pilsner Creise, zum Gute Ablin gehörig.

Cziwicz, Czichowicz, ein Meyerhof und Ort im Königs

nigreiche Böhmen im chrudimer Creise, zur Herrschaft Pardubitz gehörig.

Cziez, ein Dorf im Königreiche Böhmen im pilsner Creise, zum Gute Settenowitz gehörig.

Czizkow, Czisskow, ein Dorf, Meyerhof und Schloß im Königreiche Böhmen im taborer Creise, zum Gute Neustift gehörig.

Czizow, ein Ort im Königreiche Böhmen, im czaslauer Creise, zur Herrschaft Kaczow gehörig.

Czizow, Zizowa, ein Schloß und Dörfchen im Königreiche Böhmen im Prachiner Creise, zur Herrschaft Drhowl (Druhow) dießeits der Watawa gehörig, 12 Meilen von Prag südwärts gelegen.

Czizow, Czizowa, ein Dorf im Königreiche Böhmen im pilsner Creise, zur Herrschaft Branntes Porzicz gehörig.

Czizowa, ein Ort im Königreiche Böhmen, im königgratzer Creise, zum Gute Daudleb gehörig.

Czizowa, s. Czizow.

Czizowicze, s. Cisowitz.

Czizowka, ein Ort im Königreiche Böhmen im bunzlauer Creise, zur Herrschaft Münchengrätz gehörig.

Czkin, Citin, Wysoky-Dwur, ein Schloß, Dorf und Gut, 1 viertel Stunde von Elischowitz und 16 Meilen südsüdwestwärts von Prag im Königreiche Böhmen im prachiner Creise, den Herren von Hruschowa gehörig.

Czlowiz, ein Ort an der Mies im Königreiche Böhmen im rakonitzer Creise, zur gräflich-nostitzischen Allodial-Herrschaft Rzebecnik gehörig.

Czlupek, ein Dorf im Königreiche Böhmen im chrudimer Creise, zur Herrschaft Leutomischl gehörig.

Czmelin, Smolin, ein Dorf im Königreiche Böhmen im klattauer Creise, zur Herrschaft Grünberg gehörig.

Czochau, ein Ort im Königreiche Böhmen im bunzlauer Creise, zur Herrschaft Kraupau gehörig.

Czodrock, ein Vorwerk zum Dorf Goschütz im Wartenbergischen Creise gehörig, im Herzogthume Schlesien.

Czoga, Rzechlowicze, ein Dorf im Königreiche Böhmen, im leutmeritzer Creise, zur Herrschaft Linay gehörig.

Czorke, ein Rittergut im rosenbergischen Creise im Herzogthume Schlesien.

Czossel, ein Dorf im Königreiche Böhmen im saatzer Creise, zum Gute Schöniud gehörig.

Czrchonitze, s. Czerchonitz.

Cztiborz, ein Dorf und Gut im Königreiche Böhmen, im kaurzimer Creise.

Cztiborz, s. Striborz.

Ctrienicz, s. Stienitz.

Cztietjn, s. Schtierjin.

Cztimierzicze, ein Ort im Königreiche Böhmen im bunzlauer Creise, zur Herrschaft Dobrawitz gehörig.

Cztin, s. Cikin.

Cztinowes, Ctinewes, ein Dorf im Königreiche Böhmen im rakonitzer Creise, zur Herrschaft Raudnitz gehörig, zwischen der Eger und Moldau gelegen.

Cztwrt, ein Ort im Königreiche Böhmen im czaslauer Creise, zum Gute Bestwin und und Klokoczow geh.

Czyrkolsky-Mleyn, s. Fünf-Räder-Mühle.

Czyrkoly, ein Dorf und Mühle im Königreiche Böhmen im brauner Creise, zur Herrschaft Knrpischt gehörig.

Czuchow, ein Rittergut im rattiborschen Creise im Herzogthume Schlesien.

Czuchowicze, s. Czachowicze.

Czuczlau, Czuczlaw, ein Dorf im Königreiche Böhmen im chrudimer Creise, zum Gute Borownitz gehörig.

Czuczlawicze, ein Ort im Königreiche Böhmen im prachiner Creise, zur Herrschaft Winterberg gehörig.

Czukawa, Kukowa, ein Gasthaus im Königreiche Böhmen im taborer Creise, zur Herrschaft Mühlhausen gehörig.

Czuklin, ein Ort im Königreiche Böhmen im prachiner Creise, zur Herrschaft Hoschtitz gehörig.

Czukowiczek, s. Klein-Czakowicz.

Czunke, s. Majdorf.

Czunkow, ein Dorf im Königreiche Böhmen im berauner Creise, zum Gute Jetrzichowitz gehörig.

Czurin, ein Ort im Königreiche Böhmen im prachiner Creise, zur Herrschaft Worlik gehörig.

Czuschna, liegt in der Herrschaft Wittingau im Königreiche Böhmen im budweiser Creise.

Czutka, eine Mühle im Königreiche Böhmen im budweiser Creise, zur Stadt Budweis gehörig.

Czwiklitz, ein adeliches Dorf mit einer katholischen Kirche in der freyen Standesherrschaft Pleß im Herzogthume Schlesien.

Czwingen, s. Ober=Czwingen.

Czwirkin, Zwirkin, ein Dorf im Königreiche Böhmen im rakonitzer Creise, zur Herrschaft Burschtlehrad geh.

Czwrcowitz, Swrcowice, Wrssowitic, ein Dorf im Königreiche Böhmen im rakonitzer Creise im Gebiete der Stadt Kladno gelegen.

Czwrczowecz, Czwrczkowes, Grillendorf, ein Dorf im Königreiche Böhmen im klattauer Creise, zum Gute Dolan gehörig.

Czwrczowicze, ein Dorf im Königreiche Böhmen im kaurzimer Creise, zur Herrschaft Winarz gehörig.

Czyhelny, ein Ort im Königreiche Böhmen im czaslauer Creise, dem Stifte Selau gehörig.

Czyrhan, s. Czerhan.

Czyschowa, Cissewa, ein Ort, 1 Meile von Kosel, zur Herrschaft Kosel gehörig, im Herzogthume Schlesien.

Czysseck, Landsmirs, Olschowa und Biadatsch, machen zusammen ein Dorf im koseler Creise im Herzogthume Schlesien.

Czystowicze, ein Dorf im Königreiche Böhmen im berauner Creise, zur Herrschaft Smilkau gehörig.

D

Dabel, ein Hof und Dorf im Amte Lübz, des Herzogthums Mecklenburg Schwerin.

Dabelow, ein Dorf im Amte Grammertin, des Herzogthums Mecklenburg Strelitz.

Dabelshausen, s. Dagobertshausen.

Daber, Dapricht, ein Hof auf dem Westerwalde im Fürstenthume Nassau-Dillenburg im Amte Mengerskirchen, 1 und 1 halbe Stunde von Hadamar.

Daber, ein Dorf mit einem Vorwerke, 2 und 1 halbe Meile südostwärts von Stolpe im königlich-preusischen Hinterpommern im stolpischen Creise in Obersachsen.

Daber, ein adeliches Dorf mit 3 Vorwerken, 1 und 1 halbe Meile westnordostwärts von Stettin, im königlich-preusischen Vorpommern im randowschen Creise in Obersachsen.

Daberkow, ein adeliches Dorf nahe am See Daber, 1 viertel Meile nordwärts von Daber im königlich-preusischen Hinterpommern, im daber-naugard- und bewitzischen Creise in Obersachsen.

Daberkow, ein adeliches Dorf, Gut und Vorwerk, 3 M. westwärts von Anklam im königlich-preusischen Antheils des Herzogthums Pommern, und zwar in Vorpommern, im demmin- und treptowschen Creise in Obersachsen.

Dabertshausen, s. Dagobertshausen.

Dabhausen, Daubhausen, ein Flecken, wo seit 1683 eine französische Kolonie angelegt ist, in der fürstlich solms-braunfelsischen Herrschaft, und Amt Greifenstein, 1 Stunde davon, im oberrheinischen Creise.

Dabiz, ein Hof und Kathen im Herzogthume Pommern, ins Amt Barth gehörig.

Dablitz, Dablicze, ein Gut und Dorf mit einem Schlosse, im Königreiche Böhmen im kautzimer Creise, 1 Meile von Prag an der Melniker Straße.

Dabrawitz, ein Dorf im Königreiche Böhmen im bunzlauer Creise, zur Herrschaft Lobes und Mscheno geh.

Dach, ein Ort im Oestreichischen, am Ursprunge des Flüßchen Foy, unweit Feldkirchen in Kärnten.

Dachdorf, ein Ort im Oestreichischen über der Komp, hinter

hinter Altenburg, bey St. Marein, oberhalb dem Mannhardsberge.

Dachenfeld, ein Dorf im Wirzburgischen in Franken, zum Capitel Neckers-Ulm gehörig.

Dachenhausen, ein kleines Dorf im wirtembergischen Amte Nürtingen in Schwaben.

Dachenstein, f. Grafeneck.

Dacheritz, ein Rittergut und Dorf am Petersberge bey Halle im kön. preußisch-herzoglich-magdeburgischen Saalcreise.

Dachgruben, ein Hof im heßischen Amte Frauensee im thüringischen Creise.

Dachow, ein Ort im Königreiche Böhmen im bidschower Creise, zur Herrschaft Horzitz gehörig.

Dachow, Tachow, ein Dorf im Königreiche Böhmen im chrudimer Creise, zum Gute Przestowik gehörig.

Dachsbach, ein bayreuthisches Dorf in Franken, ins königlich-preußische Amt Birckenfeld gehörig.

Dachsberg, oder **Dattsperg**, ein Dorf und Gericht an der Günz, in der Herrschaft Mindelheim in Schwaben.

Dachsberg, ein Ort im Oestreichischen südlich nach Watzenkirchen, zwischen Efferding und Asperkirch, ob der Ens im Hausruckviertel.

Dachsen, f. Taxen.

Dachsenbach, f. Taxenbach.

Dachsenhausen, ein Ort in dem landgräflich-hessen-darmstädtschen Amte Braubach, im oberrheinischen Creise.

Dachsfelden, auch **Tavanne**, ein Dorf im Hochstifte Basel im Münsterthal im oberrheinischen Creise, wo ein durchgehauener Fels oder Clusse, **Pierre-Port**, auch **Percuis**, auf dem Gebürge Jura, wo die Pirs entspringt, ins Oberamt Delsperg gehörig.

Dachsgrube, f. Dackgrube.

Dachshof, ein Ort im hessen-darmstädtschen Amte Lemberg im oberrheinischen Creise.

Dachslanden, ein großes Dorf am Rhein, zum Amte Ettlingen gehörig, in der obern Markgrafschaft Baden.

Dachs

Dachstatt, ein Dorf im fränkischen Creise im Fürstbisthume Bamberg, ins Amt Regensperg gehörig.

Dachstatt, ein nürnbergisches Dorf am Flusse Schwobach, bey Gräwenberg in Franken, ins Amt Hilpolstein gehörig.

Dachstetten, Obers-, ein königlich-preußisch-markgräflich-anspachisches Dorf an der Rezat in Franken, 2 Stunden von Colmberg gegen Windsheim. Oberhalb dieses Orts entspringt die fränkische Rezat.

Dachstetten, s Mittel-Dachstetten.

Dachstuhl, ein Ort in der Herrschaft des Nahmens im oberrheinischen Creise, ein Amt der gräflich-öttingsöterischen Familie gehörig.

Dackenheim, ein Dorf von 40 bis 50 Häusern, in dem zum Oberamte Alzei gehörigen churpfälzischen Unteramte Freinsheim, 1 halbe Stunde von diesem Städtchen gegen West gelegen, gegen Süd an das leiningen-hartenburgische Dorf Herpheim, gegen West an Weißenheim am Berg, gegen Nord an Kirchheim an der Eck und Bißerheim, leiningischen Gebiets.

Dackgrube, Dachsgrube, ein Hof 1 Stunde von Frauensee, in diesen hessen-cassel-hanauische Amt gehörig. Die Bauern sind nach Tiefenort, ins eisenachische Amt Krayenberg eingepfarrt. Oberdackgrube ist abgebrannt, und zu dem Hof Weißendiez geschlagen.

Daden, ein Flecken in der jetzigen königlich-preußschen Grafschaft Sayn aufm Westerwalde, ins Amt Friedewalde gehörig im Westphälischen, wo ein Bergamt und Kupferbergwerke sind.

Dadenhausen, Dodenhausen, ein Ort in der Landgrafschaft Hessen-Darmstadt, dem Hospital Haina gehörig.

Dodenhofen, ein Dorf in der Herrschaft und Amt Rademacher im Herzogthume Luxemburg, dem Markgrafen von Baden gehörig.

Dadizele, ein Ort ohnweit Cortryk in der Grafschaft Flandern im burgundischen Creise.

Dadow, ein zur Stadt Greifenberg gehöriges Dorf, 1 halbe Meile nordostwärts davon, an der Rega, im königlich-preußischen Hinterpommern, im greifenbergischen Creise in Obersachsen.

Däfern, ein kleines Dorf im wirtembergischen Amte Backnang.

Daehnsen, ein Dorf im Churbraunschweig-Lüneburgischen, zum Amte Molsburg gehörig.

Daehnsen, ein Dorf im churhannöverischen Fürstenthume Calenberg, in die adelichen Gerichte des Namens geh.

Dähre und Dahrendorf, Döhre, Dörfer und Güter in der königlich-preußischen Altmark Brandenburg, im salzwedelischen Creise, zum Theil ins Amt Diesdorf gehörig.

Dämberg, Alpe im Allgau in Schwaben, die Königsegg-Rothenfels gehört.

Dämelow, ein Dorf im Amte Meklenburg, im Herzogthume Meklenburg Schwerin.

Dänendorf, ein Dorf im Amte Ribnitz, des Herzogthums Meklenburg Güstrow.

Dänholm, ein Hof im Herzogthume Pommern, im stralsunder Districte.

Dänische Hof, ein Lustschloß im Holsteinischen, in der Gegend Kiel.

Dänschenburg, ein Ort im Amte Ribnitz, des Herzogthums Meklenburg-Güstrow.

Därstorf, ein Ort im Churbraunschweig-Lüneburgischen, zum Amte Molsburg gehörig.

Därtel, ein Dorf im Deutschmeisterthume im fränkischen Creise, zum tauber Oberamte und Amt Wachburg, zum Theil der Familie von Adlsheim gehörig.

Därenbach, Taxenbach, Dachsenbach, ein Markt, Schloß und Pflegamt im Erzstifte Salzburg an der Salze, im bayrischen Creise.

Däsdorf, auch Dasdorf, ein Ort gehört zum Charitéamt Prieborn, 2 Meilen von Strehlen im Herzogthume Schlesien.

Däsdorf, ein Rittergut, 1 und 3 viertel Meilen von Balkenhayn im Herzogthume Schlesien.

Däzingen, ein dem Maltheserorden gehöriges Dorf im Wir-

Wirtembergischen, bey dem Reichsstädtchen Weil in Schwaben.

Dasertshofen, auch **Tasertshofen,** ein Pfarrdorf von 200 Seelen auf einer Anhöhe an der Günz, im Gebiete des Klosters Roggenburg in Schwaben.

Daffach, ein Dorf im schwäbischen Creise, im Rittercanton Kreichgau.

Dagobertshausen, Dabelshausen, ein Dorf in Hessen, im casselischen Amte Melsungen, 1 und 1 halbe Stunde von dieser Statt.

Dagobertshausen, Dabertshausen, Tabelshausen, ein geringer Ort im hessencasselischen Gerichte Kaldern an der Lahn, 1 viertel Stunde von Flohausen, 5 viertel Stunden von Marburg.

Dagolfesheim, s. **Dalsheim.**

Dagenbach, ein Ort im königlich-preussischen Fürstenthume Bayreuth in Franken, im Amte Marck Erlebach.

Dahl, Dahlbruch, ein Dorf auf dem Westerwalde im Fürstenthume Nassau-Usingen, im Amte Terndorf.

Dahl, ein Dorf im Bißthume Paderborn im westphälischen Creise.

Dahlbrügge, ein Ort im Fürstenthume Bremen, zum churhannöverischen Amte Verden gehörig.

Dahlbrug, ein Ort im oranien-nassauischen Fürstenthume Siegen, ins Amt Hilchenbach gehörig; wobey ein Stahlhammer und Stahlraffinierhammer ist.

Dahle, ein Vorwerk im churhannöverischen Fürstenthume Calenberg, zum Amte Springe gehörig.

Dahlem, ein Ort im Erzstifte Trier im churrheinischen Creise, ins Amt Welschbillig gehörig.

Dahlem, ein Ort und Kirchspiel im Erzstifte Trier, ins Amt Welmich und churrheinischen Creise gehörig.

Dahlem, ein Dorf im markgräflich-badenschen Amte der Herrschaft Hespreingen in Schwaben.

Dahlen, ein Vorwerk in dem königlich preussisch-jesarschen Districte des zauchischen Creises in der Mittelmark Brandenburg, 6, 7 Stunden von Magdeburg, in die von schlerstedtischen Gerichte gehörig.

Dahlen,

Dahlen, ein adeliches Dorf in der königlich-preußischen Churmark Brandenburg in der Prignitz, im havelbergi- und plattenburgischen Districte bey Toppel, dem Domkapitel in Havelberg gehörig.

Dahlen, ein adeliches Dorf in der königlich-preußischen Altmark Brandenburg, im arneburgischen Creise und Bezirke des Amtes Tangermünde.

Dahlen, ein Dorf und Rittersitz im Magdeburgischen im ziesarschen Creise; Herrn von Schierstedt gehörig.

Dahlen, ein ritterschaftliches Gut im Amte Strelitz, des Herzogthums Meklenburg-Strelitz.

Dahlenberg, ein Ort in Chursachsen im Churcreise, zum Amtsbezirke Wittenberg gehörig.

Dahlhausen, ein adeliches Dorf in der königlich-preussischen Churmark Brandenburg, in dem prignitz- und kyritzer Districte.

Dahlhausen, ein Gut in der Graffschaft Lippe-Detmold in Westphalen, zum Amte Oerlinghausen, der Familie von Exterde gehörig.

Dahlhausen, ein Dorf in die churhannöverischen Grafschaft und Amte Hoye gehörig.

Dahlheim, ein Ort im churhannöverischen Fürstenthume Calenberg, zum Amte Münden gehörig.

Dahliz, ein Ort im Lüneburgischen, zum hannöverischen Amte Luchow gehörig.

Dahlskomp, ein Ort in der churhannöverischen Grafschaft Hoye, zum Amte Ehrenburg gehörig.

Dahme, ein Dorf im liegnitzischen Creise, zum preischauer Halt des Bißthums Breslau gehörig, im Herzogthume Schlesien.

Dahme, ein Rittergut im wohlauschen Creise im Herzogthume Schlesien.

Dahnhausen, ein Dorf im schwäbischen Creise, im Rittercanton am Locher.

Dahnhof, Thanhof, eine zum Rittergute Kauschwitz gehörige Schäferey im Amte Plauen, im Vogtlande in Chursachsen.

Dahraberg, ein Dorf im schwäbischen Creise, im Ort oder Rittercanton Hegau, Algau und Bodensee.

Dah-

Dahrendorf, ein Dorf in der königlich-preusischen Altmark Brandenburg im salzwedelschen Creise, ins Amt Diesdorf zum Theil gehörig.

Dahrendorf, s. Dähre.

Dahrenhorst, ein Ort im Lüneburgischen, zum churhannöverischen Amte Meinersen gehörig.

Dahrenstedt, ein adeliches Dorf in der königlich-preusischen Altmark Brandenburg, im arneburgischen Creise und Bezirke des Amtes Tangermünde.

Dahrenwurth, ein Dorf im Hollstein-Ditmarschen, ins Kirchspiel Land gehörig.

Dahsau, ein adeliches Dorf und Schloß im wohlauschen Creise im Herzogthume Schlesien, wozu das Heidevorwerk gehört.

Daibach, ein Dorf in Schwaben, 2 Stunden von Mergentheim, dem teutschen Orden gehörig.

Daibach, ein Dorf im Deutschmeisterthum in Franken, zum tauber Oberamte und Amt Ballbach gehörig.

Dainbach, ein fürstlich-hohenlohisches Dorf in Franken, eine Stunde von Boxberg gegen Langenburg gelegen.

Dainrode, Dainrot, ein Dorf im hessencasselschen Amte Frankenberg an der Edder, anderthalb Stunden von Frankenberg und 1 Stunde von Frankenau.

Dainrot, s. Dainrode.

Dalsersdorf, ein Dorf in dem bischöflich-konstanzischen Gebiete bey Möreburg in Schwaben. Es gehört dem Domkapitel Konstanz.

Dakendörp, ein zu Dobberstorp gehöriger Ort im nördlichen Theile des Waagerlandes, im königlich-dänischen Herzogthume Hollstein in Niedersachsen.

Dakendorp, ein Ort im Fürstenthume Plön, im königlich-dänischen Herzogthume Holstein, im südlichen Wagrierlande in Niedersachsen, im Amte Ahrensböck gelegen.

Dorfgeogr. 2r Nachtrag. J Dal-

Dalberg, das Stammhaus der Kämmerer von Worms, Freyherrn von Dalberg, im rheinischen Rittercreise.

Dalberg, ein Dorf im meklenburgischem Stiftsamte Schwerin, des Fürstenthums Schwerin.

Dalbern, Dalbergen, Dalborn, ein Ort in der Grafschaft Lippe-Detmold in Westphalen, zur Vogtey Donop gehörig.

Dalbersdorf, ein adeliches Dorf mit 2 Vorwerken, wovon eins Neugut heißt, im wartenbergischen Creise im Herzogthume Schlesien.

Dalbke, ein Gut an der paderbornischen Grenze und der Grafschaft Lippe-Detmold in Westphalen, Herrn von Heyderstadt zum Amte Oerlinghausen gehörig.

Dalbke, s. Hohenhausen.

Dalchau, ein Dorf in der königlich preußischen Altmark Brandenburg, im arneburgischen Creise und Bezirke des Amtes Tangermünden.

Dalczicze, s. Daltschitz.

Daldingen, ein Dorf in der Markgrafschaft Baden, zur Herrschaft Badenweiler gehörig, in der Landgrafschaft Sausenberg.

Dale, ein Dorf in der Grafschaft Mümpelgard, an den Grenzen des Bißthums Basel, der Grafschaft Burgund und Lothringen.

Daleheim, s. Dalem.

Daleken, s. Taleken.

Dalem, Dalehem, Daleheim, ein Dorf im Amte Vilderlah des Stifts Hildesheim, an den Grenzen des braunschweig-wolfenbüttelschen Amtes Lutter.

Dalemb, ein Ort im Churbraunschweig-Lüneburgischen, zum Amte Blecke gehörig.

Dalen, Thalen, ein Dorf in der königlich-preußischen Grafschaft Regenstein am Harze an der Bode, bey Blankenburg und Quedlinburg.

Dalenburg, ein Dorf im churhannöverischen Fürstenthume Lüneburg oder Celle, im Amte Bleckede an der Elbe.

Daleschitz, Dalezicze, ein Dorf im Königreiche Böhmen im brauner Creise, zum Gute Jablau gehörig.

Daleschitz, Dalessicze, einige Dörfer im Königreiche Böhmen im bunzlauer Creise, eins zur Herrschaft Swigan, und das andere zur Herrschaft Münchengrätz gehörig.

Daley, eine Mühle am Walde dieses Namens, in der Herrschaft Ginonitz im rakonitzer Creise in Böhmen, nahe bey Hlubocep gelegen.

Dalezicze, s. Daleschitz.

Dalsingen, ein Dorf im schwäbischen Rittercreise im Rittercanton am Neckar und Schwarzwalde.

Dalgow, ein adeliches Dorf in der königlich-preusischen Chur- und Mittelmark Brandenburg.

Dalhausen, ein Dorf im Bißthume Paderborn im westphälischen Creise.

Dalheim, ein öttingen-wallersteintsches Dorf im Amte Bißingen in Schwaben.

Dalheim, ein Dorf mit Cisterzienserkloster im Bißthume Paderborn in Westphalen.

Dalheim, ein adeliches Cisterzienser-Nonnenstift im Herzogthume Jülich in Westphalen.

Dalheim, eine Cisterzienser-Nonnenabtey ohnweit Mainz, steht unter der Aufsicht des Abts zu Eberbach.

Dalheim, ein Dorf in der östreichischen Grafschaft Falkenstein im oberrheinischen Creise, nicht weit von Oppenheim.

Dalheim, s. Altenburg.

Dalibor, s. Raniz.

Dalinghausen, ein Ort im Hochstift und Fürstenthume Osnabrück in Westphalen, zum Amte Wittlage und Vogtey Lindorf gehörig.

Dalitzsch, ein Dorf bey Störmthal im Amte Leipzig, im leipziger Creise in Chursachsen.

Dalkau, ein Rittersitz im glogauschen Creise in Niederschlesien, anderthalb Meilen von Großglogau. Die nahe dabey befindlichen Berge sind seit einigen Jahren zu einem reizenden Berggarten umgeschaffen worden.

Dalkendorf, ein Dorf im Amte Güstrow, im Herzogthume Meklenburg Güstrow.

Dalkingen, ein Pfarrdorf am Fluß Sechta in Schwaben. Es gehört theils dem Spital zu Dinkelsbühl, theils Ellwangen.

Dalkowicz, ein Dorf im Königreiche Böhmen im Laurzimer Creise, zur Herrschaft Sternberg gehörig.

Dallahn, ein Ort im Churbraunschweig-Lüneburgischen, zum Amte Bodenteich gehörig.

Dallau, ein deutschmeisterischer Ort und Amt zum Meisterthume Mergentheim gehörig.

Dalldorf, ein Kirchdorf im Fürstenthume Halberstadt, im halberstädter Landcreise in Niedersachsen.

Dalldorf, etliche Ortschaften im Churhannöverisch-Lüneburgischen und Fürstenthume Lauenburg, zu den Aemtern Bodenteich, Gifhorn und adelichen Gerichte gehörig.

Dalle, ein Dorf im Churbraunschweig-Lüneburgischen, zum Amte Bodenbostel gehörig.

Dallen, ein Ort im Churfürstenthume Trier an der Lahn, zur mrudter Zent gehörig.

Dallentin, ein adelicher Wohnsitz mit einem Vorwerke und der Kolonie Neu-Dallentin oder Hennigsthal, die auch ein Vorwerk hat, 3 viertel Meilen nordwestwärts von Neustettin, im königlich-preußischen Hinterpommern, im neustettinschen Creise in Obersachsen.

Dallersbach, s. Ober-Dallersbach.

Dallersberg, s. Unter-Dallersberg.

Dallgen, ein zur Herrschaft Leuthen gehöriges Dorf in der Niederlausitz in Chursachsen, im crumspreeischen Creise.

Dalliendorf, ein meklenburgisches Dorf im Amte Schwerin, des Herzogthums Schwerin.

Dallium, ein adeliches Dorf in der königlich-preußischen Vormark Brandenburg, im perleburgischen Districte.

Dallowitz, ein Dorf im Königreiche Böhmen im bunzlauer Creise, zur Herrschaft Kosmonos gehörig.

Dalmansfeld, ein Dorf im fränkischen Rittercreise im Canton

Canton Altmühl, den Freyherrn Schenk von Geyern gehörig, ohnweit Weissenburg.

Dalmeriz, ein Dorf im Herzogthume Pommern auf der Insel Jasmund.

Dalmierzicz, ein Dorf im Königreiche Böhmen im bunzlauer Creise, zur Herrschaft Groß-Rohosetz gehörig.

Dalmsdorf, ein Dorf im Amte Mirow, des Herzogthums Meklenburg Strelitz.

Dalow, ein ins Amt Marienfließ gehöriges Dorf, 2 Meilen südwestwärts von Freyenwalde am Kranipehlflusse, im königlich-preußischen Hinterpommern, im saziger Creise in Obersachsen; hat auch adeliche Unterthanen.

Dalow, s. Talow.

Dalsheim, Dagolfesheim, ein Marktflecken, 3 Stunden von der Oberamtsstadt Alzei, südwärts gelegen, in dieses churpfälzische Amt gehörig.

Dalsper, ein Ort in der ehemaligen dänischen Grafschaft, jetzigem Herzogthume Oldenburg und Delmenhorst in der Landvogtey Oldenburg und Marschvogtey Mohrlem oder Elsflet, im Stedingerlande an der Hunte.

Daltschitz, Dalczicze, ein Dorf im Königreiche Böhmen im czaslauer Creise, zum Gute Przibram gehörig.

Dalum, ein Ort im Hochstift und Fürstenthume Osnabrück in Westphalen, zur Vogtey Schwagsdorf, des Amtes Fürstenau gehörig.

Dalves, ein Ort im Hochstift und Fürstenthume Osnabrück in Westphalen, zum Amte Fürstenau und Vogtey Sippen gehörig.

Dalwig, Delbach, ein Dorf im Stifte Fulde im Amte Neuhof, 2 Stunden von Weyers und 3 von Neuhof.

Dalwiz, ein Dorf im Herzogthume Pommern, auf der Insel Rügen.

Dalwitz (Groß und Klein), Dörfer im Amte Gnoien, des Herzogthums Meklenburg-Güstrow.

Dalwitzenhof, im Amte Schwaan, des Herzogthums Meklenburg Güstrow.

Dalzig, s. Klein=Dalzig.

Dam bey Spandau, ein Fischer Ort in der königlich=preußischen Chur= und Mittelmark Brandenburg, ins Amt Spandau.

Damand, ein Dorf im Hochstifte Basel im oberrheinischen Creise.

Damaschek, ein Ort im Königreiche Böhmen im Chrudimer Creise, zur Herrschaft Reichenburg gehörig.

Damasco auch Probstey Casimir genannt, ein Ort, 1 Meile von Oberglogau, mit einer Kirche, gehört dem Kloster Lenbus im Herzogthume Schlesien.

Damb, auch Dam, ein Dorf im beuthensch. Creiß, im Herzogth. Schlesien, dem Kloster Michow in Pohlen geh.

Dambach, ein chursächsisches Dorf im Hennebergischen in Franken, ins Amt Schleusingen gehörig.

Dambach, Donbach, ein Dorf an der Regniz, unweit Zürndorf, 1 Stunde von Nürnberg in Franken, ins Oberamt Cadolzburg, hat meist nürnbergische Unterthanen.

Dambach, ein königlich=preußisch=anspachisch=bayreuthischer Ort in Franken, 2 Stunden von Wassertrudingen, gegen Ohrnbau, und ins Amt Langenzenn gehörig.

Dambach, ein Ort im Oestreichischen ob der Ens, ohnweit Freystadt bey Quettau, im Mühl= und alten Mahlandviertel.

Dambach, ein ötingen=spielbergisches Dorf, im Amte Münchsroth in Schwaben.

Dambach, s. Nieder=Dambach.

Dambahn, ein Beyhof im Herzogthume Pommern auf der Insel Rügen.

Dambeck, ein Dorf im Amte Wredenhagen, des Herzogthums Mecklenburg Güstrow.

Dambeck, ein Dorf und Rittersitz im Amte Neustadt, bey Wahren im Herzogthume Mecklenburg Schwerin.

Dambeck, ein Hof und Dorf im Amte Schwerin, des Herzogthums Mecklenburg Schwerin.

Dambeck, ein Ort im Chur=Braunschweigisch=Lüneburgischen, zum Amte Dannenberg gehörig.

Dambeck, ein adelicher Hof im Herzogthume Pommern im wolgaster Districte.

Dambina, einige von Lontschnig abgesondert liegende Häuser im Herzogthume Schlesien.

Dambitsch, polnisch Dembka, ein Rittergut anderthalb Meilen von Trachenberg im Herzogthume Schlesien.

Dambrau, polnisch Dambrowa, ein adeliches Dorf mit einer katholischen Kirche im falkenbergischen Creise im Herzogthume Schlesien.

Dambritsch, ein Rittergut, 3 Meilen von Striegau, 1 Meile von Neumarkt im Herzogthume Schlesien, mit einer katholischen Kirche.

Dambsdorff, ein Dorf im striegauer Creise im Herzogthume Schlesien.

Dame, ein Dorf im Amte Stavenhagen, des Herzogthums Mecklenburg Güstrow.

Dame, ein Dorf und Meyerhof im königlich-dänischen Herzogthume Holstein, im nördlichen Wagrierlande, in Niedersachsen im Amte Cißmar.

Dame, ein Dorf bey Parchwitz im Fürstenthume Liegnitz im Herzogthume Schlesien.

Damekow, ein Dorf im mecklenburgischen Amte Bukow, des Herzogthums Schwerin.

Damelack, oder Damelach, ein dem Stifte, zum heiligen Grab gehöriges Dorf, in der königlich-preussischen Churmark Brandenburg im havelbergischen Districte.

Damelwitz, ein Rittergut, 2 und 1 viertel Meile von Ohlau im Herzogthume Schlesien.

Damen, ein adeliches Dorf mit 5 Vorwerken, 1 Meile nordostwärts von Polzin unweit der Dame oder Damitz, im königlich-preussischen Hinterpommern im belgard-polzinschen Creise in Obersachsen.

Damenhayn, s. Thamenhayn.

Damenicz, ein Dorf im Königreiche Böhmen im kauerzimer Creise, zur Herrschaft Naczeradecz gehörig.

Damerkow, ein Dorf mit einem Vorwerke im königlich-preussischen Hinterpommern im lauenburg und bütowschen Creise in Obersachsen im Amte Bütow, 1 halbe Meile von der Stadt Bütow.

Damerkow, ein Dorf mit einem Vorwerke an der Lupow, 4 Meilen südostwärts von Stolpe im königlich preußischen Hinterpommern im stolpischen Creise in Obersachsen.

Damerkow, Groß, ein Dorf 3 viertel Meilen von Lauenberg mit den Vorwerken Budowanic, Poggenspiel, und **Klein-Damerkow**, im königlich preußischen Hinterpommern im lauenburg- und bütowschen Creise in Obersachsen im lauenburger Districte.

Damerow, ein Vorwerk im königlich-preußischen Herzogthume Pommern im usedomschen Creise.

Damerow, ein Dorf im Herzogthume Pommern, im loizer Bezirke.

Damerow, ein Vorwerk im königlich-preußischen Vorpommern im usedowschen Creise in Obersachsen, ins Amt Pudagla gehörig.

Damerow, ein Dorf im königlich-preußischen Hinterpommern im stolpschen Creise im königlichen Amte Stolpe in Obersachsen, 2 Meilen ostwärts von Stolpe in einem Walde.

Damerow, ein der Stadt Greifenhagen gehöriges Erbzinsgut im königlich-preußischen Hinterpommern im greifenhagenschen Creise in Obersachsen.

Damerow, ein Dorf im Amte, und eine halbe Meile nordnordwestwärts von Naugard, im königlich-preußischen Hinterpommern im daber-naugard- und bewitzischen Creise in Obersachsen.

Damerow, ein Dorf mit einem Vorwerke, 1 Meile ostwärts von Zanow im königlich-preußischen Hinterpommern im schlaweschen und pollnowschen Creise in der Abtey Rügenwalde in Obersachsen.

Damerow, ein freyes Rittergut und adelicher Wohnsitz mit 3 Vorwerken an der Rega, im königlich-preußischen Hinterpommern im belgard-polzinschen Creise in Obersachsen.

Damerow, ein Dorf im mecklenburgischen Amt Criviz des Herzogthums Schwerin.

Damerow, ein Dorf im mecklenburgischen Amte Rauten Herzogthume Gustrow.

Das

Damerow, s. Czarn-Damerow, Damrow, Neu-Damerow, Oslaw-Demerow.

Damersitz, ein Dorf und Vorwerk im Amte und 3 viertel Meilen westwärts von Maßow im königlich-preußischen Hinterpommern im sazigerCreise in Obersachsen.

Damesdorf, ein Dorf, 1 halbe Meile von Bütow im königlich-preußischen Hinterpommern im lauenburg- und bütowschen Creise in Obersachsen im Amte Bütow.

Damesdorp, ein Dorf und Mühle im Fürstenthume Plön, im königlich-dänischen Herzogthume Holstein im südlichen Wagrierlande in Niedersachsen im Amte Ahrensböck.

Damfleth, ein Dorf im Fürstenthume Bremen, zum churhannöverischen Amte Köthingen Buzfleth gehörig.

Damgard, ein Dorf im Gebiete des Domkapitels Colberg, 1 und 1 viertel Meile südsüdost zu Ost von Colberg im königlich-preußischen Hinterpommern in Obersachsen.

Damhof, ein Ritterhof im Kanton Kreichgau in Schwaben.

Damichsdorf, Thomigsdorf, ein Dorf im Königreiche Böhmen im chrudimer Creise, zur Herrschaft Landskron gehörig.

Damicz, s. Damitsch.

Damietiz, ein Ort im Königreiche Böhmen im prachner Creise, zur Herrschaft Zichowitz gehörig.

Damirow, ein Gut und Dorf im Königreiche Böhmen, im czaslauer Creise, ist dem Unterhalte des Pfarrers zu Krchleb gewidmet.

Damitsch, Damicz, ein Dorf im Königreiche Böhmen im prachtiner Creise, zu den Herrschaften Zichowitz und Hochtitz, und der Stadt Bergreichenstein gehörig.

Damitz, ein adeliches, ein und eine halbe Meile von Cöslin gelegenes Dorf, im königlich-preußischen Hinterpommern im Fürstenthume Cammin in Obersachsen.

Damiz, ein Dorf im Königreiche Böhmen im ellnbogner Creise, zur Herrschaft Schlackenwerda gehörig.

Damizow, ein gräfliches Schloß und Vorwerk, 1 Meile

nordwärts von Garz im königlich-preussischen Vorpommern im randowschen Creise in Obersachsen.

Damizow, ein Ort im königlich-preusischen Herzogthume Pommern im anklamischen Creise.

Damkenfeld, ein freyherrliches von Kalbisches Dorf im Canton Steigerwald ohnweit Bamberg in Franken.

Damker, ein Ort im churhannöverischen Fürstenthume Lauenburg, zum Amte Barsthorst.

Damkerot, s. Neuwasser.

Dam Riez, s. Riez.

Damkrug, ein adeliches Freygut in der königlich-preusischen Altmark Brandenburg im salzwedelschen Creise.

Damlöse, ein zum Amte Oldenburg gehöriger Ort im königlich-dänischen Herzogthume Holstein im nördlichen Wagrierlande in Niedersachsen, im Amtsbezirke Cismar.

Damm, ein kleines Dorf an der Salzbutte, 1 viertel Stunde oberhalb Lohr, in die hessen-casselsche Gerichte des Nahmens gehörig, 1 viertel Stunde davon. Hierher gehört auch der Hof Prächter.

Damm, ein Dorf im Churfürstenthume Maynz, unter dem Vicedomamte Aschaffenburg an der Aschaffenbach, eine Stunde von Aschaffenburg.

Damm, ein Dorf im Fürstenthume Calenberg, zum churhannöverischen Amte Lauenstein.

Damine, ein Dorf in der königlich-preussischen Chur- und Mittelmark Brandenburg, dem Domcapitel zu Brandenburg gehörig.

Damme, ein Dorf im Hochstifte und Fürstenthume Osnabrück, in Westphalen, zum Amte Vörden und Vogtey Damme gehörig.

Dammen, ein Rittersitz an der Lupow, 2 Meilen von Stolpe mit einem Vorwerke im königlich-preussischen Hinterpommern im stolpischen Creise in Obersachsen.

Dammendorf, und Gödewitz, ein Dorf mit Rittersitz und Schäferey im magdeburgischen Saalcreise, den Herrn aus den Winckel gehörig.

Dammendorf, ein Amtsdorf im Amte Belzig im Churcreise in Sachsen.

Dammer, ein prinzlicher Domänenort im glogauschen Creise im Herzogthume Schlesien.

Dammer, ein Rittergut im namslauschen Creise im Herzogthume Schlesien.

Dammer, auch **Dambraw**, ein herzogliches Dorf, 1 halbe Meile von Oels im Herzogthume Schlesien.

Dammer, ein Rittergut, 1 Meile von Militsch im Herzogthume Schlesien.

Dammerez, ein Dorf und Rittersitz im Amte Wittenburg, des Herzogthums Mecklenburg Schwerin.

Dammerow, ein Dorf im grünbergischen Creise im Herzogthume Schlesien, gehört dem Domkapitel in Gross Glogau.

Dammersbach, ein Dorf im Hochstifte Fulda, ins Amt Mackenzell gehörig, im oberrheinischen Creise.

Dammeshof und Mühle, in das landgräflich-hessen-darmstädtischen Amte Alsfeld gehör.

Damnflast, Zuscher, Schmerz, Nellenhütten, Zinsershütten, Boraquen zum Lehnzüsch in der Grafschaft Sponheim in der Unterpfalz, zum Antheil der Markgrafschaft von Baden und Oberamt Birkenfeld der Hinterngraffschaft.

Daminguth, ein Guth im churhannöverischen Fürstenthume Bremen, zum Gerichte Ritterhude gehörig.

Dammhof, liegt bey Mülverstädt, und gehört zu diesem Rittergute im Amte Langensalza in Thüringen in Chursachsen.

Dammhof, s. Quatzow.

Dammitsch, ein adeliches Dorf und Schloß im steinauschen Creise im Herzogthume Schlesien.

Damnölmühle, liegt bey Wolmerstedt und gehöret zu diesem Rittergute im Amte Eckartsberga in Thüringen, in Chursachsen.

Dammoster, s. Damuster.

Dammmühle, eine Mühle bey Geringswalde im Amte Rochlitz im leipziger Creise in Chursachsen.

Dammmühle, eine Mühle bey Dresden vorm Wilsdruffer Thore, im meißner Creise in Chursachsen.

Dammmühle, eine zum Rittergute Wünschendorf gehörige Mühle, im Amte Wolkenstein in Erzgebürge in Chursachs.

Dammmühle, gehört zu Jauschwitz im lübenschen Creise im Herzogthume Schlesien.

Dammmühle, im königlich-preußischen Fürstenthume Bayreuth in Franken, im Amte Schnabelweid.

Dammmühle, in dem landgräflich-hessen-darmstädtschen Amte Lemberg.

Dammmühle, s. Nieder-Roßbach.

Damnsdorf, Damsdorf, ein Rittergut im Amte Dahme im Fürstenthume Querfurt in Churfachsen, 1 und 1 halbe Stunde von Dahme auf Bayreuth zu, den Herrn von Schenk gehörig.

Dammshausen, ein Ort in dem landgräflich-hessen-darmstädtschen Amte Biedenkopf im oberrheinischen Creise.

Dammwolde, ein Dorf im Amte Wredenhagen, des Herzogthums Mecklenburg Güstrow.

Damm, ein Dorf im mecklenburgischen Amte Dargun, im Herzogthume Güstrow.

Damm, ein Dorf im mecklenburgischen Amte Güstrow, des Herzogthums Güstrow.

Damnau, Damnow, Chona, Tanna, Tomnie, ein Dorf im Königreiche Böhmen im plisner Creise, zur Herrschaft Trpist gehörig.

Damnatz, ein Dorf im Chur-Braunschweig-Lüneburgischen, zum hannoverschen Amte Damenberg gehörig.

Damnig, s. Bogschütz.

Damnig, ein Rittergut im Namslauschen Creise im Herzogthume Schlesien.

Damnitz, ein dem Domkapitel zu Cammin gehöriges Dorf, 1 und 1 halbe Meile südwestwärts von Stargard, am Bache Hufenitz im königlich-preußischen Hinterpommern im pyritzschen Creise in Obersachsen.

Damnitz, oder Hebron-Damnitz, ein Dorf mit einem Rittersitze oder Vorwerke im königlich-preußischen Hinterpommern im stolpischen Creise in Obersachsen, 2 Meilen ostnordostwärts von Stolpe.

Damnitz, auch Raths-Damnitz, ein Dorf 2 Meilen südsüdostwärts von Stolpe im königlich-preußischen Hinterterpommern im stolpischen Creise, der Stadt Stolpe gehörig. Es hat 2 Vorwerke und 1 Papiermühle.

Damnow, s. Damnau.

Dampen, ein Dorf 1 viertel Meile von Bütow im königlich-preußischen Hinterpommern, im lauenburg- und bütowschen Creise in Obersachsen, im Amte Bütow.

Dampfbach, Dempfach, einige Dörfer im Wirzburgischen in Franken, im Amte Geroldshofen und Ober-Schwappach, wovon Unterthanen den Klöstern Schwarzzach und Eberach gehören.

Damphreux oder **Dansfereux,** ein Dorf im Hochstifte Basel im oberrheinischen Creise, ins Oberamt Gruntrut gehörig, im Elsgau.

Damratsch, ein Dorf zum Rentamte Kup gehörig, im oppelnschen Creise, 5 Meilen von Oppeln im Herzogthume Schlesien.

Damratsch, eine Kolonie, zum vorhergehenden Dorfe gehörig.

Damratschhammer, ein Ort 5 und 1 achtel Meile von Oppeln, ebenfalls zum Rentamte Kup gehörig, im Herzogthume Schlesien.

Damrow oder **Damerow,** ein adeliches Gut nebst Jagdhaus in der königlich-preußischen Churmark Brandenburg, im lenzenschen Districte.

Damscheid, ein Ort und Kirchspiel im Erzstifte Trier, ins Amt Wesel und churrheinischen Creis gehörig.

Damsdieck, ein Ort im Ditmarschen, im königlich-dänischen Herzogthume Holstein in Niedersachsen.

Damsdorf, ein Kämmereygut im breslauschen Creise der Stadt Breslau, im königlich-preußischen Herzogthume Schlesien.

Damsdorf, s. Dammsdorf.

Damshagen, ein Dorf im meklenburgischem Amte Grevismühlen, im Herzogthume Schwerin.

Damshagen, ein Dorf im königlich-preußischen Hinterpommern, im schlaweschen und pollnowschen Creise in der Abtey Rügenwalde in Obersachsen.

Damsko, s. Dembie-Hammer.

Damuster, Dammoster, ein Vorwerk im königlich preuß

preußischen Vorpommern, im randowschen Creise in Obersachsen, ins Amt Josenick gehörig.

Damvant, ein Dorf im Hochstifte Basel im oberrheinischen Creise, ins Oberamt Bruntrut gehörig, im Elsgau.

Damwisch, ein Ort in der Herrschaft Pinneberg, im königlich-dänischen Herzogthume Holstein in Niedersachsen.

Danas, ein Ort zum Gerichte Schlanders gehörig, im Vinstgau in Tirol.

Danberg, ein Dorf im schwäbischen Creise, im Ort oder Rittercanton Hegau, Algau und Bodensee.

Dancherfeld, ein bey Aichstätt gelegenes bischöflich-eichstädtisches Dorf in Franken.

Danchwitz, ein Rittergut, eine starke Meile von Strehlen im Herzogthume Schlesien, nach Münsterberg zu.

Dandern, ein Ort im Pfleggericht Aichach in Bayern.

Daneh, ein Dorf im Oestreichischen, bey Reisnitz im Untercrain.

Danffereux, s. Damphreux.

Dangast, ein Ort in der ehemaligen Grafschaft, jetzigem Herzogthume Oldenburg, zur Herrschaft Varel, den Grafen von Bentink gehörig.

Dangenstorf, ein Dorf im Lüneburgischen, zum Amte Luchow und Wustrow gehörig.

Dangersen, ein Ort im Lüneburgischen, zum churhannöverischen Amte Haarburg gehörig.

Dangeshäuser, ein Ort im königlich-preußischen Fürstenthume Bayreuth, im Amte Thierstein in Franken.

Dangstetten, ein fürstlich-schwarzenbergischer Pfarrort in der gefürsteten Landgrafschaft Kletgau in Schwaben, ins Oberamt Thiengen gehörig.

Danholn, ein Gut im Lüneburgischen im Amte Diepholz.

Danhorst, ein Ort im Lüneburgischen, zum Amte Eltlingen.

Daniel, so heißen 6 gewerkschaftliche Bergwerkstagegebäude, im Bergamte Schneeberg, im Erzgebirge in Chursachsen.

Daniel,

Daniel St., ein Ort zur Herrschaft Enn und Caldif gehörig, im Etschlande in Tirol.

Daniel St., ein Dorf im Oestreichischen unweit Resell und Gottschach, in den Grafschaften Görz und Gradiska.

Daniel St., verschiedene Dörfer im Oestreichischen bey St. Katharina und Loque, unweit Görz, in den Grafschaften Görz und Gradisca, unweit Villach und Sachsenburg in Kärnten, bey Pleiburg in Kärnten, bey Mauten am Geilfuße, in Kärnten.

Danietſch, auch Danicz, Danitz, ein Ort im groß strehlitzer Creise im Herzogthume Schlesien, hat zwey Antheile, wovon das eine Sucho = das andre Traschisch = Danietsch heißt.

Daniez, Mocro=Daniez, ein Ort, 2 und 1 viertel Meilen von Oppeln im Herzogthume Schlesien, zum Amte Oppeln gehörig.

Daniowes, ein Dorf im Königreiche Böhmen im ratonitzer Creise, zur Majoratsherrschaft Raudnitz gehörig.

Dankelmannshof, ein zur Stadt Greifenberg gehöriges Vorwerk im königlich = preusischen Hinterpommern, im greifenbergischen Creise in Obersachsen.

Dankelsried, ein Dörfchen, das aus zween Bauernhöfen und einem Wirthshause besteht, bey Memmingen in Schwaben, dem Unterhospital dieser Stadt gehörig. Es ist ein Gesundbrunnen und Bad daselbst.

Danckelsried, s. Erckheim.

Dankenfeld, ein ritterschaftlicher Ort im fränkischen Rittercreise im Canton Röhnwerra, den Marschallen von Ostheim = Waltershausen gehörig.

Danckerode, ein Dorf an der Fulda, im hessencasselischen Amte Rotenburg Gerichtsstuhl Seifertshausen, 2 Stunden von Rotenburg.

Danckersen, ein ansehnliches Gut nahe bey Rinteln, 1 halbe Stunde von Todemann, dem adellichen Geschlechte von Ditfurt, zum Antheile der Hessencassel gehörigen Grafschaft und Amt Schaumburg gehörig.

Danckershausen, ein Dorf im Fürstenthume Calenberg, zum hannöverischen Amte Imsen gehörig.

Dancketsweiler, ein östreichisches Pfarrdorf im Amte Zogenweiler, in der untern Landvogtey in Schwaben.

Danckholz, ein Dorf im Oestreichischen im Amte Vogtsau, hinter dem Kloster Rana bey Ottenschlag, oberhalb dem Mannhardsberge.

Danckholzweiler, ein Dorf im Stifte Ellwangen, im Stabtamt Ellwangen in Schwaben.

Danckhorst, ein Ort in der ehemaligen Grafschaft, jetzigem Herzogthume Oldenburg und Delmenhorst, in der Landvogtey Neuenburg und Vogtey Zwischenahn.

Dancksen, ehedem Danrden, ein Dorf in der königlich preusischen Altmark Brandenburg, im salzwedelschen Creise und Amte Diesdorf.

Danckwitz, ein Rittergut 2 Meilen von Nimptsch im Herzogthume Schlesien.

Dankenfeld, s. Danckenfeld.

Dann, ein Dorf im Stifte Aichstätt in Franken, ins Amt Wahrberg gehörig.

Dann, s. Than.

Dannau, Tonna, ein Dorf im Königreiche Böhmen im klattauer Creise, zur Herrschaft Rauth gehörig.

Dannberg, ein Dorf im fränkischen Creise im Fürstbißthume Bamberg, ins Amt Herzogenaurach gehörig.

Danne, s. Bodan.

Danneck, ein Dörschen in der blasischen Grafschaft Bondorf in Schwaben.

Dannefeld, ein Dorf in der königlich-preußischen Altmark Brandenburg im salzwedelschen Creise, im Bezirk des Amtes Diesdorf und in die alvenslebtschen Gerichte nach Calbe gehörig.

Dannefeldt, ein adelich-alvenslebisches Dorf in der königlich-preußischen Altmark Brandenburg, im arendseetschen Creise und Amtsbezirke.

Dannekrug, ein adelicher Freyhof in der königlich-preußischen Altmark Brandenburg und seehausischen Creise.

Dannenberg, ein Dorf im Amte und 1 Meile nordwestwärts von Wollin, im königlich-preußischen Vorpommern, im wollinschen Creise in Obersachsen.

Dann

Dannenberg, ein Gut bey der Stadt und Amt Dannenberg im Chur-Braunschweigisch-Lüneburgschen.

Dannenbüttel, ein Dorf im chur-braunschweigisch-Lüneburgischen Amte Gifhorn.

Dannendorf, ein Dorf im fränkischen Rittercreise, im Canton Gebürg, denen von Künsberg gehörig.

Dannenfels, ein fürstlich-nassau-weilburgisches Dorf im oberrheinischen Creise, ins Amt Kirchheim gehörig.

Dannenwalde, ein adeliches Dorf in der königlich-preusischen Prignitz oder Vormark Brandenburg, im pritzwaldischen Districte.

Dannenwalde, ein ritterschaftliches Gut im Amte Fürstenberg, des Herzogthums Meklenburg-Strelitz.

Dannerod, ein Ort in dem landgräflich-hessen-darmstädtschen Amte Homberg im oberrheinischen Creise.

Dannersberghof, im Nassau-Weilburgischen, jenseits dem Rheine.

Danneweg, ein Dorf im Königreiche Böhmen im pilsner Creise, zur Herrschaft Tachlau gehörig.

Dannewisch, ein Ort im königlich-dänischen Herzogthume Holstein in Niedersachsen im Amte Steinburg.

Dannhausen, ein königlich-preussisch-anspachisches Dorf in Franken im Oberamte Gunzenhausen, 2 Stunden davon gegen Heydeck.

Dannhausen, ein Amt, Schloß und Dorf im Stifte Aichstätt in Franken.

Dannhof, ein Dorf im Amte Lübz im Herzogthum Meklenburg-Schwerin.

Dannhof, ein Hof im Fraischdistricte, des königlich-preussisch-anspachischen Oberamtes Windsbach in Franken.

Dannhof, ein fürstlich-hohenlohischer Ort in Franken.

Dannhusen, ein Dorf im meklenburgischen Amte Crivitz, des Herzogthums Schwerin.

Dannich, ein 1 Stunde von Culmbach gelegenes königlich-preussisch-bayreuthisches Dorf in Franken.

Dannow, ein Ort im Bisthume Lübeck im südlichen

Wagrierlande, im königlich-dänischen Herzogthume Holstein in Niedersachsen.

Dannow, ein Ort im oldenburgischen Districte, im nördlichen Wagrierlande, im königlich-dänischen Herzogthume Holstein in Niedersachsen.

Dannowa, ein Dorf im Königreiche Böhmen im Klattauer Creise, zur Herrschaft Stockau gehörig.

Dannreuth, ein Ort im Oestreichischen ob der Ens, unweit Aigen und Haslach, im alten Mühlviertel.

Dannsdorf, ein Amtsdorf im Amte Belzig im Churcreise in Sachsen.

Dannwerig, ein Dorf im Bambergischen im Amte Höchstett, 2 Stunden von Herzog-Aurach in Franken.

Dansenberg, ein Dorf oder Weiler von 16 Häusern, auf einem Berge im Reichswalde, 1 Stunde von Lautern, südwärts in dieses churpfälzische Oberamt gehörig.

Danstedt, ein Dorf in der Herrschaft Derenburg, im Fürstenthume Halberstadt in Niedersachsen, 1 Meile von Halberstadt, und eben so weit von Werningerode.

Danstedten, ein Dorf in der Landgraffschaft Klettgau in Schwaben.

Danstedterzoll, einzelner Zoll und Gasthof im Fürstenthume Halberstadt, an der Paßstraße von Halberstadt nach Westphalen.

Danteshof, s. Antoniberg.

Danken, s. Dancksen.

Danze, ein Dorf im Amte Crivitz, des Herzogthums Mecklenburg-Schwerin.

Danzenheid, ein Dorf im fränkischen Creise im Fürstenthume Bamberg, ins Amt Herzogenaurach gehörig.

Danzwiesen, ein Dorf im Stifte Fuld, im Amte Bieberstein, gleich unter dem Bergschloß Mitzenburg, 2 Stunden von Bieberstein.

Danzenhaid, s. Dauzenseid.

Dapfertshofen, ein Dorf in der prämonstrat. Abtey Roggenburg im augsburgischen Kirchspiele, in der schwäbischen Graffschaft Weißenhorn.

Dapfheim, ein pfälzischer Hofmark, Pfarrdorf, Schloß und pflegamtlich-kaisersheimlischer Sitz an den Ufern der Donau bey Höchstädt, an einem Bache der in die Donau fällt in Schwaben, im Bißthume Augsburg und Herzogthume Neuburg, theils zum Landrichteramte Höchstätten gehörig.

Dapperich, ein ehemahliges kleines Dorf, seit 1637 aber ein herrschaftliches Vorwerk, in dem oranien-nassau-diezeschen Fürstenthume Hademar, ins Amt Renneroth gehörig.

Dappericherhof, im Fürstlich-oranien-nassau-hademarschen Amte Renneroth, ins Kirchspiel Seck gehörig.

Dapricht, s. Daher.

Daranitz, ein nach Baußen gehöriges Dorf in der Oberlausitz in Chursachsen, im baußner Amtsdistricte.

Darchau, ein Dorf im chur-braunschweigisch-lüneburgischen Fürstenthume Lauenburg, zum Amte Neuhaus-Elbe gehörig.

Darebnicz, ein Ort im Königreiche Böhmen, im chrudimer Creise, zur Herrschaft Chotzen gehörig.

Darendorf, ein Ort bey Kirchscheidung im chursächsischen Amte Freiburg.

Darenwurdt, ein Ort im Ditmarschen, im königlich-dänischen Herzogthume Holstein in Niedersachsen.

Dargardt, ein adeliches Coloniendorf, zur Pfarre Blüthen gehörig, in der königlich-preußischen Vormark Brandenburg oder Priegnitz im perleburgischen Districte.

Dargau, ein Ort im hannöverischen Fürstenthume Lauenburg, zum Amte Seedorf gehörig.

Dargazke, ein Dorf im Herzogthume Pommern, auf Jasmund.

Dargebanz, ein Dorf und Vorwerk im Amte und eine Meile nordwestwärts von Wollin, im königlich-preußischen Vorpommern im wollinschen Creise in Obersachsen.

Dargelin, ein Hof und Dorf im Herzogthume Pommern, im greifswaldischen Bezirke.

Dargelütz, ein Dorf im Amte Grabow, des Herzogthums Meklenburg-Schwerin.

Dargen, ein adeliches Gut mit einem Vorwerke, eine viertel Meile vom Haff, im königlich-preußischen Vorpommern im usedomschen Creise in Obersachsen.

Dargen, ein adeliches Dorf mit 5 Vorwerken, von denen 3, als: Dasow, Neu-Dasow und die Brückenkrüge an der Nabue, auf dessen Feldmark liegen, ein und eine halbe Meile nordwestwärts von Bublitz, im königlich-preußischen Hinterpommern, im Fürstenthume Cammin, in Obersachsen.

Dargezien, ein Hof und Dorf im Herzogthume Pommern im wolgaster Bezirke.

Dargislaff, ein adeliches Dorf mit zwey adelichen Gütern und einem Vorwerke, Altendorf genannt, eine Meile südostwärts von Treptow, an der Molstow, im königlich-preußischen Hinterpommern im greifenbergischen Creise in Obersachsen.

Dargitz, ein Dorf, eine halbe Meile nordwestwärts von Pasewalk, im königlich-preußischen Antheil des Herzogthums Pommern, und zwar in Vorpommern im anklamschen Creise in Obersachsen, ins Amt Targelow gehörig. Hier ist ein Predigerwitwenhaus.

Dargorese, ein Dorf mit einem Rittersitze, 4 Meilen ostnordostwärts von Stolpe im königlich-preußischen Hinterpommern im stolpischen Creise in Obersachsen.

Dargsow, ein adeliches Dorf, 2 Meilen ostwärts von Wollin im königlich-preußischen Hinterpommern, im greifenbergischen Creise in Obersachsen.

Dargun, ein Flecken und Amt im Herzogthume Meklenburg-Güstrow, mit einem herzoglichem Schloß, sonst ein Cisterzienser Closter.

Darkow, ein Dorf und Vorwerk im Amte und 1 halbe Meile ostwärts von Belgard, im königlich-preußischen Hinterpommern im belgard-bolzinschen Creise in Obersachsen.

Darlingrode, ein Dorf mit einem Freyhof im königlich-preußischen Fürstenthume Halberstadt, in der Grafschaft Wernigerode, in Niedersachsen.

Darmbach, ein Ort im fränkischen Ritter Creise im Canton

ton Ottenwald, gehört denen Ueberbrück von Rotenstein.

Darmens, ein Dorf im Oberinnthal in Tirol, zum Gerichte Imst gehörig.

Darmschlag, Drmislaw, Darmissle, ein Dorf im Königreiche Böhmen, im klattauer Creise, zum Gute Kopetzen.

Darmspach, ein Dorf im badenschen Amte Stein in Schwaben.

Darnebeck, ein adeliches Dorf in der Altmark Brandenburg im salzwedelschen Creise und Bezirke des Amtes Diesdorf.

Darnewiz, ein adeliches Vorwerk bey Steinfeld, in der königlich-preusischen Altmark Brandenburg, im stendalischen Creise.

Darowa, ein Dorf im Königreiche Böhmen im pilsner Creise, zur Herrschaft Radnitz gehörig.

Darrich, ein Ort im Wagrierlande, im königlich-dänischen Herzogthume Holstein in Niedersachsen.

Darrigstorf, ein Dorf im chur-braunschweig-lüneburgischen Amte Knesebeck.

Darrstadt, ein Dorf des Bißthums Würzburg, in Franken.

Darschkow, s. Puggerschow.

Darseband, ein Hof und Dorf im Herzogthume Pommern, auf der Insel Rügen.

Darsekau, ein adeliches Dorf in der königlich-preusischen Altmark Brandenburg im salzwedelschen Creise und Bezirke des Amts Diesdorf bey Bombeck.

Darsekau, oder Darsikow, ein adeliches Gut und Dorf in der Churmark Brandenburg in der Priegnitz und kyritzer Districte.

Darsekow, ein adeliches Dorf und Vorwerk, 3 Meilen südsüdostwärts von Stolpe, im königlich-preusischen Hinterpommern, im rummelsburgischen Creise in Obersachsen.

Darsewitz, ein Dorf am Divenowstrom, 1 viertel Meile nordwärts von Wollin im königlich-preusischen Vorpommern im wollinschen Creise in Obersachsen, der Stadt Wollin gehörig.

Darsikow, s. Darsekau.

Darsin, ein Dorf mit den hierhergehörigen Vorwerken Pottangow und Friederikenfelde im königlich-preußischen Hinterpommern im stolpischen Creise in Obersachsen, 3 und 1 viertel Meile ostsüdostwärts von Stolpe.

Darsko, Idarsko, Darzko, ein Ort am See gleiches Namens im Königreiche Böhmen im czaslauer Creise, zum Gute Wognu-Miestecz gehörig.

Darsow, ein ins Amt Suckow gehöriges Dorf, 3 viertel Meilen südsüdostwärts von Treptow im königlich preußschen Hinterpommern im greifenbergischen Creise in Obersachsen.

Darsow, ein Dorf mit den Vorwerken Drzigowa, Schidlitz und Heide, im königlich-preußischen Hinterpommern im stolpischen Creise in Obersachsen.

Darsserort, ein Dorf im Herzogthume Pommern auf dem Dars.

Darstatt, ein Ort im fränkischen Rittercreise im Canton Ottenwald, gehört denen von Zobel.

Darz, ein Dorf und Vorwerk mit einem Predigerwitwenhause im Amte und 1 viertel Meile südwestwärts von Maßow im königlich-preußischen Hinterpommern, im saziger Creise in Obersachsen.

Darz, ein adelicher Hof im Herzogthume Pommern, auf der Insel Rügen.

Darzau, ein Vorwerk im Lüneburgischen, zum Amte Hizacker gehörig.

Darzboze, ein Dorf im Königreiche Böhmen im kaurzimer Creise, zur Herrschaft Pischelp gehörig.

Darzenitz, ein Dorf und Schäferey am rechten Ufer der Iser im Königreiche Böhmen im bunzlauer Creise, zur Herrschaft Swigan gehörig.

Darzko, s. Darsko.

Dasbach, ein Dorf im fürstlich-nassau-usingischen Oberamte Idstein, 1 halbe Stunde von der Stadt Idstein.

Daschendorf, ein Dorf im fränkischen Creise im Fürstbißthume Bamberg, ins Amt Burgellern-Memmelsdorf gehörig.

Daschitz, Dassycze, ein Marktflecken am Bache Megtskeg-Potok im Königreiche Böhmen im chrudimer Creise, zur Herrschaft Pardubitz gehörig.

Daschow, ein Dorf im Amte Lübz, des Herzogthums Meklenburg-Schwerin.

Daßeburg, ein Dorf im Bißthume Paderborn im westphälischen Creise.

Dasenbach, ein gräflich-erbachisches Dorf, 1 halbe Stunde von Erbach in Franken.

Dasendorp, ein Dorf im Stadt hilgenhofenschen Bezirke im nördlichen Wagrierlande, im königlich-dänischen Herzogthume Holstein in Niedersachsen, im oldenburger Lande.

Dashurst, ein Dorf in der Ortenau in Schwaben. Es gehört Hanau-Lichtenberg.

Dasin, s. **Kron-Fellern.**

Dasingen, ein Ort an der Paar, im Gerichte Friedberg im Churfürstenthume Bayern.

Daskow, ein adelicher Hof im Herzogthume Pommern, im barthenschen Bezirke.

Dasow, s. **Dargen.**

Daßbach, ein Dorf in der Grafschaft Nassauidstein, im Amte Idstein an der Würsbach, 1 halbe Stunde von dieser Stadt, 2 von Camberg, drittehalb von Königstein.

Daßberg, Darberg, ein Dorf unweit der Günz in der Herrschaft Mindelheim in Schwaben, dem Churfürsten von Bayern gehörig.

Daßein, ein zum Gerichte Schlanders im Vinstgau in Tirol gehöriger Ort.

Däßelbusch, eine Meyerey im Amte Mirow des Herzogthums Meklenburg-Strelitz.

Daßendorf, ein Dorf im churbraunschweigischen Herzogthume Lauenburg, zum Amte Schwarzenbeck gehörig.

Daßkabat, ein Dorf im Königreiche Böhmen im betauner Creise, zu Smolotel gehörig.

Daßneg, s. Kron-Fellern.

Daßow, ein Dorf im Amte und 1 halbe Meile nordwärts von Cörlin, im königlich-preußischen Hinterpommern, im Fürstenthume Cammin in Obersachsen.

Daßycze, s. Daschitz.

Dastorf, ein Dorf und churfürstlicher Dingstuhl im Erzstifte Köln.

Das Stadtrecht, s. Stadtrecht.

Datanheim, s. Dautenheim.

Dathensen, ein Ort im Gebiete der Abtey Marchthal, an der Donau in Schwaben.

Datsow, ein adeliches Dorf mit 3 Vorwerken am datsowschen See, 3 viertel Meilen westwärts von Cößlin, im königlich-preußischen Hinterpommern, im Fürstenthume Cammin in Obersachsen.

Dattelhof, ein Hof im Fraischbezirke des anspachischen Oberamtes Wassertrudingen in Franken.

Dattenberg, ein Dorf in der Herrschaft Arenfels im untern Erzstift Trier, ins Amt Hammerstein gehörig, im churrheinischen Creise.

Dattenberg, ein Ort im Erzstifte Köln, im Amte Linz und Altenwied.

Dattenhausen, ein Dorf in der Herrschaft Illeraichheim in Schwaben.

Dattenried, ein Dorf im Bisthume Augsburg, bey Oberndorf in Schwaben.

Dattern, s. Tattern.

Datterode, ein groses Dorf im hessencasselischen Amte Eschwege, liegt entfernt im Samtgerichte Bischhausen und Boyneburg bey Hoheneiche, anderthalb Stunden von Eschwege.

Datthausen, ein kleines Dorf an der Dauphinestraße, zwischen Obermarchthal und Unlingen in Schwaben. Es gehört dem Stifte Marchthal.

Dattingen, ein Ort und Vogtey in der Marggrafschaft Baden im schwäbischen Creise, ins Oberamt Mühlheim, der Herrschaft Badenweiler gehörig.

Dattingen, ein fürstlich-hohenlohe-langenburgischer Flecken in Franken.

Dattsperg, s. Dachsberg.

Datum, ein Meyerhof in der Herrschaft Plö..eberg, im königlich-dänischen Herzogthume Holstein in Niedersachsen.

Daub, Dauby, ein Dorf im Königreiche Böhmen im taborer Creise, zur Herrschaft Selcz gehörig.

Dauba, Duba, ein Marktflecken im Königreiche Böhmen im bunzlauer Creise, zur Herrschaft Pernstein gehörig.

Daubach, ein Dorf in dem markgräflich-badenschen Antheile der hintern Grafschaft Sponheim in der Pfalz, zum Amte Winterburg gehörig.

Daubek, ein Dorf im Königreiche Böhmen im kaurzimer Creise, zur Herrschaft Schkworecz gehörig.

Daubenborn, ein Ort und Zentamt im Nassau-Dietzischen an der Lahn.

Daubenbornerhof, im Stiftswalde, 1 Stunde von Lautern im Churpfälzischen.

Dauber-Schallbach, ein königlich-preußisch-markgräflich-anspachisches Dorf in Franken, 2 Stunden von Feuchtwang entlegen.

Daubhausen, s. Dabhausen.

Daubiczko, ein der Stadt Budweis gehöriges Gut im Königreiche Böhmen, im budweiser Creise.

Daubitz, ein Dorf am daubitzer Bache und am Irrigberg im Königreiche Böhmen im leutmeritzer Creise, zur Herrschaft Kamnitz gehörig.

Daublowiczky, s. Dublowiczky.

Dauborn, ein Dorf im Fürstenthume Nassaudietz, im Amte Hanstetten an der Wiesbach, 1 Stunde vom Selterfauerbrunnen, drittehalb von Dietz.

Daubrabitz, s. Daubrawicze.

Daubrawa, Stanzisci, einige Dörfer im Königreiche Böh-

Böhmen im bunzlauer Creise, zur Herrschaft Lißa, und eins zur Herrschaft Swigan gehörig.

Daubrawa, eine Windmahlmühle im Königreiche Böhmen im chrudimer Creise, zur Herrschaft Herrmannstadt und Moraschitz gehörig.

Daubrawa, Daubrawitz, ein Ort im Königreiche Böhmen im prachiner Creise, zu den Herrschaften Wälsch-Birken und Dub gehörig.

Daubrawa, s. Dobrawa.

Daubrawczicz, Daubrawicze, ein Dorf im Königreiche Böhmen im kaurzimer Creise, zur Herrschaft Schwarzkostelez gehörig.

Daubrawicz, Dobrawicz, ein Dorf im Königreiche Böhmen im bidschower Creise, zur Herrschaft Miltschowes gehörig.

Daubrawicz, einige Dörfer und Schlösser im Königreiche Böhmen im bidschower Creise, zur Herrschaft Weiß-Pollczan, eins im budweiser Creise, der Stadt Budweis, eins im chrudimer Creise, zur Herrschaft Pardubitz, eins zur Herrschaft Neuschloß gehörig.

Daubrawicz, Daubrawicze, Dobrabitz, ein Dorf im Königreiche Böhmen im königgrätzer Creise, zur Herrschaft Neustadt, Nachod und Opoczna gehörig.

Daubrawicz, ein Dorf im Königreiche Böhmen im pilsner Creise, zur Herrschaft Breitenstein gehörig.

Daubrawicze, einige Dörfer im Königreiche Böhmen im brauner Creise, zur Herrschaft Chlumecz, eins im bunzlauer Creise, zur Herrschaft Groß-Skall gehörig.

Daubrawicze, Tauberwitz, ein Ort im Königreiche Böhmen im leutmeritzer Creise, zum Gute Groß-Augezd gehörig.

Daubrawicze, ein Dorf im Königreiche Böhmen im prachiner Creise, zum Gute Czestitz gehörig.

Daubrawicze, s. Daubrawczicz, Daubrawitz, Dobrawitz.

Daubrawitz, Daubrawicze, verschiedene Dörfer im Königreiche Böhmen im kaurzimer Creise, zur Herrschaft Brzezan, eins im kaurzimer Creise z. Herrschaft Kamerburg,

merburg, und eins im prachiner Creise zur Herrschaft Strakonitz gehörig.

Daubrawitz, s. Daubrawa.

Daubrawka, Dobrakem, ein Dorf im Königreiche Böhmen im pilsner Creise, zur Stadt Pilsen gehörig.

Daubrawka, s. Augezd.

Daubringen, ein Ort in dem landgräflich-hessendarmstädtischen Amte Giesen im oberrheinischen Creise, 2 Stunden von Giesen.

Daubrowa, s. Groß-Doubrowa.

Daubrowczan, Daubrowczany, ein Dorf im Königreiche Böhmen im kaurzimer Creise, zur Herrschaft Zasmuk gehörig.

Dauby, ein Ort im Königreiche Böhmen im bunzlauer Creise, zur Herrschaft Swigan gehörig.

Dauby, s. Daub.

Dauchenroth, ein Dörfchen im Stifte Aichstätt in Franken.

Dauchingen, ein Dorf im Gebiete der kaiserlichen freyen Reichsstadt Rothweil, am Neckar in Schwaben.

Daudieck, ein Ort im churhannöverischen Fürstenthume Bremen, zum Amte Hornburg gehörig.

Daudleb, ein Schloß 1 holbe Stunde ostsüdwärts von Kostelecz im Königreiche Böhmen im königgratzer Creise, den Grafen von Budna und Littitz gehörig.

Daudleby, Deindles, Teindles, ein Dorf am Flusse Malschawa im Königreiche Böhmen im budweiser Creise, zur Stadt Budweis und Herrschaft Wittingau gehörig.

Daudlewecz, Daudlowicz, ein Dorf im Königreiche Böhmen im pilsner Creise, zur Stadt Pilsen gehörig.

Daudlowicz, s. Daudlewecz.

Daudow, eine Mühle im Königreiche Böhmen im czaslauer Creise, zu den Herrschaften Sedletz und Kehleb gehörig.

Dauenberg, ein zerstörtes Ritterschloß, jezt ein Hof und östreich-nellenburgtscher Cammerators in Schwaben.

Dauernheim, Daurenheim, ein starker Flecken und Schloß in dem landgräflich-hessendarmstädtischen Amte

Bingenheim im oberrheinischen Creise an der Nidda, 1 Stunde von der Stadt Nidda, anderhalb von Bingersheim.

Daugzien, ein adelicher Hof im Herzogthume Pommern, im wolgaster Bezirke.

Daulsen, ein Ort im Fürstenthume Bremen, zum Amte Verden gehörig.

Daumitzsch, ein Dorf 2 Stunden von Neustadt an der Orla, im neustädter Creise in Chursachsen, ins Amt Arnshaugk gehörig.

Daun, ein Ort und Herrschaft im Bezirke der den Grafen von Manderscheid gehörigen Grafschaften Blankenhein und Gerolstein im westphälischen Creise.

Daupe, ein Dorf 2 Meilen von Ohlau, gehört dem Vinzenzstift zu Breslau im Herzogthume Schlesien.

Dauphine-Strase, Chaussee mit Häusern von Ulm nach Freyburg. Ist 1770 angelegt worden, als die Prinzeßin Maria Antoinette von Oestreich, Braut des unglücklichen, von den Jacobinern ermordeten Königs von Frankreichs von Wien nach Paris reisete.

Daupna, s. Neuhaus.

Daurenberg, ein kleines Dorf im wirtembergischen Amte Baknang in Schwaben.

Dautenbrunn, ein kleines Dörfchen im Umfange der Grafschaft Sigmaringen in Schwaben.

Dautenheim, Dutenheim, Dutanheim, ein kleines Dorf von 34 Häusern, 1 halbe Stunde von der Stadt Alzei, südostwärts in dieses churpfälzische Oberamt gehörig.

Dautenstein, ein altes verfallenes und unbewohntes Schloß bey Seelbach in der Grafschaft Geroldseck in Schwaben.

Dautenwind, s. Ober-Dautenwind, Unter-Dautenwind.

Dautmergen, ein östreichisches Pfarrdorf an der Schlichem, in der obern Grafschaft Hohenberg in Schwaben.

Dautphe, ein Ort in dem landgräflich-hessendarmstädtischen Amte Biedenkopf im oberrheinischen Creise.

Dautschen, ein Dorf 2 Stunden von Torgau auf Annaburg zu, im Churcreise in Sachsen, ins Amt Schweinitz gehörig.

Dautzenseid, Dantzenhaid, ein Schloß und Dorf im Bayreuthischen in Franken, ins Amt Münch-Aurach, den Herren Grafen von Pickler gehörig.

Davemühle im Lüneburgischen, zum Amte Fallingbostel gehörig.

Davenstedt, ein Dorf im Fürstenthume Calenberg, zum Amte Blumenau gehörig.

Daventz, ein Ort im königlich-dänischen Herzogthume Holstein im Wagrierlande, in Niedersachsen.

Daverden, ein Dorf im Fürstenthume Bremen, zum Amte Achim gehörig.

Davidskrone, s. Föckelberg.

Davidsweiler, ein Ort in der Abtey Salmansweiler in Schwaben, ins Amt Osterach gehörig.

Dawel, Dawle, ein Marktflecken im Königreiche Böhmen im brauner Creise, am linken Ufer der Moldau, 3 Meilen von Prag gelegen.

Dawidkow, eine Mühle im Königreiche Böhmen im kaurzimer Creise, zur Herrschaft Zasmuk gehörig.

Dawle, ein Kammeradministrationsgut dem Religionsfond im Königreiche Böhmen gehörig, im brauner Creise.

Dawle, s. Dawel.

Daxberg, s. Daßberg.

Daxelberg, ein Ort im Oestreichischen ob der Ens, ohnweit Wells, am Atterkache im Traunviertel.

Daxenhausen, ein Dorf in dem hessendarmstädtischen Amte Braubach, anderthalb Stunden von Nassau, 2 von Braubach.

Daxloch, ein Ort im landgräflich-hessendarmstädtischen Amte Bottenberg im oberrheinischen Creise.

Daxlanden, ein Dorf am Rhein, im badenschen Amte Ettlingen in Schwaben.

Daxwangen, ein Dorf im Breisgau in Schwaben.

Daxweiler, ein Dorf im churpfälzischen Oberamte Oppenheim, 13 Stunden von dieser Stadt, am ingelheimer Grunde gelegen.

Daxweiler, ein Dorf von 50 Häusern an der sogenannten Guldenbach, zwischen dem Rhein oder dem churmaynzischen Oberheimbach und der Stadt Stromberg. In einem dabey gelegenen Walde befinden sich 3 Eisenbergwerke, ein Schmelz- und Hammerwerk an der Gudenbach. Ferner eine Kohlenbrennerey und ein Jägerhaus.

Dazow, s. Großen-Dazow.

Deba, ein Ort im Königreiche Böhmen im egerischen Bezirke, jenseits der Eger.

Deberle, s. Döberle.

Deberndorf, ein anspachischer Ort in Franken, im kön. preus. Amte Codolzburg, 1 Stunde davon gegen Anspach.

Deberney, s. Elsner-Deberney.

Deberno, ein Dorf im Königreiche Böhmen im rakonitzer Creise, zur Herrschaft Mühlhausen gehörig.

Debertshausen, auch das kalte Loch, ein Meyerhof im herzoglich-sachsen-meinungischen Amte Maßfeld, den Herren von Drachsdorf gehörig, drittehalb Stunden von Meinungen.

Debertshausen, s. Defertshausen.

Debitz-Deuben, Dewitz-Deuben, ein Dorf 2 Stunden von Leipzig im leipziger Creise in Churfachsen, ins Amt Leipzig gehörig.

Debitz, s. Dehnitz

Deblinghausen, Doblinghausen, ein Ort im Churhannöverischen.

Deblow, ein Ort im Königreiche Böhmen im chrudimer Creise, zur Herrschaft Naßaberg gehörig.

Debriach, ein Ort im Oestreichischen, am Sambachflüßchen bey Mühlstadt in Kärnten.

Debring, ein Dorf im fränkischen Creise, im Fürstbißthume Bamberg, ins Amt Schlüsselau gehörig.

Debrnik, s. Dewrnik.

Debrny, s. Elsner-Deberney.

Debrz, ein Ort im Königreiche Böhmen im bunzlauer Creise, zur Herrschaft Kosmonos gehörig.

Debſchütz, ſ. Klein = Döbſchütz.
Debſchwiz, ein Dorf und Vorwerk im Vogtlande, in der fürſtlich = reußiſchen Herrſchaft Gera.
Debſtedt, ein Dorf im Fürſtenthume Bremen, zum churhannöveriſchen Amte Bederkeſe gehörig.
Debſterbüttel, ein Dorf im Fürſtenth. Bremen, zum churhannöveriſchen Amte Bederkeſe gehörig.
Dechant = Gallein, Kollein, ein Dorf im Königreiche Böhmen im budweiſer Creiſe, zum Gute Rauſching geh.
Dechantsdorf, ſ. Dziekainſtow.
Dechantskirchen, ein Ort im Oeſtreichiſchen bey Friedberg an der Lafnitz, unweit der ungariſchen Grenze in Steyermark, im grätzer Creiſe.
Dechau, ein Ort im churhannöveriſchen Fürſtenthume Lauenburg, zum Amte Razeburg gehörig.
Dechbetten, ein Ort im Gerichte Haidau, Rentamts Straubingen in Unterbayern.
Dechendorf, Degendorf, ein vermiſchtes anſpachiſch = eichſtettiſch = und nürnbergiſches Dorf, zwiſchen Schwoibach und Lichtenau in Franken.
Dechgruben, ein Hof im herzoglich = ſächſiſchen Oberamte Eiſenach gelegen.
Dechingen, ein Dorf und Filial von Ehingen in Schwaben. Es gehört größtentheils dem Spital dieſer Stadt.
Dechſendorf, ein Dorf im fränkiſchen Creiſe im Fürſtbißthume Bamberg, ins Amt Herzogenaurach gehörig.
Dechtar, ein Ort im Königreiche Böhmen im bunzlauer Creiſe, zur Herrſchaft Böhmiſch = Eiche gehörig.
Dechtarow, ein Ort im Königreiche Böhmen, im bunzlauer Creiſe, zur Herrſchaft Weißwaſſer gehörig.
Dechtarz, ein Dorf im Königreiche Böhmen im taborer Creiſe, zur Herrſchaft Roth = Rzeczicz gehörig.
Dechtarz, ſ. Dechtern = Dektar.
Dechtern, Dechtarz, ein Ort im Königreiche Böhmen im budweiſer Creiſe, zur Herrſchaft Krummau gehörig.
Dechtin, ein Dorf im Königreiche Böhmen im klattauer Creiſe, zur Herrſchaft Chudenitz gehörig.
Dechtow, ein adeliches Dorf und Forſthaus in der königlich = preußiſchen Chur = und Mittelmark Brandenburg, in dem Ländchen Bellin.

Dechtow, s. Ober-Dechtow.

Deckau, Dekow, ein Dorf im Königreiche Böhmen, im rakonitzer Creise, 7 und 3 viertel Meilen von Prag, zur Allodialherrschaft Koleschowitz gehörig.

Deckbergen, ein kleines Dorf in dem hessen-cassellischen Antheile der Grafschaft und Amt Schaumburg, zur Wester-Vogtey gehörig, 1 halbe St. von Schaumburg.

Deckenbach, ein Ort in dem landgräflich-hessen-darmstädtschen Amte Homberg im oberrheinischen Creise.

Deckendorf, ein Dorf im fränkischen Creise im Fürstbißthume Bamberg, ins Amt Lichtenfels gehörig.

Deckenreuth, ein Ort im fränkischen Creise im Fürstbißthume Bamberg, ins Amt Stadtsteinach gehörig.

Deckerhaus, ein einzelnes Haus bey Schönberg, im Amte Voigtsberg im Voigtlande in Chursachsen.

Deckeriz, einige Häuser und Mühle im magdeburgischen Saalcreise, zum königlichen Amte Giebichenstein gehör.

Deckersberg, ein nürnbergisches Dorf in Franken, zwischen Engelthal und Reicheneck, 1 Stunde von Hersbruck, in dieses Amt gehörig.

Dedelstorf, ein Ort im Lüneburgischen, zum churhannöverischen Amte Gifhorn.

Dedenborn, ein churpfälzisches Dorf im Amte Monjoye im Herzogthume Jülich in Westphalen.

Dedendorf, ein Dorf in der churhannöverischen Grafschaft und Amte Hoye.

Dedenhausen, ein Dorf im Chur-Braunschweig-Lüneburgischen, zum hannövertsch. Amte Meinessen gehörig.

Dedenhof, ein Ort im Oestreichischen, westwärts von St. Mariakirchen ostwärts von Michelspach, ob der Ens im Hausruckviertel.

Dedesdorf, ein Ort in der ehemaligen Grafschaft jezigen Herzogthume Oldenburg und Delmenhorst, im Land und Amt Wührden, gegen Stadtland über, im Herzogthume Bremen, über der Weser gelegen.

Dedinghausen, ein Ort im Hochstift und Fürstenthume Osnabrück, ins Amt Iburg und Vogtey Schledehausen in Westphalen.

**Dedinghausen, ein Hof im Bißthume Paderborn, im westphälischen Creise.

Deditz, Detitz, ein Dorf 2 Stunden von Grimma im leipziger Creise in Sachsen, ins Amt Grimma gehörig.

Dednach, (Unsre Frau zu) ein Ort im Oestreichischen bey Lavamünd, in Kärnten.

Deefenhard, ein Dorf in der Abtey Salmannsweiler in Schwaben.

Deegersen, ein Dorf im churhannöverischen Fürstenthume Calenberg, in dieses Amt gehörig.

Deelenstorp, ein Ort in Stormarn, im königlich-dänischen Herzogthume Holstein in Niedersachsen, im Amte Tremsbüttel.

Deeling, ein Ort im Dithmarschen, im königlich-dänischen Herzogthume Holstein in Niedersachsen.

Deenbostel, ein Ort im Lüneburgischen, zum Amte Faßlingbostel gehörig.

Deensen, ein Dorf im churhannöverischen Fürstenthume Calenberg, zum Amte Blumenau gehörig.

Deep, ein Fischerdorf im Amte und 1 Meile nordwärts von Treptow, am Ausflusse der Rega in die Ostsee, im königlich-preussischen Hinterpommern, im greifenbergischen Creise in Obersachsen. Es wird durch die Rega von Ost- und Westdeep getrennt.

Deep, ein zur Stadt Cößlin gehöriges Fischerdorf, anderthalb Meilen nordwärts davon, im königlich-preussischen Hinterpommern, im Fürstenthume Cammin in Obersachsen.

Deep, Colberger, eine zur Stadt Colberg gehörige Fischerlage, 1 Meile westwärts davon, nahe an der Ostsee, im königlich-preussischen Hinterpommern im Fürstenthume Cammin in Obersachsen. Die Hauptnahrung der Einwohner ist Fischerey und Torfstechen.

Deersheim, ein Dorf im königlich-preussischen Fürstenthume Halberstadt im osterwiekischen Creise in Niedersachsen.

Deesberg, ein Gut in der Grafschaft Ravensberg in Westphalen, zum Amte Blothe und Kirchspiel Rehme, 1 halbe Stunde von Blothe, den König von Preusen gehörig.

Deesdorf, ein Pfarrdorf an der Bude, im königlich-preusischen Fürstenthume Halberstadt, im halberstädtischen Landcreise in Niedersachsen.

Deetlevesen, ein Dorf im Fürstenthume Calenberg, zum Amte Erzen gehörig.

Deez, ein adeliches Dorf in der königlich-preusischen Altmark Brandenburg, im stendalschen Creise bey Cöthen, wozu das Wirthshaus die deezsche Warte gehört.

Defersdorf, ein nürnbergisches Dorf und Herrensitz in Franken, 3 Stunden von Nürnberg gegen Lichtenau gelegen.

Defertshausen, Debertshausen, ein adeliches Dorf im herzoglich-sächsischen Fürstenthume Meiningen in Franken, drittehalb Stunden von Meiningen, den Herren von Bronsact als meiningisches Lehn gehörig.

Deffersdorf, ein königlich-preusisch-markgräflich-anspachisches Dorf in Franken, 2 Stunden von Feuchtwang, gegen Ohrebau gelegen.

Degefelden, ein Dorf im Gebiete der Abtey Zwifalten in Schwaben.

Degenbostel, ein Ort im Lüneburgischen, zum Amte Bißendorf gehörig.

Degendorf, s. Dechendorf.

Degenfeld, ein Dorf im schwäbischen Creise, im Ritter-canton am Kocher.

Degenreuth, ein Dörfchen von 5 Häusern in der königlich-preusischen, zum Burggrafthume Nürnberg und Markgrafthume Bayreuth gehörigen Amtshauptmannschaft Hof und Vogteyamte Rheau gehörig.

Degerfelden, ein Dorf in der Landschaft Reinthal, der Herrschaft Reinfelden, zum östreichischen Breisgau gehörig.

Degerheim, ein Dorf in der Reichsherrschaft Donaustauf, im Bißthume Regensburg in Bayern.

Degernau, ein fürstlich-schwarzenbergischer Pfarrort in der gefürsteten Landgrafschaft Kletgau in Schwaben, ins Oberamt Thiengen gehörig.

Degers-

Degersheim, ein königlich- preußisch- markgräflich- anspachisches Dorf in Franken, 3 Stunden von Wassertrudingen gegen Weisenburg, wobey eine Papiermühle liegt.

Degetow, ein Dorf im Amte Grevismühlen, des Herzogthums Meklenburg-Schwerin.

Deggenhausen, ein Dorf in der Grafschaft Heiligenberg, zu den fürstenbergischen Landen gehörig in Schwaben.

Deggingen, ein Marktflecken an der Filz, in der bayerschen Herrschaft Wiesensteig in Schwaben. Es ist ein guter Viehmarkt daselbst.

Deggingen, Münchsdecking, Döggingen oder auch **Mönchs-Deggingen**, eine Benedictinerabtey auf dem Hahnenkamm in der Grafschaft Oettingen im wallersteinischen Antheile, zur augsburger Diözese gehörig.

Deggingen, ein Marktflecken bey diesem Kloster.

Degmarn, ein dem Deutschorden gehöriges Schloß am Kocher in Schwaben.

Degow, ein Dorf mit einem Predigerwittwenhause, im Gebiete des Domkapitels Colberg, 1 Meile südostwärts von dieser Stadt, im königlich-preußischen Hinterpommern in Obersachsen.

Dehenten, ein Dorf im Königreiche Böhmen im klattauer Creise, zur Herrschaft Bernarditz gehörig.

Dehetnik, ein Meyerhof im Königreiche Böhmen im budweiser Creise, zur Herrschaft Wittingau gehörig.

Dehlau, Dela, ein Dorf im Königreiche Böhmen im saatzer Creise, z. Herrsch Libetitz gehörig am Eggerstrome.

Dehlbrügge, ein Ort im Fürstenthume Bremen, zum Amte Beverstedt gehörig.

Dehlingen, eine Kapelle und Meßnerhaus zu St. Ulrich 1612 erbaut, im Gebiete des Stifts Neresheim in Schwaben.

Dehmen, ein Dorf im Amte Güstrow, des Herzogthums Meklenburg-Güstrow.

Dehmhof, ein Dorf ohnweit Striegau im Herzogthume Schlesien.

Dehmkerbrock, ein Dorf im churhannöverischen Fürstenthume Calenberg, zum Amte Lachem gehörig.

Dehnberg, Denberg, ein nürnbergisches Dorf in Franken im Amte Lauff, 1 Stunde davon gegen Gräfenberg gelegen.

Dehniz, Dewitz, Debitz, ein Gut im rakonitzer Creise in Böhmen, der Domprobstey St. Veit zu Prag gehörig.

Dehnsen, ein Ort im Lüneburgischen, zum churhannöverischen Amte Winsenluhe und Scharnbeck gehörig.

Dehrn, ein Ort und Mühle im oranien-nassauischen Fürstenthume und Amte Hademar an der Lahn.

Deichelried, ein Pfarrdorf auf einer Anhöhe, im Gebiete der Reichsstadt Wangen in Schwaben.

Deicherode, sind 14 oder 15 Wohnstätten an der fuldaischen Grenze, anderthalb Stunden von Vach, in dieses hessencasselische Amt gehörig.

Deichhausen, ein Ort im Herzogthume Oldenburg, zur Grafschaft und Haußvogtey Delmenhorst, ins Kirchspiel Haßberg gehörig.

Deichhorst, ein Dorf in dem Herzogthume Oldenburg und Grafschaft und Haußvogtey Delmenhorst, nicht weit von dieser Stadt gelegen.

Deichmanns, ein Dorf im Amte Gotthardschlag im Oestreichischen, oberhalb dem Mannhardsberge.

Deichselried, ein Dorf im Gebiete der kaiserlichen freyen Reichsstadt Wangen in Schwaben.

Deichshorne, ein Dorf im Fürstenthume Bremen, zum Amte Reding-Bußfleth gehörig.

Deichslau, ein adeliches Dorf im steinau-raudtenschen Creise im Herzogthume Schlesien.

Deiden, Deutten, ein Dorf im Hochstifte Fulda, ins Amt Biberstein gehörig, im oberrheinischen Creise.

Deidenberg, ein Schloß im Wirzburgischen in Franken, im Amte Eberach, 1 Stunde davon gegen Schweinfurth gelegen.

Deienrode, ein Dorf im churhannöverschen Fürstenthume Calenberg, zum Amte Friedland gehörig.

Deigenbach, ein königlich-preußisch-markgräflich-bayreuthisches Dorf in Franken.

Deil, Zum Deil, Deilhof, ein Gut im Lüneburgi-
schen, zum Amte Fallingbostel gehörig.
Deilbach, ein gräflich-werthheimisches Dorf an der
Tauber in Franken, 1 Stunde von Wertheim gegen
Mergentheim gelegen.
Deilhof, s. Deil.
Deilingen, ein östreichisches Pfarrdorf in der Grafschaft
Oberhohenberg in Schwaben.
Deilmißen, ein Dorf im churhannöverischen Fürsten-
thume Calenberg, zum Amte Lauenstein gehörig.
Deimowawes, s. Teindorf.
Deinbach, ein churpfälzisches Pfarrdorf im schöpfer
Grunde.
Deinberg, ein badendurlachischer Ort im Amte Röteln.
Deindles, s. Daudleby.
Deinfeld, ein Dorf im Wirzburgischen in Franken, 1
Stunde von Lauringen, gegen Königshofen gelegen.
Deingen, ein Dorf am Rhein im Amte Röteln, in der
Landschaft Kletgau im Hochstifte Constanz.
Deingen, s. Thengen.
Deiniße, s. Teynicz.
Deinsberg und Stegen machen zusammen eine Ge-
meinde aus, und werden gemeiniglich Theisberg-
Stegen genannt. Deinsberg liegt am rechten Stegen
aber am linken Ufer des Glans, und gehören ins chur-
pfälzische Oberamt Lautereck.
Deinsdorf, ein nürnbergisches Dorf in Franken, im
Amte Hersbruck, 2 Stunden davon gegen Sulzbach
gelegen.
Deinsen, ein Dorf im churhannöverischen Fürstenthume
Calenberg, zum Amte Lauenstein gehörig.
Deinste, ein Dorf im hannöverischen Fürstenthume Bre-
men, zum Amte Harsefeld gehörig.
Deinstedt, ein Ort im Fürstenthume Bremen, zum han-
növerischen Amte Zeven gehörig.
Deinstedten, ein Dorf über der Jps, hinter Karlsbach
im Oestreichischen, bey Donaudorf unter der Ens, im
Viertel oberhalb dem Wienerwalde.

Deinzendorf, ein Schloß, Gut und Dorf im Oestreichischen an der Bulka, zwischen Dietmannsdorf und Zellerndorf, im Viertel unterhalb dem Mannhardsberge.

Deischin, Dissin, Deyßna, Teschin, ein Dorf im Königreiche Böhmen im pilsner Creise, zur Stadt Pilsen gehörig.

Deisfeldt, ein Ort im landgräflich-hessendarmstädtischen Amte Wöhl im oberrheinischen Creise.

Deisghofen, Desinghofen, ein Dorf im Vierherrischen, 5 viertel Stunden von Nassau, anderthalb Stunden von Nastett. Hessendarmstadt, Nassau-Usingen, und Nassau-Weilburg, ist dieses Dorf gemeinschaftlich.

Deislingen, ein Dorf im Gebiete der kaiserlichen freyen Reichsstadt Rothweil, am Neckar in Schwaben.

Deistelhaus, ein Vorwerk im Amte Plauen, im Vogtlande in Chursachsen.

Deißel, das stärkste Dorf des hessencasselischen Amtes Trendelburg, 1 halbe Stunde davon links der Diemel, wo die Herren von Spiegel und Werden Meyergüter haben.

Deißendorf, ein Dorf in der hospital-überlingenschen Herrschaft Althohenfels in Schwaben.

Deißenhofen, ein Dorf bey Höchstett im Herzogthume Pfalzneuenburg in Schwaben.

Deitelbach, ein Dorf im Churfürstenthume Maynz, im Amte Hausen.

Deitenheim, ein ritterschaftliches Dorf in Franken, den Herren von Seckendorf gehörig.

Deitenheim, ein bayreuthisches Dorf in Franken, ins Amt Hoheneck gehörig.

Deiters, Dieters, Dieders, ein Hof in der obern Grafschaft Hanau, im hessencasselschen Amte Schwarzenfels, anderthalb Stunden von diesem Orte und 2 von Schlüchtern gelegen.

Deitersen, ein Dorf in dem hildesheimischen Amte Hunnesrück.

Deizisau, ein Dorf nahe am Neckar, im Gebiete der Stadt Eßlingen in Schwaben. Es gehört dem Spitale dieser Stadt.

Dekau, ein Dorf im churhannöverischen Fürstenthume Lauenburg, zum Amte Diepholz gehörig.

Deknersmühle, in dem landgräflich-hessendarmstädtischen Amte Burggemünden im oberrheinischen Creise.

Dekow, s. Deckau.

Dektar, Dechtarz, Techtar, ein Cammeraladministrationsgut und Dorf im Königreiche Böhmen, im kaurzimer Creise.

Dela, s. Dehlau.

Delach, ein Ort im Oestreichischen, unweit Mauten und Rosenstein in Kärnten.

Delach, ein Dorf, wo man auf Goldkies baut, im Oestreichischen, bey Draaburg an der Drau in Kärnten.

Delbitz, ein Mühle beym Dorfe Liebersee im Stifte Wurzen, im leipziger Creise in Chursachsen.

Delentrup, ein Ort von wenig Häusern in der Grafschaft Lippe-Detmold, zur Vogtey Heyden gehörig.

Delsbrügge, eine Mühle im Dithmarschen, im königlich-dänischen Herzogthume Holstein in Niedersachsen.

Delfenthal, ein Ort im Fürstenthume Bremen, zum Bezirke des Amtes Rothenburg.

Delicz, s. Telitschen.

Delinghausen, ein Ort im Hochstift und Fürstenthume Oßnabrück in Westphalen, zum Amte Vörden und Vogtey Damme gehörig.

Delitz, s. Dölitz.

Delkenheim, ein Ort in dem landgräflich-hessendarmstädtischen Amte Wallau im oberrheinischen Creise.

Delkenheim, s. Telkenheim.

Delkenhofen, ein kleines Dorf in der östreichischen Grafschaft Oberhohenberg in Schwaben.

Delkingen, ein Ort in Schwaben, zur Probstey Ellwangen gehörig.

Deller, ein Ort im Vinstgau in Tirol, zum Gerichte Glurns gehörig.

Dellien, ein Ort im churhannöverischen Fürstenthume Lauenburg im Bezirke des Amtes Neuhaus an der Elbe.

Delling, ein Ort im Gerichte Weilheim, Rentamts München in Bayern.

Dellmensingen, ein Pfarrdorf und Schloß ober Göggingen in Schwaben an der Rottum, die hier Wetterich heißt und unterhalb des Orts in die Donau fällt.

Dellstede, ein Ort im Ditmarschen im königlich-dänischen Herzogthume Holstein in Niedersachsen.

Dellstedt, ein Dorf in Holstein-Ditmarschen, ins Kirchspiel Tellingstedt gehörig.

Delm, ein Dorf und adeliches Gericht in churhannöverischen Fürstenthume Bremen.

Delmsdorf, ein Dorf im meißner Creise in Chursachsen, ins Creißamt Meißen gehörig.

Delmsen, ein Dorf im Fürstenthume Bremen, im Bezirke des churhannöverischen Amtes Rothenburg.

Delsen, ein Ort im Fürstenthume Bremen, zum churhannöverischen Amtsbezirke Verden gehörig.

Delthofen, ein Dorf im Burgau in Schwaben. Es gehört dem Kloster heiligen Creuz, in Augsburg.

Delve, ein Flecken und Kirchspiel im Holstein-Ditmarschen gelegen.

Delverohrt, Delvcroth, ein Ort im Ditmarschen im königlich-dänischen Herzogthume Holstein in Niedersachsen, ins Kirchspiel Delve gehörig.

Delwang, ein der Reichsstadt Rothenburg gehöriges Dorf in Franken, eine Stunde von Rothenburg gegen Uffenheim.

Demantfurt, Diemetsfurth, ein Dorf im Bayreuthischen in Franken im Amte Dachsbach, 1 Stunde davon gegen Höchstädt an der Aisch, hat theils nürnbergische, theils königlich-preußisch-markgräflich-bayreuthisch- und ritterschaftliche Unterthanen.

Dembach, s. Klein-Dembach.

Demberg, ein kleines Dorf in der badenschen Landgrafschaft Sausenberg in Schwaben, in der Vogtey Weitenau.

Dembke, s. Demker.

Dembie, Dembio, ein Dorf mit einer Kirche zum oppelnschen Amt gehörig, 1 und 3 viertel Meilen von Oppeln im Herzogthume Schlesien.

Dembie-Hammer, 1 und 3 viertel Meilen von Oppeln mit einem Frischfeuer, zum Amt Oppeln im Herzogthume Schlesien gehörig.

Dembowa Gura, eine Kolonie mit einer Glashütte im lublintzer Creise, im Herzogthume Schlesien, 1 viertel Meile von Boronow, an der Straße nach Czenstochau.

Dembrowa, Tempowa, ein Ort, 1 halbe Meile von Kosel im Herzogthume Schlesien, gehört zur koseler Herrschaft.

Demelin, s. Groß-Demelin, Klein-Demelin.

Demelshof, ein Hof im Klosteramte Stade, des Fürstenthums Bremen.

Demen, ein Dorf im Amte Crivitz, des Herzogthums Meklenburg-Schwerin.

Demerstorp, ein Dorf in Stormarn im königlich-dänischen Herzogthume Hollstein in Niedersachsen, im Amte Segeberg.

Demertin, ein adeliches Dorf in der königlich-preussischen Churm. Brandenburg in der Prignitz im kyritzer Bez.

Demeschwar, ein Dorf im Königreiche Böhmen im taborer Creise, zur Herrschaft Cheynow

Demetshof, ein Hof im Fratschbezirke, des königlich preussisch-markgräflich-anspachischen Oberamtes Gunzenhausen in Franken.

Demhardt, ein kleiner aus 2 Höfen bestehender Weiler im Oestreichischen.

Demingen, ein Pfarrdorf von 431 Seelen, unweit des Flusses Egge in Schwaben. Es gehört den Fürsten von Taxis.

Deminke, s. Dominke.

Demizow, ein Dorf im Herzogthume Pommern, im greifswaldischen Bezirke.

Demker, oder Dembke, ein adeliches Dorf in der königlich-preussischen Altmark-Brandenburg im arneburgischen Creise und Bezirke des Amtes Tangermünde.

Demlingen, ein Dorf in der Reichsherrschaft Donaustauf im Bißtume Regensburg in Bayern.

Demmelsdorf, ein Dorf im Bambergischen, 1 und 1 halbe Stunde von Scheßlitz in Franken.

Demmningen, ein Pfarrdorf in der Herrschaft Eglingen in Schwaben, dem Fürst von Thurn und Taris gehörig.

Dempfach, s. Dampfbach.

Dempzin, ein Dorf im Amte Stavenhagen, des Herzogthums Meklenburg-Güstrow.

Demschütz, Denschitz, ein Ort im meißner Creise in Churfachsen, ins Creißamt Meißen gehörig.

Demzien, s. Lütgen-Demzien.

Demzin, (Hohen) ein Dorf im Amt Stavenhagen, des Herzogthums Meklenburg-Güstrow.

Denberg, s. Dehnberg.

Denchwitz, ein Rittergut im glogauschen Creise in Niederschlesien, 1 und 1 viertel Meile von Gros-Glogau.

Dengingen, ein Pfarrdorf im Gebiete der Reichsstadt Ueberlingen in Schwaben.

Denches, ein Hof im herzoglich-sachsen-weimar-eisenachischen Oberamte Eisenach.

Dengling, ein Ort im Gerichte Haidau, Rentamts Straubing in Unterbayern.

Dengling, ein Hofmarkt im Erzstifte Salzburg, im bayerschen Creise.

Denis, ein Dorf im Königreiche Böhmen, im bunzlauer Creise, zur Herrschaft Grafenstein gehörig.

Denkangen, ein Dorf in der Grafschaft Heiligenberg in Schwaben, zu den Fürstenbergischen Landen gehörig

Denkendorf, ein Dorf im Stifte Aichstätt in Franken, ins Amt Hischberg gehörig.

Denkendorf, ein Marktflecken bey dem Kloster dieses Namens in Franken gelegen. Es wird durch das Flüßchen Kersch von demselben getrennt.

Denkenfeld, ein Dorf im Bambergischen, im fürstbischöflichen Amte Eberach, 2 Stunden davon gegen Eltmann in Franken gelegen.

Denkeriz, ein Dorf in der fürstlich-gräflich-schönburgischen Herrschaft Glauche, südwärts von Merane, im obersächsischen Creise.

Denkhausen, ein Ort im Fürstenthume Bremen, zum Amte Wilshausen gehörig.

Denkingen, ein Dorf im Bezirke der kaiserlichen freyen Reichsstadt Pfullendorf in Schwaben, 1 Stunde davon in der Grafschaft Heiligenberg, dem Spital zu Uberlingen gehörig.

Denkingen, ein östreichisches Pfarrdorf in der Grafschaft Oberhohenberg am Trinitatisberg in Schwaben.

Denklingen, ein Pfarrdorf im Bißthume Augsburg in Schwaben. Gehört ins Pflegamt Leeder.

Denckwitz, ein Dorf im leipziger Creise in Chursachsen, ins Amt Grimma gehörig.

Denn, ein Ort im Erzstifte Koln, im Amte Aldenar.

Denn, ein Flecken im Thale Nonsberg, zum Trientischen Gebiete gehörig, im Oestreichischen.

Dennach, ein kleines Dorf im wirtembergischen Amte Neuenbrügg in Schwaben.

Dennberg, ein Ort den Rheingrafen von Grumbach gehörig.

Dennenlohe, ein Dorf im Bayreuthischen in Franken, 1 Stunde von Erlangen, an der Landstraße gegen Nürnberg gelegen, hat nürnbergische und königlich-preußisch-markgräfliche Unterthanen.

Dennemarck, einige Häuser in der Vorstadt zu Liegnitz im Herzogthume Schlesien, zum königlich-preußischen Amte gehörig.

Dennenlohe, ein königlich-preußisch-markgräflich-anspachisches Dorf in Franken, 3 Stunden von Wassertrubingen gegen Ohrnau. Die Herren von Aurtz besitzen darin Güter.

Dennenlohe, ein Dorf in der Oberpfalz, dem Kloster Seeligenpford gehörig, bey Bierbaum gegen Neumark.

Dennera, ein Dorf bey Friedland im Fürstenthume Schweidnitz im Herzogthume Schlesien.

Dennich, einige Oerter im königlich-preußischen Fürstenthume

thume Bayreuth, in die Aemter Culmbach, Bayreuth und Seubelsdorf in Franken gehörig.

Dennin, ein Dorf mit 2 vereinigten Vorwerken, 1 und 3 viertel Meilen südwestwärts von Anklam im königlich-preußischen Antheil des Herzogthums Pommern, und zwar in Vorpommern im anklamschen Creise in Obersachsen, ins Amt Spantekow gehörig.

Dennjächt, ein kleines Dorf im wirtembergischen Amte Liebenzell in Schwaben.

Dennschütz, ein Ort im meißner Creise in Chursachsen, ins Creisamt Meißen gehörig.

Dennstädt, ein zum Rittergute Thollwitz gehöriges Vorwerk im leipziger Creise in Chursachsen, im Amte Eilenburg.

Dens, ein Dorf, 5 viertel Stunden von Sontra, in dieses hessen-casselsche Amt gehörig.

Densberg, Densburg, Denspurg, ein mittelmäßiges Dorf an der Gilse, 3 viertel Stunden von Jeßberg, 2 und 1 halbe von Treise, ins hessen-casselsche Amt Schönstein gehörig.

Denschütz, s. Dennschütz.

Dentheim, ein Dorf bey Windsheim im fränkischen rittercreise im Canton Steigerwald.

Dentingen, ein kleines Dorf in der tarischen Pfandherrschaft Bußen in Schwaben, am Fuß des Berges Bussen, ins Amt Dürmeltingen gehörig.

Dentlein, ein königlich-preußisch-markgräflich-anspachsches Dorf in Franken, 1 Meile von Feuchtwang gegen Gunzenhausen.

Denzen, ein Ort in der vordern Grafschaft Sponheim, zum Antheile des Markgrafen zu Baden, ins Oberamt Kirchberg gehörig, in der Unterpfalz.

Denzenweiler, ein kleines aus 2 Höfen bestehendes Dörfchen, in der Landvogtey im Stadt-ravensburgischen Amte Schmalreg in Schwaben.

Denzin, ein Dorf, 1 viertel Meile südwärts von Belgard, im königlich-preußischen Hinterpommern im belgard-polzinschen Creise in Obersachsen. Ist theils adelich, theils gehört es ins königliche Amt Belgard.

Dezin

Dezingen, ein vielherrisches Dorf bey Günzberg, dessen Filial es ist, in der Markgrafschaft Burgau in Schwaben. Der Ort hat nur 29 Häuser und doch 6 Herrschaften.

Denzlingen, ein Dorf fast 3 viertel Stunden lang, in der badenschen Markgrafschaft Hochberg, 5 viertel Stunden von Emendingen.

Denzweiler, ein kleines Dorf in der östreichischen Grafschaft Montfort in Schwaben.

Depallawas, ein Dorf im Oestreichischen, unweit Mansburg in Obercrain.

Depekalk oder **Diepkalk**, ein adeliches Dorf in der königlich-preußischen Altmark Brandenburg, im arendseeischen Creise und Amtsbezirke.

Depen, ein königlich-preußisch-markgräflich-bayreuthisches Dorf in Franken, in die Landeshauptmannschaft Hof gehörig.

Depen, ein Ort im Fürstenthume Bremen, zum churhannöverischen Amtsbezirke Rothenburg gehörig.

Depenbeck, ein Ort im Fürstenthume Bremen, zum churhannöverischen Amte Kedingen Bußfleth gehörig.

Depenfleth, ein Ort im Herzogthume Oldenburg, zur Grafschaft Delmenhorst und Vogtey Altenesche gehörig.

Depensee, Tiebensee, ein Ort im Dithmarschen, im königlich-dän. Herzogthume Holstein in Niedersachsen.

Depenstrake, ein Ort in der Herrschaft Pinneberg, im königlich-dänischen Herzogthume Holstein in Niedersachsen.

Depoltowicz, ein Dorf im Königreiche Böhmen im klattauer Creise, zur Herrschaft Bistrzitz gehörig.

Deppel, ein Ort im Oestreichischen bey Linz ob der Ens, im Hausrukviertel.

Deppenhausen, ein kleines Dorf bey Munderkingen. Ist ein Eigenthum der Stadt Munderkingen in Schwaben.

Deppenthal, s. Tangendorf.

Deppingen, ein Dorf im markgräflich-badenschen Amte der Herrschaft Hespringen in Schwaben.

Deps, ein bayreuthisches Dorf in Franken, ins jetzige königlich-preußische Castenamt oder Amtshauptmannschaft Bayreuth gehörig.

Depzow, ein Dorf im Amte Risnitz, des Herzogthums Meklenburg Güstrow.

Dequede, ein Dorf in der königlich-preußischen Altmark Brandenburg, im seehausischen Creise.

Derbensche Berg, einige Fischerhäuser und königliche Zollgeleite im Magdeburgischen, zum Amte Derben im jerichowschen Creise.

Der Brand, s. Eichhof.

Derdingen, ein Dorf in Franken, in der Grafschaft Wertheim, im Amte Remlingen.

Derdingen, ein Dorf im schwäbischen Creise, im Rittercanton Kreichgau.

Derendorf, ein Dorf in der fuggerschen Grafschaft Kirchheim in Schwaben. Es ist ein Filial von Kirchheim.

Dereysen, ein Dorf im Königreiche Böhmen im rakonitzer Creise, zur Allodialherrschaft Koleschowitz gehörig.

Dergentin, ein Dorf und Forsthaus in der königlich-preußischen Vormark Brandenburg, im perleburgischen Districte.

Derghäuser, ein Ort im Vinstgau in Tirol, zum östreichischen Gerichte Schlanders gehörig.

Dergomen, s. Dragembek.

Der grüne Fuchs, ein Gasthof im Königreiche Böhmen im kaurzimer Creise, zum Gute Michel gehörig.

Der Halbe-Meil-Kretscham, ein einzeln liegender Feldkretscham im liegnitzischen Creise, im königlich-preußischen Herzogthume Schlesien, zu Johnsdorf gehörig.

Der Junkerhof, s. Dubberteck.

Der letzte Pfennig, Posledni Peniz, ein Gasthof vor dem porzicer Thore bey Prag gelegen, im kaurzimer Creise in Böhmen, gehört den Kreuzherrn.

Der Lilienhof, s. Dusberteck.

Der Neue und Falkenkrug, Gasthöfe in der Gegend Dettmold, im Lippischen in Westphalen.

Dermes, ein Ort im fränkischen Rittercreise im Canton Ottenwald, gehört dem Fürsten von Kirchberg und denen von Seckendorf.

Dermien, ein Vorwerk im Fürstenthume Lauenburg, zum churhannöverischen Amte Razeburg gehörig.

Dermitsch, s. Törmetsch.

Dern, Dören, ein Ort in dem oranien-nassau-diezischen Fürstenthume Hademar, in dieses Amt gehörig. Es ist das Stammhaus des ausgestorbenen Geschlechts der Freyen von Dern von dem ehemaligen Centgericht, führt ein Theil des Amts Hademar den Namen Derner Cent.

Dernbach, ein Ort in dem landgräflich-hessendarmstädtischen Amte Blankenstein im oberrheinischen Creise.

Dernbach, s. Claus-, Gau-, Glas-, Niclas- und Langen-Dernbach.

Derndorf, ein Dorf im Stifte Aichstätt in Franken, 2 Stunden von Kupferberg, an der bayerschen Grenze gelegen.

Derniz, ein Rittersitz und Vorwerk, auch Schäferey, Kupferhammer und Papiermühle im Magdeburgischen, im jerichowschen Creise, Herren von Schierstedt gehörig.

Dernsdorf, s. Dürrnsdorf.

Derriere Moulin, Bas Monsieur, Loge Boinod, kleine Orte in dem königlich-preussischen Fürstenthume Welsch-Neuenburg, in die Meyerey la Chaux de Fond gehörig.

Derschau, eine Kolonie im Walde, 1 Meile von Oppeln im Herzogthume Schlesien, gehört dem königlich preussischen Amte daselbst.

Derscheid, Ober-Derscheid, ein Dorf von 63 Häusern, auf dem Gebirge des Tauber-Unteramts, zum churpfälzischen Oberamte Bacharach gehörig. Grenzt gegen Ost an Weisel, gegen Süden ans Sauerthal, gegen West an den Rhein, gegen Nord ans hessische Dorf Goarshausen.

Derschendorf, ein Dorf im Herzogthume Pommern, im loizer Bezirke.

Der schwarze Rathen, s. Starkow.

Dersekow, ein Gut im Herzogthume Pommern, ins Amt Eldeno gehörig.

Derselitz, s. Seelitz.

Dersenow, ein Dorf und Rittersitz im Amte Witterburg, des Herzogthums Meklenburg-Schwerin.

Dersentin, ein Dorf im Amte Goldberg, des Herzogthums Meklenburg-Güstrow.

Dersewitz, ein Dorf und Vorwerk, 1 und 3 viertel Meilen westwärts von Anclam, an der Peene, im königl. preußischen Antheile des Herzogthums Pommern, und zwar in Vorpommern, im anclamschen Creise in Obersachsen, ins königliche Amt Stolpe gehörig.

Der Stadthof, s. Stadthof.

Der Stern, s. Stern.

Dertingen, s. Unter-Dertingen.

Dertya, s. Drittey.

Der Viehhof, s. Viehhof.

Derzbach, ein fürstlich-hohenlohisches Dorf in Franken, 1 halbe Stunde von Krautheim gegen Crellsheim.

Desandans, ein Dorf in der Grafschaft Mümpelgard, an den Grenzen des Bißthums Basel, der Grafschaft Burgund und Lothringen.

Desbois oder Rauchholz, ein Dorf im Erzstifte Basel, auf den freyen Bergen im oberrheinischen Creise.

Deschau, s. Tuschegow.

Deschenitz, Dessenicze, ein Dorf mit einem alten Schlosse im Königreiche Böhmen im klattauer Creise, zur Herrschaft Bistrzitz gehörig.

Deschney, ein Dorf im Königreiche Böhmen im königgratzer Creise, zur Herrschaft Reichenau gehörig.

Deschnitz, s. Tieschnitz.

Deschnow, s. Teschnow.

Deschtiekrey, Dischtickrey, ein Dorf im Königreiche Böhmen im bidschower Creise, zur Herrschaft Wokschitz gehörig.

Deschütz

Deschütz, ein Dorf bey Zotewitz, im meißner Creise in Chursachsen, ins Amt Großenhayn gehörig.

Deschütz, ein Dorf im meißner Creise in Chursachsen, ins Schulamt Meißen gehörig.

Deschwiz, ein Amtsvorwerk im neustädter Creise in Chursachsen, ins Amt Mildenfurth gehörig.

Desendorf, Groß-, ein Dorf im Bambergischen, im fürstbischöflichen Amte Forchheim, 2 Stunden davon in Franken gelegen. Wird von Kleindesendorf durch den Seebach unterschieden.

Desibodenberg, eine kleine Strecke unterhalb der Stadt Odernheim, zwischen den Glan- und Naheflußß, liegt dieses ehemalige berühmte Kloster auf einem ziemlich steilen, sonst aber freystehenden Berge.

Desibodenberger Hof, am Fuße des Berges bey der Stadt Odernheim, gegen Norden gelegen, gehört zu den Klostergütern, und ist erbbeständig verliehen; im Bezirke des churpfälzischen Oberamtes Kreuznach, und dessen Unteramte Beckelnheim.

Desighausen, ein Ort im Fürstenthume Oranien-Nassau-Diez, ins Amt Nassau und Nassau-Usingen gemeinschaftlich gehörig.

Desky, ein Ort im Königreiche Böhmen im budweiser Creise, zum Gute Rausching gehörig.

Deslawen, ein Dorf im Königreiche Böhmen im rakonitzer Creise, zur Herrschaft Hoch-Libin gehörig.

Desna, ein Dorf 1 Meile südwärts von Leutomischl im Königreiche Böhmen im chrudimer Creise, der Stadt Leutomischl gehörig.

Des Pontes, ein Dorf in dem königlich-preußischen Fürstenthume Welsch-Neuenburg, in die Kastelaney Rochefort gehörig.

Dessau, ein Dorf in der königlich-preußischen Altmark Brandenburg im arendseeischen Creise, dem Schulamte Dambeck gehörig.

Desselbrunn, ein Ort im Oestreichischen am Vogelflusse, unweit Schweinastadt ob der Ens, im Hausrukviertel.

Deſſendorf, ein Dorf im Bambergiſchen 1 Stunde v. Erlangen, gegen das Oberamt Höchſtett in Franken gelegen.

Deſſendorf, ein Dorf im Königreiche Böhmen im bunzlauer Creiſe, zur Herrſchaft Morgenſtern gehörig.

Deſſenicze, ſ. Deſchenitz.

Deßersweiler, ein Dorf im Erzſtifte Trier im churrheiniſchen Creiſe, ins Amt Schmidtburg gehörig.

Deßighofen, ein Ort in dem oränien-naſſau-diezſchen gemeinſchaftlichen Amte Naſſau.

Deßmannsdorf, ein anſpachiſches Dorf in Franken, im Hofraſtenamte Anſpach, 1 Stunde davon gegen Feuchtwang und Gunzenhauſen.

Deſtuben, ein Ort im königlich-preußiſchen Fürſtenthume Bayreuth, in dieſes Amt gehörig.

Detershagen, ein Dorf im Amte Buckow, des Herzogthums Meklenburg-Schwerin.

Dethau, ein Dorf im Markgrafthume Bayreuth in Franken.

Dethinicze, ſ. Getteniz.

Detiz, ein Ort in Churſachſen im leipziger Creiſe, im Amtsbezirke Grimma.

Detitz, ſ. Deditz.

Detmannsdorf, ein Dorf im Amte Ribnitz, des Herzogthums Meklenburg Güſtrow.

Detmarſen, ein Ort im Bisthume Paderborn im weſtphäliſchen Creiſe.

Dettelsberg, ein bayreuthiſches Dorf in Franken, ins Amt Bayersdorf gehörig.

Dettenbach, Dotenberg, ein Dorf auf dem Weſterwalde im Fürſtenthume Naſſau-Naſſau, im Amte Kotzenhan gelegen.

Dettendorf, ein Ort im königlich-preußiſchen Fürſtenthume Bayreuth in Franken.

Dettenhauſen, ein Dorf im wirtembergiſchen Amte Stuttgard.

Dettenroth, ein Dorf in der Grafſchaft Oettingen Baldern in Schwaben.

Dettenſee, ein kleines Dorf in der untern Grafſchaft Hohenberg in Schwaben. Es gehört dem Kloſter Muri in der Schweiz.

Dettenstein, ein Dorf im schwäbischen Creise, im Rittercanton am Kocher.

Dettern, ein ritterschaftliches Dorf des Cantons Rhönwerre im Wirzburgischen in Franken, 1 Stunde von Zeitlofs, den Herren von Tüngen gehörig.

Detteroden, ein zum Amte Wasseralfingen gehöriges Dorf in der Probstey Ellwangen in Schwaben.

Dettfurt, ein Ort bey Salz-Dettfurt im Stifte Hildesheim, ins Amt Marienburg gehörig.

Dettighofen, ein fürstlich-schwarzenbergischer Ort in der gefürsteten Grafschaft Kletgau in Schwaben, ins Oberamt Jenstett gehörig.

Detting, ein Dorf im Stifte Aichstädt in Franken, 2 Stunden von Weisenburg gegen Pappenheim gelegen.

Dettingen, ein Dorf bey Ehingen in Schwaben, Filial und Eigenthum dieser Stadt.

Dettingen, ein Pfarrdorf bey Rothenburg, in der östreichischen Grafschaft Niederhohenberg in Schwaben.

Dettingen, Dettlingen, ein Pfarrdorf am Neckar, in der Grafschaft Niederhohenberg in Schwaben. Es gehört dem Kloster Muri in der Schweiz.

Dettingen, ein Pfarrdorf im Umfange der Landgrafschaft Nellenburg in Schwaben. Es gehört dem deutschen Orden, zur Kommende Meinau.

Dettingen, ein Dorf im schwäbischen Creise, im Rittercanton am Kocher.

Dettingen, s. Unter-Dettingen.

Dettlingen, ein Dorf im schwäbischen Creise, im Rittercanton Neckar und Schwarzwalde.

Dettlingen, ein Ort im Churfürstenthume Braunschweig-Lüneburg, zum churhannöverischen Amte Ebstorf gehörig.

Dettwang, ein Dorf im fränkischen Creise, im Gebiete der Reichsstadt Rothenburg im Tauberthale.

Deuaue, ein zur Herrschaft Matsch gehöriges Dorf in Tirol, im Vinstgau.

Deubach, ein Schloß und Dorf 2 Stunden von Augsburg, im Burgau in Schwaben.

Deuben, ein Dorf und Rittergut, im leipziger Creise in Chursachsen, ins Amt Grimma gehörig.

Deuben, ein Ort und Mühle, die Johnsmühle genannt, im meißner Creise in Chursachsen, ins Amt Dresden gehörig.

Deuben, ein Dorf und Rittergut in Thüringen in Chursachsen, ins Amt Weissenfels gehörig.

Deuben, s. Debitz=Deuben, Probst=Deuben.

Deubenbach, s. Ober=Deubenbach.

Deuffstetten, s. Ober=Deuffstetten.

Deulenhofen, ein anspachisches Dorf in Franken, im königlich=preusischen Oberamte Gunzenhausen, 2 Stunden davon gegen Wilzburg gelegen.

Deupach, ein Dorf im Gebiete des Klosters Wettenhausen in Schwaben.

Deuperlitz, ein königlich=preusisch=markgräflich=bayreuthisches Dorf in Franken, unweit Hof gelegen, in dieser Amtshauptmannschaft.

Deuringen, s. Unter=Deuringen.

Deusdorf, ein bambergisches Dörfchen im fürstbischöflichen Amte Ebern im Canton Baunach, 1 Stunde gegen Eltmann.

Deußenhofen, ein Dorf im Pfalzneuburgischen, schwäbischen Antheils.

Deute, ein kleines Dorf eine gute halbe Stunde von Gudensberg und Böddiger, in diesem Gräbenstuhl, im hessencasselischen Amte Felsberg.

Deutenheim, ein ritterschaftliches Dorf des Orts Steigerwald, im Bambergischen, bey Neustadt an der Aisch in Franken, auch zum königlich=preusischen Fürstenthume Bayreuth in Franken gehörig.

Deutenhofen, ein Ort im Gerichte Dachau in Bayern.

Deutenkofen, ein Ort im Gerichte Tapspach, Rentamts Straubingen in Unterbayern.

Deutesfeld, ein Dorf im Erzstifte Trier im churrheinischen Creise, im Amte Manderscheid.

Deuthin, ein adelicher Wohnsitz mit 2 Vorwerken, 1 und 1 viertel Meile südostwärts von Cammin, im königlich

niglich-preußischen Hinterpommern im greifenbergischen Creise in Obersachsen.

Deutleben, Dudeleben, ein Dorf mit Salpeterhütten im magdeburgischen Saalcreise. Der jedesmalige Pastor zu Wettin hat die Gerichtsbarkeit.

Deutmannsdorf, ein Dorf mit einer evangelischen und catholischen Kirche, 1 Meile von Löwenberg im Herzogthume Schlesien, gehöret dem Stifte Trebnitz.

Deutsch, ein Dorf in der königlich-preußischen Altmark Brandenburg und seehausischen Creise und Inspection.

Deutsch-Baselitz, ein adeliches Dorf und Rittergut in der Oberlausitz in Chursachsen, ins Amt Bautzen gehörig.

Deutsch-Baumgarten, ein Dorf im Königreiche Böhmen im budweiser Creise, zur Herrschaft Wittingau gehörig.

Deutsch-Biela, Biela-Niemeczka, Herrschaft, Schloß und Dorf an der Grenze von Mähren, 2 Meilen von Policzka, südostwärts im Königreiche Böhmen im chrudimer Creise, den Grafen von Eckhausen gehörig.

Deutsch Borau, Porau, ein Dorf mit einem Sauerbrunnen im Königreiche Böhmen im pilsner Creise, zur Herrschaft Tepel gehörig.

Deutsch-Breyle, auch D. Breule, ein Rittergut im ohlauschen Creise, 2 Meilen von Ohlau im Herzogthume Schlesien.

Deutsch-Briza, ein Dorf im Königreiche Böhmen im rakonitzer Creise, jenseits des Flusses Strela, zum Stiftsgebiete Plaß gehörig.

Deutsch Brziza, ein Dorf im Königreiche Böhmen im pilsner Creise, zur Herrschaft Kaczerow gehörig.

Deutsch-Buckow, s. Buckow.

Deutsch-Carstnitz, s. Carstnitz.

Deutsch-Catharinenberg, ein Dörfchen im Gebirgischen in Chursachsen, ins Creißamt Freyberg gehörig.

Deutsch-Catharinenberg, s. Catharinenberg.

Deutsch-Catternberg, s. Catharinenberg.

Deutsch-Crawarn, ein adeliches Dorf mit einer Kirche im leobschützer Creise, im Herzogthume Schlesien.

Deutsch-Damko, nebst Grenzvorwerk, ein fürstliches Gut im trachenbergschen Creise im Herzogthume Schlesien.

Deutsch Dadenhausen, bestehet aus 6 Häusern, und gehöret mit der herrschaftlichen Mühle in den Gerichtssprengel des hessencasselischen Amtes Wetter. Es macht mit Amenau eine Gemeinde aus

Deutsch Duschnik, Dussnjky, ein Dorf im Königreiche Böhmen im berauner Creise, zur Herrschaft Dobrzisch gehörig.

Deutsch-Ellguth, s. Nieder-Ellguth.

Deutschendorf, ein Dorf im Königreiche Böhmen im leutmeritzer Creise, zum Stifte Ossek gehörig.

Deutschenofen, Deutschnofen, ein Gerichte und Pfarrdorf im östreichischen Etschlande in Tirol, ostwärts vom Gerichte Altenburg und Caltern.

Deutschenthal, s. Ober-Teutschenthal, Unter-Teutschenthal.

Deutsch-Gablenz, ein Dorf im Königreiche Böhmen im czaslauer Creise, zur Herrschaft Polna gehörig.

Deutsch-Gishübel, ein Dorf am Flusse Iglau an der mährischen Grenze im Königreiche Böhmen im czaslauer Creise, der Stadt Iglau gehörig.

Deutsch-Haydl, ein Dorf nebst Glashütten im Königreiche Böhmen im budweiser Creise, zur Herrschaft Kruumau gehörig.

Deutsch- oder Ober-Herrmanicz, ein Dorf im Königreiche Böhmen im chrudimer Creise, zur Herrschaft Landskron gehörig.

Deutsch-Hohlan, s. Holan.

Deutsch- und Wendischhorst, adeliche Dörfer in der königlich-preussischen Altmark Brandenburg im salzwedelischen Creise, im Bezirke des Amtes Diesdorf.

Deutsch-Jägel, s. Thurm-Jägel.

Deutsch-Kahn, ein Dorf im Königreiche Böhmen im leutmeritzer Creise, zur Herrschaft Tetschen gehörig.

Deutsch-

Deutsch-Rainitz, ein bischöfliches Dorf mit einer Kirche und 2 freyen Gütern, 1 und 1 viertel Meile von Neiße im Herzogthume Schlesien.

Deutsch-Kessel, ein Rittergut im grünbergischen Creise im Herzogthume Schlesien, 1 und 1 viertel Meile von Grünberg.

Deutsch-Kubitz, s. Neu-Kubitz.

Deutsch-Lauden, ein Rittergut im breslauschen Creise im Herzogthume Schlesien.

Deutschleuthen, ein Dorf im Fürstenthume Teschen im Herzogthume Schlesien.

Deutsch-Lhota, ein Dorf im Königreiche Böhmen im berauner Creise, zur Stadt Przibram gehörig.

Deutsch-Lhota, s. Lhotaniemecka.

Deutsch-Lobeck, s. Lobecec.

Deutsch-Loticz, Niemecky-Choticze, ein Ort im Königreiche Böhmen, im chrudimer Creise, zur Herrschaft Naßaberg gehörig.

Deutschmachen, ein Ort, eine halbe Meile von Sagan, gehört dem Augustinerstift zu Sagan im Herzogthume Schlesien.

Deutsch-Marchwiz, ein Ort im namslauschen Creise im Herzogthume Schlesien, der Kämmerey zu Namslau gehörig.

Deutschmetz, s. Altmetz.

Deutsch-Moliken, ein Dorf im Königreiche Böhmen im taborer Creise, zur Herrschaft Neuhaus gehörig.

Deutschmühle, eine Mühle, zur Herrschaft Tepel im Königreiche Böhmen im pilsner Creise gehörig.

Deutsch-Müllmen, Wiercz, ein Rittergut mit einer katholischen Kirche, eine Meile von Oberglogau im Herzogthume Schlesien, nach Neustadt zu.

Deutsch-Nepomuk, ein Dorf im Königreiche Böhmen im prachiner Creise, zur Herrschaft Rosenthal gehörig.

Deutsch-Neudörfel, ein Dorf mit guten Steinkohlengruben im Königreiche Böhmen im leutmeritzer Creise, zur Herrschaft Scheüritz und Kulm gehörig.

Deutsch:Neudorf, ein Dorf mit 7 Mühlen nebst einer Schmelzhütte und Wäsche, Fortuna genannt, im Erzgebürge in Chursachsen, ins Amt Freyberg gehörig.

Deutsch:Neudorf, ein Ort im Münsterbergischen Creise im Herzogthume Schlesien, gehört dem Stifte Heinrichau.

Deutsch:Neuendorf, s. Neuendorf.

Deutsch:Neukirch, ein adelicher Marktflecken mit einer Kirche im leobschützer Creise im Herzogthume Schlesien.

Deutschneureuth, ein Dorf mit einer evangelischen Pfarre, in der Markgraffschaft Baden, im Amte Mühlberg.

Deutschordensmühle, s. Walheim.

Deutsch:Oßig, Mittel=Nieder= und Ober=, ein zur Stadt und Amte Görlitz gehörige Dörfer in der Oberlausitz, in Chursachsen.

Deutschpaulsdorf, ein adeliches Dorf und Rittergut zwischen Friedersdorf und Sohland, am Spitzberge und Nonnenwalde in der Oberlausitz in Chursachsen, ins Amt Görlitz gehörig.

Deutsch:Petersdorf, ein Dorf im Königreiche Böhmen im königgratzer Creise, zur Herrschaft Grulich gehörig

Deutsch:Pfaffendorf, ein Dorf im Königreiche Böhmen im czaslauer Creise, zur Herrschaft Schrittens gehörig.

Deutsch:Piekar, ein adeliches Dorf mit einer katholischen Kirche, ohnweit Beuthen in Oberschlesien, in den sogenannten Scharley, wo Erz und Galmey gefunden wird.

Deutsch:Prausnitz, Brusnicze, ein Dorf im Königreiche Böhmen im königgratzer Creise, zur Herrschaft Nachod gehörig.

Deutsch:Prezier, ein Dorf in der königlich-preußischen Altmark Brandenburg im arendseeischen Creise.

Deutsch:Probnitz, ein Rittergut, 1 Meile von Ober Glogau im Herzogthume Schlesien.

Deutsch:Puddiger, s. Puddiger.

Deutsch-Rasselwitz, ein Rittergut mit einer Kirche, wohin zu einem Gnadenbilde Wallfahrten geschehen, 1 und 1 viertel Meile von Oberglogau im Herzogthume Schlesien.

Deutsch-Reichenau, ein Dorf am reichenauer Teiche im Königreiche Böhmen, im budweiser Creise, zur Herrschaft Gratzen gehörig.

Deutschreichenau, ein Dorf im Königreiche Böhmen, im budweiser Creise, zur Herrschaft Krummau gehörig.

Deutsch-Rust, ein Dorf im Königreiche Böhmen im saatzer Creise, zum Gute Trebetitsch gehörig.

Deutsch-Rybnay, Teuto-Ribna, Niemeczka-Rybna, ein Dorf am Bache Zrobnicze im Königreiche Böhmen im königgratzer Creise, zur Herrschaft Senftenberg gehörig.

Deutsch-Schlading, Zlatnicz, ein Dorf und Gut im Königreiche Böhmen im saatzer Creise.

Deutsch-Schützendorf, ein Dorf im Königreiche Böhmen im czaslauer Creise, zur Herrschaft Polna gehörig.

Deutsch-Steine, ein Dorf, 1 halbe Meile von Olau im Herzogthume Schlesien, gehört zum Amte Olau.

Deutsch-Tarne, ein Rittergut im glogauschen Creise, im Herzogthume Niederschlesien.

Deutsch-Tomaschlag, Domaslaw, ein Dorf im Königreiche Böhmen im pilzner Creise, zur Herrschaft Plan gehörig.

Deutsch-Trebetitz, ein Dorf im Königreiche Böhmen im saatzer Creise, zur Herrschaft Schönhof gehörig.

Deutschweichsel, ein Amt und Dorf mit einer katholischen Kirche in der freyen Standesherrschaft Pleß im Herzogthume Schlesien.

Deutschwette, ein Dorf nebst einer rittermäßigen Scholtißey und dem Vorwerk Cammerau, 1 und 3 viertel Meilen von Neiße, mit einer Kirche, gehört dem Bischof zu Breslau.

Deutsch-Woleschna, ein Dorf im Königreiche Böhmen im taborer Creise, zur Herrschaft Neuhaus gehör.

Deutsch-Würwitz, ein Rittergut mit einer evangelischen Kirche im konstädtschen Creise im Herzogthume Schlesien.

Deutten, s. Deiden.

Deutwang, ein Dorf im Umfange der Landgrafschaft Nellenburg in Schwaben.

Deutzen, ein Dorf auf dem Westerwald im Fürstenthume Nassau-Siegen am Siegfluß.

Deuz, ein Ort mit einer Silberhütte im oranien-nassauischen Fürstenthume Siegen, im Amte Netphen.

Deuz, ein Ort im Stifte Münster im Amte Emsland in Westphalen.

Deuzmühle, eine Mahlmühle im leipziger Creise in Churfachsen, ins Amt Colditz gehörig.

Deven, ein Dorf im Amte Stavenhagen, des Herzogthums Meklenburg-Güstrow.

Devesen, ein Ort im Fürstenthume Calenberg, zum Amte Coldingen.

Devichow, ein adeliches Bauerndorf und Gut am Cristerfee und am Achterwasser.

Devin, ein Hof und Dorf im Herzogthume Pommern im stralsundischen Bezirke.

Dewangen, ein Pfarrdorf im Gebiete der Reichsstadt Gmünd in Schwaben.

Dewitz, ein ritterschaftliches Gut im Amte Stargard, des Herzogthums Mecklenburg-Strelitz.

Dewiz, ein adeliches Dorf in der königlich-preußischen Altmark Brandenburg, im arendseeischen Creise und Amtsbezirke.

Dewitz, s. Dehniz.

Dewiz-Deuben, ein Ort im Churfächsischen, im leipziger Creise und Amtsbezirke gelegen.

Dewitz-Deuben, s. Debitz-Deuben.

Dewrnik, Debrnik, ein Dorf im Königreiche Böhmen, im budweiser Creise, der Stadt Sobieslau gehörig.

Dewsberg, Groß-Mittel- u. Klein-, Orte und ein freyes Rittergut, 1 viertel Meile nordwestwärts v. Polzin, im königlich-preußischen Hinterpommern im belgard-polzinschen Creise in Obersachsen.

Dey

Deybach, ein Ort in dem landgräflich-hessen-darmstädtischen Amte Biedenkopf im oberrheinischen Creise.

Deyelbach, ein Ort im Oestreichischen, an der Ostseite des Attersee, ob der Ens im Hausruckviertel.

Deybow, ein adeliches Gut und Schäferey in der königlich-preußischen Churmark Brandenburg in der Prignitz und lenzenschen Districte.

Deyelsdorf, ein adelicher Hof im Herzogthume Pommern im loizer Bezirke.

Deyenbach, ein königlich-preußisch-markgräflich-anspachisches Dorf in Franken, 2 Stunden von Feuchtwang gegen Dünkelsbühl gelegen.

Deyendorf, s. Deinzendorf.

Deymanns, s. Dietmanns.

Deymern, ein Ort im Churfürstenthume Braunschweig-Lüneburg, zum Amte Soltau gehörig.

Deysna, s. Deischin.

Deytersen, ein Ort im Stifte Hildesheim, bey Markt Ohlendorf zum Amte Hunnesrück gehörig.

Deyzisas, ein Pfarrdorf im Gebiete der Reichsstadt Eßlingen in Schwaben.

Dezel ein Rittersitz, Wasser- und Windmühle im magdeburgischen Holzcreise, Herren Grafen von der Schulenburg gehörig.

Dezelen, ein kleines Dorf im Breisgau in Schwaben, zur St Blasischen Herrschaft Gutenberg gehörig.

Dhaun, ein schönes Schloß auf einem hohen Berge an der Simmer in der Wildgraffschaft Dhaun, den Wild- und Rheingrafen von Grumbach und Rheingrafenstein gehörig, im oberrheinischen Creise auf den Hundsrück. Unter denselben liegt der Ort Thal-Dhaun.

Dhelingen, ein ansehnliches Dorf in der Herrschaft Dimringen, zur Wild- und Rheingrafschaft Grumbach gehörig im oberrheinischen Creise.

Dhüren, ein Ort in dem landgräflich-hessen-darmstädtschen Oberamte Kürnbach, im oberrheinischen Creise.

Dhumpelfeld, ein Ort im Erzstifte Köln im Amte Nurbach.

Diakos

Diakowa, ein Ort im Königreiche Böhmen im leutmeritzer Creise, zur Herrschaft Dlaschkowitz gehörig.

Diamantstein, ein Pfarrdorf mit 2 Schlößern im Keßelsthal in der Grafschaft Oettingen in Schwaben. Es gehört Oettingen-Wallerstein, und steurt zum Kanton Kocher.

Dianenburg, ein Forsthaus im landgräflich-darmstädtschen Amte Darmstadt im oberrheinischen Creise.

Diaußer-Mühle, liegt im Königreiche Böhmen, im czaslauer Creise in der Herrschaft Polna.

Dibachshof, ein Hof im landgräflich-hessen-cassel-henneberischen Amte Schmalkalden, gegen Fambach.

Dibbersen, ein Dorf im Kurfürstenthume Braunschweig-Lüneburg, zum Amte Haarburg gehörig.

Diblikow, ein Meyerhof im Königreiche Böhmen, im kaurzimer Creise, zur Herrschaft Schwarz-Kostelecz gehörig.

Dibling, Diebolin, Gebolyn, ein Dorf im Königreiche Böhmen im taborer Creise, zur Herrschaft Neuhaus gehörig.

Dibow, s. Quaxow.

Dichtelbach, ein Dorf von 36 Häusern, in der Schultheißerey Erbach, des churpfälzischen Oberamtes Simmern, gegen Ost nach Manbach im Oberamte Bacharach, gegen Süd nach Rheinbellen, gegen West an das churtriersche Dorf Lippshausen, und gegen Nord nach Perscheid gelegen.

Dickbuer, ein Ort im königlich-dänischen Herzogthume Hollstein in Niedersachsen im Amte Steinburg.

Dicke, ein Ort im Hannöverischen in der Grafschaft Hoye, zum Amte Harpstedt.

Dickel, ein Dorf im Hannöverischen, zum Amte Diepholz.

Dickenreißerbad, neu angelegt an der Landstraße nach Kempten und Tyrol, zwischen der Reichsstadt Memmingen und dem dieser Stadt gehörigen Ort Woringen in Schwaben, 1 Stunde von Memmingen.

Dickenschied, ein Ort in dem markgräflich-badenschen An-

Antheile, der vordern Grafschaft Sponheim in der Unterpfalz, zum Oberamte Kirchberg und Pflege Denzen gehörig.

Dickersbrunn, ein königlich-preußisch-anspachisches Dorf in Franken.

Dickershausen, ein Dorf im hessen-casselschen Amte Homberg an der Schwalm, 3 viertel Stunden von Homberg, zum Gräbenstuhl Moßheim oder Hintergericht gehörig.

Dickescheid, ein Dorf im Fürstenthume Hessen-Rheinfels im Amte Hohenstein, 2 Stunden von Rastatt und 3 von Elfelt im Rheingau.

Dickholzen, ein Ort bey Söhrde im Stifte Hildesheim, ins Amt Marienburg gehörig.

Dickhusen, ein Ort im Ditmarschen, im königlich-dänischen Herzogthume Hollstein, in Niedersachsen.

Dickmoll, ein Ort im königlich-dänischen Herzogthume Hollstein in Niedersachsen im Amte Steinberg.

Dickruck, ein Hof bey Ibá im hessen-casselschen Amte Rotenburg, Gerichtsstuhl Wetterode, 1 viertel Stunde oberhalb Rotenburg.

Dickscheid, ein Dorf in der Niederngrafschaft Kazenelnbogen, im hessen-casselschen Amte Hohenstein, 1 St. von Zorn.

Dickte, ein Vorwerk nebst Schäferey in der königlich-preußischen Chur- und Mittelmark Brandenburg, im Ländchen Frisack.

Diczkow, Diwiczkow, ein Dorf im Königreiche Böhmen im taborer Creise, zur Herrschaft Wschelnicz gehörig.

Didach, Dietach, ein Ort im Oestreichischen ob der Ens, bey Wells an der Traun, im Traunviertel.

Didderse, ein Dorf im Churfürstenthume Braunschweig-Lüneburg, zum Amte Gifhorn gehörig.

Didenhan, ein Dorf im Wertheimischen in Franken nach Würzburg zu gelegen, 2 Stunden von Wertheim.

Didingen, ein Dorf an der Tauber im Würzburgischen in Franken, 1 Stunde von der Stadt Lauda, in dieses fürstbischöfliche Amt gehörig.

Dies

Diebach, ein bayreuthisches Dorf in Franken, ins königlich-preußische Amt Neustadt an der Aisch gehörig.

Diebach, ein Dorf im Amte Eltmann im Wirzburgischen in Franken, hat 12 Amtsunterthanen.

Diebach unterm Haag, ein Dorf in der Grafschaft Isenburg im Gerichte Büdingen, 1 Stunde von dieser Stadt, 3 von Meerholz gelegen.

Diebach, ein fürstlich-hohenlohe-schillingsfürstlicher Ort bey Feuchtwang.

Diebau, ein adeliches Dorf mit einer evangelischen Kirche und einer privilegirten Oderfähre im steinauschen Creise in Schlesien.

Diebau, ein Dorf 2 Meilen von Sagan im Herzogthume Schlesien.

Diebholz, ein Dorf im Oestreichischen hinter dem langen Thale, bey Harras, im Viertel unterhalb dem Mannhardsberge.

Dieboldsberg, ein königlich-preußisch-markgräflich-bayreuthisches Dorf in Franken.

Dieboldskirch, ein Ort im Oestreichischen, bey Malborget in Kärnten.

Diebolin, s. Dibling.

Diebrock, ein Dorf in der Grafschaft Ravensberg in Westphalen, zum schildischen Amte und dem jöllenbeckischen Kirchspiele gehörig.

Diebsfehra, s. Diespar.

Diebshof, ein Ort im Oestreichischen bey Böhmischwaldshofen, oberhalb dem Mannhardsberge.

Diebzig, ein Dorf und Schlos im Anhaltischen, ins cöthensche Amt Wulfen gehörig.

Dieck, ein adeliches Dorf mit 2 Vorwerken am grosen und kleinen Nemerowsee, 1 Meile südsüdwestwärts von Neustettin, im königlich-preußischen Hinterpommern, im neustettinschen Creise in Obersachsen.

Dieckershorn, ein Dorf im Hollstein-Dithmarschen, ins Kirchspiel Braunsbüttel gehörig.

Dieckseizen, ein Dorf im Churbraunschweig-Lüneburgischen, zu den Aemtern Luchow und Wustrow gehörig.

Dieckhorst, ein Dorf und adeliches Gerichte im Churbraunschweig-Lüneburgischen. Dieck-

Dieckhuesen, ein Ort im Hannöverischen, zum Amte Diepholz gehörig.

Dieckhusen, ein Dorf zum Kirchspiel Marne gehörig, im Hollstein-Dithmarschen.

Diecksbeck, ein Ort im Lüneburgischen, zum Amte Winsenluhe gehörig.

Dieckshorn, ein Dorf im Hollstein-Dithmarschen, zum Kirchspiele Marne gehörig.

Dieckshusen, ein Ort im Herzogthume Oldenburg, zur Grafschaft Delmenhorst und Vogtey Alteneshe gehörig.

Diedelsheim, s. Dilsheim.

Diedelsheim, ein Dorf im schwäbischen Creise, im Rittercanton Neckar und Schwarzwald.

Diedemshausen, ein Dorf auf dem Westerwalde in der Grafschaft Wittgenstein-Berlenburg am Gebirge.

Diedenbergen, ein Ort in dem landgräflich-hessendarmstädtischen Amte Wallau im oberrheinischen Creise, in der Herrschaft Eppstein, 3 Stunden von Höchst, 2 und 1 halbe von Wisbaden und von Königstein.

Diedenshausen, ein Ort in dem landgräflich-hessendarmstädtischen Amte Blankenstein im oberrheinischen Creise.

Diederbergerhof, in dem hessendarmstädtischen Amte Lemberg, im oberrheinischen Creise.

Diedermühle, in dem landgräflich-hessendarmstädtischen Amte Lichtenberg, im oberrheinischen Creise.

Dieders, ein Dorf im Stifte Fulda im Amte Potten, am Ulsterfluß, 1 Stunde von Hilters, 2 von Flatbungen.

Diedersee, ein Dorf im churhannöverischen Fürstenthume Calenberg, zum Amte Springe gehörig.

Diedersgrün, ein bayreuthisches Dorf in Franken, ins königlich-preusisch-markgräfliche Amt Arzberg gehörig.

Diedershof, zwey Höfe im hessencassel-hannöverischen Amte Schwarzenfels, anderthalb Stunden davon.

Diedershofen, ein an den Sittenbachflüßchen gelegener Weyler, zum nürnbergischen Amte Herspruck gehörig.

Diedicz, ein Dorf im Königreiche Böhmen im czaslauer Creise,

Creise, zwischen Wrbitz und Janowitz, zur Herrschaft Tupadl gehörig.

Diedicz, ein Dorf im Königreiche Böhmen im taborer Creise, zur Herrschaft Jung-Wozicz gehörig.

Diediczky, ein Dorf im Königreiche Böhmen im taborer Creise, zur Herrschaft Nemischel gehörig.

Diedorf, Dittdorf, ein fuldaisches Dorf im Hennebergischen, 1 halbe Stunde von Fischberg, in dieses Amt gehörig, im oberrheinischen Creise.

Diedowa, ein Dorf im Königreiche Böhmen im chrudimer Creise, zur Herrschaft Richenburg gehörig.

Diedowicze, ein Ort im Königreich Böhmen im prachiner Creise, zur Herrschaft Drhowl (Druhow) disseits der Watawa gehörig.

Diedrichshagen, ein Dorf im Amte Schwaan, des Herzogthums Meklenburg-Güstrow.

Diedrichshagen, ein Dorf im Amte Dobberan des Herzogthums Meklenburg-Schwerin.

Diedrichshof, ein Hof im churmaynzischen Amte Lohnstein, anderthalb Stunden von Nassau, 2 kleine von Braubach.

Diedrichshof, ein meklenburgisches Dorf im Amte Güstrow, des Herzogthums Güstrow.

Die Eiben, s. Eiben.

Die Eilenburg, Eulenburg, s. Dubberteck.

Diefenbach, ein doppeltes Dorf von 46 Häusern, in die Schultheiserey Diesenthal, zum churpfälzischen Oberamte Simmern gehörig, anderthalb Stunden von Simmern südwärts entlegen. Durch die zerstreute Lage wirds in das obere und niedere Dorf getheilt.

Diefenbach, Dießenbach, ein Hofmarkt mit einem schönen Schlosse in dem Bißthume Regensburg und Herzogthume Neuburg, zum Pflegamte Regenstauf in diese Pfarrey dem Exjesuitencollegium in Regensburg gehörig, am Regen im Nordgau gelegen.

Diefenbach, ein Ort des unmittelbaren freyen adelichen Reichsritterstifts Odenheim, in dieses Amt gehörig.

Diefenbach, ein Ort in dem landgräflich-hessendarmstädtischen Amte Wörrl im oberrheinischen Creise.

Diefenbach, s. Ober- und Nieder-Diefenbach.

Diefenbach, ein Dorf in der Grafschaft Solms-Braunfels, anderthalb Stunden von Braunfels, 2 von Weilburg.

Diefenbach, ein fürstlich-hohenlohe-kirchbergisches Dorf in Franken, 1 Meile von Kirchberg gegen Creilsheim.

Diefenbach, ein anspachisches Dorf in Franken, im königlich-preußisch-markgräflichen Oberamte Creilsheim, 1 Stunde davon gegen Gernhardsbrunn.

Diefenbach, s. Tiefenbach.

Diefenorth, Tiefenorth, ein herzoglich-sächsisch-weimar-eisenachisches Dorf, ins Amt Diefenorth oder Crainberg gehörig.

Diefenthal, ein Dorf in der Grafschaft Leiningen im oberrheinischen Creise, ins sogenannte hintere Gericht der christophischen Familie gehörig.

Die fördere Plenerleuthe, s. Plenerleuthe.

Diefsbrunn, ein bayreuthisches Dorf in Franken, 2 Stunden von Streitberg, in dieses königlich-preußische Amt gehörig.

Diefsbrunn, Thüsbrunn, ein Vogteyamt vom bamberg- und nürnbergischen Territorio umgeben, in Franken.

Die Höll, s. Höll.

Diekantschitz, ein Dorf im Königreiche Böhmen im taborer Creise, zum Gute Wonschow gehörig.

Diekanowicze, ein Dorf im Königreiche Böhmen im czaslauer Creise, zur Herrschaft Krzimsaudow gehörig.

Dieke, ein Dorf in der ehemaligen Grafschaft, jetzigem Herzogthume Oldenburg und Delmenhorst, im Landgerichte Ovelgönne, zur Vogtey Burhave gehörig, im budjadinger Lande.

Diekesdorp, ein Dorf im Holstein-Dithmarschen, ins Kirchspiel Braunsbüttel gehörig.

Diekhof, ein Dorf im Amte Güstrow, des Herzogthums Meklenburg-Güstrow.

Diekhusen, ein Dorf in Westphalen im Fürstenthume Ostfriesland, im Amte Leer.

Diekirch, Ditkirchen, ein offener Flecken im churtrierischen Amte Limburg an der Lahn, zwischen Runkel und Limburg.

Die lange Meil, ein Dorf in der östreichischen Grafschaft Falkenstein im oberrheinischen Creise.

Dielersheim, ein bayreuthisches Dorf in Franken, ins königlich-preußisch-markgräfliche Amt Neustadt an der Aisch gehörig.

Dielingdorf, ein Ort im Hochstifte und Fürstenthume Oßnabrück in Westphalen, zum Amte Grönenberg und Vogtey Melle gehörig.

Dielkirchen, ein Dorf im Herzogthume Zweybrücken im Oberamte Meisenheim, der alten Grafschaft Veldenz, im stolzenberger Thal im oberrheinischen Creise.

Die Loitz oder Loitzerwald, ein Vorwerk mit dem darumliegenden Walde, im königlich-preußischen Hinterpommern, im stolpeschen Creise in Obersachsen, gehört der Stadt Stolpe. Der Wald begreift ohngefähr 1 Quadratmeile in sich.

Dielshof, im Bezirk des landgräflich-hessendarmstädtischen Amtes Umstadt im oberrheinischen Creise.

Dielshofen, ein Ort im landgräflich-hessendarmstädtischen Amtsbezirke Lichtenberg im oberrheinischen Creise.

Dielstädt, ein Dorf im Hennebergischen in Franken, ins chursächsische Amt Kühndorf gehörig.

Diemboth, Dinbot, ein fürstlich-hohenlohe-kirchbergisches Dorf an der Jart in Franken, 1 halbe Stunde von Kirchberg gegen Langenburg.

Diemenreuth, Thiemenreuth, ein churpfälzisches Dorf im Fürsten- oder Herzogthume Sulzbach in der Oberpfalz, 1 Stunde von Wildenreuth auf Falkenberg zu, ins Landgericht und Amt Parkstein gehörig.

Diemerode, ein Dorf an der sontraischen Grenze, im hessencasselischen Amte Spangenberg, 3 Stunden von dieser Stadt, anderthalb von Sontra, gehört verschiedenen Herrschaften.

Diemetsfurth, s. Demantfurt.

Dies

Dieminges, ein Ort zwischen dem Herzogthume Neuburg und der Herrschaft Eglingen in Schwaben, dem gräflichen Markt-Fuggerischen Hause gehörig.

Diemitz, Tiemicze, Dienicze, Tienicze, ein Meyerhof und Schäferey im Königreiche Böhmen, im tabor ter Creise, zur Herrschaft Jung-Wozicz gehörig.

Diemlach, s. Gemblach.

Diemschlag, ein Dorf und Amt im Oestreichischen hinter der Wild, bey Drössiedel, oberhalb dem Mannhardsberge.

Die Münde, s. Münde.

Dienbach, ein Dorf im Wirzburgischen in Franken, 2 Stunden von Schwarzach gegen Volkach gelegen.

Dienbach, ein königlich-preußisch-markgräflich-anspachisches Dorf in Franken.

Diendorf, ein Dorf im Oestreichischen an der Poststraße, hinter Sieghardskirchen, bey Galadorf, unter der Ens, im Viertel oberhalb wiener Waldes.

Diendorf, ein Ort bey der Kamp im Oestreichischen, zwischen Wagram und Markt Hadersdorf, im Viertel unterhalb dem Mannhardsberge.

Diendorf, ein Ort bey Schmieda, oberhalb Wezdorf, im Viertel unterhalb dem Mannhardsberge.

Dienethal, Thienenthal, ein Ort im Fürstenthume Oranien-Nassau-Diez, ins Amt Nassau-Diez und Nassau-Usingen und Weilburg gemeinschaftlich gehörig, ohnweit der Mühlbach, 1 halbe Stunde von Nassau.

Die neue Welt, s. Grumsdorf.

Diengen, s. Nieder- und Ober-Diengen.

Dienhausen, ein bischöflich-augsburgisches Dorf im Pflegamt Leeder in Schwaben.

Dienheim, ein Ort im oberrheinischen Creise im Bißthume Worms, unter Guntersblum.

Dienheim, Dienenheim, Tienenheim, Teinenheim, ein Dorf im chursälzischen Oberamte Alzey, 5 Stunden davon nächst dem Rhein und der Stadt Oppenheim gelegen.

Dienicze, s. Diemitz.

Diensdorf, ein Ort im Amte Dresden, im meißnischen Creise in Churſachſen.

Dienſtboſtel, ein Dorf in der hannöverischen Grafschaft Hoya, zum Amte Altendorf gehörig.

Dienſthope, ein Ort in der hannöverischen Grafschaft Hoya, ins Amt Doerverden gehörig.

Dienſtorf, ein Ort zum Churfürſtlich-Braunſchweig-Lüneburg gehörigen Fürſtenthume Calenberg, zu dem Bezirke des Amtes Neuſtadt-Rübenberg.

Dienſtweiler, ein Ort im markgrädlich-badenſchen Antheile der Grafschaft Sponheim, zum Oberamte Oberkaufeld, der hintern Grafschaft gehörig.

Dienz und Arndtshofen, bey einander gelegene Orte im Churfürſtenthume Trier an der Lahn, zur ingendes Zent gehörig.

Dienz, ein Cammergut in der fürſtlich-reußischen Herrſchaft Gera im Vogtlande, im oberſächſiſchen Creiſe.

Diepach, ein der Reichsſtadt Rothenburg gehöriges Schloß an der Tauber in Franken, 1 Stunde von Rothenburg gegen Dünkelspühl.

Diepach, ein Dorf, denen von Adelsheim gehörig, im fränkiſchen Rittercreiße, im Canton Ottenwald.

Diepach, ein kleines Dorf im wirtembergiſchen Amte Möckmühl in Schwaben.

Diepelsdorf, Diepoltsdorf, ein nürnbergiſches Dorf am Flüßchen Schnaittach in Franken, 1 Stunde von Schloß Rothenberg, nordwärts gegen Hilpoltſtein gelegen.

Diepelspurg, ein ruinirtes Raubſchloß bey Tek, im Herzogthume Wirtemberg.

Diepenhofen, ein altes Schloß bey Kirchheim, in der fuggerſchen Herrſchaft Kirchheim in Schwaben.

Diepersberg, ein bayreuthiſches Dorf in Franken, im königlich-preußiſch-markgräflichen Oberamte Neuhaus oder Neuhof, 1 Stunde davon gegen Ober-Zenn gelegen, worin auch Nürnberg einige Unterthanen hat.

Diepersdorf, ein nürnbergiſches Dorf in Franken, 1 Stunde von Lauff, ſüdwärts gegen Leinburg am Moritzberg gelegen, in dieſes Amt gehörig.

Die

Diepersdorf, Diepoldsdorf, ein Ort im Oestreichischen an der Schmieda, hinter Markt Wetkersdorf, im Viertel unterhalb dem Mannhardsberge.

Dierpershofen, ein Dorf am Flusse Roth, in der fuggerschen Grafschaft Kirchberg Pfaffenhofen in Schwaben.

Dieperszeich, ein nürnbergisches Dorf auf dem Gebirge an der Sulzbach und pfälzischen Grenze bey Traunfeld in Franken.

Diepertskirchen, ein Ort im Gerichte Apfling in Bayern.

Diepholz, Diepolz, ein Pfarrort in der königseggischen Grafschaft Rothenfels in Schwaben.

Diepkolk, s. Depekolk.

Diepoldsdorf, s. Dierpersdorf.

Diepoldsmaiß, ein Ort im Gerichte Viechtach, Rentamts Straubingen in Unterbayern.

Diepoltsdorf, s. Diepelsdorf.

Diepoltszelle, ein Dorf im Amte und Stifte Aichstädt in Franken.

Diepolz, s. Diepholz.

Diepolzhofen, Doroltshofen, ein Dorf in der Grafschaft Zeil in Schwaben, dem Erbtruchseß zu Waldburg, Grafen zu Zeil-Zeil gehörig.

Dierbach, ein anspachisches Dorf in Franken, im königlich-preußisch-markgräflichen Oberamte Anspach, 3 Stunden davon gegen das Bayreuthische gelegen.

Dierdorf, ein Dorf bey Augsburg, im Burgau an der Schmutter in Schwaben. Es gehört dem Kloster St. Katharina in Augsburg.

Dierenbach, ein Ort im Oestreichischen ob der Ens, bey Windischgarten am Teichelflusse, nahe am Hohenpriel, im Traunviertel.

Diererndorf, ein anspachischer Weyler in Franken, ins königlich-preußisch-markgräfliche Oberamt Anspach gehörig.

Dierhagen, Hof und Dorf im Amte Ribnitz, des Herzogthums Mecklenburg-Güstrow.

Dier-

Dierkow, ein Dorf im mecklenburgischem Amts Ribnitz, des Herzogthums Güstrow.

Dierkshausen, ein Ort im Churfürstenthume Braunschweig-Lüneburg, im Bezirke des Amtes Winsen an der Luhe.

Dierlamen, ein Ort zu den freyherrlich-riedeselischen Gütern, in die Gerichte Engelrode, unter hessendarmstädtische Hoheit gehörig.

Diersbüttel, ein Ort im Churfürstenthume Braunschweig-Lüneburg, im Bezirke des Amtes Winsen an der Luhe.

Diersheim, ein Pfarrdorf in der Ortenau in Schwaben. Gehört Hanau-Lichtenberg.

Diersheim, ein Ort in dem landgräflich-hessendarmstädtischen Amte Lichtenau im oberrheinischen Creise.

Diersow, ein Ort im Fürstenthume Plön, im königlich dänischen Herzogthume Holstein, im südlichen Wagrierlande in Niedersachsen.

Dierspurg, ein Pfarrdorf in der Ortenau in Schwaben. Es steuert zum Kanton Ortenau.

Dierstorf, ein Ort im Churfürstenthume Braunschweig-Lüneburg, im Bezirke des Amtes Winsen an der Luhe.

Dies, ein Hof in der Grafschaft Anhalt-Schaumburg, 1 halbe Stunde von Nassau, anderthalb von emser Bad. Es gehört dem Kloster Arnstein.

Diesbar, ein Ort in Chursachsen, im meißnischen Creise, im Amtsbezirke Hoya gelegen.

Diesbek, ein bayreuthisches, jezt königlich-preußisches Dorf einem von Stenger gehörig, im fränkischen Rittercreise, im Canton Altmühl an der Aisch, 1 Stunde von Neustadt.

Dieschenhagen, ein adeliches Dorf und Vorwerk am Gubenbache, 1 und zviertel Meilen nordnordostwärts von Gollnow, im königlich-preußischen Hinterpommern, im greifenbergischen Creise in Obersachsen.

Diesdesheim, ein Dorf in dem churfürstlich-mainzischen Amte Steinheim, 1 Stunde von Hanau, jenseit des Mayns gelegen; es ist daselbst eine Ueberfahrt für Fusgänger über den Mayn.

Dies-

Diesdorf, ein Rittergut anderthalb Meilen von Striegau im Herzogthume Schlesien.

Diesdorf, ein Dorf im magdeburgischen Holzcreise, zu Kloster Bergen und ins königliche Amt der Möllenvogtey gehörig.

Diesendorf, ein Dorf im Oestreichischen über der Tulln, nahe bey Murrstädten unter der Ens, im Viertel oberhalb des wiener Waldes.

Dieskau, ein Dorf und Rittergut im magdeburgischen Saalcreise.

Die Sorg, s. Sorg.

Diespar, Diebsfehra, ein Ort im meißner Creise in Chursachsen, ins Amt Greßenhayn gehörig.

Diespeck, ein königlich=preusich=markgräflich=bayreuthisches Dorf an der Aisch in Franken, 1 Stunde von Neustadt gegen Dachsbach gelegen, ins Amt Neustadt gehörig.

Dießbach, ein Ort im Gerichte Biburg, Rentamts Straubingen in Unterbayern.

Dießelbach, Diestenbach, Düßelbach, ein nürnbergischer Weiler an der Pegnitz in Franken, im Amte Herspruck, 1 Meile davon gegen Velden gelegen.

Dießen, ein Pfarrdorf in der Grafschaft Niederhohenberg in Schwaben, nicht weit vom Neckar. Es gehört dem Kloster Muri in der Schweitz.

Dießen, Altendießen, ein Schloß bey Dießen in Schwaben. Ehemals war es ein Lehen der Herrschaft Sulz.

Dießen, s. Unter=Dießen.

Dießenbach, ein Cammeral=Sennhof im Gebiete des Klosters Ochsenhausen in Schwaben.

Dießenstein, ein Schloß und Gericht an der Ilz, im Rentamte Straubingen in Unterbayern.

Dießenthal, ein Dorf in der Herrschaft Wörth, im Bißthume Regensburg in Bayern.

Dießlingen, ein nach Barby gehöriges Dorf im Churcreise in Sachsen, im Amtsbezirke Barby.

Diestedt, ein Dorf im Herzoglich Sächsischen, in dem zur Gesamtakademie Jena gehörigen Amt Remda, in Thüringen.

Diestelbach, ein geringer Weiler im Nürnbergischen an einem Bach der in die Pegniz fließt, im Amte Hersbruck.

Diestelbergen, ein Ort im Churfürstenthume Braunschweig-Lüneburg, im Bezirke des Amtes Diepholz in Westphalen.

Diestelbruch, s. Leistrup.

Diestelhaufen, ein Dorf an der Tauber im Würzburgschen in Franken, eine Stunde von Gauda gegen Wertheim gelegen, ist wegen seines guten Weines berühmt.

Diesten, ein Ort im Hannoverischen, im Bezirke des Amtes Bergen.

Diestenbach, s. Dießelbach.

Diestschiz, s. Diwczicz.

Diestuben, ein königlich-preußisch-markgräflich-bayreuthisches Dorf in Franken, 2 Stunden von Bayreuth gegen Creusen gelegen.

Dietach, s. Didach.

Dietaling, ein Ort im Oestreichischen ob der Ens, im Amte Schärding, unweit Passau im Innviertel.

Dietanowicz, Jetenowitz.

Dietbauer, ein Schloß im Fürstbißthume Würzburg in Franken.

Diete, ein Ort in der hannoverischen Grafschaft Hoye, zum Bezirke des Amtes Stolzenau gehörig.

Dietebruch, ein Ort im oranien-nassauischen Fürstenthume Siegen, ins Amt Hilgenbach gehörig, am Wälbergrund.

Dieteldorf, eine Hofmark und Schloß, auch Waffenhammer- und Mühlmühle, im Herzogthume Neuburg und Bißthume Regensburg, zum Landrichteramt Burglengenfeld in Nordgau an der Nils, und den Freyherrn von Traxberg gehörig.

Dietelhofen, ein Pfarrdorf am Fuß des Berges Dußenten

im fürstenbergischen Amte Neufra an der Straße von Zwiefalten nach Biberach in Schwaben.

Dietenberg, ein kleines Dorf in der Abtey Roth in Schwaben.

Dietenberg, ein kleines Dorf in der Landgrafschaft Klettgau in Schwaben.

Dietenborn, ein königlich-preußisches Amt in der Grafschaft Hohenstein, an der schwarzburgischen Grenze, zwischen Mühlhausen und Nordhausen, 3 Meilen von Ellrich, drittehalb von Nordhausen.

Dietenbronn, ein Dorf im Gebiete des Klosters Ochsenhausen in Schwaben.

Dietenbrunn, ein anspachisches Dorf in Franken, im königlich-preußisch-markgräflichen Vogteyamte Leutershausen, 1 Stunde davon gegen Feuchtwang.

Dietenhausen, ein Dorf im durlachischen Amte Langensteinbach.

Dietenhofen, ein königlich-preußisch-bayreuthisches Schloß, Flecken und Amt in Franken, am Fluß Biber.

Dietenholz, ein bayreuthisches Dorf in Franken, eine Stunde von Neuhof, in das königlich-preußisch-markgräfliche Amt Dietenhofen gehörig.

Dietenicze, s. Gettenitz.

Dietenmühle, eine Mahl-Schneide- und Oehlmühle im leipziger Creise in Churfachsen, ins Amt Rochlitz gehörig.

Dietenmühle, eine Mühle im Amte Wittenberg im Churcreise in Sachsen.

Dietenrieth, ein nürnbergischer Weiler an der sulzbachischen Grenze in Franken, 1 Meile von Velden, in dieses Pflegamt gehörig.

Dietenwengen, ein Dörfchen in der Grafschaft Waldsee in Schwaben, im Gerichte Eberhardszell in Schwaben.

Dieterichsdorf, eine der Stadt Stargard gehörige Colonie, 3 viertel Meilen südwärts von Gollnow, im königlich-preußischen Hinterpommern im satziger Creise in Obersachsen.

Dieterichsried, ein Dorf im Gebiete des Klosters Ottobeuern in Schwaben.

Dietersbrunn, ein Dorf im fränkischen Creise im Fürstbißthume Bamberg, ins Amt Lichtenfels gehörig.

Dietersdorf, ein nürnbergisches Dorf in Franken, eine Meile von Nürnberg gegen Schwobach.

Dietersdorf, ein bayreuthisches Dorf in Franken, ins königlich-preußisch-markgräfliche Klosteramt Frauenaurach gehörig.

Dietersdorf, ein Dorf im Bambergischen, 1 halbe St. von Burghaßlach in Franken, worinne nürnbergische, markgräfliche, jezt königlich-preußische und münsterische Unterthanen sind.

Dietersdorf, ein Schloß und Gut auch Dorf im Oestreichischen, bey der Poststrase hinter Sieghardskirchen, unweit Abstädten unter der Ens, im Viertel oberhalb Wienerwaldes.

Dietersdorf, ein ehemaliger Siz der Tempelherren, hinter Göllersdorf bey Breitenweida im Oestreichischen, im Viertel unterhalb dem Mannhardsberge.

Dietersgrün, ein bayreuthisches Dorf in Franken, im königlich-preußisch-markgräflichen Amte Arzberg, eine Stunde davon gegen Hohenberg gelegen.

Dietershan, ein Dorf im Stifte und zugleich im Amte Fulde, eine starke Stunde von dieser Stadt.

Dietershausen, ein dem Kloster Marchthal gehöriges Dorf, zwischen Obermarchthal und Uttenweiler in Schwaben.

Dietersheim, ein bayreuthisches Dorf in Franken, im königlich-preußisch-markgräflichen Amte Neustadt an der Aisch, eine Stunde davon gegen Windsheim gelegen.

Dietershofen, ein nürnbergisches Dorf am Sittenbach in Franken, im Amte Hersbruck nach Hohenstein zu gelegen.

Dietershofen, ein kleines Pfarrdorf im Umfange der Grafschaft Siegmaringen in Schwaben. Es gehört der Nonnenabtey Klosterwald, und steuert zu Oestreich.

Die

Dietershofen, ein Pfarrdorf in einem Thale im Bißthume Augsburg in Schwaben.

Dieterskirch, ein Pfarrdorf im Gebiete des Klosters Marchthal in Schwaben.

Dieterstorf, ein Ort im Gerichte Mosburg, Rentamts München in Unterbaiern

Dietfurt, ein zerstörtes Ritterschloß an der Donau in Schwaben, mit einer Mühle. Es gehört zur fürstenbergischen Herrschaft Jungnau.

Dietfurt, ein Dorf am Fluß Altmühl in der Grafschaft Pappenheim in Schwaben.

Dietgeshof, ein herrschaftlicher Hof in der reichsritterschaftlichen Herrschaft und Amt Tham im schlitzenhäuser Viertel.

Diethard, ein Dörfchen in der Reichsgrafschaft Kazenelnbogen an der Mühlbach, ins hessen-casselsche Amt Hohenstein gehörig, ohnfern Nastätten.

Diethards, ein Dorf im Oestreichischen über der kleinen Kamp, hinter Frauenstein, oberhalb bem Mannhardsberge.

Diethensdorf, s. Dietmannsdorf.

Dietingen, ein aichstädtisches Dorf und Amt im schwäbischen Rittercreise im Canton Donau unweit Arnegg, 3 Meilen von Aichstedt.

Dietkirch, ein Pfarrdorf an der Schmutter im Bißthume Augsburg in Schwaben. Es gehört dem Kloster Oberschönefeld.

Dietingen, ein Dorf im Gebiete der freyen Reichsstadt Rothweil in Schwaben am Neckar.

Dietkirchen, ein Ort im naßquischen Fürstenthume, zum Zentamt Derne gehörig.

Dietkow, ein Dorf und Meyerhof im Königreiche Böhmen im berauner Creise, zur Herrschaft Smilkau gehörig.

Dietletsrode, ein ritterschäftliches Dorf mit einer evangelichen Kirche, im Würzburgischen in Franken, 2 Stunden von Hammelburg, gegen Zeitloss gelegen.

Dietlingen, ein östreichisches Dorf in der Grafschaft Hauenstein in Schwaben.

Dietl.

Dietlingen, ein badensches Dorf im Amte Pforzheim in Schwaben.

Dietlofrod, ein Dorf im Stifte Fulda, im Amte Eyterfeld, 1 und 1 halbe Stunde von Buchenau und 3 von Hunfeld.

Dietmanns, ein Dorf im Oestreichischen hinter Horn, an der großen Theya, unterhalb Schweinburg, oberhalb dem Mannhardsberge.

Dietmanns, ein Dorf im Oestreichischen über der großen Krems, bey Grafenschlag, oberhalb dem Mannhardsberge.

Dietmanns, Deymanns, ein Dorf im Oestreichischen zwischen der großen Kamp und Zwettel, bey Germes, oberhalb dem Mannhardsberge.

Dietmanns, Schloß, Gut und Dorf im Oestreichischen hinter der Wild, zwischen Grossseygardts und der deutschen Theya, oberhalb dem Mannhardtsberge.

Dietmanns, ein Dorf im Oestreichischen unter der Ens, hinter Weitra bey Hoheneich im Viertel unterhalb dem Wienerwalde.

Dietmanns, ein Dorf in der Graffschaft Wolfegg in Schwaben, dem Erbtruchseß Grafen von Wolfegg Wolfegg gehörig.

Dietmanns, ein Pfarrdorf bey Leutkirch in Schwaben. Es gehört dem Kloster Weingarten, ins Gericht Ausnang.

Dietmannsdorf, oder **Diethensdorf**, in der fürstlich- und gräflich-schönburgischen Herrschaft und Amt Wechselburg an der Mulda, ohnweit Burgstedt in Chursachsen.

Dietmannsdorf, ein Kirchdorf im Oestreichischen an der Bulka, zwischen Rathendorf und Deinzendorf im Viertel unterhalb dem Mannhardsberge.

Dietmannsdorf, ein Ort im Oestreichischen hinter Horn, zwischen der Wild und Ens, oberhalb dem Mannhardsberge.

Dietmannsdorf, ein Dorf im Oestreichischen unter der Ens, bey Friedau, im Viertel oberhalb dem Wienerwalde.

Dietmannsried, ein Marktflecken im Stift Kempten und dessen Pflegamt Falken, eine Meile von Kempten, in Schwaben.

Dietmannsweiler, ein österreichisches Dorf in der Grafschaft Montfort in Schwaben.

Dietreichs, ein Dorf im Oestreichischen über der Kamp, zwischen Lichtenfels und Töttersheim, oberhalb dem Mannhardsberge.

Dietreichs, ein Dorf im Oestreichischen über der Kamp, bey Grospopen, oberhalb dem Mannhardsberge.

Dietrichs, ein Dorf in der Grafschaft Königsegg Rothenfels in Schwaben.

Dietrichs, ein Dorf im Königreiche Böhmen im taborer Creise, zur Herrschaft Landstein gehörig.

Dietrichsbach, ein Dorf im Oestreichischen bey Arbesbach, oberhalb dem Mannhardsberge.

Dietrichsberg, ein Amtshof im Bezirke des Herzogthums sachsen-weimar-eisenachischen Amtes Haußbreitenbach.

Dietrichsbrunn, ein Dorf im Bambergischen, 2 Stunden von Staffelstein gegen Schesslitz gelegen in Franken.

Dietrichshagen, ein Gut im Herzogthume Pommern, ins Amt Eldena.

Dietrichshofen, ein Ort im königlich-preußischen Fürstenthume Bayreuth in Franken.

Dietrichsroda, ein Ort im Amte Eckartsberge in Thüringen in Chursachsen.

Dietrichstein, ein Schloß und Herrschaft auf einem Berge im Oestreichischen, unweit Feldkirchen, in Oberkärnten.

Dietrichstein, ein Ort im Königreiche Böhmen im prachiner Creise, zur Herrschaft Warwaschau gehörig.

Diettenheim, bey Prunecken, ein Kirchdorf in der Herrschaft St. Michaelsburg in Tirol.

Dietterskirch, ein Ort in der Abtey Marchthal in Schwaben.

Diettingen, ein zur deutschen Ordens-Kommende Altshausen

...hausen gehöriges Pfarrdorf, in der Gegend der Stadt Blaubeuren in Schwaben.

Dietweiler, ein Dorf im Hochstifte Basel im oberrheinischen Kreise im Thal und Oberamt Delsperg.

Dietweis, ein Dorf im Oestreichischen über der Launiz gegen Elsgarn, oberhalb dem Mannhardsberge.

Diepelich, ein Ort im untern Erzstifte Trier, im churrheinischen Kreise im Bezirke des Amtes Münster-Meinsfeld.

Die Waldvermalterey, s. Parnow.

Die Wiecke, s. Wiecke.

Diezdorf, ein adeliches Dorf mit einer katholischen Kirche, 3 und 3 viertel Meilen von Striegau, 1 halbe Meile von Nenmarkt im Herzogthume Schlesien.

Diezen, ein Dorf in der Grafschaft Königseggrothenfels in Schwaben.

Diezenbach, ein Dorf im landgräflich-hessen-darmstädtischen Amtsbezirke Schafheim, im oberrheinischen Creise.

Diezhausen, ein Dorf von 46 Häusern im Hennebergischen in Franken, ins Amt Kühndorf gehörig, zwey Stunden von Suhl, an der Landstraße nach Meiningen.

Diezhofen, ein bayreuthisches Dorf in Franken, eine Stunde von Neukirchen, in dieses königlich-preußische Amt gehörig.

Diezrod, ein herrschaftliches Vorwerk in der Grafschaft Wagenstein.

Diez- und Nanzweiler, sind eigentlich zwey doppelte Dörfchen oder Weiler, was auf der rechten Seite des Glans liegt, gehört dem Herrn Grafen von der Leihen, was auf der linken liegt, gehört zum churpfälzischen Gerichte Ramstein, des Oberamtes Lautern, 2 und 1 halbe Stunde von Ramstein nordwestwärts, und machen eine Gemeinde aus.

Diffenthal, ein gräflich-wertheimisches Dorf in Franken, 2 Meilen von Wertheim gegen Wirzburg.

Digelsberg, ein kleines Dorf im wirtenbergischen Amte Göppingen in Schwaben.

Digisheim, s. Unter-Digisheim.

Digling

Digling, ein Ort im Oestreichischen, unweit St. Veit und Eberstein, in Kärnten.

Dikenreishausen, ein evangelisches Pfarrdorf im Gebiete der Reichsstadt Memmingen in Schwaben. Es gehört dem Spital dieser Stadt.

Dikersbronn, ein Dorf in der Grafschaft Oettingen, es gehört Oettingen Spielberg in Schwaben.

Dikow, Tykow, 2 Bauerhütten im Königreiche Böhmen im bunzlauer Creise, zur Herrschaft Groß-Skal gehörig.

Dikow, s. Tykow.

Dikowicze, s. Tikowitz.

Dilbrecht, ein Dorf im Oranien-Nassauischen, im Amte Haiger.

Dilch, ein Dorf und adelicher Hof 1 Stunde von der Schwalm, rechts 1 Stunde von der Stadt und Amte Borken, in diesem Amt, den Herrn von Dalwigk gehörig, im Landgräflich-Hessendarmstädtischen.

Dilsaz, ein Dorf im Königreiche Böhmen im bidschower Creise, zur Herrschaft Rumburg gehörig.

Dilheim, ein Dorf im fürstlich-solms-braunfeldischen Amte Greifenstein im oberrheinischen Creise.

Dilhof, ein Ort denen von Meyerhofen gehörig, im fränkischen Rittercreise, im Canton Ottenwald.

Dilingen, ein Ort im churhanövrischen Fürstenthume Minden.

Dill, ein Ort in dem markgräflich-badenschen Oberamte Pforzheim in Schwaben.

Dillbrecht, ein Dorf auf dem Westerwalde, im oranien-nassauischen Fürstenthume Dillenburg, im Amte Haiger an der Dill, 3 Stunden oberhalb Dillenburg im Amte Heyger.

Dillhausen, ein Dorf mit 4 dabey liegenden Mühlen, in dem oranien-nassauischen Fürstenthume Hadamar, ins Amt Rennerod gehörig.

Dillendorf, ein Ort in der vordern Grafschaft Sponheim, zum Antheile der Markgrafschaft Baden, ins Ober-

Oberamt Kirchberg und Pflege Anzenburg in der Unterpfalz.

Dillendorf, ein Pfarrdorf in der St. Blaſiſchen Herrſchaft Blumeneck in Schwaben.

Dillhauſen, ein Dorf auf dem Weſterwalde, im Fürſtenthume Naſſau-Dillenburg, im Amte Mengerskirchen am Fluß Dill, 3 Stunden von Weilburg, 4 von Hadamar, Dillenburg und Limburg.

Dillheim, ein Dorf in der ſolms-braunfelſiſchen Herrſchaft Greifenſtein, am Fluß Dill, anderthalb Stunden von Greifenſtein, 2 von Hohen-Solms und 1 von Herborn.

Dillhütte, Tielnhütte, ein Dorf auf dem Weſterwalde im Fürſtenthume Naſſau-Siegen, im Amte Netphdorf.

Dillighem, oder **Jetta,** eine Norbertinerabtey im Herzogthume Brabant, in der Meyerey Merchten, 1 Meile von Brüſſel entfernt.

Dillinghauſen, ſ. **Lütte.**

Dilliſhauſen, ein Pfarrdorf im Bisthume Augsburg, und deſſen Pflegamt Buchloe in Schwaben.

Dillkirchen, ein Dorf in der öſtreichiſchen Grafſchaft Falkenſtein im oberrheiniſchen Creiſe.

Dillnhütte vor der Brücke, ein Ort im fürſtlich-oranien-naſſau-ſiegenſchen Amte Hilchendorf.

Dillnhütten, ein Ort und Eiſenhämmer in dem fürſtlich-oranien-naſſauiſchen Amte Siegen.

Dillsberg, ein Dorf im Stifte Witzburg in Franken am Necker.

Dillſtadt, ein Dorf im Witzburgſchen in Franken, Stunde von Rüdenhauſen gelegen; das Kloſter Schwarzach hat auch einige Unterthanen daſelbſt.

Dillſtein, ein badenſches Pfarrdorf im Amte Pforzheim in Schwaben.

Dillſtetten, eine Wallfarthskirche bey Böhringen an der Lauchart, in der Gräfſchaft Sigmaringen.

Dilſchhauſen, ein Dorf im heſſencaſſelliſchen Gerichte Kaldern an der Lahn, 1 halbe Stunde von Kaldern, 2 von Marburg, zum Theil gehört es ins Gerichte Retzberg.

Dils-

Dilsheim, Diedelsheim, ein starkes Kirchdorf in der Graffchaft Isenburg, 1 Stunde von Büdingen, 2 von Ortenburg. Es hat ein eigenes Gericht und einen herrschaftlichen Hof.

Dilshofen, ein Ort im fränkischen Ritterkreise im Canton Ottenwald, gehört denen von Harthausen.

Dimerich, ein Dorf im Wirzburgischen in Franken, zwischen Geroldshofen und Stadt Schwarzach gelegen.

Dimkuhlen, Dümkür, ein freyes Rittergut mit 3 Vorwerken, anderthalb Meilen westnordwestwärts von Bublitz, im königlich-preussischen Hinterpommern, im belgard-polzinschen Creise in Obersachsen.

Dimles, ein Ort zum Gerichte Imst gehörig, im Oberinnthal in Tirol.

Dimmhausen, ein Ort in der Graffchaft Hoya, zum Bezirke des hannöverischen Amtes Harpstedt gehörig.

Dimokur, Dymokury, Dymokurzy, ein Dorf mit einem Schlosse im Königreiche Böhmen im bidschower Creise, zur Herrschaft Dimokur gehörig.

Dinaro, ein Dorf im Salzthale, im trientinischen Gebiete im Oestreichischen.

Dinbach, Dunbach, ein Markt im Oestreichischen ob der Ens, ohnweit Grein, bey Waldhausen, im Mühl und alten Machlandviertel.

Dinbot, s. Diemboth.

Dinkelberg, ein Ort von einigen Bauerhöfen bey Walkerode, im hessencassellischen Amte Spangenberg und Gerichte Mörshausen.

Dinkelhammer, ein Ort im königlich-preussischen Fürstenthume Bayreuth, im Amte Wunnsiedel.

Dinckelhausen, s. Dunckelshausen.

Dinckler, ein Ort im Stifte Hildesheim bey Ottbergen, ins Amt Steuerwald gehörig.

Dinenheim, s. Diensheim.

Dingden, ein Ort und Kirchspiel im Stifte Münster, im Bezirke des Amtes Bocholt in Westphalen.

Dingeldshausen, s. Dunkelshausen.

Dingelsdorf, ein Pfarrdorf am Bodensee in Schwaben.

Es gehört dem teutschen Orden zur Comende Mainau. Nellenburg hat einen Zoll daselbst.

Dingen, ein Dorf im hannöverischen Fürstenthume Bremen, im Bezirke des Amtes Land-Wursten.

Dingen, ein Ort im Dithmarschen, im königlich-dänischen Herzogthume Holstein, in Niedersachsen.

Dingenthal, ein Dorf im Gebiete der kaiserl. freyen Reichsstadt Hall in Schwaben, im Amte Schlicht.

Dingeshof, ein Hof in dem herzoglich-sachsen-weimar-eisenachischen Amte Frauensee im thüringischen Creise.

Dingfeld, ein Dorf im Wirzburgischen in Franken, im Amte Schlüsselfeld, 1 halbe Stunde davon gegen Forchheim.

Dingfeld, s. Thüttfeld.

Dinghorn, ein Ort im churhannöverischen Fürstenthume Bremen, im Bezirke des Amtes Harsefeld.

Dinglbach, ein Ort im Gerichte Landsberg, im Rentamte München in Bayern.

Dinglingen, ein evangelisches Pfarrdorf in der Ortenau in Schwaben, in der nassau-usingischen Herrschaft Lahr.

Dingsfeld, ein Dorf im Bambergischen im Amte Waschenrod, 1 Stunde davon gegen Wirzburg in Franken gelegen.

Dingstede, ein Dorf in der ehemals königlich-dänischen Grafschaft, jetzigem Herzogthume Oldenburg und Delmenhorst, in die Landvogtey Oldenburg und Vogtey Hatten gehörig.

Dingstetten, ein Ort im Pfleggerichte Aichach, im Churfürstenthume Bayern.

Dingwörden, ein Dorf im hannöverischen Fürstenthume Bremen, im Bezirke Amtes Neuhaus Oste.

Dinin, ein Dorf im Königreiche Böhmen im budweiser Creise, zur Herrschaft Wittingau gehörig.

Dinkelscherben, ein Marktflecken an der Zusam im Bißthume Augsburg in Schwaben. Er hat 600 Einwohner, ein Spital, den Blutbann, der ein Reichslehen

Dinkler-Z   **Dippach**

ist, und gehört dem Domkapitel Augsburg; ins Pflegamt Steinekirch.

Dinkler-Zeche, Gottes-Geschick, ein Hut- und
Zechenhaus auf Groß-Camsdorfer Reier, im neustädter
Creise in Obersachsen, ins Bergamt Neustadt gehörig.

Dinkowitz, Jenkowecz, ein Dorf im Königreiche
Böhmen im klattauer Creise, zur Herrschaft Bischhofsteinitz gehörig.

Dinnies, ein meklenburgisches Dorf im Amte Sterns-
berg, des Herzogthums Schwerin.

Dinsbach oder Dünzbach, ein Ort im fränkischen Rittercreise im Canton Ottenwald, gehört denen von
Crailsheim.

Dintenhofen, ein kleines Dorf bey Ehingen in Schwaben, welcher Stadt es auch gehört.

Dintesheim, Tidinesheim, Thitensheim, ein Dorf
von 19 Häusern, 1 Stunde von Alzey südwärts, in
dieses churpfälzische Oberamt gehörig.

Dionisi St., ein Ort im Oestreichischen ohnweit Min-
then und Traun, ob der Ens, im Hausrukviertel.

Dionysen, ein Pfarrdorf im Oestreichischen in Steyers-
mark, im brucker Creise.

Dipbach, ein Dorf im Stifte Fulde, im Amte Hamels-
burg, 1 Stunde unterhalb dieser Stadt.

Dippach, ein Dorf im Wirzburgischen in Franken, im
Amte Broselzheim, 1 Stunde von Klingenberg gegen
Wirzburg gelegen.

Dippach, ein ritterschaftliches Dorf des Cantons Baunach im Wirzburgischen in Franken, 2 Stunden von
Königshofen gegen Ebern gelegen, ein Viertheil davon
gehört Wirzburg, das übrige den Herrn von Hutten.

Dippach, ein ritterschaftliches Dorf des Cantons Rhönwerra, im Wirzburgischen in Franken, 1 Stunde von
der Tann, gegen Hilters, gehört den Herren von der
Tann.

Dippach, ein Dorf im Wirzburgischen in Franken, im
Amte Hernsdorf, welches 3 Unterthanen darin hat.

Dippach, ein ziemliches Dorf am rechten Ufer der Werre,

1 halbe

1 halbe Stunde von Wittershausen, im hessencasselschen Amte Friedewalde, viertehalb Stunden davon.

Dippach, Tippach, ein Dorf im Hochstifte Fulda im
Amte Saleck, im oberrheinischen Creise.

Dippach, ein Hof 1 halbe Stunde von Schmalkalden,
in dieses hessen-casselsche Amt gehörig.

Dippelsdorf, ein Dorf im Herzogthume Schlesien, anderthalb Meilen von Löwenberg, gehört dem Stifte
Liebenthal.

Dippelstein, ein Dorf im Oestreichischen südwärts der
Melkerstrase nach Kemmelbach, hinter Zelking, unter
der Ens, im Viertel oberhalb dem wiener Walde.

Dippersberg, ein Ort im königlich-preusischen Fürstenthume Bayreuth in Franken, ins Amt Neuhof gehörig.

Dipperts, ein Dorf im Hochstift und Oberamte Fulda,
im oberrheinischen Creise.

Dippoldiswalder-Malter, ein Dorf im meißner
Creise in Chursachsen, ins Amt Dippoldiswalde gehörig.

Dipshorn, ein Dorf im Fürstenthume Bremen, zum
Bezirke des churhannöverischen Amtes Ottersberg geh.

Dirberg, ein fürstlich-schwarzenbergisches Dorf in
Franken.

Dirgenheim, ein Pfarrdorf in der Grafschaft Oettingen, wallersteinschen Antheils in Schwaben.

Dirichsdörp, ins Amt Kiel gehöriger fürstlicher Ort im
nördlichen Theile des Wagrierlandes, im königlich-dänischen Herzogthume Holstein in Niedersachsen.

Dirichshütten, ein Ort in Stormarn, im königlich-dänischen Herzogthume Holstein in Niedersachsen, im Amte Segeberg und Stadtbezirke Oldeschlo.

Diridorf, Dirridorf, ein Ort im Oestreichischen ob
der Ens, bey Steyer im Traunviertel.

Dirlamen, ein Dorf im Gebiete der Freyherren von
Riedesel, im Gerichte Engelrod, zwischen Lauterbach
und Ulrichstein.

Dirlauingen, ein Dorf im schwäbischen Rittercreise, im
Canton Donau.

Dirlenbach, ein Ort im fürstlich-oranien-nassau-siegenschen Amte Freudenberg.

Dirlens

Dirlenbach, s. Erlenbach.

Dirlenwang, ein Pfarrdorf in der bayerschen Herrschaft Mindelheim in Schwaben.

Dirmezheim, ein Ort im Erzstifte Köln, im Amte Leichenich.

Dirna, Herrschaft und Dorf, 1 Meile ostsüdostwärts von Sobieslau im Königreiche Böhmen im budweiser Creise, den Grafen Wratislav von Mitrowicz gehörig.

Dirnberg, ein Schloß im Oestreichischen unweit Seckau, in Steyermark, im judenburger Creise.

Dirnstein, eine Herrschaft mit einem alten Schlosse im Oestreichischen, bey Altenhaus und Frisach, an den kärntenschen Grenzen, am Flüßchen Olkza, in Steyermark, im judenburger Creise.

Dirrenhof, Dürrenhof, ein anspachisches Dorf in Franken, unweit Feuchtwang, in dieses königlich-preußische Amt gehörig.

Dirridorf, s. Diridorf.

Dirschel, ein Rittergut im leobschützer Creise im Herzogthume Schlesien.

Dirschelwitz, ein Dorf 1 halbe Meile von Oberglogau im Herzogthume Schlesien, ist theils adlich, theils gehört es zur Herrschaft Oberglogau.

Dirschenbach, ein Ort im Oberinnthal in Tirol, zur östreichischen Herrschaft Hartenberg gehörig.

Dirschniz, Drzwicz, ein k. k. Ort im Königreiche Böhmen, im egerischen Bezirke.

Dirschowitz, ein Dorf im leobschützer Creise im Herzogthume Schlesien, dem Fürsten von Lichtenstein gehörig.

Dirspach, ein Ort im Oestreichischen ob der Enns im Amte Schärding, unweit der Stadt Schärding, im Innviertel.

Dischtickrey, s. Deschtickrey.

Disibodenberg, ein ehemaliges Kloster in der Churpfalz.

Disibodisberg, s. Disibodenberg.

Dislowitz, s. Tislowitz.

Disnack, s. Gros-Disnak.

Dißen, ein Dorf 1 halbe Stunde von Gudensberg, in

dieses hessencasselische Amt gehörig, 3 viertel Stunden von Griffte.

Dißen, ein großes Dorf im Hochstift und Fürstenthume Oßnabrück in Westphalen, ins Amt Iburg und Vogtey des Nahmens gehörig.

Dißen, ein kleines Dorf 1 halbe Stunde von Sulgau in Schwaben. Es gehört zur tarischen Grafschaft Friedberg, Scheer, ins Amt Durmetingen.

Dißibodenberg, Disibodisberg, ein Mönchskloster Cisterzienserordens in dem Unteramte Böckelheim in der Unterpfalz, zur Diözese Mainz gehörig.

Dissin, s. Deischin.

Dissow, ein Dorf und Mühle im Fürstenthume Plön, im königlich-dänischen Herzogthume Holstein, im südlichen Wagrierlande in Niedersachsen, im Amte Ahrensböck.

Distelow, ein Dorf im Amte Goldhagen, des Herzogthums Meklenburg-Güstrow.

Distelwitz, mit dem Waldkretscham und den sogenannten Kundenhäusern, ein herzogliches Dorf mit einer katholischen Kirche im wartenbergschen Creise, im Herzogthume Schlesien.

Distellwitzer-Ellguth, ein herzogliches Dorf im wartenbergschen Creise, im Herzogthume Schlesien.

Dill, ein Dorf im Oberamte Pforzheim im Badenschen.

Ditdorf, ein Ort im herzoglich-sachsen-weimar-eisenachischen Amte Fischberg im Oberlande.

Ditersbach, ein Dorf im Königreiche Böhmen, im königgrätzer Creise, zur Herrschaft Braunau gehörig.

Ditert, Dithardt, ein Dorf im Fürstenthume Hessen-Rheinfels, im Amte Reichenberg an der Mühlbach, 1 Stunde von Rastett und 3 von Langenschwalbach.

Dithmern, ein Ort im Lüneburgischen, zum churhannöverschen Amte Soltau gehörig.

Ditkirchen, ein Ort an der Lahn, im Erzstifte Trier im churrheinischen Creise, ins Amt Limburg gehörig.

Ditkirchen, s. Diekirch.

Ditlofsrode, ein Dorf denen von Thüngen gehörig; im fränkischen Rittercreise im Canton Rönn-Werra gelegen.

Dittmannsdorf, ein Dorf, Gut und Schäferey im Herzogthume Pommern im barthenschen Distrikte.

Ditmersdorf, ein Ort im Fürstenthume Lauenburg, zum Bezirke des Amtes Hadeln-Hochland gehörig.

Dittdorf, s. Diedorf.

Dittenhausen, ein Ort in der fürstenbergischen Herrschaft Möskirch in Schwaben.

Dittenheim, ein Dorf nahe an der Altmühl außer Schwaben, welcher Oettingenspielberg gehört.

Dittenheim, ein königlich-preußisch-anspachisches Dorf in Franken, 1 Meile von Gunzenhausen gegen Weisenburg.

Ditterke, ein Dorf im Fürstenthume Calenberg, zum Bezirke dieses Amts gehörig.

Dittersbach, ein Dorf und Vorwerk im Gebürgischen in Churfachsen, ins Amt Frankenberg mit Sachsenburg gehörig.

Dittersbach, ein Dorf und Mühle im Erzgebürge in Churfachsen, ins Amt Frauenstein gehörig.

Dittersbach, Starssow, ein Dorf im Königreiche Böhmen im chrudimer Creise, zur Herrschaft Bistra gehörig.

Dittersbach, ein Dorf im Königreiche Böhmen im chrudimer Creise, zur Herrschaft Landskron gehörig.

Dittersbach, ein Dorf im Königreiche Böhmen im leutmeritzer Creise, zur Herrschaft Kamnitz gehörig.

Dittersbach, ein Dorf im Königreiche Böhmen, im bunzlauer Creise, zur Herrschaft Friedland gehörig.

Dittersbach, s. Neuhaus, im schweidnizischen Creise im Herzogthume Schlesien.

Dittersbach, nebst der Rodemühle, ein Rittergut mit einer evangelischen Kirche im lübenschen Creise, im Herzogthume Schlesien.

Dittersbach, ein ansehnliches Dorf, eine Meile von Sagan im Herzogthume Schlesien. Ein Antheil mit einer Kirche, ist adelich, der andere gehört dem Augustinerstift zu Sagan, und das sogenannte Hospitalvorwerk ist Eigenthum des Hospitals zum heiligen Geist in Sagan.

Dittersbach, auch **Prischke**, ein Rittergut in wohlauschen Creise im Herzogthume Schlesien.

Dittersbach, s. **Neuhaus**.

Dittersbach, ein Dorf bey Liebau im landeshütter Creise, des Fürstenthums Schweidnitz im Herzogthume Schlesien gelegen.

Dittersbachel, ein Dorf im Königreiche Böhmen, im bunzlauer Creise, zur Herrschaft Friedland gehörig.

Dittersdorf, ein Dorf im meißner Creise in Chursachsen, ins Amt Pirna gehörig.

Dittersdorf, ein Dorf mit 2 Mühlen im Gebürgischen in Chursachsen, ins Amt Grünhayn gehörig.

Dittersdorf, ein Ort im Gebürgischen in Chursachsen, ins Amt Nossen gehörig.

Dittersdorf, ein Ort und Mühle im neustädter Creise in Chursachsen, ins Amt Weyda gehörig.

Dittersdorf, ein Ort im Würzburgischen in Franken, im Amte Seßlach, 3 Stunden von Coburg gegen Königsberg gelegen.

Dittersdorf, ein Dorf mit einer katholischen Kirche, gehört der Kämmerey zu Neustadt im Herzogthume Schlesien, liegt 1 Meile davon.

Dittersdorf, ein Rittergut, 1 und 1 viertel Meile von Jauer im Herzogthume Schlesien.

Dittersdorf, ein Rittergut im sprottauschen Creise im Herzogthume Schlesien, 1 halbe Meile von Sprottau.

Dittersdorf, ein Dorf im Königreiche Böhmen im chrudimer Creise, zur Herrschaft Leutomischl gehör.

Dittershausen, ein Dorf am linken Ufer der Schwalm, in der Grafschaft Ziegenhayn, und in dies hessen-casselsche Amt gehörig, 1 halbe Stunde unterhalb Treise, 1 Stunde von Ziegenhayn.

Dittershausen, ein kleines Dorf an der Fulda in einer Krümme im Amte Neustadt, 2 Stunden von Cassel und 1 Stunde von Dörrenhagen.

Dittershahn, ein Dorf im Hochstifte Fulda, zur Cent Fulda gehörig, im oberrheinischen Creise.

Dittersheim, ein Dorf im Bambergischen in Franken, ehemals Hohenlohisch.

Dittishausen, ein Dorf im Fürstenbergischen Amte Löffingen in Schwaben.

Dittles, ein Meiningisches Dorf und Rittersitz in Franken, 1 Meile von Salzungen, den Herren von Buttlar gehörig.

Dittmannsdorf, Ober= und Nieder=, einige Dörfer, 1 Meile von Freyberg, im meißner Creise in Chursachsen, ins Creißamt Meißen gehörig.

Dittmannsdorf, ein Ort und Mühle im leipziger Creise in Chursachsen, ins Amt Borna gehörig.

Dittmannsdorf, ein Ort und Mühle bey Freyberg im Gebürgischen in Chursachsen, ins Amt Freyberg gehör.

Dittmannsdorf, ein Dorf in dem fürstlich= und gräflich= schönburgischen Amte Rochsburg in Chursachsen, 1 halbe Stunde von Penig im obersächsischen Creise.

Dittmannsdorf, ein adeliches Dorf mit einer evangelischen Kirche in frankensteinischen Creise im Herzothume Schlesien.

Dittmannsdorf, ein Rittergut, anderthalb Meilen von Neustadt im Herzogthume Schlesien.

Dittmerau, polnisch Dzieczmorou, ein Dorf mit einer Kirche im Leobschützer Creise im Herzogthume Schlesien, gehört der Kommende Gröbnig.

Dittrichschlag, ein Ort im Oestreichischen ob der Ens, an der grosen Mühle, bey St. Ulrich, unweit Aigen im alten Mühlviertel.

Divenow, s. Ost= und West= Divenow.

Diviz, ein adelicher Hof im Herzogthume Pommern im barthenschen Distrikte.

Diwczicz, Dießtschitz, ein Dorf im Königreiche Böhmen im budweiser Creise, zur Herrschaft Frauenberg gehörig.

Diwecz, ein Dorf im Königreiche Böhmen im königgrätzer Creise, zur Herrschaft Smirzicz gehörig.

Diwicze, ein Dorf und Schloß im Königreiche Böhmen im saazer Creise, zur Herrschaft Ezitolib gehörig.

Diwiczkow, s. Diczkow.

Diwischau, Diwissow, Dynssow, ein Marktflecken im Königreiche Böhmen im laurzimer Creise, zur Herrschaft Sternberg gehörig, liegt fünf Meilen von Prag entfernt.

Diwischowicz, Diwissowicze, ein Dorf samt dem Meyerhöfe Krotiw, oder Krotiwa sonst Bohnmielicz genannt, im Königreiche Böhmen im klattauer Creise, zur Herrschaft Bistrzitz gehörig, dabey liegt auch die Mühle Blaha.

Diwissow, s. Diwischau.

Diwissowicze, s. Diwischowicz.

Diwissowicze, ein Dorf im Königreiche Böhmen im berauner Creise, zum Gute Prtschitz gehörig.

Diwissowsky, ein Meyerhof im Königreiche Böhmen, im prachiner Creise, zur Stadt Schüttenhofen gehörig.

Dizenbach, ein bayersches Pfarrdorf in der Herrschaft Wiesenstaig unterhalb Wiesenstaig in Schwaben. Hier ist ein Sauerbrunnen.

Ditzhof, ein Dorf im fränkischen Creise im Fürstbißthume Bamberg, ins Amt Vorchheim und Regensperg gehörig.

Dizingen, ein Dorf im schwäbischen Creise im Ritter cänton Neckar und Schwarzwald.

Dlaschkowitz, Dlazkowitz, Dlazkowicze, eine Allodialsherrschaft, Schloß und Dorf im Königreiche Böhmen im leutmeritzer Creise, 3 viertel Stunden westsüdwärts von Trebnitz, und 7 Meilen von Prag, den Grafen von Hatzfeld-Gleichen gehörig.

Dlauby, eine Mühle im Königreiche Böhmen im tahorrer Creise, zum Gute Chaustnik gehörig

Dlauha, Dlauhy, ein Dorf im Königreiche Böhmen, im königgratzer Creise, zur Herrschaft Opoczna gehörig.

Dlauha, s. Langendorf.

Dlauha Lhota, ein Dorf im Königreiche Böhmen im berauner Creise, zur Herrschaft Tloskau gehörig.

Dlauha-Lhota, s. Lhota-Lang-Lhota.

Dlauha-Wes, Langendorf, ein Dorf im Königreiche Böh-

Böhmen im taborer Creise, der pilgramer Stadtgemeinde gehörig.

Dlauhey, Dluhey, ein Dorf im Königreiche Böhmen, im bunzlauer Creise, zur Herrschaft Gros-Rohosetz gehörig.

Dlauhoniowicz, ein Dorf im Königreiche Böhmen im königgratzer Creise, zum Gute Zampach gehörig.

Dlauhobolska, ein Dorf an einem schönen Thiergarten im Königreiche Böhmen im bidschower Creise, zur Herrschaft Chlumecz gehörig.

Dlauhy, ein Ort im Königreiche Böhmen im czaslauer Creise, zur Herrschaft Neu-Studenecz gehörig.

Dlauhy, s. Dlauha.

Dlauhy-Dwory, Langenhof, ein Ort im Königreiche Böhmen, im königgratzer Creise, zum Gute Nedlelischt gehörig.

Dlauhy Hradißt, s. Langen-Radisch.

Dlauhy-Lany, Lany na Dulku, Lan ob Gruben, ein Ort im Königreiche Böhmen im chrudimer Creise, zur Herrschaft Pardubitz gehörig.

Dlauhy Pole, s. Langefeld.

Dlazdiow, s. Glozau. Klasau.

Dlazin, s. Ploscha.

Dlazowicze, s. Dlaschkowitz.

Dlesko, Kleskau, ein Ort im Königreiche Böhmen im rakanitzer Creise, zur Herrschaft Kritz gehörig.

Dlubin, ein Ort mit einer Mahlmüle im Königreiche Böhmen im chrudimer Creise, zur Herrschaft Herrmannstadt und Moraschitz gehörig.

Dlugimost, s. Eichgrund.

Dluha, Dluhe, ein Dorf im Königreiche Böhmen im budweiser Creise, zur Herrschaft Gratzen gehörig.

Dluhey, s. Dlauhey.

Dluzin, s. Ober- und Unter-Dluzin.

Dmegschticz, ein Dorf im Königreiche Böhmen, im taborer Creise, zur Herrschaft Mühlhausen gehörig.

Dneboch, ein Dorf im Königreiche Böhmen im bunzlauer Creise, zur Herrschaft Münchengrätz gehörig.

Drüsen, ein Dorf im churhannöverischen Fürstenthum Calenberg, im Bezirke des Amtes Lauenstein.

Dnusen, ein Dorf in der Grasschaft Hoya, im Hannöverischen, im Bezirke des Amtes Harbstädt.

Dobbeln, ein Dorf im Braunschweigischen im Am Jerxheim, eine halbe Meile von Schöningen.

Dobberan, ein herzoglich-mecklenburgisches Schloß, Amt und Flecken, unweit Rostock im Herzhume Schwerin.

Dobberkau, ein adeliches Dorf in der königlich-preussischen Altmark Brandenburg im stendalischen Creise.

Dobberphul, ein adeliches Dorf und Vorwerk, ein und eine halbe Meile von der Stadt Bernstein, an der faulen Ihna, im königlich-preussischen Hinterpommern im pyritzischen Creise in Obersachsen.

Dobberphul, ein zum Amte Colbatz gehöriges Dorf 2 Meilen ostw. von Greifenhagen im königl.-preeusisch. Hinterpommern im pyritzischen Creise in Obersachsen.

Dobberphul, ein adeliches Dorf, 1 Meile nordostwärts von Wollin im königlich-preussischen Hinterpommern im greisenbergischen Creise in Obersachsen.

Dobbersen, ein Dorf im Amte Wittenburg, des Herzogthums Mecklenburg-Schwerin.

Doberstorb, ein Hof im nördlichen Theile des Wagrierlandes, im königlich-dänischen Herzogthume Holstein in Niedersachsen.

Dobbin, ein Dorf im Amte Goldberg, des Herzogthums Mecklenburg-Güstrow.

Dobbrum, ein Dorf in der königlich-preussischen Altmark Brandenburg im seehdusischen Creise

Dobczicz, Dobschitz, ein Dorf im Königreiche Böhmen im budweiser Creise, zur Herrschaft Moldau-Tein geh.

Dobel, ein Pfarrdorf auf dem Schwarzwalde im wirtembergischen Amte Neuenbrügg in Schwaben.

Dobel, ein kleines Dorf auf dem Schwarzwalde im Wirtembergischen Amte Dornhan in Schwaben.

Dobel, ein Ort in Schwaben, der Abtey Marchthal geh.

Dobel, s. Tobel.

Dobeneck, Stein, ein Rittergut im Voigtlande in Chursachsen, ins Amt Voigtsberg gehörig.

Dobeneck, ein Ort im königlich-preußischen Fürstenthume Bayreuth in Franken.

Dobenreuth, ein königlich-preußisch-bayreuthisches Dorf in Franken, worinn die Herren von Beulwitz einen Rittersitz haben.

Dobenreuth, zum Theil Fürstbischöflich-Bambergisch, ins Amt Vorchheim gehörig.

Dober, wozu noch Pause und die Berghäuser gerechnet werden, ein adeliches Dorf, anderthalb Meilen von Sagan im Herzogthume Schlesien.

Doberenz, ein Ort im leipziger Creise in Chursachsen, ins Amt Rochlitz gehörig.

Dobereuth (Dobareuth), ein Dorf mit einem adelichen Gute in der gräflich-reußischen Herrschaft Lowenstein im Voigtlande, nicht weit von Gefäll.

Dobergast, ein Rittergut 1 halbe Meile von Strehlen im Herzogthume Schlesien, gegen Nimptsch zu.

Doberkowiz, ein fürstliches Gut eine Meile von Trachenberg im Herzogthume Schlesien.

Doberlevo, ein Dorf im Oestreichischen bey Tschemschenick, in Obercrain.

Dobermannsdorf, insgemein Tobernásdorf, ein Pfarrdorf im Oestreichischen über der Zaya, hinter Zistersdorf, im Viertel unterhalb dem Mannhardsberge.

Dobern, Dobernaw, ein Dorf im Königreiche Böhmen im bunzlauer Creise, zur Herrschaft Reichstadt gehörig.

Dobern, ein Dorf im Königreiche Böhmen im leutmeritzer Creise, zur Herrschaft Bensen gehörig.

Doberna, ein Ort im Oestreichischen in Steyermark, im cillier Creise.

Dobernaw, s. Dobern.

Dobernik, Dobernezke, ein Pfarrdorf im Oestreichschen, in der Temniz in Untercrain.

Dobernitz, ein Amtsdorf bey Sitten, im leipziger Creise in Chursachsen, ins Amt Leisnig gehörig.

Dobernitz, ein Ort am Bache gleiches Namens im Oestreichischen, am Geilflusse, ostwärts von Mauten in Kärnten.

Dobersberg, Dobrechtsberg, Schloß, Herrschaft und Ort im Oestreichischen hinter der Wild, an der deutschen Theya, oberhalb Karlstein, oberhalb dem Mannhardsberge.

Doberschin, ein Dorf im Königreiche Böhmen im prachiner Creise, der Stadt Schüttenhofen gehörig.

Doberschütz, ein adeliches Dorf und Rittergut unweit Rackelwitz bey Königswertha, in der Oberlausitz in Chursachsen, ins Amt Bautzen gehörig.

Doberschwitz, ein Dorf und Mühle im Amte Leisnig, im leipziger Creise in Chursachsen.

Dobersdorf, auch Dobieschow, ein adliches Dorf mit 2 Vorwerken im oppelnschen Creise im Herzogthume Schlesien, wovon das eine Malkowitz heißt.

Dobersdorf, ein Rittergut im leobschützschen Creise im Herzogthume Schlesien.

Dobersdorf, ein Ort im Oestreichischen über der Theya, hinter dem Kloster Gerds, oberhalb dem Mannhardsberge.

Doberwiz, ein Rittergut im glogauschen Creise in Niederschlesien, 1 halbe Meile von Beuthen und drittehalb von Gros-Glogau im Herzogthume Schlesien.

Doberz, s. Dobrz.

Dobesch, ein Dorf im Königreiche Böhmen im bidschower Creise, zur Herrschaft Weiß-Policzan gehörig.

Dobeschitz, ein Ort im Königreiche Böhmen, im prachiner Creise, zur Herrschaft Protiwin, disseits der Watawa gehörig.

Dobeschow, ein Dorf im Königreiche Böhmen im taborer Creise, zur Herrschaft Serowitz gehörig.

Dobeschowicz, ein Dorf im Königreiche Böhmen im czaslauer Creise, zur Herrschaft Petschkau gehörig.

Dobeß, s. Dobrsch.

Dobew, ein Dorf im Königreiche Böhmen im prachiner Creise, zur Herrschaft Protiwin, disseits der Watawa gehörig.

Dobia, ein Dorf in der fürstlich-reußischen Herrschaft Gerlz im obersächsischen Creise, ins Amt Dölau gehörig.

Dobian, ein Ort im neustädter Creise in Churſachſen, ins Amt Arnshaugk gehörig.

Dobichau, ein Dorf im Königreiche Böhmen im budweiſer Creiſe, zur Herrſchaft Gratzen gehörig.

Dobien, ein Dorf und Mühle unweit Wittenberg im Churcreiſe in Sachſen, ins Amt Wittenberg gehörig.

Dobirtzig, ſ. Wilmsdorf.

Dobieſchitz, ein Meyerhof im Königreiche Böhmen im prachiner Creiſe, zur Herrſchaft Drhowl (Druhow) diſſeits der Warawa gehörig.

Dobiſchau, ein Dorf, welches ſonſt zum koſeler Creiſe gerechnet wurde, itzt aber zu den rattiborſchen Creiſe im Herzogthume Schleſien, und dem Kloſter Rauden gehört.

Dobitz, ein Vorwerk im Amte Zwickau, im Gebirgiſchen in Churſachſen.

Dobitz, ein churſächſiſches Dorf in Thüringen, ins Amt Weiſſenfels gehörig.

Dobkow, ein Schloß und Dorf im Königreiche Böhmen im czaslauer Creiſe, zur Herrſchaft Chotteborz gehörig.

Dobno, Dubno, ein Dorf im Königreiche Böhmen im berauner Creiſe, zur Herrſchaft Dobrziſch gehörig.

Dobowa, ein Pfarrdorf mit einem Zollamte im Oeſtreichiſchen unweit Rein, an der kroatiſchen Grenze in Steyermark, im cillier Creiſe.

Dobra, ein Schloß und Herrſchaft im Oeſtreichiſchen, am nördlichen Ufer der Camp, zwiſchen Waldreichs und Krummau, oberhalb dem Mannhardsberge.

Dobra, ein Dorf im Königreiche Böhmen im czaslauer Creiſe, zur Herrſchaft Polna gehörig.

Dobra, ein Ort im Königreiche Böhmen im czaslauer Creiſe, zur Herrſchaft Swietla gehörig.

Dobra, ein Dorf bey Radeburg, im meißniſchen Creiſe in Churſachſen, ins Amt Großenhayn gehörig.

Dobra, ſ. Groß- und Klein-Dobra.

Dobrach, ſ. Gräfen-Dobrach, Nieder-Dobrach.

Dobracken, Dobrawka, ein Dorf im Königreiche Böhmen im pilsner Creiſe, zur Herrſchaft Kladrau gehörig.

Dobraken, ein Dorf im Königreiche Böhmen im klattauer Creise, zur Herrschaft Bischofsteinitz gehörig.

Dobraken, s. Daubrawka.

Dobraßen, ein Ort im Königreiche Böhmen im ellbogner Creise, zum Gute Mostau gehörig.

Dobrau, ein Rittergut mit den Vorwerken Bude und Carlshof, 2 Meilen von Oberglogau im Herzogthume Schlesien.

Dobrau, ein Dorf der Stadt Bunzlau im Herzogthume Schlesien gehörig, 1 halbe Meile davon.

Dobrau, ein Ort im Königreiche Böhmen im egertschen Bezirke, jenseits der Eger, mit einer Mahl- und Leinmühle am Fleißnerbache.

Dobrautow, Dobrikau, ein Dorf im Königreiche Böhmen im czaslauer Creise, zur Herrschaft Polna gehörig.

Dobrauza, ein Schloß im Oestreichischen, 2 Meilen von Laybach in Untercrain.

Dobrava, Groß- und Klein-, 2 Dörfer im Oestreichischen bey Sittich, in Untercrain.

Dobrawa, Daubrawa, ein Dorf im Königreiche Böhmen im bidschower Creise, zur Herrschaft Weiß-Policzan gehörig.

Dobrawa, s. Klein-Dobrawa.

Dobrawicz, s. Daubrawicz.

Dobrawiczka, ein Dorf im Königreiche Böhmen im bunzlauer Creise, zum Gute Skalsko gehörig.

Dobrawitz, Daubrawicze, Dobrowiczewes, ein Herrschaftlicher Flecken und Schloß 6 und 1 halbe Meile von Prag, und 1 Meile südsüdostwärts von Jungbunzlau im Königreiche Böhmen, im bunzlauer Creise, den Fürsten von Fürstenberg gehörig.

Dobrawka, s. Dobracken, Klein-Dobrawa.

Dobrawoda, ein Dorf im Königreiche Böhmen im berauner Creise, zur Herrschaft Petronitz gehörig.

Dobra-Woda, Gutwasser, ein Ort im Königreiche Böhmen, im budweiser Creise, zur Stadt Budweis gehörig. Hier ist ein Gesundbad.

Dobra-Woda, ein Ort im Königreiche Böhmen im bunzlauer Creise, zur Herrschaft Münchengrätz gehörig.

Dobra-Woda, ein Dorf im Königreiche Böhmen im czaslauer Creise, zur Herrschaft Schrittens gehörig.

Dobra-Woda, Wuda, ein der Herrschaft Ledetsch einverleibter Meyerhof im Königreiche Böhmen im czaslauer Creise.

Dobra-Woda, Gutwasser, ein Dorf im Königreiche Böhmen im königgrätzer Creise, zur Herrschaft Brandeis gehörig.

Dobra-Woda, einige Dörfer im Königreiche Böhmen im pilsner Creise, zur Herrschaft Tepel gehörig, und im taborer Creise, der pilgramer Stadtgemeinde gehörig.

Dobra-Woda, s. Brünel ob Röhrnau, Gutenbrunn, Gutwasser, Sanct Günther.

Dobray, Dobrey, ein Dorf im Königreiche Böhmen, im königgrätzer Creise, zur Herrschaft Reichenau gehörig.

Dobray, s. Groß- und Klein-Dobray.

Dobrazhofen, ein östreichisches Dorf in der Obernlandsvogtey im Amte Gebrazhofen in Schwaben.

Dobrechtsberg, s Dobersberg.

Dobrenz, ein Dorf im Königreiche Böhmen im czaslauer Creise, zur Herrschaft Schrittens gehörig.

Dobrenz, ein Dorf im Königreiche Böhmen, im saatzer Creise, zur Herrschaft Schönhof gehörig.

Dobrepole, s. Guttenfeld.

Dobrey, s. Dobray.

Dobric, s. Dobrisch.

Dobriczan, Groß-Woczehow, ein Dorf und Herrschaft im Königreiche Böhmen im saatzer Creise, 9 Meilen von Prag.

Dobrikau, Dobrkow, ein Dorf in der Cammeralherrschaft Krummau im Königreiche Böhmen im budweiser Creise, der Stadt Budweis, Krummau und Goldenkron gehörig.

Dobrikau, s. Dobrautow.

Dobrin, ein Dorf im Königreiche Böhmen im rakonitzer Creise, zur Herrschaft Raudnitz gehörig.

Dobring, einige Orte Königreiche Böhmen im budweiser Creise

Creise, zur Herrschaft Hohenfurt gehörig. Das andere ob der Ens, bey Haslach, im alten Mühlviertel.

Dobrisch, Dobric, ein Dorf im Königreiche Böhmen im rackonitzer Creise, jenseits des Strelaflusses, zum Stiftsgebiete Plaß gehörig.

Dobrischau, ein Rittergut im Herzogthum Schlesien, anderthalb Meilen von Oels.

Dobrischau, auch **Dobrickau,** im münsterbergischen Creise im preußischen Herzogthume Schlesien, dem Kloster Heinrichau gehörig.

Dobritsch, siehe Wüste= oder Klein=Dobritsch.

Dobritz, einige Dörfer bey Laubegast im meißnischen Creise in Churfachsen, ins Amt Pirna gehörig; ein anderes, nebst 2 Mühlen, bey Meißen, in diesem Creise, ins Creisamt Meißen, und das dritte ins Amt Moritzburg gehörig, in Churfachsen.

Dobrkow, ein Dorf im Königreiche Böhmen im chrudimer Creise, zur Herrschaft Graß gehörig.

Dobrkow, s. **Dobrickau.**

Dobrnay, s. **Elsner=Deberney.**

Dobrney, ein aus 21 zerstreuten Waldhäusern bestehendes Dorf, eine Stunde nordnordostwärts von Königinnhof, am Walde Königreich, im Königreich Böhmen im königgrätzer Creise, dem Bergwerksamte zu Kuttenberg gehörig.

Dobrnitz, ein Meyerhof im Königreiche Böhmen im czaslauer Creise, zur Herrschaft Wrblicz gehörig.

Dobroczowicz, Dobrossowicze, ein Dorf im Königreiche Böhmen im kaurzimer Creise, zur Herrschaft Schkworecz gehörig.

Dobrohoscht, ein Gut im Königreiche Böhmen im berauner Creise, 7 und 1 Viertelmeile von Prag.

Dobromierzicz, s. **Neuhof.**

Dobromierzicze, ein Dorf im Königreiche Böhmen im saatzer Creise, dem Stadtspitale zu Laun gehörig.

Dobronicz, einige Dörfer im Königreiche Böhmen im taborer Creise, zur Herrschaft Cheynow und zur Herrschaft Bernardicz gehörig.

Dobropul, Dobrzepul, ein Dorf im Königreiche Böhmen

men im laurzimer Creise, zur Herrschaft Schwarz-Kostelez gehörig.

Dobroschowj, ein Ort im Königreiche Böhmen im prachiner Creise, zur Herrschaft Worlik gehörig

Dobroslawiz, einige Dörfer im rattiborschen Creise in Schlesien, dem Kloster Rauden gehörig, und im östreichischen Schlesien, versteuert aber Gründe im preuß. Leopschützischen Creise.

Dobroslowiz, gehörte sonst zum koseler Creise; itzt wird das Dorf zum rattiborschen Creise in Schlesien gerechnet.

Dobroschau, Dobrossau, ein Ort im Königreiche Böhmen im königgrätzer Creise, zur Herrschaft Nachod gehörig.

Dobrossowicze, ein Dorf im Königreiche Böhmen im beranner Creise, zum Gute Prschitz gehörig.

Dobrossewicze, s. Dobroczowiz.

Dobrostow, s. Gemeinde-Schechleuz.

Dobroten, ein Dorf mit dem Meyerhofe Arnolz im Königreiche Böhmen im taborer Creise, zur Herrschaft Landstein gehörig.

Dobroticze, ein Dorf im Königreiche Böhmen, im prachiner Creise, zur Herrschaft Horazdiowitz gehörig.

Dobrowa, ein Dorf im Königreiche Böhmen im klattauer Creise, zur Herrschaft Bischofteinitz gehörig.

Dobroman, ein Dorf im Königreiche Böhmen im bunzlauer Creise, zur Herrschaft Krsinetz gehörig.

Dobrowiczeves, s. Dobrawitz.

Dobrowis, ein Dorf im Königreiche Böhmen im rakonitzer Creise, zur Herrschaft Stredokluk gehörig.

Dobrowitow, ein Schloß und Dorf im Königreiche Böhmen im czaslauer Creise, zur Herrschaft Tupadl gehörig.

Dobrowitowa, s. Lhota-Dobrowitowa.

Dobrsch, Dobrz, Dobeß, Bey der großen Glocke, ein Schloß, Dorf und Meyerhof am Pfarbache, eine Viertelstunde nordnordostwärts von Przetschin im Königreiche Böhmen im prachiner Creise, zur Herrschaft Przetschin gehörig.

Dobrschau, ein Rittergut, 3 Viertelmeilen von Haynau im Herzogthum Schlesien.

Dobruina, Ober- und Unter-, ein großes Dorf im Oesterreichischen, 1 Meile von Laybach in Untercrain.

Dobrusch, ein Dorf im Königreiche Böhmen im budweiser Creise, zur Herrschaft Krummau gehörig.

Dobrz, Doberz, ein Ort im Königreiche Böhmen im czaslauer Creise, zum Gute Zrucz gehörig.

Dobrz, s. Dobrsch.

Dobrzecz, ein Dorf im Königreiche Böhmen im königgrätzer Creise, zur Herrschaft Solnicz gehörig.

Dobrzegicz, einige Dörfer im Königreiche Böhmen im budweiser Creise, zur Herrschaft Frauenburg, und im taborer Creise, zur Herrschaft Selcz gehörig.

Dobrzegow, s. Ober- und Unter-Dobrzegow.

Dobrzegowitz, s. Manderscheid.

Dobrzemilicz, ein Ort im Königreiche Böhmen im prachiner Creise, zum Gute Kunkowitz gehörig.

Dobrzemielicz, ein Dorf im Königreiche Böhmen im taborer Creise, zur Herrschaft Mühlhausen gehörig.

Dobrzen, ein Dorf im Königreiche Böhmen im czaslauer Creise, zur Herrschaft Maleschau gehörig.

Dobrzenicz, Dobrzenicze, ein Schloß und Dorf an der Wasserquelle Strzibrnize, 12 Meilen von Prag, anderthalb Meilen von Königgrätz, Bidschow und Chlumecz, im Königreiche Böhmen im bidschower Creise, den Freyherren von Dobrzenicz gehörig.

Dobrzepul, s. Dobropul.

Dobrzichow, ein Dorf mit einem wohlgebaueten Marktflecken im Königreiche Böhmen im kaurzimer Kreise, zur Herrschaft Schwarz Kostelez gehörig.

Dobrzichowicz, Dobrcikowecz, ein zum Theil abgebrantes Schloß und Dorf im Königreiche Böhmen im berauner Creise, und im königgrätzer Creise, zur Herrschaft Opotschna gehörig.

Dobrzicz, ein Dorf im Königreiche Böhmen im berauner Creise; das Schloß und Meyerhof gehört nach St. Johann unter dem Felsen.

Dobrzicz, s. Dobrzisch.

Dobrzikau, Dobrzikow, ein Dorf im Königreiche Böhmen im klattauer Creise, zur Herrschaft Bistrzitz gehörig.

Dobrzikow, ein Dorf mit einem verfallenen Schlosse im Königreich Böhmen im chrudimer Creise, zum Gute Zamrsk gehörig.

Dobrzikow, s. Dobrzikau.

Dobrzikowecz, s. Dobrzichowicz.

Dobrzikowicz, ein Ort im Königreiche Böhmen im czaslauer Creise, zur Herrschaft Krzinsaudow gehörig.

Dobrzin, ein Ort im Königreiche Böhmen im bunzlauer Creise, zum Gute Stranka gehörig.

Dobrzinow, ein Meyerhof im Königreiche Böhmen im königgrätzer Creise, zur Herrschaft Reichenau gehörig.

Dobrzisch oder Dobrzicz, ein Dorf im Königreiche Böhmen im pilsner Creise, zur Herrschaft Kaczernow gehörig.

Dobrzisch, Dobrziß, ein Marktflecken, Schloß und Herrschaft im Königreich Böhmen im berauner Creise.

Dobrziß, s. Dobrzisch.

Dobrziw, ein Ort mit einem Eisenhammer im Königreiche Böhmen im berauner Creise.

Dobrzizkow, ein Dorf im Königreiche Böhmen, im kaurzimer Creise, zur Herrschaft Gemmischt gehörig.

Dobrzom, ein Dorf im Königreiche Böhmen im königgrätzer Creise, zur Herrschaft Opoczna gehörig.

Dobschin, ein Ort im Königreiche Böhmen im bunzlauer Creise, zur Herrschaft Kost gehörig.

Dobschitz, ein Dorf im Königreiche Böhmen im bidschower Creise, zur Herrschaft Chlumecz gehörig.

Dobschitz, einige Dörfer im Königreiche Böhmen im budweiser Creise, zur Herrschaft Hohenfurt, und im bunzlauer Creise, zur Herrschaft Kost gehörig.

Dobschitz, s. Dobczicz.

Dobzen, ein Dorf sammt dem Agneshofe, im Königreiche Böhmen im klattauer Creise, zum Gute Przichowicz gehörig.

Dochow, ein Dorf mit 2 Vorwerken, 2 und 1 halbe Meile ostnordostwärts von Stolpe, im königlich-preußischen

schen Hinterpommern im stolpischen Creise in Obersachsen.

Dochowitz, Tochowicze, ein Schloß und Dorf, 8 Meilen südsüdwestwärts von Prag, im Königreiche Böhmen im prachiner Creise, zur Herrschaft gleiches Namens gehörig.

Dockern, ein Dorf, dem St. Vinzenzstifte zu Breslau gehörig, liegt anderthalb Meilen von Trebnitz im Herzogthume Schlesien.

Doctorshof, ein Ort im Amte Baunach des Fürstbißthums Bamberg in Franken.

Dodenau, ein Ort im Bezirk der Landgrafschaft Hessen, im darmstädtischen Amte Battenberg im oberrheinischen Creise.

Dodenberg, ein Ort im churhannöverischen Fürstenthume Bremen, zum Amtsbezirke Rothenburg gehörig.

Dodenberg, ein Dorf im rheinischen Rittercreise, denen von Kesselstadt gehörig.

Dodenberg, ein Ort im Nassaudießischen, zur ehemaligen Grafschaft Katzenelnbogen und ins rotzenheimer Cent und Amt gehörig.

Dodenberg, ein Dorf im Herzogthume Pommern auf der Insel Rügen.

Dodenhausen, s. Dadenhausen.

Dodersdorf, ein Dorf im Umfange der Grafschaft Heiligenberg in Schwaben, und der Domprobstey Konstanz gehörig.

Dodersdorf, ein Dorf in der Reichsherrschaft Lanzensberg an der Donau, im schwäbischen Creise, der Domprobstey des Hochstifts Konstanz gehörig.

Dodnie, s. Todnie.

Dodow, ein Dorf im Amte Grabow des Herzogthums Mecklenburg Schwerin.

Döbbelin, s. Döbelin.

Döbel, ein adeliches Dorf mit 2 Vorwerken, 1 und 1 Viertelmeile nordwärts von Bärwalde an der Persante, im königlich preussischen Hinterpommern, im belgard-polzinschen Creise in Obersachsen.

**Döbelin, ein adeliches Dorf und Rittergut in der königlich-preußischen Altmark Brandenburg, im arneburgischen Creise, im Bezirke des Amtes Tangermünde.

Döberitz, ein ins Amt Draheim gehöriges Starosteydorf, 3 Viertelmeilen ostwärts von Tempelburg, im königlich-preußischen Hinterpommern, im neustettinschen Creise in Obersachsen.

Döberitz, adeliche Dörfer in der königlich-preußischen Chur- und Mittelmark Brandenburg, bey Spandau und Prenßnitz.

Döberitz, s. Neu-Döberiz.

Döberle, Deberle, ein Dorf im Königreiche Böhmen im königgrätzer Creise, der Stadt Trautenau gehörig.

Döberle, s. Klein-Dober.

Döberliz, einige bayreuthische Dörfer in Franken, ins königlich-preußische Pfründamt Bayreuth, und ins Klosteramt Hof gehörig.

Dobern, ein Gut und einige Dörfer bey Hubertsburg im meißnischen Creise in Chursachsen, ins Amt Oschatz, im leipziger Creise ins Amt Wurzen, und ins Amt Deltzsch gehörig in Chursachsen.

Dobern, ein Dorf zum Burgamt Brieg im Herzogthume Schlesien gehörig, anderthalb Meilen davon.

Döbernitz, ein Dorf im meißnischen Creise in Chursachsen, ins Schulamt Meißen gehörig.

Döberschütz, ein bayreuthisches Dorf in Franken, ins königlich-preußische Castenamt Bayreuth gehörig.

Döbilisried, ein Dorf in der königsegg-rothenfelsschen Herrschaft Staufen in Schwaben.

Döbitsch, ein Dorf im königlich-preußischen Fürstenthume Bayreuth in Franken, ins Amt Bayreuth gehörig.

Döblinghausen, ein Dorf in der Grafschaft Hoya, zum Bezirk des churhannöverischen Amts Steuerberg gehörig.

Döbliz, ein Dorf und Vorwerk im magdeburgischen Saalcreise, Herrn aus dem Winkel gehörig.

Döbra, ein Bergschloß im Bambergischen im Amte Leusgast, 2 Stunden von Schauenstein, gegen Cronach in Franken gelegen.

Döbra, ein königlich-preußisch-markgräflich-bayreuthisches Dorf in Franken, 1 Stunde von Schauenstein gegen Cronach gelegen.

Döbra, ein Ort im meißnischen Creise in Churfachsen, ins Amt Pirna gehörig.

Döbrastöcken, ein Vorwerk von 5 Häusern zu Culmitz, in der königlich-preußisch und markgräflich-bayreuthischen Amtshauptmannschaft Hof im Voigtlande, Herrn von Waldeck gehörig.

Döbrichau, ein Dorf im Amte Schweinitz, im Churcreise in Sachsen.

Döbritz, ein Ort im neustädter Creise in Churfachsen, ins Amt Arnshaugk gehörig.

Döbritz, ein Dorf in der herzoglich-magdeburgischen Grafschaft Mansfeld, im Amte Friedeberg.

Döbschütz, s. Klein = Döbschütz.

Dockenhude, ein Ort in der Herrschaft Pinneberg, im königlich-dänischen Herzogthume Holstein, in Niedersachsen.

Dockingen, ein königlich-preußisch-anspachisches Dorf in Franken, 1 Meile von Hohentrubingen gegen Mohnheim gelegen.

Döbenweyer, ein fürstlich-hohenlohischer Ort im fränkischen Creise.

Döfering, ein Ort im churfürstlichen Gerichte Kam, Rentamts Straubingen in Unterbayern.

Döggingen, ein Pfarrdorf in der fürstenbergschen Landgrafschaft Baar in Schwaben, ins Oberamt Hüfingen gehörig.

Döggingen, s. Deggingen.

Dögnitz, ein Ort im leipziger Creise in Churfachsen, ins Amt Wurzen gehörig.

Döhlau, ein Ort im Bezirk des herzoglich-meiningischen Amts Schalkau in Franken.

Döhlau, ein Dorf und Rittergüter in der königlich-preußisch-markgräflich-bayreuthschen Amtshauptmannschaft Hof im Voigtlande, 1 Stunde von der Stadt, Herrn von Pühel gehörig.

**Döhlbergen, ein Dorf in der Grafschaft Hoya, zum königlich-churhannöverischen Amte Westen gehörig.

Döhle,** ein Ort im churhannöverischen Fürstenthume Lüneburg, zum Bezirk des Amtes Winsen, an der Luhe, gehörig.

Döhlein, ein bayreuthsches Dorf in Franken, ins königlich-preußische Castenamt Bayreuth gehörig.

Döhlen, ein Dorf im churhannöverischen Fürstenthume Bremen, zum Bezirk des Amtes Wildhausen gehörig.

Döhlen, eine Meyerey in der königlich-dänischen Grafschaft Oldenburg und Delmenhorst, dem Kloster Blankenburg gehörig.

Döhlen, ein zum Dorfe Döhlen bey Dresden gehöriges Dorf, im Amte Dresden, im meißner Creise in Chursachsen.

Döhlen, ein Schulamtsdorf, zur Voigtey Schrebitz im meißnischen Creise in Chursachsen gehörig.

Döhlen, ein Amtsdorf im leipziger Creise in Chursachsen, ins Amt Leisnig gehörig.

Döhlen, ein Ort im leipziger Creise in Chursachsen, ins Amt Pegau gehörig.

Döhlen, ein Rittergut im Amte Arnshaugk im neustädter Creise in Chursachsen.

Döhlen, ein Amtsdorf im Amte Weida, im neustädter Creise in Chursachsen.

Döhlen, ein amtsäßiges Vorwerk im Amte Annaburg im Churcreise in Sachsen.

Döhlen, ein unter die landshauptmannschaftlichen Gerichte gehöriges Dorf bey Pielitz, im Amte Bautzen in der Oberlausitz, in Chursachsen.

Döhlen, s. Neu-Daubenheim.

Döhlerisches-Haus, gehört zum Rittergute Kürbitz, im Amte Plauen im Voigtlande in Chursachsen.

Döhmigerey, s. Terüzne, Häsel.

Döhrau, ein Dorf im bunzlauer Creise, der Stadt Bunzlau im Herzogthume Schlesien gehörig.

Döhre, ein Dorf in der Altmark, 3 Meilen von Salzwedel, ins königlich-preußische Amt Disdorf gehörig.

Döhre, s. Dähre.

Döhren, ein Kirchdorf mit einem Freyherrl. von marenholtzischen Rittergute im königlich-preußischen Fürstenthume Halberstadt, im weserlingischen Creise in Niedersachsen.

Döhren, ein Dorf im churhannöverischen Fürstenthume Calenberg, zum Bezirk des Amtes Coldingen gehörig.

Döhren, ein Dorf im Lüneburgischen, zum churhannöverischen Amte Haarburg gehörig.

Döhren, ein kleines Dörfchen in dem hessen-casselschen zum Antheil der Grafschaft Schaumburg gehörigen Amte Freudenberg, 1 Stunde von Bostum nach Bremen hin.

Döhsitz, Döhschütz, ein zum Gute Hahnefeld gehöriger Ort, im Amte Oschatz, im meißnischen Creise in Churfachsen.

Doel, ein Dorf in der Grafschaft Flandern im Lande Bevern im burgundischen Creise.

Dölau, ein königlich-preußisch-markgräflich-bayreuthisches Dorf in Franken, 1 Stunde von Bayreuth gegen Wohnsiedel gelegen.

Dölau, ein Dorf im magdeburgischen Saalcreise, zum königlichen Amte Giebichenstein geh., wobey Steinkohlen-Bergwerke, nebst Bergwerks- und Schachthäusern.

Dölbach, ein Dorf im Hochstifte Fulda, ins Amt Neuhof im oberrheinschen Creise gelegen.

Dölbusmühle, gehört nach Liebersee, im Amte Wurzen im leipziger Creise, in Churfachsen.

Dölitsche, s. Telitschen.

Döliz, ein Dorf im Amte Gnoien des Herzogthums Mecklenburg-Güstrow.

Döliz, ein Amt, Dorf und Vorwerk, 2 Meilen südwestwärts von Zachan, an der faulen und kleinen Ihna, im königlich-preußischen Hinterpommern, im sazger Creise in Obersachsen. Die Kirche dieses Dorfs ist die reichste unter den pommerschen Dorfkirchen. Im Jahre 1778 wurde bey diesem Dorfe eine Kolonie angelegt.

Döliz, Dolnicz, Delitz, ein Ort im Königreiche Böhmen im egerischen Bezirk. Hier wird ein schwarzer Kalkstein gegraben.

Döllen, ein dem Domkapitel zu Havelberg gehöriges Dorf,

Dorf, in der königlich-preußischen Churmark Brandenburg im havelbergischen Districte.

Döllniz, ein adeliches Dorf in der königlich-preußischen Altmark Brandenburg, im stendalischen Creise.

Döllniz, ein Ort und Vorwerk im Bezirke des churhannöverischen Amtes Cloeze.

Döllniz, ein gräflich-giechisches Dorf in Franken, im Amte Thurnau, eine halbe Stunde davon gelegen.

Dölsach, ein östreichisches Kirchdorf im Gerichte Lienz, ostwärts von der Stadt Lienz in Tyrol.

Dölstadt, ein Dorf, denen von Ilten gehörig, im fränkischen Rittercreise im Canton Röhn-Werra.

Dölzschen, ein Ort im meißner Creise in Chursachsen, ins Amt Dresden gehörig.

Dönges, ein kleines Dorf, im Hanauischen, eine halbe Stunde von Frauensee, in dieses hessen-casselische Amt gehörig, beym Huntsee, worauf ein flaches, mit Büschen bewachsenes Stück Erde schwimmt.

Doenhausen, ein Dorf in der Grafschaft Hoya, im Bezirke dieses Amtes.

Dönighofen, ein Dorf im Vierherrischen, an der Mühlbach, zwey Stunden von Nassau und viere von Kizenelnbogen. Es ist dieses Dorf gemeinschaftlich zwischen Hessen-Darmstadt, Nassau-Usingen und Weilburg.

Döniz, ein Dorf in der königlich-preußischen Altmark Brandenburg im salzwedelischen Creise, dem Schulanze Dambeck gehörig.

Dönkendorf, ein Dorf mit einem Rittersitze, im Amte Grevismühlen des Herzogthums Mecklenburg-Schwerin.

Dönkowiz, ein Hof im Herzogthume Pommern auf der Insel Rügen.

Dönnige, ein adelicher Hof im Herzogthume Pommern im loizer Bezirke.

Dönnschen, ein aus neun Häusern bestehender Ort in Chursachsen, im meißnischen Creise im dippoldiswalder Amtsbezirke.

Dönnstedt, ein Dorf und Rittersitz im magdeburgischen Holzcreise, den Herren von Schenk gehörig. Zwischen
Dönn-

Dönnstedt und Hundisberg liegt auch eine Schmelzhütte, zum Bergbaue nach Alvensleben gehörig.

Dönschen, ein Ort im Amte Pirna, im meißnischen Creise in Chursachsen.

Dönsdorp, ein Ort im nördlichen Wagrierlande im königlich-dänischen Herzogthume Holstein in Niedersachsen.

Dönsel, ein Ort in der Grafschaft Diepholz, im Bezirke dieses Amtes.

Dönstedt, ein adeliches Gut, und **Dülseberg**, ein adeliches Dorf in der königlich-preußischen Altmark Brandenburg im salzwedelischen Creise, im Bezirke des Amtes Diesdorf.

Döpoltshofen, s. Diepolzhofen.

Döppengiesel, s. Gisel.

Döpshofen, ein Pfarrdorf im Burgau, unweit Augsburg in Schwaben. Es geh. zum Kloster H. Kreuz in Augsburg.

Dörel, ein Ort in der Grafschaft Hoya, zum Bezirke des churhannöverischen Amtes Ehrenburg gehörig.

Dörmburg, ein Gut in der Bauerschaft Hollage im Hochstifte und Fürstenthume Osnabrück in Westphalen, zum Amte Iburg und Voigtey Wahlenhorst gehörig.

Dörendorf, ein Pfarrdorf in der Grafschaft Kirchberg in Schwaben. Es gehört dem Kloster Wiblingen.

Dörenten, ein Ort an der Innerse im Stifte Hildesheim, im Amte Wiedeloch.

Dörentrup, s. Hillentrup.

Dörfel, ein Ort im Oestreichischen, westwärts von Städteldorf, bey Kirchberg am Wagram, im Viertel unterhalb dem Mannhardsberge.

Dörfel, ein Ort im Oestreichischen, hinterm Kloster Berneck, oberhalb dem Mannhardsberge.

Dörfel, ein Ort an der Trasen im Oestreichischen, unter der Ens, beym Kloster Lilienfeld, im Viertel oberhalb dem wiener Walde.

Dörfel, ein Ort im Oestreichischen, unter der Ens, südwärts hinter Siegharotskirchen, bey Kogel, im Viertel oberhalb dem wiener Walde.

Dörfel, Siebendörfel, Wiska, ein Dorf im Königreiche Böhmen im bunzlauer Creise, zur Herrschaft Böhmisch-Eiche gehörig.

Dörfel, einige Orte im Königreiche Böhmen im bunzlauer Creise, zur Herrschaft Wartenberg im leutmeritzer Creise, zur Herrschaft Drum gehörig.

Dörfel a. Queis, ein zum Rittergute Schöndorf gehöriger Ort im Amte Lauben in der Ober-Lausitz in Churfachsen.

Dörfgen, eine Mühle, zum Rittergute Schenkenberg gehörig, im Amte Delitzsch im leipziger Creise in Churfachsen.

Dörfgen, ein Ort beym Rittergute Helsbach im Gebürge in Churfachsen, im Amte Freyberg.

Dörfgen, s. Arras.

Dörfl, ein Ort im Königreiche Böhmen im leutmeritzer Creise, zur Herrschaft Neuschloß gehörig.

Dörflas, ein Ort von drey Häusern in der königlich-preußisch-markgräflich-bayreuthischen Amtshauptmannschaft Hof im Voigtlande im fränkischen Creise, ins Amt Lichtenberg gehörig.

Dörflas, noch etliche Orte im königlich-preußischen Markgrafthume Bayreuth, in die Aemter Wunsiedel, Bayreuth, Hagenbuchach und Kirchenlamitz gehörig.

Dörfles, ein Ort im Königreiche Böhmen im budweiser Creise, zur Herrschaft Gratzen gehörig.

Dörfles, ein Dorf mit einem Sauerbrunnen, im Königreiche Böhmen im ellnbogner Creise, zur Herrschaft Tuppau gehörig.

Dörfles, Steinern- oder Unter-Dörfles, ein Dorf im Königreiche Böhmen im pilsner Creise, zur Herrschaft Trpist gehörig.

Dörfles, einige königlich-preußisch-markgräflich-bayreuthische Dörfer in Franken, im Amte Streitberg, zwey Stunden davon gegen Nürnberg gelegen, ins Kastenamt Wohnsiedel gehörig.

Dörfles, ein freyherrliches von Guttenbergisches Vogteydorf, im Amte Königsberg in Franken.

Dörfles, ein wirzburgisches Dorf im Amte Königshofen im Grabfeld.

Dörfles, einige Dörfer im Bambergischen im Amte Hallstatt, 1 Stunde von Bamberg, gegen Ebern in Franken, das andere bey Herzog-Aurach.

Dörfles, f. **Oberdörfles.**

Dörflesmühl, liegt im fränkischen Creise, im Fürstbißthume Bamberg, im Amte Herzogenaurach.

Dörflig, ein Meyerhof im Königreiche Böhmen im chrudimer Creise, zur Stadt Hohenmauth gehörig.

Dörfling, ein zum Castenamte Mönnichberg gehöriges Dorf, im Bambergischen in Franken.

Dörflingen, ein Dorf in der Landgrafschaft Nellenburg in Schwaben. Es gehört dem Canton Schafhausen.

Dörflingen, ein Dorf im schwäbischen Creise, im Ort oder Rittercanton Hegau, Algau und Bodensee.

Dörflis, verschiedene Dörfer im Oestreichischen, bey Ernstbrunn, im Viertel unterhalb dem Mannhardsberge; am Marchfelde, unweit Weikendorf, unter der Herrschaft Schönkirchen, im Virtel unterhalb dem Mannhardsberge; bey Dros, oberhalb dem Mannhardsberge.

Dörgelin, ein Dorf im Amte Dargun, des Herzogthums Meklenburg-Güstrow.

Dörgeloh, ein Dorf in der Grafschaft Hoye, zum Bezirk des hannöverischen Amtes Ehrenburg gehörig.

Dörhof, ein Vorwerk bey Berggießhübel, wohin es auch gehört, im meißnischen Creise in Chursachsen.

Döringau, ein Rittergut im freystädtischen Creise des glogauschen Fürstenthums in Schlesien, eine kleine Meile von Freystadt.

Döringsdorf, ein churmaynzisches Dorf aufm Eichsfelde, ins Amt Bischofssee gehörig.

Döringsdorf, ein Amtsdorf im Amte Delitzsch, im leipziger Creise in Churfachsen.

Döringsfeld, f. **Remighausen.**

Döringshausen, Döringshagen, ein Dorf mit einem Predigerwittwenhause, im Amte und 1 Meile nordostwärts von Naugard, im königlich preußischen Hinterpommern, im daber-naugard- und bewitzischen Creise in Obersachsen. In einem Theile dieses Dorfes sind adeliche Unterthanen.

Döringworth, ein Ort im Fürstenthume Lauenburg, zum

Dörlbach   **Dörnickau**   239

zum Bezirk des churhannöverischen Amtes Wellingsbüttel gehörig.

Dörlbach, ein nürnbergischer Weyler, unweit Burgthann in Franken, ins Pflegamt Altdorf gehörig, ohnweit Burgthann.

Dörlinbach, ein Dorf in der Ortenau in Schwaben. Es gehört dem Kloster Ettenheimmünster.

Dörinte, ein Ort im Fürstenthume Lüneburg, zum Amte Bodenteich gehörig.

Dörnach, ein Dorf im fränkischen Creise, im Fürstbißthume Bamberg, ins Amt Wallenfels gehörig.

Dörnbach, ein Ort in der Herrschaft Reipoltskirchen in der Unterpfalz, im oberrheinischen Creise, den Grafen von Manderscheid gehörig.

Dörnberg, ein Dorf in der Grafschaft Holzapfel im westphälischen Creise, den Fürsten von Anhalt-Bernburg-Heym gehörig.

Dörncke, ein Meyerhof im Fürstenthume Plön, im königlich-dänischen Herzogthume Holstein, im südlichen Wagrierlande in Niedersachsen.

Dörndorf, ein Dorf im frankensteinschen Creise im Herzogthume Schlesien, dem Stifte Kamenz gehörig.

Dörndorf, ein Rittergut, 2 starke Meilen von Oels, im Herzogthume Schlesien.

Dornhagen, ein Dorf im Bißthume Paderborn, im westphälischen Creise.

Dörnhau, ein Dorf zur Herrschaft Fürstenstein gehörig, 3 Meilen von Schweidnitz im Herzogthume Schlesien.

Dörnhof, ein Ort im fränkischen Creise, im Fürstbißthume Bamberg, ins Amt Burgebrach gehörig.

Dörnhof, ein Ort im Amte Hollfeld im fränkischen Creise, im Fürstbißthume Bamberg.

Dörnhof, ein Dorf im fränkischen Creise, im Fürstbißthume Bamberg, ins Amt Kupferberg gehörig.

Dörnicht, drey Vorwerke in der Vorstadt von Liegnitz, im Herzogthume Schlesien.

Dörnickau, ein Dorf im hummler Districte der Grafschaft Glatz, gehört zum Rentamte Kup, im Herzogthume Schlesien.

Dör

Dörnigheim, ein Flecken am Mayn unterhalb Kesselstadt, zu der Hessencassel gehörigen Grafschaft Hanau.

Dörnings-Vorwerk, der Stadt Münsterberg im Herzogthume Schlesien gehörig.

Dörnleins, ein Dorf im fränkischen Creise im Fürstbißthume Bamberg, im Amte Vielseck.

Dörnniz, ein fürstlich-hohenlohischer Ort in Franken.

Dörnthal, ein Dorf und Rittergut in der königlich-preussisch-markgräflich-bayreuthischen Amtshauptmannschaft Hof im Voigtlande im fränkischen Creise, anderthalb Stunden von der Stadt, Herrn von Dobeneck und ins Verwaltamt Selbiz gemeinschaftlich gehörig.

Dörnthal, s. Dürrenthal.

Dörnwasserlos, ein Dorf im fränkischen Creise, im Fürst Bisthum Bamberg, im Amte Scheßlitz und Burgebern.

Dörpe, ein Dorf in dem churfürstlich-hannöverischen Fürstenthum Calenberg, im Amte Lauenstein, zum hamelischen Quartiere gehörig, woselbst eine Steingutfabrik ist.

Dörpel, ein Ort im churhannöverischen Amte und Grafschaft Diepholz in Westphalen.

Dörpling, ein Dorf im Hollstein-Dithmarschen, ins Kirchspiel Tellingstedt gehörig.

Dörpstede, ein Ort im königlich-dänischen Herzogthume Hollstein im niedersächsischen Creise, im Amte Rendsburg.

Dörrberg, ein ganz kleines Dorf im thüringer Walde im Fürstenthum Gotha, nicht weit von Gräfenroda, zum Amte Schwarzwald gehörig. Nicht weit davon liegt ein herrschaftlicher Eisenhammer.

Dörrbrun, s. Dürrbrun.

Dörregrund, ein Dorf im Königreiche Böhmen im Königgrätzer Creise, zur Herrschaft Marschendorf gehörig.

Dörrenberg, ein grosses Dorf in Hessen, eine gute Stunde von Zierenberg, und drittehalb St. von Cassel hinter dem Habichtswalde, zum Amte Ahne gehörig.

Dörrenhagen, ein mittelmäsiges Dorf über dem Seer-wald, im hessencasselschen Amte Neustadt, 2 Stunden von Cassel und anderthalb von der Waldau.

Dörrenholzhausen, ein Dörfchen im hessencasselschen Amte Frankenberg, 1 Stunde von dieser Stadt und Geismar.

Dörrenzimmern, ein kleines Dorf im Gebiete der Stadt Halle in Schwaben.

Dörrenzimmern, s. Dürrenzimmern.

Dörrhäusel, ein Ort im Königreiche Böhmen im czas-lauer Creise, zum Gute Biela gehörig.

Dörrnbach, ein kleines Dorf im wittembergischen Amte Tübingen.

Dörrnhof, s. Dürrenhof.

Dörschenmühl, in der königlich-preußisch-markgräflich-bayreuthischen Amtshauptmannschaft Hof, im vogtländ- und fränkischen Creise, ins Amt Lichtenberg gehörig.

Dörsentin, ein Dorf im königlich-preußischen Hinter-pommern, im schlaweschen und pollnowschen Creise in Obersachsen.

Dörsentin, ein Dorf im Amte und 1 halbe Meile ost-südostwärts von Cößlin, im königlich-preußischen Hin-terpommern, im Fürstenthume Cammin in Obersachsen.

Dörßig, ein Amtsdorf im leipziger Creise in Chursach-sen, ins Amt Delitzsch gehörig.

Dörtel, oder Turtel, ein Weiler bey Mergenthal, im fränkischen Rittercreise im Canton Ottenwald, gehört den von Adelsheim.

Dörverden, ein Dorf im Fürstenthume Bremen, zum Amte Westen gehörig.

Dörzbach, ein grosser Marktflecken mit einem Schloß und Amt an der Jart, im fränkischen Rittercreise im Canton Ottenwald, gehört denen von Eyb.

Döschnitz, s. Teschnitz.

Döschütz, ein Rittergut im Amte Leisnig, im leipziger Creise in Chursachsen.

Döse, ein Ort im Fürstenthume Bremen, zum Bezirk des churhannöverischen Amtes Redingen-Freyburg.

Dösehof, ein Hof im Bezirke des Amtes Redingen-Bußstedt, im Fürstenthume Bremen.

Dosen, ein Ort im Amte Ritzebüttel, im Bezirke der kaiserl. freyen Reichsstadt Hamburg.

Dösingen, ein Pfarrdorf an der Gennach, im Gebiete der Stadt Kaufbeuren in Schwaben.

Dößel, ein Domcapituls-Obedienzdorf, im herzoglich magdeburgischen Saalcreise bey Wettin.

Doteberg, ein Ort im Fürstenthume Calenberg, zum Bezirke des churhannöverischen Amtes Blumenau gehörig.

Dötlingen, ein Dorf im Herzogthume, ehemaligen dänischen Grafschaft Oldenburg und Delmenhorst, in die Landvogtey Oldenburg und Vogtey Hatten an der Hunte gehörig.

Döttingen, ein Dorf in der Grafschaft Baden an der Aar. Es gehört zum Bißthume Konstanz, in das Amt Klingnau in Schwaben.

Döttringen, ein fürstlich-hohenlohischer Marktflecken und Schloß in Franken.

Döttken, ein Ort im königlich-dänischen Herzogthume Hollstein in Niedersachsen.

Döven, ein Hof im Bißthume Paderborn im westphälischen Creise.

Döven, ein Dorf im Herzogthume Pommern, der Stadt Demin gehörig.

Dogeren, ein Schloß und Pfarrdorf am Rhein, in der östreichischen Grafschaft Hauenstein in Schwaben.

Dogern, eine Einnung (Gemeinde) in der Grafschaft Hauenstein im östreichischen Breisgau.

Doges, Doxa, ein Dorf im Königreiche Böhmen im rackonitzer Creise, zur Herrschaft Squetschna gehörig.

Dogetrzicz, Togetrezitz, ein Dorf im Königreiche Böhmen im kaurzimer Creise, zur Herrschaft Sazawa gehörig.

Döggingen, ein Dorf in der Fürstenbergischen Landgrafschaft Baar im Amte Hüfingen in Schwaben.

Dohalicz, s. Ober-Dohalicz.

Dohaliczeck, s. Dohalitz.

Dohaliczka, Dohaliczky, Klein-Dohalicz, ein Dorf

Dorf im Königreiche Böhmen im bidschower Creise, zur Herrschaft Sadowa gehörig.

Dohalitz, Dohaliczeck, ein Ort im Königreiche Böhmen im prachiner Creise, zum Gute Zickow gehörig.

Dohl, Thol, ein Dorf im Königreiche Böhmen im pilsner Creise, zur Herrschaft Plan gehörig.

Dohlenstein, s. Tollenstein.

Dohma, ein Dorf im meißnischen Creise in Chursachsen, ins Amt Pirna gehörig.

Dohmjucher Mühle, im Amte Strelitz des Herzogthums Mecklenburg Strelitz.

Dohnsen, ein Ort im Churbraunschweig Lüneburgischen, zum Bezirke des Amtes Bergen gehörig.

Dohren, ein Ort im Fürstenthume Bremen, zum Bezirke des churhannöverischen Amtes Beverstedt gehörig.

Dohrenbach, ein Dorf an der Werra, eine Stunde von Witzenhausen, im Bezirke dieses Amtes, und zum Theil zum Gerichte Berlepsch gehörig.

Doizen, ein Dorf im Hildesheimischen, im Amte Winzenburg bey Gronau, gehört den Herren von Bennigsen.

Dol, ein Ort im Königreiche Böhmen im prachiner Creise, zur Herrschaft Blatna gehörig.

Dol, Doly, Dolin, Janowiczeck, ein Ort im Königreiche Böhmen im chrudimer Creise, zur Herrschaft Richenburg gehörig.

Dolach, ein Markt im Oesterreichischen, am Lortnitzflüßchen bey Irheim in Kärnten.

Doladitz, ein Ort im Etschlande in Tirol, zu den Herrschaften Enn und Caldif gehörig.

Dolan, Dolcze, ein Dorf im Königreiche Böhmen im bidschower Creise, zur Herrschaft Kumburg gehörig.

Dolan, Dolany, ein Dorf im Königreiche Böhmen im bidschower Creise, zur Herrschaft Wockschitz gehörig.

Dolan, ein Ort mit einer Mahlmühle im Königreiche Böhmen im chrudimer Creise, zu den Herrschaften Herrmannstadt und Moraschitz gehörig.

Dolan, Dolany, ein Ort im Königreiche Böhmen im chrudimer Creise, zur Herrschaft Richenburg gehörig

Dolan, ein Dorf im Königreiche Böhmen im chrudimer Creise, zur Herrschaft Pardubitz gehörig.

Dolan, ein Dorf im Königreiche Böhmen im kaurzimer Creise, zur Herrschaft Kolin gehörig.

Dolan, Dolena, ein Dorf, Gut und Schlößchen im Königreiche Böhmen im klattauer Creise.

Dolan, Dolen, ein Dorf im Königreiche Böhmen im königgrätzer Creise, der Stadt Jaromirz gehörig.

Dolan, ein Meyerhof im Königreiche Böhmen im königgrätzer Creise, zur Herrschaft Grulich gehörig.

Dolan, Dolany, ein Dorf im Königreiche Böhmen im pilsner Creise, zur Stadt Pilsen gehörig.

Dolan, Dolany, ein Ort im Königreiche Böhmen im pilsner Creise, zum Gute Rakolaus gehörig.

Dolan, ein Ort im Königreiche Böhmen im prachiner Creise, zum Gute Czkin gehörig.

Dolan, Dolany, ein Dorf am Flusse Mies im Königreiche Böhmen, im rackonitzer Creise, zur Herrschaft Kritz gehörig.

Dolan, ein Dorf in der Herrschaft Tachlowitz im Königreiche Böhmen, im rackonitzer Creise.

Dolan, ein Dorf im Königreiche Böhmen im rackonitzer Creise, zu dem Gute Tursko und zur Herrschaft Swoleniowes gehörig.

Dolaneck, vier Orte im Königreiche Böhmen im bunzlauer Creise, zur Herrschaft Böhmisch-Eiche, zur Herrschaft Groß-Rohosetz, der Stadtgemeinde in Bunzlau gehörig, und im rackonitzer Creise, zum Gute Hrbly und zur K. K. Kammeralherrschaft Doxan jenseits der Eger gehörig.

Dolanj, ein Mayerhof im Königreiche Böhmen im kaurzimer Creise, zur Herrschaft Sternberg gehörig.

Dolanka, vier Orte im Königreiche Böhmen im bunzlauer Creise, zur Herrschaft Münchengrätz, im ellnbogner Creise, zur Herrschaft Ludiz jenseits der Strzela, im rackonitzer Creise, zu den Gütern Tursko und Swoleniowes, und im saatzer Creise, zum Gute Podersam gehörig.

Dolanken, ein Ort an der Bila im Königreiche Böhmen im leutmeritzer Creise, zum Gute Krziemusitz gehörig.

Dolany, s. Dolan.

Dolbergen, ein Dorf im churhannöverischen Fürstenthume Braunschweig-Lüneburg, zum Amte Meinersen gehörig.

Dolchau, oder Dolgau, ein adeliches Dorf in der königlich-preußischen Altmark Brandenburg im arendseeischen Creise und Amtsbezirke, innerhalb des Werders, zum alvenslebenschen Gerichte nach Calbe gehörig.

Dolcze, s. Dolan.

Doleczek, ein Ort im Königreiche Böhmen im bunzlauer Creise, zur Herrschaft Münchengrätz gehörig.

Dolegnj-Teplicze, s. Unter-Weckelsdorf.

Dolegssihut, s. Klabawa.

Dolegsska, s. Unter-Kniezoglad.

Dolegssy, eine Mühle im Königreiche Böhmen im czaslauer Creise, zum Gute Janowitz gehörig.

Dolegssy Lukawecz, s. Unter-Lukawecz.

Dolegssy-Miesto, Unter-Stadt, ein Dorf im Königreiche Böhmen im czaslauer Creise, zur Herrschaft Schrittens gehörig.

Dolegssy Sekerzany, s. Untersekerzan.

Dolek, ein Dorf im Königreiche Böhmen im klattauer Creise, zum Gute Przichowitz gehörig.

Dolen, Dolena, s. Dolan.

Dolenzin, ein Rittergut im koseler Creise, mit 6 Kolonistenhäusern auf der Grenze gegen Pawlowitzka in Schlesien.

Doleticz, Doliwka, ein Ort im Königreiche Böhmen im chrudimer Creise, zur Herrschaft Richenburg gehörig.

Dolgau, s. Dolchau.

Dolgelsheim, ein Dorf in der Grafschaft Leiningen im oberrheinischen Creise, der gräflich-leiningen-dachsburg-guntersblumischen Familie gehörig.

Dolgemost, ein Dorf im Herzogthume Pommern auf der Insel Rügen, zur Herrschaft Putbus gehörig.

Dolgen, ein Dorf im Amte Strelitz des Herzogthums Meklenburg Strelitz.

Dolgen, ein Dorf im Amte Bergfeld, des Herzogthums Meklenburg Strelitz.

Dolgen, ein Dorf im Amte Güstrow des Herzogthums Meklenburg Güstrow.

Dolgen, ein Dorf in dem churhannöverischen Fürstenthume Braunschweig-Lüneburg, zum Amte Ilten gehörig.

Dolgen, einige Höfe im Herzogthume Pommern, im loizer Bezirke, Herren von Kefernbruck, und ins Amt Franzburg gehörig.

Dolgen, ein adeliches Dorf und Vorwerk am See gleiches Namens, anderthalb Meilen nordostwärts von Neustettin, im königlich-preußischen Hinterpommern, im neustettinschen Creise in Obersachsen.

Dolghe, ein heidereuter Hof im Herzogthume Pommern, auf der Insel Rügen.

Dolglas, ein Dorf im Amte Buckow, des Herzogthums Meklenburg.

Dolgow, ein Ort im Lüneburgischen, zum Bezirke des Amtes Wustrow.

Dolham Jäger, s. Pollham.

Dolin, ein Dorf im Königreiche Böhmen im rakonitzer Creise, zur Herrschaft Zlonitz gehörig.

Dolin, s. Dol.

Dolinek, ein Dorf im Königreiche Böhmen im kaurzimer Creise, zur Herrschaft Jungfrauen-Brzezan gehörig.

Doliwka, s. Doleticz.

Döll, ein Meyerhof im Königreiche Böhmen im prachiner Creise, zum Gute Zbenitz gehörig.

Doll, s. Dul.

Dollahn, ein Hof und Dorf im Herzogthume Pommern auf der Insel Rügen, ins Amt Pergen.

Dolldorf, ein Ort in der hannöverschen Grafschaft Hoye, im Amte Nienberg gehörig.

Dolle, ein Vorwerk und Colonistendorf, oder Etablissement

ment von etlichen und 20 Häusern am Burgstall-Forste, in der königlich-preußischen Markgrafschaft Brandenburg, im tangermünder Creise.

Dollendorf, ein Schloß und Baronie im Bezirke der Grafschaften Blankenhayn und Gerolstein, dem Grafen Manderscheid gehörig in Westphalen.

Dollen, ein Dorf im badenschen Amte Baden.

Dollenmühl, Keßlersmühle, Pfeifersmühle, Seemühlen, im fürstlich-oranien-nassau-hademarschen Amte Mengerskirchen gelegen.

Dollenstein, ein Schloß und Ort an der Altmühl, im Stifte Aichstädt in Franken.

Dollern, ein Ort im Königreiche Böhmen im budweiser Creise, zur Herrschaft Krummau gehörig.

Dollern, ein Ort im churhannöverischen Fürstenthume Bremen, zum Amte Harsefeld gehörig.

Dolling, s. Ober-Dolling.

Dollinghausen, ein Ort im Hochstifte und Fürstenthume Osnabrück in Westphalen, zum Amte Fürstenau und Vogtey Merzen gehörig.

Dollmersdorf, ein Forsthaus nebst Vorwerk, im Hennebergischen in Franken.

Dollna Ruschniza, Name eines Frischfeuers im Walde, im lublinitzer Creise im Herzogthume Schlesien.

Dollna, ein Rittergut im gros-strehlitzer Creise, im Herzogthume Schlesien.

Dolndorf, ein hessisches Dorf im Hennebergischen in Franken, 1 Stunde von Schmalkalden, in dieses Amt gehörig.

Dolnicz, s. Tölitz.

Dolnj-Besskowice, s. Unter-Berschkowiz.

Dolnj-Bor, s. Unter-Hayd.

Dolnj-Brzezany, s. Unter-Brzezan.

Dolnj-Bukowsko, s. Unter-Bukowsko.

Dolnj-Czermutky, s. Unter-Czermutek.

Dolnj-Hutie, s. Unter-Glashütte.

Dolnj-Lhota, s. Unter-Schlagles, Unter-Lhota.

Dolnj=Lomnicze, s. Unter=Lomnicz.
Dolnj Neyrsko, s. Unter=Neuern.
Dolnj=Piena, s. Unter=Baumgarten.
Dolnj=Radaun, s. Nieder=Radaun.
Dolnj=Sstiepanicze, s. Unter=Stiepanicz.
Dolnj=Zdiar, s. Nieder=Mühl.
Dolno=Czernilow, ein Dorf im Königreiche Böhmen im königgrätzer Creise, zur Herrschaft Smirzicz gehörig.
Doloplaz, ein Dorf im Königreiche Böhmen im berauner Creise, zur Herrschaft Knrptscht gehörig.
Dolßenhayn, ein Ort im leipziger Creise in Churfachsen, ins Amt Borna gehörig.
Dolska, ein Ort im Königreiche Böhmen im pilsner Creise, zum Gute Praschno=Augezd gehörig.
Dolsko, liegt in der Herrschaft Neustad im Königreiche Böhmen, im königgrätzer Creise.
Doly, eine Mühle bey Tupadl im Königreiche Böhmen im czaslauer Creise, zur Herrschaft Tupadl gehörig.
Doly, s. Dol.
Dolz, s. Ober= und Nieder=Dolz.
Domamischl, Domamissle, ein Dorf im Königreiche Böhmen im taborer Creise, zur Herrschaft Jung=Woziicz gehörig.
Domanicz, s. Neu=Domanicz.
Domanicze, ein Ort im Königreiche Böhmen im prachiner Creise, zur Herrschaft Stiekna gehörig.
Domanin, ein Dorf im Königreiche Böhmen im budweiser Creise, zum Gute Wittingau gehörig.
Domanowicz, ein Dorf im Königreiche Böhmen im bidschower Creise, zur Herrschaft Podiebrad gehörig.
Domanze, ein Dorf ohnweit Zobten im Herzogthum Schlesien.
Domaschin, ein Dorf im Königreiche Böhmen im königgrätzer Creise, zur Herrschaft Opoczna gehörig.
Domaschin, Domaschow, ein Dorf im Königreiche Böhmen im königgrätzer Creise, zur Herrschaft Reichenau gehörig.
Domaschin, s. Neu=Domaschin.

Domaschitz, ein Dorf im Königreiche Böhmen im bunzlauer Creise, zur Herrschaft Hirschberg gehörig.

Domaschow, s. Domaschin.

Domaskaw, s. Böhmisch-Tomaschlag und Deutsch-Tomaschlag.

Domaslawitz, ein Rittergut im wartenbergischen Creise im Herzogthume Schlesien.

Domaslowicz, Domoslowitz, ein Dorf im Königreiche Böhmen im bidschower Creise, zum Gute Holohwaus gehörig.

Domaslowicze, ein Ort und Meyerhof im Königreiche Böhmen im bunzlauer Creise, zur Herrschaft Wartenberg gehörig.

Domaßel, s. Thomaßel.

Domastitz, s. Domaußnitz.

Domatschine, nebst Klein-Brusewitz, ein herzoglich württemberg-ölsisches Dorf mit einer Kirche, 2 und 1 Viertelmeile von Oels im Herzogthume Schlesien.

Domauschitz, ein Schloß und Dorf im Königreiche Böhmen im saatzer Creise, den Herren von Paul gehörig.

Domausnitz, Domaußnicze, Domauschitz, Domastitz, ein Gut, Schloß und Dorf zwischen Jettesnitz und Brzezno im Königreiche Böhmen im bunzlauer Creise.

Domaußnicze, s. Domausnitz.

Domazliczek, ein Dorf im Königreiche Böhmen im klattauer Creise, zum Gute Miecholup gehörig.

Dombach, Tombach, ein nassau-diez- und churtrierischer gemeinschaftlicher zum Amte Camberg gehöriger Ort, 2 Stunden von Idstein und anderthalb von Neuen Wellnau.

Dombach im Loch, ein anspachischer Weyler in Franken, ins königlich-preußische Oberamt Anspach gehörig.

Dombach, s. Ober-Dombach.

Dombrawe, ein Rittergut im wartenbergischen Creise im Herzogthume Schlesien.

Dombreßau, ein Dorf in dem königlich-preußischen Fürstenthume Welsch-Neuenburg, in die Meyerey Valengin gehörig, an der schweizerischen Grenze.

Dombroitsch, ein Rittergut im striegauer Creise des Fürstenthum Schweidnitz im Herzogthume Schlesien.

Dombrow, auch **Dombrowka**, ein Rittergut im groß Prehlitzischen Creise im Herzogthume Schlesien.

Dombrowe, auch **Malischhammer**, ein Rittergut, 2 Meilen von Trebnitz im Herzogthume Schlesien.

Dombrowe, ein Ort im wartembergischen Creise im Herzogthume Schlesien, gehört zu Gaffron.

Dombrowitz, ein Dorf, 2 kleine Meilen von Oppeln, zum Amt Oppeln im Herzogthume Schlesien gehörig.

Dombrowka, auch **Dambrowka**, ein Dorf mit einer Potaschensyederey, 5 Meilen von Oppeln im Herzogthume Schlesien.

Dombrowka, ein kleines Dorf im oppelnschen Creise, zu Lugnian im Herzogthume Schlesien gehörig.

Dombrowka, ein Rittergut im oppelnschen Creise im Herzogthume Schlesien.

Dombrowka, ein Dorf im toster Creise im Herzogthume Schlesien.

Dombrowka, eine Kolonie im toster Creise im Herzogthume Schlesien.

Dombsel, ein adeliches Dorf mit einer katholischen Kirche und dem Feldvorwerk Gut-Glück, im wartembergischen Creise im Herzogthume Schlesien.

Dombsen, ein wohlauisches Amtsdorf im königlich-preußischen Herzogthume Schlesien.

Domdieler Hof, in dem landgräflich-hessendarmstädtischen Amte Umstadt im oberrheinischen Creise.

Domeck, ein Jäger- oder Fischhaus an dem grosen domecker Teiche im Königreiche Böhmen im kaurzimer Creise, zur Herrschaft Schwarz Kostolez gehörig.

Dometzke und Hammer, zwey adeliche Dörfer, die zusammen gehören, im oppelnschen Creise im Herzogthume Schlesien.

Domhof, ein Schloß im Oestreichischen im gurker Viertel, unweit St. Veit in Kärnten.

Domina, ein Dorf im Königreiche Böhmen im saatzer Creise, zum Gute Schönlind gehörig.

Dominikal-Paseck, s. Hluboscher.

Dominikaner Insel, jetzt genfer Insel, bey Konstanz, wo das Dominikanerkloster steht, das aber aufgehoben und den genfer Fabrikanten zur Wohnung eingegeben worden ist.

Dominitschhof, Dominizhe, ein Schloß ich Oestreichischen, 12 Meilen von Laybach, 2 von Tschernembl, 2 von Möttling und 1 Meile von Freyenthurn in Unterkrain.

Dominke, oder **Demminke,** ein Dorf, 2 Meilen nordnordostwärts von Stolpe, im königlich-preussischen Hinterpommern im stolpischen Creise in Obersachsen.

Domislicz, ein Dorf im Königreiche Böhmen im pilsner Creise, theils zur Herrschaft Stiahlau, theils nach Chradisch im klattauer Creise gehörig.

Domitz, s. **Thomitz.**

Domkow, ein Ort im Königreiche Böhmen im königgrätzer Creise, zur Herrschaft Neustadt gehörig.

Dommersbach, ein Dorf im Stifte Fulda im Amte Burghaun, zwischen Fulda und Hünfeld, 3 Stunden von erstem und 2 von lezterm Orte.

Dommitzscher-Breiten, ein Ort im Amte Wittenberg im Churkreise in Sachsen.

Domnitz, ein königlich preussisch-wohlauisches Amtsdorf im Herzogthume Schlesien.

Domnowitz, ein Dorf, anderthalb Meilen von Trebnitz im Herzogthume Schlesien, dem dasigen Kloster gehörig.

Domohorz, ein Ort im Königreiche Böhmen im czaslauer Creise, zum Gute Zrucz gehörig.

Domoradicz, ein Dorf zwischen Luze und Hohemauth, 1 Stunde von beyden, im Königreiche Böhmen im chrudimer Creise.

Domoraß, ein Dorf im Königreiche Böhmen im prachiner Creise, zur Herrschaft Zichowitz gehörig.

Dompeilof, ein anspachisches Dorf in Franken, 1 Stunde von Anspach, in dasiges königlich-preussisches Hofcastenamt gehörig.

Domrowitz, ein Ort im Königreiche Böhmen im budweiser Creise, zum Gute Goldenkron gehörig.

Domslowitz, s. Domaslowicz.

Domstorf, ein Ort im churhannöverischen Fürstenthums Lüneburg, zum Amtsbezirke Bleckede gehörig.

Domsühl, ein Dorf im mecklenburgischen Amte Crivitz des Herzogthums Schwerin.

Dona, s. Thonau.

Donas St., zwey Orte im Oestreichischen, einer unweit Oberdraaburg, an der Drau, in Kärnten, der andere am Gurkflusse, zwischen Zellfeld und Eberstein, in Kärnten.

Donaschlag, Tonetschlag, ein Ort im Königreiche Böhmen im prachiner Creise, zur Herrschaft Wintersberg gehörig.

Donater-Zechenhaus, s. Alt-Donater-Zechenhaus.

Donaualtheim, auch Altheim allein, ein Pfarrdorf am Flusse Egge, unweit Dillingen und der Donau. Es gehört ins hochstiftisch-augsburgische Rentamt Dillingen.

Donaudorf, ein Ort im Oestreichischen, unterhalb Krems an der Donau, bey der Mündung des Kampflusses oberhalb dem Mannhardsberge.

Donaudorf, ein Schloß, Gut, auch ein Dorf im Oestreichischen unter der Ens, zwischen Freyenstein und Ips an der Donau, im Viertel oberhalb dem wiener Walde.

Donaueschingen, ein Marktflecken in der fürstenbergischen Landgrafschaft Baar in Schwaben, an einer Quelle, welche der Donau den Namen giebt. Es ist die Residenz des Landgrafen von Fürstenberg.

Doncurieden, ein Dorf und Schloß an der Donau und an der Landstraße, zwischen Ehingen und Ulm.

Donaustetten, ein Pfarrdorf an der Donau in Schwaben. Es gehört dem Kloster Wiblingen.

Donawitz, Doncziсz, ein Dorf im Königreiche Böhmen im ellnbogner Creise, zur Herrschaft Petschau gehörig.

Donbach, s. Dambach.

Donbühl, ein anspachisches Dorf in Franken, ins königlich-preußische Voigteyamt Leutershausen gehörig.

Doncziсz, s. Donawitz.

Dondorf, ein Dorf im fränkischen Rittercreise im Canton Gebürg, den Herren von Luchau gehörig.

Doneng, ein weltliches Fräuleinstift in Hennegau, an der Schelde, zwey Meilen von Valenciennes.

Donexa, ein östreichisches Dorf im Etschlande in Tirol, zum Gerichte Castelpfund gehörig.

Dongelberg, eine Meyerey und Dorf im östreichischen Antheile des Herzogthums Brabant im burgundischen Creise, liegt an der Gate.

Donhausen, ein anspachisches Dorf in Franken, unweit Geyern, in dasiges königlich-preußisches Voigteyamt gehörig.

Donhausen, s. Neu-Donhausen.

Donin, ein Dorf im Königreiche Böhmen im rackonitzer Creise, zur Herrschaft Tauzetin gehörig.

Doniow, ein Dorf im Königreiche Böhmen im budweiser Creise, zum Gute Wittingau gehörig.

Donkaczicz, ein Ort im Königreiche Böhmen im chrudimer Creise, zur Herrschaft Roßitz gehörig.

Donkawe, ein Ort 3 Viertelsmeilen von Sulau, gehört zur freyen Minderherrschaft Sulau in Schlesien.

Donkö, Tonko, liegt in der Herrschaft Gratzen im Königreiche Böhmen im budweiser Kreise.

Donn, ein nürnbergischer Weyler in Franken, im Fraisch-bezirke des Oberamts Cadolzburg.

Donnamühle, eine Mühle, zur Herrschaft Tepel im pilsner Creise des Königreichs Böhmen gehörig.

Donnbrunn, ein kleines Dorf in der wirtembergischen Herrschaft Gruppenbach bey Beilstein in Schwaben.

Donndorf, ein Schloß und Ort im Bayreuthischen in Franken, eine Stunde von Bayreuth gegen Holfeld gelegen, und den Herren von Luchau zuständig.

Donne, ein Ort im Ditmarschen im königlich-dänischen Herzogthume Holstein in Niedersachsen.

Donnerau, ein adeliches Dorf mit einer katholischen Kirche, 3 Meilen von Schweidnitz im Herzogthume Schlesien.

Donnerhorst, ein Ort im churhannöverischen Fürstenthume Braunschweig-Lüneburg, zum Amte Reshen gehörig.

Donnern, ein Ort im churhannöverischen Fürstenthume Bremen, zum Amte Beverstedt gehörig.

Donnersbach, ein Schloß und Herrschaft mit einem Landgerichte und Eisenhammerwerke im Oestreichischen im Enethale, unweit Jrdning und Gumpenstein in Steyermark im Judenburger Creise.

Donnersberg, ein Dorf im Burgau in Schwaben.

Donnerschwe, ein Dorf in der Grafschaft Oldenburg und Delmenhorst, in die Haus- und Landvogtey Oldenburg gehörig.

Donnersdorf, ein grofes Dorf im Wirzburgischen in Franken, im Amte Geroldshofen, 3 Stunden davon gegen Haßfurth gelegen.

Donnersmarck, eine Kolonie im rosenbergschen Creise, im Herzogthume Schlesien.

Donnersreuth, ein bayreuthisches Dorf in Franken, ins königlich preußische Kastenamt Culmbach gehörig.

Donnsbach, ein Dorf im oranien-nassau-dillenburgischen Amte, wo Bergwerke sind.

Donnsieders, ein Ort in dem landgräflich-hessen-darmstädtischen Amte Lemberg, im oberrheinischen Creise.

Donop, Altendonop, ein landtagsfähiges und ein münsterisches und abteyliches abdinghofisches Seniorats Lehngut, der Familie von Donop gehörig, in der Grafschaft Lippe-Detmold in Westphalen.

Donow, s. Bieren.

Donsbach, ein Dorf im Fürstenthume Oranien-Nassau und Amte Dillenburg aufm Westerwalde, an der Hagerbach, zwischen Dillenburg und Hager, von jedem 1 Stunde.

Donstorf, ein Dorf in der Grafschaft und Bezirke des churhannöverischen Amtes Diepholz.

Donzdorf, ein Marktflecken an der Lauter, oberhalb Göppingen in Schwaben. Er hat ein Schloß und Amtssitz und 1600 Einwohner.

Dooß, eine Mühle, Hammerwerk und Kupferhammer an der Pegnitz in Franken, 1 halbe Stunde von Nürnberg gegen Fürth, nach Nürnberg gehörig.

Dopitz

Dopitz, ein Dorf im Königreiche Böhmen im leutmeritzer Creise, zur Herrschaft Priesnitz gehörig.

Doppadel, ein Ort in Thüringen in Churſachſen, ins Amt Freyburg gehörig.

Doppel, ein Pfarrort im Oeſtreichiſchen, bey Voigtsberg in Steyermark, im marburger Creiſe.

Doppel, Toppel, ein Schloß und Gut, auch ein Dorf, im Oeſtreichiſchen unter der Ens über der Traſen bey Karlſtädten, im Viertel oberhalb dem wiener Walde.

Doppelbad, ein Bad und Waldamt im Oeſtreichiſchen in Steyermark, im marburger Creiſe.

Doppelhof, ein Schloß im Oeſtreichiſchen unweit Neumarkt in Steyermark, im judenburger Creiſe.

Doppendorf, ein Vorwerk in Thüringen in Churſachſen, ins Amt Freyburg gehörig.

Dopperlburg, ein ſchönes Jagdſchloß unweit dem Dorfe Tiſchau im Königreiche Böhmen im leutmeritzer Creiſe, zur Herrſchaft Teplitz gehörig.

Doprechtsberg, ſ. Dobersberg.

Dorchheim, ein Ort mit einer beträchtlichen, der Abtey Marienſtadt gehörigen Kellerey, in dem oranien-naſſauiſchen Fürſtenthume Hadamar, ins Amt Mengerskirchen gehörig, an der Elsbach, 2 kleine Stunden oberhalb Hadamar, 3 von Bielſtein.

Dorenberg, Kirchdornberg, ein Ort und Kirchſpiel in der Grafſchaft Ravensberg in Weſtphalen, ins Amt Werther, wo ehemals Karl der Große und Wittekind ihr Lager aufgeſchlagen hatten.

Dorenbirn, Dornbeuren, ein Ort in Schwaben, zur öſtreichiſchen Grafſchaft Hohenembs gehörig.

Dorenbüren, ein Dorf mit einem kaiſerl. freyen Gerichte, zu den vorarlbergiſchen Landen in Tirol gehörig, im Oeſtreichiſchen.

Dorenbüren, ein Marktflecken in der Grafſchaft Bregenz, am Fluſſe Fuſſach in Schwaben. Dieſer Ort war ehemals ein Reichsdorf, iſt aber jetzt Oeſtreichiſch.

Dorenſohde, ein Ort im churhannöveriſchen Fürſtenthume Bremen, zum Amtsbezirke Bremervörde gehörig.

Dorf, ein Ort im Oestreichischen ob der Ens, unweit Hafnerzell, bey Ranariedl, im alten Mühlviertel.

Dorf, ein Ort im Oestreichischen ob der Ens, im Amte Schärding am Bramflusse, an der Grenze vom Hausruckviertel im Innviertel.

Dorf, ein Landgut im Oestreichischen ob der Ens, bey Schlierbach ohnweit Kremsmünster und Hall, im Traunviertel.

Dorf, ein Ort im Oestreichischen ob der Ens, bey Linsbach ohnweit Traunsee, im Traunviertel.

Dorf, ein Ort im Oestreichischen mit einer Pfarrkirche, bey Riedau, am Flusse Bram ob der Ens, im Hausrukviertel.

Dorf zum Dorf, ein Schloß und Gut an der Ens im Oestreichischen, südwärts der strengberger Poststrase, hinter Renns, im Viertel oberhalb des wiener Waldes.

Dorf, Dörfel, ein Ort im Oestreichischen, zwischen Hadershofen und Ernsthofen unter der Ens, im Viertel oberhalb dem wiener Walde.

Dorf, ein Pfarrdorf in der Graffchaft Waldsee in Schwaben.

Dorf oder Melkereyhof, ein markgräflich-badensches Amt der Herrschaft Grafenstein, zu Rodalben in Schwaben gehörig.

Dorf, s. **Oberndorf.**

Dorfbach, ein Ort im Gerichte Grießbach des Rentamts Burghausen in Bayern.

Dorfbach, ein 3 Meilen von Schweidnitz gelegener und zur Herrschaft Fürstenstein im Herzogthume Schlesien gehöriger Ort.

Dorfbaur, ein Ort in der Graffchaft Rheda im westphälischen Creise, zum Kirchspiele Herzebrock gehörig.

Dorfborn, ein Dorf im Stifte Fulda im Amte Neuhof, an der Fliedenbach, eine halbe Stunde unterhalb Neuhof.

Dorfbrunn, ein anspachisches Dorf in Franken, im königlich-preußischen Obcramte Gunzenhausen, 2 Stunden davon gegen Heydeck gelegen.

Dorf-Chemnitz, ein Amtsdorf, nebst 3 Mühlen, im Gebürgischen in Churfachsen, ins Amt Stolberg gehörig.

Dorf-Chemnitz, ein bloses Wohnhaus nebst Mahl-, Schneide- und Oelmühle im Gebirgischen in Chursachsen, ins Bergamt Geyer gehörig.

Dorfculm, ein sogenanntes Stiftsdorf im Bezirke des herzoglich-sachsen-coburg-saalfeldischen Amtes Saalfeld, 1 halbe Stunde von der Stadt im obersächsischen Creise.

Dorfelden, s. Nieder- und Ober-Dorfelden.

Dorf Ems, s. Ems.

Dorffeld, ein Dorf und Herrschaft zu den freyweltlichen Stifte und Abtey Essen in Westphalen.

Dorfgäll ein Dorf im fürstlich-solms-braunfelsischen Antheile der Herrschaft Münzenberg und Amte Gambach im oberrheinischen Creise.

Dorfgäll, ein Hof in der fürstlich-solms-braunfelsischen Herrschaft Münzenberg im Amte Hungen, der Mönchsabtey Arnsburg gehörig im oberrhein. Creise.

Dorfgrub, ein bayreuthisches Dorf in Franken, ins königlich-preusische Amt Weisenstatt gehörig.

Dorfguting, ein königlich-preußisch-markgräflich-anspachisches Dorf in Franken, 2 Stunden von Feuchtwang, nach Rothenburg zu gelegen.

Dorfhagen, ein Rittersitz und Vorwerk, 1 u. zviertel Meilen westwärts von Greifenberg, im königlich preußischen Hinterpommern, im greifenbergischen Creise in Obersachsen.

Dorfing, ein Dorf im Oestreichischen unter der Ens, südwärts hinter Gorschling bey Böheimkirchen, im Viertel oberhalb dem wiener Walde.

Dorheim, Flecken und Amt in der Grafschaft Hanau an der Wetter, 1 Stunde von der Reichsstadt Friedberg, 2 kleine von Assenheim.

Dorfkemmat, ein königlich-preusich-markgräflich-anspachisches Dorf in Franken, 1 Stunde von Dünkelsbühl, gegen Wassertruding.

Dorflach, ein Kirchdorf im Oestreichischen, bey Aflenz in Steyermark, im brucker Creise.

Dorfstein, ein anspachischer Ort in Franken, im königlich

lich preußischen Amte Colmberg, 1 Stunde davon gegen Windsheim

Dorf-Lengefeld, s. Lengefeld.

Dorfmark, ein Flecken im hannöverschen Churfürstenthume Braunschweig-Lüneburg, zum Amte Fallingbostel gehörig.

Dorfmerkingen, ein Pfarrdorf in der Grafschaft Oettingen in Schwaben. Es gehört Wallerstein.

Dorfmühl, s. Jaken.

Dorfmühlen, zwey Mühlen in dem landgräflich hessendarmstädtischen Amtsbezirke Darmstadt und Burggemünde.

Dorfmühle, eine nach Troßin gehörige Mühle im Amte Torgau, im meißner Creise in Chursachsen.

Dorfmühle, s. Bubenheim.

Dorf-Schweinitz, s. Schweinitz.

Dorfstädten, ein doppeltes Amt und Pfarrdorf im Oestreichischen, bey St. Oswald, am Särblingbache, welcher hier die Grenze von Oberöstreich macht, oberhalb dem Mannhardsberge.

Dorfstall, Dorfstadt, ein Ort im Oestreichischen ob der Ens, bey Freustadt, im Mühl- und alten Machlandviertel.

Dorf-Tuschkau, s. Weiß-Tuschkau.

Dorfwendern, ein bayreuthisches Dorf in Franken, unweit Kirchen-Lommitz.

Dorgendorf, ein Dorf im fränkischen Creise im Fürstbisthume Bamberg, im Amte Baunach.

Dorheim, ein großer Flecken, Burg und Amt an der Wetter, in der hessencasselschen Grafschaft Hanau, 1 Stunde von Friedberg.

Dorlach, s. Ober-Dorlach, Unter-Dorlach.

Dorles, ein Dorf im Stifte Fuld, und im Amte Fuld, 3 Stunden von dieser Stadt gelegen.

Dorlisberg, ein gräflich-wertheimisches Dorf in Franken, 1 Stunde von Wertheim gegen Mergentheim.

Dormiz, ein Dorf im Bayreuthischen in Franken, am Flusse Schwabach, 1 Meile von Erlangen, ins Amt Bayers-

Bayersdorf gehörig, hat bayreuthische, bambergische, nürnbergische und ritterschaftliche Unterthanen.

Dormis, ein Hof 3 viertel Stunden von Homberg links der Elster, ist hessen-rothenburg- und murhardisch Lehen.

Dormünz, ein fürstlich-hohenlohe-kirchbergisches Dorf in Franken, 1 Stunde von Kirchberg gegen Neuenstein.

Dorna, etliche Orte im Oestreichischen ob der Ens ohnweit Gallneukirchen, bey St Magdalena, im Mühl- und alten Machlandviertel, und hinter Horn, zwischen der Wild und Sas, oberhalb dem Mannhardsberge.

Dornach, ein Schloß im Oestreichischen ob der Ens, bey Freystadt, im Mühl- und alten Machlandviertel.

Dornassenheim, ein ritterschaftliches kleines Kirchdorf, anderthalb Stunden von Friedberg, Assenheim und Bingenheim.

Dornau, ein Pfarrdorf im Oestreichischen bey Pettau in Stevermark, im marburger Creise.

Dornau, ein Dorf im schwiebusischen Creise im Herzogthume Schlesien, dem Stifte Trebnitz gehörig, 1 Meile von Schwiebus.

Dornbach, ein Dorf im Stift Fulda im Amte Geisa oder Rockenstuhl, 2 Stunden von Geisa, 1 halbe von Mannsbach

Dornbach, ein Dorf im Stifte Fulda, im Amte Biberstein

Dornberg, ein Dorf, Gut und Herrschaft im Oestreichischen an der Wipach, unweit Reiffenberg und Verhoule, dem Grafen von Rabbata gehörig, in den Grafschaften Görz und Gradiska.

Dornberg, ein Ort im Gerichte Neumarkt, Rentamts Burghausen in Unterbayern.

Dornberg, ein königlich-preusisch-markgräflich-anspachischer Weiler, 1 Stunde von Anspach in Franken.

Dornberg, Dorenhof, ein Dorf in der Grafschaft Anhalt-Schaumburg ohnweit Holzapfel, 1 Stunde von Nassau, anderthalb von Schaumburg.

Dornbeuren, s Dorenbirn.

Dornbock, ein Dorf mit königlich-preusischem Vorwerke
im

im magdeburgischen Holzcreise, zum königlichen Amte Rosenburg.

Dornbusch, ein Dorf im hannöverischen Fürstenthume Bremen, zum Amte Redingen-Buxfleth gehörig.

Dornbuschmühle, liegt vor der Stadt Zahna im Amte Wittenberg, im Churcreise in Sachsen.

Dornberg, ein Dorf und Amt im Landgräflich-Hessen-darmstädtischen, im oberrheinischen Creise.

Dornberg, ein anspachischer Hof in Franken, ins königlich-preußische Oberamt Feuchtwang gehörig.

Dorndorf, ein anspachischer Weiler in Franken, ins königlich-preußische Oberamt Anspach gehörig.

Dorndorf, Thorndorf, ein nürnbergischer und bambergischer Weiler am Flusse Aurach, unweit Herzogs-Aurach in Franken.

Dorndorf, ein Dorf im fürstlich-oranien nassau dillenburgs-und hademarschen Amte Mengerskirchen auf dem Westerwalde, 2 Stunden von Hademar.

Dorndorf, ein Ort in dem oranien nassauischen Fürstenthume Hademar, ins Amt Renneroth gehörig.

Borndürckheim, Dürrendürckheim, (Dürikem) Thürincheim, Dürincheim, ein Dorf des churpfälzischen Oberamtes Alzei, 3 Stunden von dieser Stadt nordwärts gelegen.

Dorneck, ein Schloß im Oestreichischen bey Florian unweit Stainz in Steyermark, im marburger Creise.

Dornek, Ternova, ein Ort im Oestreichischen, nördlich von St. Veit am Pflaum, unweit dem Ursprunge an der Kulp, im Innercrain.

Dornhausen, ein königlich-preußisch-markgräflich-anspachisches Dorf in Franken, 1 Stunde von Colmberg gelegen. Bey diesem Orte fiel Anno 1422 zwischen Markgraf Friedrich von Brandenburg und Herzog Ludwig aus Bayern eine Schlacht vor.

Dornhausen, ein anspachisches Dorf in Franken, im königlich preußischen Oberamte Gunzenhausen, 2 Stunden davon gegen Wilzburg gelegen.

Dornheim, ein Dorf in der gefürsteten Grafschaft Schwarz-

Schwarzenberg im fränkischen Creise, ins Vogtamt Seehaus und Amt Hohenlandsberg gehörig.

Dornhof, ein adelicher Hof im Herzogthume Pommern auf der Insel Rügen, Herrn von Platen gehörig.

Dornhof, ein Meyerhof im Königreiche Böhmen im prachiner Creise, zur Herrschaft Karlsberg gehörig.

Dornhof, ein Vorwerk zum Rittergute Rothwernsdorf gehörig, im Amte Pirna, im meißner Creise in Chursachsen.

Dornhofen, ein Schloß im Oestreichischen unweit Grätz in Steyermark im grätzer Creise.

Dornholz, ein Ort im königlich-preußischen Fürstenthume Bayreuth in Franken.

Dornholzhausen, ein Dorf im nassau-weilburgischen Amte Huttenberg, 2 Stunden von Wezlar und so weit von Giesen.

Dornholzhausen, ein Ort im Fürstenthume Oranien-Nassau-Diez, ins Amt Nassau und Nassau-Usingen und Hessen-Homburg gemeinschaftlich gehörig. 3 Stunden von Usingen und eben so weit von Königstein.

Dornichheim, Dörnickheim, ein Flecken in der Grafschaft Hanau, im Amt Bücherthal am Mayn, 1 Stunde von Hanau, 3 kleine von Frankfurt.

Dornitz, Tornicze, ein Dorf im Königreiche Böhmen im ellnbogner Creise, der Stadt Carlsbad gehörig.

Dornitz, ein Dorf im Saalcreise des Herzogthums Magdeburg, zum königlich-preußischen Amte Rothenburg gehörig.

Dornlach, Ober-Mittel-und Unter-, bayreuthische Dörfer in Franken, ins königlich-preußische Castenamt Culmbach gehörig.

Dornlach, s Ober-Dornlach.

Dornmetingen, ein östreichisches Pfarrdorf in der Grafschaft Oberhohenberg in Schwaben.

Dornmühl, eine ansbachische Mühle in Franken, ins königlich-preußische Oberamt Hoheutrubingen gehörig.

Dornmühl, ein Ort im fränkischen Rittercreise im Canton Ottenwald, gehört den von Gemmingen.

Dornpusch, acht Häuser in der Jauergasse vor Liegnitz im Herzogthume Schlesien, nach Leubus gehörig.

Dorn-Reichenbach, ein Dorf und Rittergut im meißnichen Creise in Chursachsen, im Amtsbezirke Torgau.

Dornseifen, ein Ort im oranien-nassauischen Fürstenthume Siegen, ins Amt Hilchenbach und Ferndorf aufm Westerwalde

Dornseifen, s. Weiden-Seifen.

Dornsperg, ein Dorf unweit Stockach im Umfange der Landgraffschaft Nellenburg in Schwaben. Es gehört dem Kloster Salmansweil, in die Obervogtey Münchhof.

Dornstadt, ein Ort in der Abtey Elchingen, im ulmer Gebiete in Schwaben.

Dornstatt, ein Pfarrdorf auf den Alpen, 2 Stunden hinter Ulm, im Umfang des ulmer Gebiets in Schwaben. Es gehört dem Kloster Elchingen, ins Pflegamt Tomerttingen.

Dorothea, Kleine-Johannes, ein Zechen- und Wohnhaus auf Groß-Camsdorfer Revier, im neustädter Creise in Chursachsen, ins Bergamt neustädter Creises gehörig.

Dorotheastolln, s. Himmlischheer.

Dorotheendorf, eine Kolonie auf sabrzer Grunde, im beuthenschen Creise im Herzogthume Schlesien.

Dorotheenthal, ein Ort und Porzellainfabrik in der obern Grafschaft Schwarzburg in Thüringen, 1 halbe Stunde südwärts von Arnstadt, in dieses Amt gehörig.

Dorotheenthal, s. Peiskersdorf, Machmia und Ulenthal.

Dorotheenwalde, ein Dorf im Amte Gnoien, des Herzogthums Meklenburg-Güstrow.

Dorotheenwalde, ein Rittersitz und Vorwerk an der Randow, 3 und 3 viertel Meilen westwärts von Stettin, im königlich preussischen Vorpommern, im randomschen Creise in Obersachsen.

Dorow, ein adeliches Dorf und Vorwerk, 1 halbe Meile südostwärts von Regenwalde, im königlich-preussischen fischen Hinterpommern, im borkschen Creise in Obersachsen.

Dorow, ein Hof und Schäferey im Herzogthume Pommern, im loizer Bezirke nach Nehring gehörig.

Dorplingen, ein Ort im Ditmarschen, im königlich dänischen Herzogthume Holstein in Niedersachsen.

Dorpspeck, ein Ort im Erzstifte Köln, im Amte Hulsestadt.

Dorrenhof, ein Hof im Stifte Fulda im Gericht Gersfeld, 1 halbe Stunde von Gersfeld.

Dorrenhoßbach, s. Thurm-Hoßbach.

Dorrenthal, ein Dorf und Rittergut in der königlich-preusischen, zum Burggrafthume Nürnberg und Markgrafthume Bayreuth gehörigen Amtshauptmannschaft Hof im vogtländischen und fränkischen Creise, ins Verwaltungsamt Selbiz u. a. gehörig.

Dorrigsen, ein Ort im hannöverschen Fürstenthume Grubenhagen, zum Amte Rothenkirchen gehörig.

Dorschenhof, im königlich-preusischen Fürstenthume Bayreuth, im Amte Creusen in Franken.

Dorschenmühle, in der königlich-preusischen, zum Burggrafthume Nürnberg und Markgrafthume Bayreuth gehörigen Amtshauptmannschaft Hof im vogtländischen und fränkischen Creise, ins Verwaltamt Schwarzenbach gehörig.

Dorschhausen, ein Pfarrdorf an der Floßach im Umfang der Herrschaft Mindelheim in Schwaben. Es gehört der Domprobstey Augsburg.

Dorschkausen, ein Dorf im Heslewang in der Herrschaft Mindelheim in Schwaben.

Dorsen, ein Dorf im Gebiet der kaiserlichen freyen Reichsstadt Dortmund im westphälischen Creise.

Dorsheim, ein Dorf 2 Stunden von der Oberamtsstadt Stromberg, und in dieses churpfälzische Oberamt gehörig.

Dorstadt, ein Dorf und Jungfrauenkloster im Hochstifte Hildesheim an der Ocker, ins Amt Liebenburg gehörig.

Dorstatt, ein Dorf im Königreiche Böhmen im klattauer Creise, zur Herrschaft Bistrzitz gehörig.

Dorsteck, Dureck, ein Hof im churmaynzischen Amte Lahnstein im Vierherrischen, anderthalb Stunden von Nassau.

Dortelweil, ein Dorf im Gebiete der kaiserlichen freyen Reichsstadt Frankfurt am Mayn.

Dorum, ein Flecken und Stammvogtsgericht im Lande Wursten im Braunschweig-Lüneburg-Zellischen, 1 Stunde von Kappeln.

Dorweil, ein Dorf in der Herrschaft Eglof in Schwaben, den Grafen von Abensberg und Traun zu Wolkenburg gehörig.

Dorweiler Hof, im Erzstifte Köln, 1 halbe Stunde vom Dorfe Steeg und der Stadt Bacharach.

Doß, ein bayreuthisches Dorf an der Trupach in Franken, bey Grafenberg, ins königlich-preußische Amt Neukirchen gehörig.

Doschütz, s. Döhsitz.

Dosenbeck, ein zum adelichen Gute Bohkamp gehöriges Dorf, im königlich-dänischen Herzogthume Holstein in Niedersachsen.

Dosenrode und Schmedmöhl, adeliche Orte im königlich-dänischen Herzogthume Holstein in Niedersachsen, im Bezirke des Amtes Rendsburg.

Doße oder Doßow, ein Dorf in der königlich-preußischen Prignitz oder Vormark Brandenburg, im wittstockischen Districte, ins Domainenamt Goldbeck gehörig.

Doßenbach, ein kleines Dorf in der badenschen Landgraffschaft Sausenberg in der Vogtey Gersbach.

Doßingen, ein öttingen-wallersteinisches Dorf bey Neresheim in Schwaben.

Dosthof, ein Ort im churhannöverischen Fürstenthume Bremen, zum Bezirke des Amtes Horstfeld.

Dotenberg, s. Dettenbach.

Dottelau, s. Todlau.

Dottenfelder Hof, ein Hof zwischen Wilbel und Gronau im hessencasselschen Amte Bornheimerberg in der Grafschaft Hanau, dem Kloster Ilbenstadt gehörig.

Dottendorf, ein Dorf und Dingstuhl im Erzstifte Köln.

Dottendorf, ein Ort im königlich-preußischen Fürstenthume Bayreuth, ins Amt Neustadt an der Aisch in Franken gehörig.

Dottenheim, einige bayreuthische Dörfer in Franken, in den königlich-preußischen Aemtern Ipsheim und Neustadt an der Aisch, 2 Stunden davon gegen Windsheim gelegen.

Dotternhausen, ein Dorf im schwäbischen Creise im Ort oder Rittercanton am Neckar und Schwarzwald.

Dotternhausen, ein östreichisches Pfarrdorf in der obern Grafschaft Hohenberg in Schwaben bey Schömberg.

Dotterpfiefe, zween Höfe bey Wichmannshausen, zum hessen-casselischen Amte Bischhausen und Samtgerichte Boyneburg gehörig.

Dotterwies, ein Dorf im Königreiche Böhmen im ellbogner Creise, der Stadt Ellbogen gehörig.

Dottighofen, ein östreichisches Dorf im Breisgau, bey Breisach in Schwaben.

Dottingen, ein Dorf im wirtembergischen Amte Münsingen in Schwaben.

Dottingen, ein katholisches Dorf in der badenschen Herrschaft Badenweiler.

Dottingen, s. Unter=Dottingen.

Dotzheim, ein Dorf in der Herrschaft Nassau-Wisbaden, 1 halbe Stunde von Wisbaden und 2 kleine Stunden von Elfeld.

Doubrowa, s. Groß=Doubrowa.

Douer=Möhl, ein Ort in der Herrschaft Pinneberg, im königlich-dänischen Herzogthume Holstein in Niedersachsen

Dovenmühle, im Fürstenthume Bremen, zum Amtsbezirke Verden gehörig.

Dowensee, ein Dorf im Amte Wredenhagen des Herzogthums Mecklenburg-Güstrow.

Doxa, s. Doges.

Dozelrod, ein Ort in dem landgräflich hessen-darmstädtschen Amte Alsfeld im oberrheinischen Creise.

Dozitz, Docicze, Taucicze, ein Gut, Schloß und Dorf am Bache Brudeck, 12 Meilen westsüdwärts von Prag, im Königreiche Böhmen im prachiner Creise, dem Grafen Kolloredo gehörig.

Drachel, ein Ort im Fürstenthume Bremen, zu dem Bezirke Bremervörde gehörig.

Drachelsdorf, s. Trochesdorf.

Drachenhöchstett, ein königlich preußisch-markgräflich-anspachisches Dorf, eine Stunde von Heilbronn gegen Schwabach gelegen.

Drachenstein, ein Pfarrdorf und Schloß in der bayerschen Herrschaft Wiesensteig im Filsthale in Schwaben.

Drachkau, Drachkow, ein Dorf im Königreiche Böhmen im klattauer Creise, gehört aber zur Herrschaft Strahlau im pilsner Creise.

Drachkow, ein Dorf im Königreiche Böhmen, im prachiner Creise, zur Herrschaft Strackonitz gehörig.

Drachkow, ein Dorf mit einem Meyerhofe im Königreiche Böhmen im brauner Creise, zur Herrschaft Tloskau gehörig.

Drachkow, s. Drachkau.

Drachlowicze, s. Drahlowitz.

Drachonowitz, ein Ort im Königreiche Böhmen im bunzlauer Creise, zur Herrschaft Groß Skall gehörig.

Drachsberg, Dräßberg, Dreyßberg, ein Dorf in der Grafschaft Nassau Usingen im Amte Wellnau, 2 Stunden von Usingen und 2 von Königstein.

Drackenburg, ein Flecken in der Grafschaft Hoya im Bezirke des Amtes Nienburg.

Drackenstedt, ein Dorf im königlich-preußischen Herzogthume Magdeburg im Holzcreise, zum königlichen Amte Dreileben gehörig.

Draczow, ein Ort im Königreiche Böhmen im bunzlauer Creise, zur Herrschaft Groß Skall gehörig.

Drachselhof, ein Ort südwärts hinter Böheimkirchen im Oestreichischen, zwischen Wald und Kreisbach, unter der Ens, im Viertel oberhalb dem Wiener Walde.

Dräsing, Tresing, ein Ort im Oestreichischen, zwischen Klagenfurt und Feldkirchen in Unterkärnten.

Dräßberg, s. Drachsberg.

Dräſſendorf, Träſendorf, ein Schloß im Oeſtreichiſchen am Lengſee, unweit dem Kloſter St. Georg in Unterkärnten.

Drag, ſ. Aag.

Dragan, ein Vorwerk, zum Fürſtenthume Lüneburg und Bezirke des Amtes Dannenberg gehörig.

Drage, ein Dorf im Braunſchweig-Lüneburgiſchen, zum Bezirke des Amtes Winſen an der Luhe gehörig.

Dragembel, Dragomen, Dergomen, ein Schloß und Herrſchaft an der Landſtraße von Laybach nach Steyermark, anderthalb Meilen von Laybach, und eben ſo weit von Stein in Obercrain.

Draha, ein Dorf im Königreiche Böhmen im klattauer Creiſe, zum Gute Gloßau gehörig.

Drahauſen, ſ. Dreyhäuſel.

Drahelcice, ein Dorf in der Herrſchaft Tachlowitz im rakonitzer Creiſe in Böhmen.

Drahelicze, ein Dorf im Königreiche Böhmen im bunzlauer Creiſe, zur Herrſchaft Liſſa gehörig.

Draheniczek, Draheniczky, ein Ort im Königreiche Böhmen im prachiner Creiſe, zur Herrſchaft Drahenitz gehörig.

Drahenitz, ein Dorf und Allodialherrſchaft mit einem ſchönen Schloſſe, 10 Meilen weſtſüdwärts von Prag, im Königreiche Böhmen im prachiner Creiſe.

Drahenitzer Hutſchitz, ein Dorf im Königreiche Böhmen im prachiner Creiſe, zu den Herrſchaften Drahenitz und Brzeznitz gehörig.

Drahenz, ein Dorf und Gut 11 und 1 halbe Meile von Prag und 1 halbe Stunde rechts von der karlsbader Poſtſtraße im Königreiche Böhmen im ellnbogener Creiſe, den Grafen von Kiebelsberg gehörig.

Drahles, Drahow, ein Dorf im Königreiche Böhmen im taborer Creiſe, zur Herrſchaft Kardaſch-Rzeczicz gehörig.

Drahlin, ein Dorf im Königreiche Böhmen im berauner Creiſe, zum Gute Hluboſch gehörig.

Drahlowitz, ein Gut im Königreiche Böhmen im berauner Creise.

Drahlowitz, Drachlowicze, ein Ort und Lehnhof im Königreiche Böhmen im berauner Creise, zur Herrschaft Wscheraditz gehörig.

Drahnieticz, ein Dorf im Königreiche Böhmen im tabore Creise, zur Herrschaft Gistebnitz gehörig.

Drahniowicze, ein Dorf im Königreiche Böhmen im taurzimer Creise, zur Herrschaft Sternberg gehörig.

Drahnitz, Drahonicze, Drohnitz, ein Dorf im Königreiche Böhmen im saatzer Creise, zur Herrschaft Libetitz gehörig.

Drahno Augezd, ein Dorf, 6 und 3 Viertelsmeilen von Prag, im Königreiche Böhmen im berauner Creise.

Drahobudicze, ein Dorf im Königreiche Böhmen im czaslauer Creise, zum Gute Beczwar gehörig.

Drahobuz, Drahobus, Trahobus, eine Herrschaft, Schloß und Dorf am Haberbache, 6 Meilen nordwärts von Prag, im Königreiche Böhmen im leutmeritzer Creise, den Grafen von Pachta gehörig.

Drahöfen, ein Ort im Oestreichischen, unweit Sachsenburg und Spital in Kärnten.

Drahomißle, s. Dreymischl.

Drahoniow, ein Dorf im Königreiche Böhmen im taborer Creise, zur Herrschaft Serowitz gehörig.

Drahonitz, ein Dorf und verfallenes Schloß im Königreiche Böhmen im prachiner Creise, zur Herrschaft Protiw... diesseits der Watawa gehörig.

Drah...ras, Drahoraz, ein Dorf im Königreiche Böhmen im bidschower Creise, zur Herrschaft Wockschitz gehörig.

Drahotice, ein Ort im Königreiche Böhmen im chrudimer Creise, zur Herrschaft Nassaberg gehörig.

Drahoticze, ein Ort im Königreiche Böhmen im bunzlauer Creise, zur Herrschaft Swigan gehörig.

Drahotieschitz, ein Dorf im Königreiche Böhmen im budweiser Creise, zur Herrschaft Wittingau gehörig.

Drahow, s. Drahles.

Drahowa, Trahowa, ein Dorf, wo gute Mühlsteine gebra

gebrochen werden, im Königreiche Böhmen im pilsner Creise, zur Herrschaft Weseritz gehörig.

Drahütten, ein Ort im Oestreichischen bey Landsberg, ostwärts von Wolfsberg in Steyermark, im marburger Creise.

Drahuschen, s. Dreyhäusel.

Draimäußel, ein Ort im königlich-preußischen Fürstenthume Bayreuth in Franken

Draindorf, ein Dorf im königlich-preußischen Fürstenthume Bayreuth in Franken, ins Amt Streitberg gehörig.

Draischbrunnen, ein neuangelegter Gesundbrunnen im Kurfürstenthume Köln, auch Godesberg genannt.

Draisdorf, ein Dorf im Amte Chemnitz im Gebürgischen in Chursachsen.

Draisdorf, ein Dorf im fränkischen Creise im Fürstbißthume Bamberg, ins Amt Banz gehörig.

Draisdorf, ein fürstlich-hohenlohischer Ort im fränkischen Creise.

Draisendorf, ein Dorf und Wehrzollstätte in der königlich preußischen zu den Fürstenthümern Anspach und Bayreuth gehör. Amtshauptmannschaft Hof im Voigtlande im fränkischen Creise, 2 Stunden von Hof, ins dasige Kasten-Kloster- und Stifts Kastenamt Himmelskron u. a. gehörig.

Draisendorf, ein anderes Dorf in diesem Fürstenthume, ins Amt Bayreuth gehörig.

Draisenfeld, ein königlich-preußisches im Fürstenthum und Amte Bayreuth gelegenes Dorf in Franken.

Drakenburg, ein Flecken mit 84 Häusern und 4 Rittersitzen in der churhannöverischen Grafschaft Hoya, zum Amte Nienburg gehörig.

Drakowa, s Trakowa.

Dralin, ein Rittergut im lublinitzer Creise im Herzogthume Schlesien.

Dralo, ein Dorf im Königreiche Böhmen im bidschower Creise, zur Herrschaft Podiebrad gehörig.

Dramdorf, ein Hof und Dorf im Herzogthume Pommern auf der Insel Rügen, der St. Stralsund gehörig.

Dramviz, ein Bauernhof im Herzogthume Pommern auf der Insel Rügen.

Drammin, ein adeliches Gut, 3 viertel Meilen nordostwärts von Wollin, im königlich preußischen Hinterpommern, im flemmingschen Creise in Obersachsen.

Dramsdorf, ein Ort bey Frohndorf in Thüringen in Chursachsen.

Drankhausen, ein Dorf im Bißthume Paderborn im westphälischen Creise.

Drandorf, ein Ort im Oestreichischen an der Ranna, hinter Spitz, bey St. Johann, oberhalb dem Mannhardsberge.

Drandsow, ein Ort im königlich-dänischen Herzogthume Holstein, im Wagrierlande in Niedersachsen.

Drangstadt, ein Ort im Fürstenthume Bremen, zum Bezirke des Amtes Bederkesa.

Drankowicze, s. **Lukawecz.**

Dransdorf, ein Dorf im Erzstifte Köln, im bonner oder stadtischen Bann.

Dransee, ein Dorf in der königlich-preußischen Prignitz oder Vormark Brandenburg, im wittstockischen Districte und Amte Zechlin. Wo auch die Ruhl- oder Rühlen-Mühle liegt.

Dransere, ein Hof und Dorf im Herzogthume Pommern auf der Insel Wittow, ins Amt Bergen Frhrn. von der Loncken gehörig.

Drantum, ein Ort und Gut im Hochstift und Vogtey Oßnabrück in Westphalen, zum Amte Grönenberg und Vogtey Melle gehörig.

Draschen, ein Dorf im Königreiche Böhmen im bunzlauer Creise, zur Herrschaft Hauska gehörig.

Draschen, s. **Drazna.**

Draschetitz, Drazeticze, ein Dorf im Königreiche Böhmen im brauner Creise, zum Dorfe Alt Knin gehörig.

Draschhof, ein Dorf im Königreiche Böhmen im taborer Creise, zur Herrschaft Neuhaus gehörig.

Draschkow, ein Ort im Königreiche Böhmen im chrudimer Creise, zur Herrschaft Pardubitz gehörig.

Draschkowitz, ein Dorf im Königreiche Böhmen im chrudimer Creise, zur Herrschaft Pardubitz gehörig.

Draschow, Drazow, ein Dorf im Königreiche Böhmen im prachtiner Creise, zur Herrschaft Przetschin gehörig.

Drasebergshof, Drusebergshof, ein Hof in der obern Grafschaft Hanau im Amte Schlüchtern, 1 Stunde von dieser Stadt, 3 Stunden von Schwarzenfels. Es gehört zu dem Kloster in Schlüchtern.

Drasenau, Drazenow, ein Dorf im Königreiche Böhmen im klattauer Creise, zur Herrschaft Rauth gehörig.

Dráskau, Draskow, ein Dorf nebst 6 Judenhäusern im Königreiche Böhmen, im berauner Creise, zum Gute Skreischau gehörig.

Draskowitz, ein Schloß im Oestreichischen am Gurkflusse, 10 Meilen von Leybach, und 2 von Rudolphswerth, im Untercrain.

Drasow, s. Drazow.

Drast, ein Dorf und Hof im Königreiche Böhmen im kaurzimer Creise, zum Gute Chwatierub gehörig.

Drasti, Drastin, Drazdj, ein Gut und Dorf im Königreiche Böhmen im kaurzimer Creise, liegt 5viertel Stunden von Prag.

Drathammer, ein Rittergut im lublinitzer Creise im Herzogthume Schlesien.

Drathhammerwerk, s. Drathmühle.

Drathmühl, ein Ort im Königreiche Böhmen im ellnbogner Creise, der Stadt Joachimsthal gehörig.

Drathmühle, Drathhammerwerk, gehört dem Rathe zu Schwarzenberg, im Gebirgischen in Chursachsen.

Dratow, Groß- und Klein-, im Amte Neustadt bey Wahren im Herzogthume Mecklenburg-Schwerin gelegene Orte.

Dratum, ein Ort im Hochstifte und Fürstenthume Osnabrück in Westphalen, ins Amt Jburg und Vogtey Bissendorf gehörig.

Drauchau, Drauchawecz, ein Ort im Königreiche Böhmen im prachtiner Creise, zur Herrschaft Welhartitz gehörig.

Draule, ein Kirchdorf im Oestreichischen, 1 halbe Meile von Laybach in Oberkrain.

Drauschetitz, Trauſſeticze, ein Dorf im Königreiche Böhmen im prachiner Creiſe, zur Herrſchaft Stinkna gehörig.

Drausendorf, ein Dorf im Königreiche Böhmen im bunzlauer Creiſe, zur Herrſchaft Niemes gehörig.

Drawehn, ein adeliches Dorf mit 2 Vorwerken, 1 Meile nordoſtwärts von Bublitz, im königlich-preußiſchen Hinter-pommern, im Fürſtenthume Camimin in Oberſachſen.

Draxdorf, ſ. Klein-Draxdorf.

Draxelmos, ein Dorf im Königreiche Böhmen im klatt-auer Creiſe, zur Herrſchaft Kauth gehörig.

Drazdi, ſ. Draſti.

Drazdow, ſ. Drozdow.

Drazegow, ein Dorf am Walde Kurziblo im Königreiche Böhmen im prachiner Creiſe, zur Herrſchaft Hoſchitz gehörig.

Drazenow, ſ. Draſenau.

Drazeticze, ſ. Draſchetitz.

Drazicz, Drazicze, etliche Dörfer und ein Gut im Königreiche Böhmen im taborer Creiſe, 12 Meilen von Prag, eins zur Stadt Tabor gehörig.

Draciczka, ein Dorf im Königreiche Böhmen im taborer Creiſe, zur Herrſchaft Selcz gehörig.

Drazkowicz, Drzkowicz, ein Mayerhof im Königreiche Böhmen im pilsner Creiſe, zur Herrſchaft Brennnes Porzicz gehörig.

Drazkowicz, ſ Trauſchkowitz.

Drazna, Draſchen, ein Dorf im Königreiche Böhmen im pilsner Creiſe, zur Herrſchaft Augezd gehörig.

Drazow, Draſow, ein Dorf im Königreiche Böhmen im brauner Creiſe, zum Gute Lhota gehörig.

Drazow, ſ Draſchow.

Drazowitz, Drazowicze, ein Dorf im Königreiche Böhmen im prachiner Creiſe, zur Herrſchaft Zichowitz gehörig.

Drazowka, ein Dorf im Königreiche Böhmen im brauner Creiſe, zur Herrſchaft Horzowitz gehörig.

Drbczicze, ein Ort im Königreiche Böhmen im prachiner Creise, zur Herrschaft Blatna gehörig.

Drbohlaw, ein Dorf im Königreiche Böhmen im czaslauer Creise, zur Herrschaft Zleb gehörig.

Drchkow, ein Dorf im Königreiche Böhmen im rackonitzer Creise, zur Herrschaft Zlonitz gehörig.

Drebishayn, ein Ort in Chursachsen, im leipziger Creise, im Amtsbezirke Borna.

Drebishayn, s. Trebishayn.

Dreblitzschmühle, gehört zum Amte Torgau im meißner Creise, in Chursachsen.

Drebnitz, s. Klein-Drebnitz.

Drebnitzergrund, eine Mühle im Amte Lauterstein im Gebürglichen in Chursachsen.

Drebsdorf, ein Dorf in Thüringen in Chursachsen, ins Amt Freyburg gehörig.

Drechow, ein Hof und Dorf im Herzogthume Pommern im lotzer Bezirke, Herrn von Grabow gehörig.

Dreckente, eine Schenke im magdeburgischen Saalkreise, zum königlich-preußischen Amte Giebichenstein gehörig.

Dreck-Odernheim, s. Odernheim.

Dreecke, ein Ort im Lüneburgischen, zum hannöverischen Amtsbezirke Diepholz gehörig

Dreekrögen, ein Dorf im Amte Neustadt des Herzogthums Mecklenburg-Schwerin.

Drefahl, ein Dorf im Amte Grabow des Herzogthums Mecklenburg-Schwerin.

Dregershof, s. Lanzen.

Dreggers, ein Dorf im königlich-dänischen Herzogthume Holstein im südlichen Wagrierlande in Niedersachsen, im Amte Segeberg.

Dreherthaler Hof, vormals eine der geistl. Verwaltung gehörige Glashütte bey Otterberg, nordwest zum kurpfälzischen Oberamte Lautern gehörig.

Drehfeld, ein Ort im meißner Creise in Chursachsen, ins Creisamt Meißen gehörig.

Drehhaus, ein Ort zwey Meilen von Hirschberg, mit Buchwald verbunden, im königlich-preußischen Herzogthume Schlesien.

Drehnkow, ein mecklenburgisches Dorf im Amte Marsniz des Fürstenthums Schwerin

Dreifaltigkeit, H., ein Pfarrdorf im Oesterreichischen bey St. Leonhardt, zwischen Radkersburg und Pettau, in Steyermark im marburger Creise

Dreifaltigkeit, Zur Heil., eine bekannte Kirchfahrt bey Karnabrunn im Oestreichischen, nordwärts hinter Kronenburg im Viertel unterhalb dem Mannhardsberge.

Dreifaltigkeit, Zur Heil., ein berühmter Gnadenort im Oestreichischen unter der Ens, über der kleinen Erlouf, bey Gleis im Viertel oberhalb des wiener Waldes.

Dreifaltigkeit, Zur Heil., s. Sonntagsberg.

Dreifaltigkeitsberg, ein Berg und Ort in der österreichischen Grafschaft Oberhohenberg in Schwaben.

Dreikönigszug, s. Mühlbach.

Dreilingen, ein Dorf im churhannöverischen Fürstenthume Lüneburg, zum Amte Bodenteich gehörig

Drei Lützow, ein Dorf mit einem Rittersitze im Amte Wittenburg des Herzogthums Mecklenburg-Schwerin.

Dreisbach, Treisbach, ein Hof im hessen-cassellischen Amte Hessenstein, einen Herrn von Drach gehörig, 3 Viertelstunden von Hertenstein.

Dreisbach, ein Ort nebst Reckhammer im fürstlich-oranien-nassau-siegenschen Amte Netphen.

Dreisbach, ein Dorf im fürstlich-oranien-nassau-dietzischen Amte Marienberg

Dreisbach, ein Ort in dem oranien-nassauischen Fürstenthume Hadamar, ins Amt Renneroth gehörig.

Dreischwingen, ein Fallhaus mit einem Scharfrichter in Schwaben, eine Stunde von Niederstädten, gehört dem Fürsten von Hatzfeld

Dreisendorf, ein Ort im Bambergischen, im Amte Weischenfeld, 1 Meile davon gegen Streitberg in Franken gel.

- **Drele**, ein Ort im Hochstift und Fürstenthum Osnabrück in Westphalen, zum Amte Wörden und Voigtey Gerden geh.

Drenke, ein Ort im Fürstenthum und Abtey Corvey im westphälischen Creise, an der Schelpe und Weser.

Drendkau, ein Rittergut im grünbergischen Creise im Herzogthume Schlesien.

Dreneken, oder **Drenekow**, ein Dorf in der königlich-preußischen Vormark Brandenburg im perleburgischen Distrikte.

Drenhausen, ein Dorf im Lüneburgischen, zum Amte Bleken an der Luhe gehörig.

Drenow, ein adeliches Dorf mit einem Vorwerke und dem dabeyliegenden Vorwerke Charlottenhof, 1 und 1 Viertelmeile ostwärts von Trepiew, im königlich preußischen Hinterpommern im Fürstenthume Cammin in Obersachsen.

Drenow, ein adeliches Dorf und Vorwerk, 2 Meilen nordnordostwärts von Bärwalde, im königlich preußischen Hinterpommern im belgard-polzinischen Creise in Obersachsen.

Drenow, s. Drinow.

Drensch, ein Dorf im Amte, anderthalb Meilen südwärts vom Bublitz, am großen königlichen Walde Zubberow, im königlich preußischen Hinterpommern im Fürstenthume Cammin in Obersachsen.

Drensteinfurt, Steinfurt, ein Ort und Flecken im Stifte Münster, im Bezirke des Amtes Wolbeck in Westphalen.

Drentwede, ein Dorf im Bezirke der hannöverischen Graffschaft und Amt Diepholz.

Drenzig, ein zum Gute Crangen gehöriges Bauerndorf im königlich-preußischen Hinterpommern im schlaweschen und polnowschen Creise in Obersachsen.

Dresbach, s. Draspe.

Drescha, ein Dorf im herzoglich-sachsen-gothaisch- und altenburgischen Amte Altenburg, eine Viertelstunde von der Stadt.

Dreschen, ein Ort im königlich preußischen Fürstenthume Bayreuth, ins Amt Culmbach in Franken gehörig.

Dreschenau, ein Ort im königlich preußischen Fürstenthume Bayreuth, in dieses Amt gehörig.

Dreschenitz, ein Hof und Dorf im Herzogthume Pommern auf der Insel Rügen, Herrn von Bogewitz gehörig.

Dresdorf, Tresdorf, ein Kirchdorf im Oestreichischen,

nordwärts hinter Kornneuburg, gegen Kornabrunn, im Viertel unterhalb dem Mannhardsberge.

Dreseburg, ein einzelnes Gasthaus und Bergwerke auf dem Unterharze, eine Meile von Blankenburg, an der Bode im Herzogthume Braunschweig

Dreskau, ein Dorf und Vorwerk in der Niederlausitz in Chursachsen, ins Amt Sorau gehörig

Dresow, ein adeliches Dorf und Vorwerk, 1 Meile nordostwärts von Cammin, und 1 viertel Meile von der Ostsee, im königlich-preußischen Hinterpommern, im greifenbergischen Creise in Obersachsen.

Dresow, ein Dorf mit einem Vorwerke an der Lupow, drittehalb Meilen ostnordostwärts von Stolpe, im königlich-preußischen Hinterpommern, im stolpischen Creise.

Drespe, Dresbach, Treispe, ein Dorf auf dem Westerwalde im Fürstenthume Nassau-Siegen im Oberamte Nieder-Nerphe.

Dresschlingen, Schloß in Schwäbischen Kreise im Rittercanton Kreichgau.

Dreßberg, s. Presberg.

Dreßel, ein Ort im Fürstenthume Bremen, zum Bezirke des Amtes Rothenburg.

Dreßel, ein Ort im königlich-preußischen Fürstenthume Bayreuth in Franken.

Dreßendorf, ein zum Amte Holfeld gehöriger Ort im Bambergischen, am Flüßchen Auffeß, 1 Meile von Holfeld gegen Bamberg gelegen, in Franken

Dreßendorf, ein königlich-preußisch-markgräflich-bayreuthisches Dorf und Hof, in Franken gelegen, wo es gute Brüche von rothen, weißen und schwarzen Marmor giebt.

Dreßigische-Vorwerk, ein zur Herrschaft Forsta gehöriges Vorwerk, im gubner Amtsdistrikte, in der Niederlausitz in Chursachsen.

Dreßigk, ein zur Herrschaft Dobrilugk gehöriges Amtsdorf im Amte Luckau, in der Niederlausitz in Chursachsen.

Drestedt, ein Dorf im churhannöverischen Fürstenthume Lüneburg, zum Amte Motsburg gehörig.

Drethen, ein Ort im Lüneburgischen, zum churhannöverischen Amte Hitzacker gehörig.

Dreuschendorf, ein Dorf im fränkischen Creise im Fürstbisthume Bamberg, ins Amt Eckolsheim gehörig.

Dreutelmühl, eine Mühle im Fraischbezirke des anspachischen Oberamtes Feuchtwang in Franken.

Dreven, ein adeliches Dorf in der königlich-preußischen Churmark Brandenburg in der Priegnitz, im kyritzer Districte.

Drevenstedt, s. Drewenstedt.

Dreveskirchen, ein Dorf im Amte Buckow, des Herzogthums Meklenburg-Schwerin.

Drevsfelde, ein Dorf im Amte Gnoien, des Herzogthums Meklenburg-Güstrow.

Drewek, ein Dorf im Königreiche Böhmen im rakonitzer Creise, zum Stiftsgebiete Plaß gehörig.

Drewelow, ein Dorf und Vorwerk 2 Meilen südwestwärts von Anklam, im königlich-preußischen Antheile des Herzogthums Pommern, und zwar in Vorpommern, im anklamschen Creise in Obersachsen, ins Amt Spantekow gehörig.

Drewenstedt, **Drevenstedt**, ein Dorf in der königlich-preußischen Altmark Brandenburg, im salzwedelschen Creise und Amte Diesdorf.

Drewiz, ein königlich-preußisches Vorwerk mit Holzwärterwohnung auch Papiermühlen im Magdeburgischen im jerichauer Creise, zum Creisamte Coburg.

Drewitz, ein Dorf im Amte, eine Viertelmeile südwärts von Gülzow, im königlich-preußischen Hinterpommern, im flemmingschen Creise in Obersachsen.

Drewnik, **Drzewniky**, ein Dorf im Königreiche Böhmen im brauner Creise, zur Herrschaft Dobrzisch gehörig.

Drewoldeke, ein Dorf im Herzogthume Pommern, an der Insel Wittow.

Drexelberg, ein Dorf im fränkischen Creise im Fürstbißthume Bamberg ins Amt Vielseck gehörig.

Dreyborn, s. Dreybrunn.

Drey=Brand, ein Dorf im Königreiche Böhmen im pilsner Creise, zur Herrschaft Plan gehörig.

Dreybrodt, 3 zu Hinterecke und mit diesem zu Camitz gehörige Häuser, im königlich-preußischen Herzogthume Schlesien

Dreybruch, ein Dorf in der königlich-preußischen Chur- und Mittelmark Brandenburg.

Dreybrücken, s. Seelenhorst.

Dreybrunn, Dreybornj, Trzy Studnicze, ein Dorf im Königreiche Böhmen im königgrätzer Creise, zum Gute Bischoffstein gehörig.

Drey Brüder, s. Junge drey Brüder.

Dreyburg, so heißt das Schloß zu Langensalza in Thüringen, in Churfachsen.

Drey Chalupner, s. Luchy.

Dreydörfer, ein Amtsdorf mit 3 Höfen im Amte Noßsen, im Gebirgischen in Churfachsen.

Dreydorf, ein Ort im Königreiche Böhmen im chrudimer Creise, zur Herrschaft Pardubitz gehörig

Dreye, ein Dorf in der Grafschaft Hoye, im Bezirke des churhannöverischen Amtes Syke.

Drey=Eichen, s Neuglück.

Dreyeicherhayn, ein Flecken und Schloß in der Grafschaft Isenburg Offenbach in der Drey Eich, drittehalb Stunden von Offenbach, eben so viel von Frankfurt.

Dreyfaltigkeit, s. Heilige=Dreyfaltigkeit und Dreisfaltigkeit.

Dreyfelder, (n) ein Dorf und Kirchspiel in der untern Grafschaft Wied Neuwied in Westphalen im Bann.

Dreygrün, ein Dörfchen von 7 Häusern im Königlich Preußischen, zum Burggrafthume Nürnberg und Fürstenthume Bayreuth gehörigen Amtshauptmannschaft Hof im Vogtlande und fränkischen Creise ins Vogteyamt Nalla gehörig.

Dreyhäusel, ein Dorf jenseits der Eger im Königreiche Böh-

Böhmen im ellnbogner Creise, der Stadt Ellnbogen gehörig.

Dreyhäusel, Drahausen, Drahuschen, ein Dorf im Königreiche Böhmen im saatzer Creise, zur Herrschaft Petersburg gehörig.

Dreyhäuser, ein Dorf im Königreiche Böhmen im saatzer Creise zur Herrschaft Maschau gehörig.

Dreyhäuser, oder **Lodige,** ein Dorf im Königreiche Böhmen im bidschower Creise, zur Herrschaft Wildschütz gehörig.

Dreyhaken, ein Dorf im Königreiche Böhmen im pilsner Creise, zur Herrschaft Kuttenplan gehörig.

Dreyhannßen, ein Ort im Amte Zwickau, im Gebirgischen in Chursachsen.

Dreyhöfe, ein Ort im Königreiche Böhmen im egerischen Creise, jenseits der Eger.

Dreyhöfe oder Dreyhöfer-Vorwerk, s. **Mittelwalde.**

Dreyhöfen, Trzydwory, ein Ort im Königreiche Böhmen im czaslauer Creise, zum Gute Przibram gehörig.

Dreyhöfen, ein Ort und Schloß im Königreiche Böhmen im ellnbogner Creise, zum Gute Libin gehörig.

Dreyhöfen, ein Ort der Herrschaft Tachlau im Königreiche Böhmen im pilsner Creise.

Dreyhöfen, ein Ort mit einem Steinkohlenbruche im Königreiche Böhmen, im saatzer Creise, zum Gute Holetitz gehörig.

Dreyhofen, ein Ort im Königreiche Böhmen im chrudimer Creise, zur Herrschaft Landskron gehörig.

Dreyhunken, ein Dorf im Königreiche Böhmen im leutmeritzer Crise, zur Herrschaft Toplitz gehörig.

Dreykutten, eine unters Stift Meissen gehörige Mühle, im meißnischen Creise in Chursachsen.

Drey-Linden, ein Gasthof zum dürren Fuchs bey Schmiedefeld, im meißner Creise in Chursachsen.

Drey-Linden, ein Gasthof bey Dresden, vorm schwarzen Thore auf dem neuen Anbaue, im meißnischen Creise in Chursachsen, ins Amt Dresden gehörig.

Drey-Linden, s. Bey drey Linden.

Dreymischl, Drahomissle, ein Dorf im Königreiche Böhmen im saatzer Creise, zur Herrschaft Litschkau gehörig.

Dreyß, ein Dorf denen Schutzbar, genannt Milchling gehörig, im fränkischen Rittercreise im Canton Röhnwerra.

Dreyßberg, s. Drachsberg.

Drey-Schwingen, ein fürstlich-hohenlohisches Dorf in Franken.

Dreysen, ein nassau-weilburgisches Dorf im oberrheinischen Creise, ins Amt Kirchheim gehörig.

Dreyßig, ein Ort im meißner Creise in Chursachsen, ins Creißamt Meissen gehörig.

Dreyßighuben, ein adeliches Dorf, 1 halbe Meile von Reichenbach im Herzogthume Schlesien.

Dreyßingen, ein Ort im Gebiete der Abtey Rothenmünster in Schwaben.

Dreyßkau, ein Ort im Amte Leipzig im leipziger Creise in Chursachsen.

Dreyweiber, ein Ort im Amte Bauzen, in der Oberlausitz in Chursachsen.

Dreyweiber, ein gewerkschaftliches Huthaus 1 viertel Stunde von Marienberg, im Gebirgischen in Chursachsen, ins Amt Marienberg gehörig.

Dreywerthen, eine Mühle nebst etlichen Häusern bey Schönborn, zum Rittergute Neusorge gehörig, im Amte Augustusburg im Gebirgischen in Chursachsen.

Dreywerthen, s. Treuwertha.

Drezen, ein Coloniedorf im königlich-preusischen Amte und Distrikte Ziesar im zauchischen Creise, 6 u. 1 halbe Stunde von Magdeburg.

Drezewarte, ein einständiges Zoll- und Gasthaus in der königlich-preusischen Altmark Brandenburg, zwischen Stendal und Gardelegen, an der Landstraße gelegen.

Drhlina, ein Ort im Königreiche Böhmen im bunzlauer Creise, zur Herrschaft Münchengrätz gehörig.

Drhonin, Trhonin, ein Ort im Königreiche Böhmen im prachiner Creise, zur Herrschaft Winterberg gehörig.

Drhonicz, Thronicz, ein Dorf im Königreiche Böhmen im chrudimer Creise, zur Stadt Policzka gehörig.

Drhotin, ein Meyerhof im Königreiche Böhmen im czaslauer Creise, zum Gute Bestwin und Klokoczow gehörig.

Drhow, Drowhcze, ein Dorf im Königreiche Böhmen im berauner Creise, zur Herrschaft Dobrzisch gehörig.

Drhow, Drhowy, ein Dorf im Königreiche Böhmen im berauner Creise, zur Herrschaft Dobrzisch gehörig.

Drhowicz, Drhowicze, ein Dorf im Königreiche Böhmen im taborer Creise, der Stadtgemeinde nach Tabor gehörig.

Drhowl, Drhowle, Druhow, ein Schloß und Dorf, 13 Meilen von Prag südwärts, und 1 Meile von Pisek westwärts, im Königreiche Böhmen im prachiner Creise, in der Herrschaft gleiches Namens.

Drhowy, s. Drhow.

Drieberg, ein Hof und Dorf im Amte Schwerin des Herzogthums Mecklenburg Schwerin.

Driedorf, ein Ort und Amt im fürstlich Oranien-Nassauischen gelegen.

Driengut, s. Petershagen.

Driefel, ein Ort in der ehemaligen Graffschaft und jetzigem Herzogthume Oldenburg und Delmenhorst, in der Landvogtey Neuenburg, in die Vogtey Zetel gehörig.

Driesendorf, Strzizow, ein Dorf am Flusse Malsch im Königreiche Böhmen im budweiser Creise, zur Herrschaft Hohenfurt gehörig

Driever, ein Dorf in Westphalen im Fürstenthume Ostfriesland im Amte Leer.

Driewitz, ein zum Rittergute Lohsa gehöriger Ort bey Litzschera, im Amte Bautzen in der Oberlausitz in Chursachsen.

Drifftsehe, ein Dorf im Fürstenthume Bremen, zum Amte Cassebruch gehörig.

Drigge, ein Hof und Dorf im Herzogthume Pommern auf der Insel Rügen, Herrn von Hochwächter gehörig.

Drilacke, ein Vorwerk und Erbzinsgut in der königlich-dänischen Grafschaft Oldenburg und Delmenhorst, in die Land- und Hausvogtey Oldenburg gehörig.

Drin, Trz, ein Dorf im Königreiche Böhmen im rackonitzer Creise, zur Herrschaft Buschtiehrad gehörig.

Drinow, Drenow, ein Dorf im Königreiche Böhmen im rackonitzer Creise, zur Herrschaft Schlan gehörig.

Drislawitz, ein Ort mit einem Meyerhofe im Königreiche Böhmen im prachiner Creise, zur Herrschaft Winterberg gehörig.

Drisgloben, s. Trisgloben.

Drittry, Dertya, ein Dorf im Oestreichischen, bey Wallenek in Obercrain.

Drittgerst, ein Ort im Fürstenthume Bremen, zum churhannöverischen Amtsbezirke Peterkese gehörig.

Drivorde, ein Ort im Stifte Münster, im Amte Rhein und Kirchspiele Embsbühren in Westphalen.

Druwci, s Pflanzendorf.

Drmslow, Darmschlag.

Drneck, ein Dorf im Königreiche Böhmen im rackonitzer Creise, zur Herrschaft Smetschna gehörig.

Drnow, ein Dorf im Königreiche Böhmen im rakonitzer Creise, zur Herrschaft Schlan gehörig.

Dro, ein Dorf in der Grafschaft Arco am Sarcaflusse, in Tirol im Oestreichischen.

Drobiczeck, eine Mühle im Königreiche Böhmen im klattauer Creise, zur Herrschaft Rauth gehörig.

Drobowicz, ein Dorf im Königreiche Böhmen im czaslauer Creise, zur Herrschaft Tupadl gehörig.

Drochesdorf, s. Drohesdorf.

Drochtersen, ein Dorf im Fürstenthume Bremen, zum churhannöverischen Amte Kedingen-Butzfeth gehörig.

Dröbel, ein Dorf im Fürstenthume Anhalt-Bernburg, ins Amt Bernburg gehörig.

Dröbka, ein Ort im Amte Hayn im meißner Creise in Chursachsen.

Dröblitzmühle, eine Mühle bey Belgern im meißner Creise in Chursachsen, ins Amt Torgau gehörig.

Drögenbostel, ein Ort im Fürstenthume Bremen, zum Amtsbezirke Rothenburg gehörig.

Drögnitz, ein Vorwerk und Gut im Amte Torgau in meisner Creise in Churfachsen.

Drölitz, ein Dorf im Amte Güstrow des Herzogthums Mecklenburg Güstrow.

Drömling, ein Dorf in der königlich preußischen Altmark Brandenburg im salzwedelischen Creise, im Bezirke des Amtes Diesdorf, zum Theil ins lüneburgische Amt Knesebeck gehörig.

Dröningen, ein Dorf auf dem Westerwalde im Fürstenthume Nassau Siegen im Amte Freudenberg.

Drönnevitz, ein Hof und Dorf im Herzogthume Pommern, der Stadt Demin gehörig

Drönnewitz, ein Dorf und Rittersitz im Amte Wittenburg des Herzogthums Mecklenburg Schwerin.

Dröschkau, ein Rittergut und Schäferey an der Elbe, bey Belgern, im leipziger Creise in Churfachsen, ins Amt Wurzen gehörig.

Dröstede, ein adeliches Dorf in der königlich preußischen Altmark Brandenburg, im arendseeischen Creise und Amtsbezirke.

Drösing, ein Markt, Ort und Gut im Oestreichischen, nordwärts hinter Jdensbolgen, an der Holitscherstraße, unweit dem Marchflusse, im Viertel unterhalb dem Mannhardsberge.

Drößiedel, ein Schloß, Herrschaft und Dorf im Oestreichischen des Stifts Altenburg, hinter der Sas, bey Weinern oberhalb dem Mannhardsberg.

Drößnitz, ein Ort im herzoglich sachsen gotha und altenburgischen Amte Leuchtenburg und Orlamünda im Saalkreise.

Drößowitz, Srzizowicze, ein Dorf im Königreiche Böhmen im taborer Creise, zur Herrschaft Königseck gehörig.

Drößwein, ein Ort im Amte Plauen im Voigtlande in Churfachsen.

Drötzbach, ein Marktflecken an der Jagst, den Herren von Eyb gehörig.

Drokuy, ein Ort im Vingstgau in Tyrol, zum östreichischen Gericht Glurns gehörig.

Drogau, Tragau, ein Ort auf einer Anhöhe im Königreiche Böhmen im egerischen Bezirke, jenseits der Eger, der Stadt Eger gehörig.

Drogelwitz, ein Rittergut im glogauischen Creise in Nieder-Schlesien, 2 Meilen von Groß-Glogau.

Drogenau, Trogenau, ein Dorf in der königlich-preussischen zu den Fürstenthümern Anspach und Bayreuth gehörigen Amtshauptmannschaft Hof im Vogtlande im fränkischen Creise, 2 Stunden von Hof, zum Kastenamt daselbst und Stifts-Kastenamt Himmelskron u. a. gehörig.

Drogis, ein Ort im Amte Plauen, im Vogtlande in Chursachsen.

Drognitz, ein Dorf im Amte Ziegenrück, im neustädter Creise in Chursachsen.

Drohe, ein Dorf im Churfürstenthum Lüneburg, zum hannöverischen Amte Bodenteich gehörig.

Drohesdorf, Drochesdorf, ein Dorf im Königreiche Böhmen im budweiser Creise, zur Cammeralherrschaft Krummau gehörig.

Drohm, ein Ort im Bißthum Paderborn im westphälischen Creise.

Drohmsdorf und Lohnig, 2 besondere, doch nahe an einander liegende adeliche Dörfer, 2 Meilen von Striegau im Herzogthume Schlesien, mit einer Begräbnißkirche.

Drohnitz, s. **Drahonitz**.

Dramsdorf, ein Dorf im striegauer Creise im Herzogthume Schlesien.

Dronecken, s **Tronecken**.

Dropalach, ein Ort im Oestreichischen, am Geilflusse in Kärnten

Dros, Tros, ein Schloß, Gut und Dorf im Oestreichischen, über dem Kampflusse, zwischen Langenlois und Sänftenberg, oberhalb dem Mannhardsberge.

Drosau, Droschau, Strazow, ein Dorf im Königreiche Böhmen im klattauer Creise, zur Herrschaft Bistritz gehörig.

Drosau,

Drosau, s. Ober= und Unter= Drosau.
Droschau, s. Drosau.
Droschen, ein Dorf, 1 halbe Meile von Trebnitz in Schlesien, gehört der evangelischen Kirche daselbst.
Droschenreut, ein Ort im vogtländischen Creise in Sachsen, im Amtsbezirke Voigtsberg.
Droschick, Troschick, ein Dorf im Königreiche Böhmen im saatzer Creise, zum Gute Schönlind gehörig.
Droschkau, ein Rittergut im grünbergischen Creise im Herzogthume Schlesien, 1 halbe Meile von Wartenberg.
Droschkau, ein Rittergut im namslaischen Creise im Herzogthume Schlesien.
Droschkau, ein Freyrittergut und herrschaftliches Dominium in der Grafschaft Glatz im Herzogthume Schlesien, das aber unter der Jurisdiktion des königlichen Rentamts steht.
Droschlhof, liegt im Bezirke des Gutes Rauschnig im Königreiche Böhmen im budweiser Creise
Droschlowitz, Schöbesdorf, Schebeso, ein Dorf im Königreiche Böhmen im budweiser Creise, zur Herrschaft Hohenfurt gehörig.
Drosdow, ein Hof und Dorf im Herzogthume Pommern, ins Amt Lotz gehörig.
Drosedow, ein adeliches Dorf und Vorwerk, 2 Meilen südwärts von Colberg, im königlich=preussischen Hinterpommern im greifenbergischen Creise in Obersachsen.
Drosedow, Hohen=Drosedow, ein Dorf im Amte und 1 Meile westnordwestwärts von Treptow, im königlich=preussischen Hinterpommern im greifenbergischen Creise in Obersachsen.
Drosedow, ein Vorwerk im königlich preussischen Hinterpommern im schlaweschen und pollnowschen Creise in Obersachsen, in der Abtey Rügenwalde.
Drosedow, eine Meyerey im Amte Wesenberg, des Herzogthums Meklenburg Strelitz.
Droscheyde, ein Rittergut des freystädtischen Creises im Herzogthume Schlesien, 2 Meilen von Freystadt.
Droßen, s. Groß= und Klein=Droßen.
Drosendorf, ein Schloß und Herrschaft an der großen
Theya

Theya und dem Thumrizbache, hinter dem Kloster Gö͏̈ras gegen Böhmen, oberhalb dem Mannhardsberge.

Drosengrube, s. Emöllen.

Drosevitz, ein Hof im Herzogthume Pommern auf Jasmund, Herrn von Barnekow gehörig.

Droskowitz, Troskowicze, ein Dorf im Königreiche Böhmen im bunzlauer Creise, zur Herrschaft Groß-Skall gehörig.

Droßendorf, ein bischöflich bambergisches Dorf am Fluß Schleslitz, 2 Stunden von Bamberg gegen Schleslitz.

Droßenhausen, ein Dorf im herzoglich-sachsen coburgischen Gerichte Lautern in Franken.

Droßwein, ein Ort im Vogtlande, im Amtsbezirke Plauen.

Drotarnia, ein Frischfeuer im Walde, im lublinitzer Creise im Herzogthume Schlesien.

Drottenzien, einige besonders liegende Feldhäuser zu Drungrawe gehörig, im Herzogthume Schlesien.

Drottowitz, s. Rudelsdorf.

Droysßau, ein Ort im Amte Leipzig im leipziger Creise in Chursachsen.

Drozbach, ein ritterschaftlicher Ort des Cantons Altmühl im Bayreuthischen in Franken, den Herren von Eyb gehörig.

Drozdicz, ein Ort im Königreiche Böhmen im chrudimer Creise, zur Herrschaft Pardubitz gehörig.

Drozdorf, s. Alt-Grottgau.

Drozdow, Drazdow, ein Dorf im Königreiche Böhmen im berauner Creise.

Drschkow, ein Dorf im Königreiche Böhmen im bunzlauer Creise, zum Gut N marow gehörig.

Drschkragow, s Drzkragow.

Drslawicz, Drslawicze, ein Dorf und Gut im Königreiche Böhmen im klattauer Creise.

Drslawicze, s. Drslawicz.

Drsnik, Drznj, ein Dorf im Königreiche Böhmen im berauner Creise, zur Herrschaft Dobrzisch gehörig.

Drtina

Drtina, ein Gasthaus im Königreiche Böhmen im prachiner Kreise, zur Herrschaft Drahenitz gehörig.

Drubicz, ein Dorf im Königreiche Böhmen im klattauer Kreise, zur Herrschaft Bischofteinitz gehörig.

Druchhorn, ein Ort im Hochstift und Fürstenthume Oßnabrück, zum Amte Fürstenau und Gogericht und Vogtey Ankum gehörig.

Druchlicz, Druhlitz, ein Dorf im Königreiche Böhmen im berauner Kreise, zur Herrschaft Miltn gehörig.

Drudenstein, ein Dorf auf dem Unterharze 1 Meile von Elbingerode, zum herzoglich-braunschweigischen Fürstenthume Blankenburg gehörig.

Drübber, ein Dorf und Gut im Fürstenthume Bremen, zum churhannöverischen Amtsbezirke Westen gehörig.

Drübber, ein Dorf im Fürstenthume Bremen, zum hannöverischen Amte Salzderhelden.

Drübeck, ein Ort bey Plauen, im Vogtlande in Chursachsen, ins Amt Plauen gehörig.

Drügendorf, ein Dorf im fränkischen Kreise im Fürstbißthume Bamberg, ins Amt Memmelsdorf gehörig.

Drüschow, ein Dorf im Amte Bukow, des Herzogthums Meklenburg-Schwerin.

Drüsedau, ein Dorf und Freyhof in der königlich-preußischen Altmark Brandenburg im seehaußischen Kreise.

Drüsen, ein Ort im Fürstenthume Lauenburg, zum hannöverischen Amte Razeburg gehörig.

Drüsenhof, Drisenhof, ein Dorf im Königreiche Böhmen im egerischen Kreise, jenseits der Eger.

Druffelbeck, ein Ort im Fürstenthume Lüneburg, zum Bezirke des Amtes Gifhorn.

Drufstetten, s. Unter=Drufstetten.

Druhanicz, ein Ort und Meyerhof im Königreiche Böhmen im czaslauer Kreise, zur Herrschaft Sehuschitz gehörig.

Druhanow, ein Dorf im Königreiche Böhmen im czaslauer Kreise, zur Herrschaft Swietla gehörig.

Druhlitz, s. Druchlicz.

Druhow, s. Drhow.

Druisheim, ein kleines Dorf im Burgau in Schwaben. Es gehört dem Kloster Holz.

Drukerstädten, ein Edelsitz im Oestreichschen unter der Ens, nahe bey Ips, am Feronizbache, zwischen Edelsbach und Freidel, im viertel oberhalb wiener Waldes.

Drulowitz, ein adeliches Dorf und Rittergut im Amte Guben in der Niederlausitz in Chursachsen.

Drum, Stolinky, Strwolenky, eine Herrschaft, Marktflecken und Schloß zwischen Ausche und Libeschitz, 8 Meilen nordwärts von Prag, im Königreiche Böhmen im leutmeritzer Creise, dem Bißthume in Leutmeritz gehörig.

Drungrawe, ein adeliches Dorf mit einer Potaschensiederey im wartenbergischen Creise im Herzogthume Schlesien, wozu noch Drottenzien und die auf der Tschoek befindlichen Häuser gehören.

Drus, Truß, ein Dorf im Königreich Böhmen im pilsner Creise, zur Herrschaft Plan gehörig.

Druse, ein Rittergut im glogauschen Creise in Niederschlesien, anderthalb Meilen von Groß-Glogau.

Drusebergshof, s. Drasebergshof.

Drusel, ein Gut im Amte Meissen, im meißner Creise in Chursachsen.

Drusen, s. Trusen.

Drusenheim, ein Ort in dem landgräflich-hessendarmstädtischen Amte Offendorf im oberrheinischen Creise.

Drusewitz, ein Dorf im Amte Gnoien, des Herzogthums Meklenburg-Güstrow.

Drutschhammer, ein Dorf mit einem Kupferhammer, drittehalb Meilen von Trebnitz im Herzogthume Schlesien, gehört dem Stifte Trebnitz.

Drurberge, ein Dorf im herzoglich-magdeburgischen Holzcreise im königlich-preußischen Amte Dreyleben.

Druzdow, ein Dorf im Königreiche Böhmen im pilsner Creise, zur Stadt Pilsen gehörig.

Druzec, ein Dorf 3 Meilen von Prag im Königreiche Böhmen im rakonitzer Creise, zur Herrschaft Smietschna gehörig.

Drwohlaw, ein Dorf im Königreiche Böhmen im tabroter Creise, zur Herrschaft Ober Czerekwa gehörig.

Drzenicz, ein Dorf im Königreiche Böhmen im chrudimer Creise, zum Gute Medleschitz gehörig.

Drzeschin, s. Groß=Klein= und Ober=Drzeschin.

Drzeskow, Trzeskowicz, ein Dorf im Königreiche Böhmen im saazer Creise, zur Herrschaft Litschkau gehörig.

Drzessinko, s. Klein=Drzeschin.

Drzewcze, ein Ort im Königreiche Böhmen im leutmeritzer Creise, zur Herrschaft Bilin und Dlaskowitz gehörig.

Drzewczicz, ein Dorf im Königreiche Böhmen im kaurzimer Creise, zur Herrschaft Brandeis gehörig.

Drzewenicz, ein Dorf im Königreiche Böhmen im bidschower Creise, zur Herrschaft Kumburg gehörig.

Drzewesch, ein Ort im Königreiche Böhmen im chrudimer Creise, zur Herrschaft Rositz gehörig.

Drzewicz, ein Dorf im Königreiche Böhmen im königgrätzer Creise, zur Herrschaft Nachod gehörig.

Drzewicz, s. Nieder= und Ober=Drzewicz.

Drzewikau, Drzewikow, Drzewikowicz, ein Gut und Dorf im Königreiche Böhmen im chrudimer Creise, den Grafen von Pötting gehörig.

Drzewnik, s. Drzewnitz.

Drzewnity, s. Drewnik.

Drzewnisste, ein Dorf im Königreiche Böhmen im berauner Creise, zum Gute Amschelberg gehörig.

Drzewnitz, Drzewnik, Rzewnitze, ein Dorf im Königreiche Böhmen im berauner Creise.

Drzewnowicz, Rzenowicz, ein Ort im Königreiche Böhmen im budweiser Creise, zur Stadt Budweis gehörig.

Drzicz, Drzitecz, ein Dorf im Königreiche Böhmen im chrudimer Creise, zur Herrschaft Pardubitz gehörig.

Drzigowa, s. Darsow.

Drzinow, ein Dorf im Königreiche Böhmen im kaurzimer Creise, zum Gute Wodolka gehörig.

Drzitecz, s. Drzicz.

Drziten, s. Zirnau.

Drzkowicz, s. Drazkowicz.

Drzkragow, Drschkragow, ein Dorf im Königreiche Böhmen im taborer Creise, zur Herrschaft Bernardicz gehörig.

Drznj, s. Drsnik.

Drzow, ein Ort im Königreiche Böhmen im prachiner Creise, zur Herrschaft Drhowl (Druhow) jenseits der Watawa gehörig.

Drzwicz, s. Dirschnitz.

Dub, drey Dörfer im Königreiche Böhmen im büdscher Creise, zur Herrschaft Sadowa; im kaurzimer Creise zum Gute Cztiborz; in demselben Creise zum Gute Lojowitz gehörig.

Dub, ein Gut, Schloß und Dorf im Königreiche Böhmen im prachiner Creise, den Freyherrn von Linker gehörig.

Dub, ein Dorf im Königreiche Böhmen im taborer Creise, zur Herrschaft Cheynow gehörig.

Duba, s. Dauba.

Duban, zwey Orte im Königreiche Böhmen, einer im chrudimer Creise, zur Herrschaft Herrmannstadt und Moraschitz, der andere im leutmeritzer Creise, zur Herrschaft Libochowitz gehörig.

Dubberow, s. Groß = und Klein = Dubberow.

Dubberteck, ein adeliches Dorf mit zwey Vorwerken, zviertel Meilen nordwestwärts von Bublitz im königlich = preußischen Hinterpommern, im Fürstenthume Camnin in Obersachsen. Außer obigen 2 Vorwerken gehören noch dazu die sogenannten Buschpächtereyen oder kleinen Vorwerke: Die Eilenburg, (oder Eulenburg) der Lilienhof, der Junkerhof ꝛc.

Dubberzin, ein Gut anderthalb Stunden ostwärts von Schlawe im königlich = preußischen Hinterpommern, im schlaweschen und pollnowschen Creise in Obersachsen.

Dubczan, s. Dubschan.

Dubczek, s. Dubeczek.

Dubcz, s. Dubetsch.

Dubecz, ein Dorf im Königreiche Böhmen im klattauer Creise, zur Herrschaft Grünberg gehörig.

Dubeczek, Dubczek, ein Dorf im Königreiche Böhmen im kaurzimer Creise, zur Herrschaft Aurziniowes gehörig.

Dubeczko, ein Ort im Königreiche Böhmen im bunzlauer Creise, zur Herrschaft Groß Skall gehörig.

Dubeczno, ein Dorf im Königreiche Böhmen im bidschower Creise, zur Herrschaft Dimokur gehörig.

Duben, Dubenegg, ein Dorf und Meyerhof im Königreiche Böhmen im budweiser Creise, zur Stadt Budweis gehörig.

Duben, ein zur Stadt und Amte Luckau gehöriges Dorf in der Niederlausitz in Chursachsen.

Dubenecz, eine Cammeralherrschaft und Dorf im Königreiche Böhmen im königgrätzer Creise.

Dubenecz, noch 2 Dörfer im Königreiche Böhmen im budweiser Creise, zur Herrschaft Frauenberg, und im berauner Creise, zur Herrschaft Milin gehörig.

Dubensko, ein Ort im Königreiche Böhmen im rackonitzer Creise, zur Herrschaft Kritz gehörig.

Duber, eine Mühle bey Tupadl im Königreiche Böhmen im czaslauer Creise, zur Herrschaft Tupadl gehörig.

Dubetsch, Dubecz, Dubicz, ein Dorf, sonst ein Marktflecken im Königreiche Böhmen im kaurzimer Creise, zur Herrschaft Aurziniowes gehörig.

Dubicz, s. Xaverow.

Dubregowicze, ein Dorf nebst 2 Mayerhöfen im Königreiche Böhmen im czaslauer Creise, zum Gute Sautitz gehörig.

Dubiken, ein Ort im Königreiche Böhmen im budweiser Creise, zur Stadt Budweis gehörig.

Dubina, ein Ort, Mayerhof und Jägerhaus im Königreiche Böhmen im czaslauer Creise, zu den Herrschaften Sedlecz und Krchleb gehörig.

Dubina, 2 Dörfer im Königreiche Böhmen im kaurzimer Creise, zum Gute Logowitz, und im czaslauer Creise, zum Gute Zruc, gehörig.

Dubinermühle, liegt im Königreiche Böhmen im czaslauer Creise in der Herrschaft Maleschau.

Dubitz, ein Dorf im Königreiche Böhmen im leutmeritzer Creise, zur Herrschaft Tirmitz gehörig.

Dubitzmühle, ein Mühlengut im Amte Luckau in der Niederlausitz in Chursachsen.

Dubkowiz, ein adelicher Hof im Herzogthume Pommern auf der Insel Rügen, Herrn von Osten gehörig.

Dubkewicz, ein Dorf im Königreiche Böhmen im leutmeritzer Creise, zur Herrschaft Lobositz gehörig.

Dublin, ein Dorf im Königreiche Böhmen im berauner Creise, zum Gute Radicz gehörig.

Dublowicze, ein Dorf im Königreiche Böhmen im berauner Creise, zur Herrschaft Chlumetz gehörig.

Dublowiczky, oder **Daublowiczky**, ein Dorf im Königreiche Böhmen im berauner Creise, zur Herrschaft Chlumetz gehörig.

Dubnan, ein Ort nahe am Flusse Mies im Königreiche Böhmen im rackonitzer Creise, zur Herrschaft Kritz geh.

Dubney, s. Dubno.

Dubnicz, s. Hennersdorf.

Dubniz, ein Hof und Dorf im Herzogthume Pommern auf Jasmund.

Dubno, s. Dobno.

Dubno, ein Mayerhof, Jägerhaus und Schäferey im Königreiche Böhmen im königgrätzer Creise, zur Herrschaft Nachod gehörig.

Dubno, Dubney, ein Ort im Königreiche Böhmen im königgrätzer Creise, zur Herrschaft Reichenau gehörig.

Dubowa, ein Ort im Königreiche Böhmen im chrudimer Creise, zur Herrschaft Nassaburg gehörig.

Dubowa, s. Eichmühle.

Dubowicz, ein Ort im Königreiche Böhmen im taborer Creise, der pilgramer Stadtgemeinde gehörig.

Dubowicz, ein Ort im Königreiche Böhmen im prachiner Creise, zur Herrschaft Liebigitz gehörig.

Dubowka, ein Gasthaus im Königreiche Böhmen im kaurzimer Creise, zum Gute Iworschowitz gehörig.

Dubowka, einige Dörfer im Königreiche Böhmen im berauner Creise, zur Herrschaft Tloskau, und im kaurzimer Creise, zur Herrschaft Sternberg gehörig.

Dubowskow, ein Dorf im Königreiche Böhmen im kourzimer Creise, zur Herrschaft Kammerburg gehörig.

Dubrau, ein Ritterguth im Amte Calau in der Niederlausitz in Chursachsen.

Dubrau, ein adeliches Dorf, 4 und 1 halbe Meile von Sagan im Herzogthume Schlesien.

Dubschan, Dubczan, ein Dorf im Königreiche Böhmen im saatzer Creise, zur Herrschaft Dobriczan gehörig.

Dubsko, ein Dorf im Königreiche Böhmen im brauner Creise, zur Herrschaft Knrpischt gehörig.

Dubskowa, s. Lhota-Dubskowa.

Dubus, Tubus, ein Dorf im Königreiche Böhmen im bunzlauer Creise, zum Gute Strawa gehörig.

Duby, ein Dorf im Königreiche Böhmen im rakonitzer Creise, zur Herrschaft Buschtiehrad gehörig.

Duby, ein Dorf im Königreiche Böhmen im königgrätzer Creise, zur Herrschaft Kostelecz am Adlerflusse gehörig.

Duby, ein Dorf und Mayerhof im Königreiche Böhmen im czaslauer Creise, zur Herrschaft Heralecz gehörig.

Duby, s. Ruwikowy-Duby.

Ducharve, ein Dorf mit einem Weinberge und einem Lusthause auf demselben, 1 halbe Meile von Wirschkowitz, zur freyen Minderherrschaft Neuschloß im Herzogthume Schlesien gehörig.

Duchert, ein königl. herrnstädtisches Amtsdorf im wohlauischen Creise im Herzogthume Schlesien.

Duchorow, ein Ort im königlich-preußischen Herzogthume Pommern im anklamischen Creise.

Duchometice, s. Tuchomieriz.

Duchonicze, Tuchonicze, ein Dorf im Königreiche Böhmen im budweiser Creise, zum Gute Bzy gehörig.

Duchorcice, Tuchorcicze, ein Dorf und Gut im Königreiche Böhmen im saatzer Creise, zur Herrschaft Dobriczan gehörig. Es ist hier ein Schloß, ein großer Phasanengarten und Kalksteinbruch.

Duchow, Tuchom, Tuchaun, ein Dorf im Königreiche Böhmen im bunzlauer Creise, zur Herrschaft Krzinitz gehörig.

Duchow, ein Dorf am Papenwasser, 2 Meilen nordostwärts

wärts von Stettin, im königlich-preußischen Vorpommern im randowschen Creise in Obersachsen, ins Amt Jasenitz gehörig.

Duchow, ein Dorf im königlich-preußischen Herzogthum Pommern im anklamischen Creise.

Duchrod und Oberhausen, 2 Dörfer auf der rechten Seite der Nahe, jenes zwischen der Reitersbach und dem Einflusse des Glans, dieses unterhalb des Schlosses Beckelnheim, an der Nahe, ins churpfälzische Oberamt Kreuznach gehörig.

Duchrodt, ein Ort und Schultheißerey des herzoglich zweybrückischen Oberamts Meisenheim der alten Grafschaft Veldenz im Oberrheinischen Creise.

Duchsa, ein zur Herrschaft Seydenberg gehöriges Lehnguth im Amtsdistrikte Görlitz in der Oberlausitz in Chursachsen.

Duchser-Hammer, ein Dorf im Königreiche Böhmen im leutmeritzer Creise, zur Herrschaft Duchs und Oberleutensdorf gehörig.

Duchstatt, ein königlich-preußisch-markgräflich-bayreuthisches Dorf in Franken.

Duchtihöfe, s. Höfen.

Duchtlingen, ein Dorf im schwäbischen Creise, im Ort oder Rittercanton Hegau, Algäu und Bodensee.

Ducic, ein Dorf im Königreiche Böhmen im rackonitzer Creise, zur Herrschaft Kornhaus gehörig.

Duckedorp, s Duckunder.

Duckow, ein adeliches Dorf an der Peene, 3 und 1 halbe Meile südwestwärts v. Demmin, im königlich-preußischen Antheile des Herzogthums Pommern, und zwar in Vorpommern, im demmin- und treptowschen Creise in Obersachsen.

Duckunder, Duckedorp, ein Ort in der Herrschaft Pinneberg, im königlich-dänischen Herzogthum Holstein in Niedersachsen.

Duckwitz, ein Dorf im breslauischen Creise im Herzogthume Schlesien, gehört dem St. Katharinenstifte zu Breslau.

**Duckwitz, ein Dorf im Amte Gnoien, des Herzogthums Meckenburg-Güstrow.

**Duddenhausen, Duenhausen, etliche Orte in der Grafschaft Hoye, im Bezirke des hannöverischen Amtes Steuerberg und Hoye.

**Dudeleben, ein Dorf und Collegiatstift im herzoglich, jetzt königlich, preußisch-magdeburgischen Saalcreise.

**Dydeleben, s. Deutleben.

**Dudenbostel, ein Ort im churhannöverischen Fürstenthume Braunschweig-Lüneburg, zum Amtsbezirke Bossendorf gehörig.

**Dudendorf, ein Dorf mit einem Rittersitze im Amte Ribnitz des Herzogthums Mecklenburg-Güstrow.

**Dudendorp, ein Ort im königlich-dänischen Herzogthume Holstein in Niedersachsen.

**Dudenhäuser Mühle, s. Schönhagen.

**Dudenhofen, ein Dorf im Nassau-Weilburgischen, ins Amt Gleiberg gehörig.

**Dudenhofen, ein großer Flecken an der Rodsbach, in der Grafschaft Hanau, 2 Stunden von Hanau, auf dem sogenannten Rücken, und anderthalb von Babenhausen gelegen, in dieses hessen-casselische Amt gehörig.

**Dudenrod, Dodenrod, Todtenrod, ein Dorf in der Grafschaft Isenburg im Gerichte Büdingen, 1 Stunde von dieser Stadt und anderthalb von Ortenberg gelegen. Es gehört nach Büdingen.

**Duderode, ein Dorf im hessen-casselischen Gerichte Ullstein an der Werra, an der Gränze des Amtes Ludwigstein.

**Dudinghausen, ein kleines Dorf im hessen-casselischen Antheile der Grafschaft Schaumburg, im Amte Sachsenhagen, 1 halbe Stunde davon und von Sachsenhagen.

**Dudin, Tudin, ein Dorf im Königreiche Böhmen im czaslauer Creise, zur Herrschaft Windig-Jenikau gehörig.

**Dudow, ein Dorf im Königreiche Böhmen im taborer Creise, zur Herschaft Bechin gehörig.

**Dübbekold, ein Ort im Churfürstenthume Braunschweig-Lüneburg im Hannöverischen, im Amte Bleckede.

**Düben, s. Klein-Düben.

Dubsow, ein adeliches Dorf und Vorwerk, 1 halbe Meile südwestwärts von Labes im königlich-preußischen Hinterpommern im borkschen Creise in Obersachsen.

Dubsow, Groß- und Klein-, 2 Dörfer mit Vorwerken im königlich preußischen Hinterpommern im stolpschen Creise in Obersachsen, 2 Meilen von Stolpe.

Duckersbronn, ein königlich preußisch-markgräflich anspachisches Dorf in Franken, 1 Meile von Feuchtwangen gegen Dünkelsbühl.

Düdelsheim, s. Dilsheim.

Düdenbüttel, ein Ort im churhannöverischen Fürstenthume Bremen, zum Amte Himmelspforten gehörig.

Düdinghausen, ein Dorf im Amte Güstrow des Herzogthums Mecklenburg-Güstrow.

Düese, ein Ort in der churhannöverischen Grafschaft und Amtsbezirke Diepholz.

Dühmershaus, ein Dorf im Gericht Egnach im Hochstift Konstanz in Schwaben.

Dühnwarden, ein Dorf im Herzogthume Oldenburg, zur Grafschaft Delmenhorst und Vogtey Altenesche gehörig.

Dühren, ein königlich-preußisch markgräflich anspachisches Dorf in Franken, 1 Meile von Wassertrudingen gegen Ohrnbau gelegen.

Dühren, ein Dorf im Kretschgau in Schwaben.

Düingdorf, ein Ort im Hochstift und Fürstenthum Osnabrück in Westphalen, zum Amte Grönenberg und Vogtey Buer gehörig.

Dül, ein Ort im Königreiche Böhmen im brauner Creise, zur Herrschaft Kneplitz gehörig.

Dülseberg, s. Döhnstedt.

Dumkur, s. Dimkuhlen.

Dümmer, ein Dorf im Amte Walsmühlen des Herzogthums Mecklenburg-Schwerin.

Dümmer-Lohausen, ein Ort im Hochstift und Fürstenthum Osnabrück in Westphalen, zum Amte Vörden und Vogtey Damme gehörig.

Dümmerstück, ein Dorf im Amte Walsmühlen des Herzogthums Mecklenburg-Schwerin.

Düna,

Dulwa, ein Vorwerk im churhannöverischen Fürstenthume Grubenhagen, zum Amtsbezirke Herzberg gehörig.

Dünchenheim, ein Ort im Erzstifte Trier, im churrheinischen Creise, ins Amt Mayen gehörig.

Dünckalen, ein Ort in der churhannöverischen Grafschaft Hoye, zum Amte Bruckhausen gehörig.

Dünickelrode, ein Ort von etwa 5 Häusern, 2 Stunde von Schenklengsfeld nach Hersfeld hin, ins hessen-casselsche Amt Landeck gehörig.

Dünerstorp, ein Ort im königlich-dänischen Herzogthume Holstein, im nordlichen Wagrierlande in Niedersachsen im oldenburger Lande.

Düngersheim, ein Dorf im Wirzburgischen in Franken, 2 Stunden unterhalb Wirzburg am Mayn gelegen.

Düngstrup, ein Dorf im Fürstenthume Bremen, zum churhannöverischen Amte Wilshausen gehörig.

Duenhausen, s. Duddenhausen.

Dünnenfehre, ein Ort im churhannöverischen Fürstenthume Bremen, zum Amte Beverstedt gehörig.

Dünnow, ein Gut mit 2 Vorwerken im königlich-preussischen Hinterpommern im schlaweschen und pollnowischen Creise in Obersachsen, an einem Bache, 1 Viertelmeile von der Ostsee.

Dünow, ein Dorf mit 3 Vorwerken am dorfhagenschen Bache, anderthalb Meilen westwärts von Greifenberg, im königlich-preussischen Hinterpommern im greifenbergischen Creise im Obersachsen.

Dünsbach, ein freyherrlich von Kreilsheimisches Pfarrdorf, 1 Stunde von Kirchberg.

Dünsche, ein Ort im Lüneburgischen, zum churhannöverischen Amte Luchow gehörig.

Dünsen, ein Dorf und Mayerhöfe im churhannöverischen Fürstenthume Calenberg, im Bezirke des Amtes Neustadt Rubenberg.

Dünwald, ein Dorf im Amte Mühlheim im Herzogthum Berg in Westphalen.

Dünzbach, ein Dorf im Amte Schlüsselfeld im Wirzburgischen in Franken, hat einige Amtsunterthanen

Dünzbach, ein fürstlich-hohenlohisches Dorf in Franken, 1 Stunde von Langenburg gegen Crailsheim.

Dinzbach, s. Dinsbach.

Düppenweiler, ein Dorf im Erzstift Trier im churhannöverischen Creise, ins Amt Grimburg gehörig, wo ein Kupferbergwerk ist.

Dürbach, ein Dorf im Wirzburgischen in Franken, 1 halbe Stunde davon gegen Carlstadt gelegen, gehört zur Domprobstey zu Wirzburg.

Dürbheim, ein Pfarrdorf in der obern Grafschaft Hohenberg, am Fuße des Heubergs in Schwaben. Es gehört dem Maltheserorden zur Kommende Villingen.

Dürbuch, s. Dürnbuch.

Dürchol, ein Dorf im Königreiche Böhmen im leutmeritzer Creise, zur Herrschaft Neuschloß gehörig.

Dürfeld, ein Ort im Oestreichen, unweit St. Veit, zwischen Pfanhofen und Gleinhofen in Kärnten.

Dürhof, ein Dorf im Wirzburgischen in Franken, im Amte Freudenberg, 1 halbe Stunde davon entlegen.

Dürincheim, s. Dorndürkheim.

Düring, ein Dorf im Fürstenthume Bremen, im Bezirke des churhannöverschen Amtes Beverstedt.

Düringen, ein Ort in dem landgräflich-hessen-darmstädtischen Amte Buchsweiler im oberrheinischen Creise.

Düringstatt, ein bischöflich-bambergisches Amt und Dorf, 1 Stunde von Staffelstein gegen Ebern.

Dürlas, ein Ort im königlich-preussischen Markgrafthume Bayreuth in Franken.

Dürlewang, ein Dorf am Flusse Mindel in der Herrschaft Mindelheim in Schwaben.

Dürmenz, ein Dorf im schwäbischen Creise im Ritter-canton Kreichgau.

Dürnberghaim, ein Ort im Gerichte Grießbach des Rentamts Burghausen im Churfürstenthume Bayern.

Dürnbuch, Dürbuch, Dürrenbuch, ein Dorf im Bayreuthischen in Franken, 1 Stunde von Langenzenn gegen Neustatt, in die Klostervogtey Langenzenn gehörig, hat bayreuthische, teutschherrische, anspachische und nürnbergische Unterthanen.

Dürndorf, ein anspachisches Dorf in Franken, im königlich preußischen Oberamte Anspach, 1 Meile von dieser Stadt gegen Heilsbrunn gelegen.

Düroz, oder **Dyraz**, ein adeliches Dorf in der königlich preußischen Chur- und Mittelmark Brandenburg.

Dürr, ein Ort im Königreiche Böhmen im egerischen Bezirke, zum Gute Altenteich gehörig.

Dürr-Althof, ein Rittergut im breslauischen Creise im Herzogthume Schlesien.

Dürr-Arnsdorf, ein bischöfliches Dorf im neißischen Creise, 2 Meilen von Ottmachau im Herzogthume Schlesien.

Dürr-Arnsdorf, ein Dorf im neißischen Creise im Herzogth. Schlesien, dem Jungfernkloster zu Neiße gehörig.

Dürrbrunn, oder **Dörrbrun**, ein Dorf im fränkischen Creise im Fürstbisthum Bamberg, ins Amt Ebermannstadt gehörig.

Dürreast, eine Schenke in der Diöces Oelsnitz im Vogtlande in Churfachsen, ins Amt Vogtsberg gehörig.

Dürre-Brokfut, ein Rittergut, 1 halbe Meile von Nimptsch im Herzogthume Schlesien.

Dürre Bühle, s. Biehla.

Dürrefuchs, eine Schäferey, Dröschkau gehörig, im Amtsdistr. Mühlberg im meißner Creise in Churfachsen.

Dürre Hieb, ein Ort im königlich preußischen Markgrafthume Bayreuth in Franken.

Dürremetstetten, ein Dorf im schwäbischen Creise, im Ort oder Rittercanton am Neckar und Schwarzwald.

Dürren, ein Dorf im schwäbischen Creise, im Ort oder Rittercanton am Nackar und Schwarzwalde.

Dürrenbach, ein Dorf im Königreiche Böhmen im egerischen Bezirke.

Dürrenbach, Wildendürrenbach, ein Pfarrdorf im Oestreichischen, nordwärts hinter Staats, an der mährischen Gränze, im Viertel unterhalb dem Mannhardsberge.

Dürrenbach, ein Dorf im königlich preußischen Markgrafthume Bayreuth, ins Amt Langenzenn gehörig.

Dürrenbach, Bösendürrenbach, ein Ort im Oestreichischen,

chischen, zwischen Oberelsarn und Mühlbach, im Viertel unterhalb dem Mannhardsberge.

Dürrenbach, Ober-, ein Kirchdorf und Gut im Oestreichischen, gegen Bulkau, im Vietel unterhalb dem Mannhardsberge.

Dürrenbach, Unter-, ein Schloß, Gut und Dorf im Oestreichischen, nicht weit von vorigem, bey dem Markte Ravelsbach, im Viertel unterhalb dem Mannhardsberge.

Dürrenberg, ein Dorf im Oestreichischen bey der Kamp, oberhalb dem Mannhardsberge.

Dürrenberg, ein Dorf im Markgrafthum Bayreuth in Franken, ins königlich preusische Amt Wunsiedel gehörig.

Dürrenberg, ein aus 7 Häusern bestehendes Dorf in der königlich preussischen und markgräflich bayreuthschen Amtshauptmannschaft Hof im fränkischen Creise, ins Amt Lichtenberg gehörig.

Dürrenberg, ein ins Amt Staffelstein gehöriger Ort im Bambergischen in Franken, 1 Stunde von Staffelstein gegen Coburg gelegen, gehört unter den Ritterort Baunach und ist den Freyherren von Rothenhan zuständig.

Dürrenberg, ein Ort im Königreiche Böhmen im ellbogner Creise, Joachimsthal gehörig.

Dürrenberg, eine Schenke, zum Rittergute Strehla gehörig, im meisner Creise in Chursachsen, im Amtsbezirke Oschatz gelegen.

Dürrenbrennershof, ein Hof in der königlich preussischen Markgrafschaft Bayreuth, im Amte Hohenbuchach.

Dürrenbrunn, ein unterm Schutze der deschenitzer Herrschaft stehender Hof im Königreiche Böhmen im brachner Creise.

Dürrenbuch, s. Dürnbuch.

Dürrenbuchig, ein kleines Dorf im badenschen Amte Stein in Schwaben.

Dürrenbuchig, ein Dorf im Hochstifte Speyer im oberrheinischen Creise, dem Domcapitel gehörig, im Bezirke des Amtes Marientraut.

Dürrenbühl, ein Dorf in der St. Blasischen Grafschaft Bondorf in Schwaben.

Dürrendürkheim (Düricken), s. Dorndürkheim.

Dürrengerlisdorf, ein Dorf in dem gräflich-schönburgischen Amte Rochsburg an der Mulda, ohnweit Waldenburg im obersächsischen Creise.

Dürrengrün, ein Ort im königlich-preusischen Markgrafthume Bayreuth, im Amte Schauenstein in Franken.

Dürrengrund, ein Dorf im Königreiche Böhmen im königgrätzer Creise, zur Herrschaft Politz gehörig.

Dürrenhag, ein Amt und Ort unter dem Gute Oeldeding im Oestreichischen, über der Trasen, hinter Herzogburg, im Viertel oberhalb des wiener Waldes.

Dürrenhard, ein Dorf im schwäbischen Creise, im Ort oder Rittercanton am Neckar und Schwarzwald.

Dürrenhersdorf, ein Dorf und Rittergut im Vogtlande in der fürstlich reussischen Grafschaft Gera.

Dürrenhof, Dörrnhof, ein einzelner nürnbergischer Hof auf dem Sandbühl, oberhalb der Vorstadt Wöhrd bey Nürnberg, in Franken.

Dürrenhof, ein einzelner nürnbergischer Hof am Flüßchen Trupach bey Egloffstein in Franken, ins Amt Hiltpoltstein gehörig.

Dürrenhof, Dörrenhof, verschiedene Orte und Höfe in der königlich-preusischen Markgraffschaft Bayreuth in Franken.

Dürrenhof, Dörrenhof, ein freyherrlich von Bortelsches Dorf, 1 halbe Stunde von Neustadt an der Saale.

Dürrenhof, ein königlich-preusisch-markgräflich anspachisches Dorf in Fraken, 1 Stunde von Feuchtwang gegen Bechhofen gelegen.

Dürrenhof, ein Dorf im Wirzburgischen in Franken, 3 Stunden von Ebern gegen Heldburg gelegen, mit einem Edelsitze, der den Herren von Truchses gehört.

Dürrenhof, ein Dorf der Familie Voit von Salzburg gehörig, im fränkischen Rittercreise im Canton Schön-Werra.

Dürrenhof, ein Weiler bey Feuchtwangen im fränkischen Ritterkreise im Canton Altmühl, dem Grafen von Montmartin gehörig, hat ein schönes Schloß und Garten.

Dürrenhof, eine Mühle im sachsen-hildburghäusischen Amte Sonnefeld.

Dürrenhof, s. Dirrenhof.

Dürrenleis, ein Dorf im Oestreichischen hinter dem Laas gen Thüle, bey Harras, im Viertel unterhalb dem Mannhardsberge.

Dürrenloh, ein Ort in der königlich-preußischen Markgrafschaft Bayreuth im Amte Selb.

Dürrenmetstetten, ein Dorf an den Gränzen Wirtembergs und Hohenbergs in Schwaben.

Dürrenmühl, eine Mühle in Franken, ins königlich-preußisch markgräflich-anspachische Oberamt Windsbach gehörig.

Dürrenried, ein Dorf in der untern Landvogtey im Amte Bergtreute in Schwaben. Es gehört in die Grafschaft Waldburg.

Dürrenrieth, ein ritterschaftliches Dorf im Wirzburgischen in Franken, 3 Stunden von Coburg gegen Königshofen gelegen, und den Herren von Lichtenstein gehörig.

Dürrenrohr, ein Dorf und Amt im Oestreichischen an der Trasen, hinter Sieghardskirchen und der Bärschling, gegen Zwentendorf, unter der Ens, im Viertel oberhalb des wiener Waldes.

Dürrenstein, insgemein Thierenstein, eine Herrschaft an der Donau, oberhalb Stein, oberhalb dem Mannhardsberge.

Dürrenstetten, ein Dorf bey Munderkingen auf der Höhe, gegen das Lauterthal zu, in Schwaben.

Dürrenstetten, ein Oettingenspielbergisches Dorf bey Dinkelsbühl in Schwaben

Dürrenthal, ein Dorf im Königreiche Böhmen im saazer Creise, zum Gute Schönlind gehörig.

Dürrenthal, Dörnthal, ein Dorf im Königreiche Böhmen im saazer Creise, zur Herrschaft Klösterle gehörig.

Dürrenthal, ein Schloß und Herrschaft auch Dorf im Oestreichischen, an der Gränze von obern Mannhards-berge bey Fels, im Viertel unterhalb dem Mannhardsberge.

Dürrenthal, ein bayreuthisches Dorf in Franken unweit Neyla, in die königlich-preußische Landeshauptmannschaft Hof, denen von Reitzenstein gehörig.

Dürren-Uhlsdorf, ein Dorf in der fürstlich- und gräflich-schönburgischen Herrschaft Waldenburg, 1 halbe Stunde von dieser Stadt im obersächsischen Creise.

Dürrenwaid, ein Dorf von 16 Häusern in der königlich-preußisch-markgräflich-bayreuthischen Amts-hauptmannschaft Hof im fränkischen Creise und Amte Lichtenberg.

Dürrenwaldstetten, ein Dorf im Gebiete der Abtey Zwifalten in Schwaben.

Dürrenwetterspach, s. Hohenwetterspach.

Dürrenzimmern, ein öttingen-spielbergisches Pfarr-dorf im Pflegamte Hochaltingen in Schwaben.

Dürrenzimmern, Dörrenzimmern, ein fürstlich-hohenlohe weickersheimisches Dorf in Franken, 1 Meile von Jartberg gegen Eindringen.

Dürrenzimmern, ein Dorf im Bezirke der kais. freyen Reichsstadt Hall in Schwaben, ins Amt Vellberg gehörig.

Dürreochs, ein Gasthof im Königreiche Böhmen im saatzer Creise, zur Herrschaft Rothenhaus gehörig.

Dürre-Schafhof, s. Schafhof.

Dürre-Züge, s. Goldner Stern.

Dürrfeld, ein Dorf im Wirzburgischen in Franken im Amte Geroldhofen, 3 Stunden davon gegen Haßfurth gelegen

Dürr-Fellern, ein Ort im Königreiche Böhmen im budweiser Creise, zur Stadt Budweis gehörig

Dürrgrün, ein Ort im Amte Plauen, im Voigtlande in Chursachsen.

Dürr-Hartau, ein Rittergut drittehalb Meilen von Münptsch, 2 Meilen von Strehlen und 1 halbe Meile von Jordansmühle im Herzogthume Schlesien.

Dürr-Harte, s. Harte.

Dürrhof, ein Hof und 2 Mühlen, die Schwentners-Mühle und Spießmühle, im Bezirke des nürnbergischen Amtes Hilpoltstein.

Dürrhof, s. Schoppershof.

Dürrjentsch, ein adeliches Dorf im breslauchen Creise im Herzogthume Schlesien.

Dürr-Jeßnitz, ein Freygut im Amte Bautzen in der Oberlausitz in Chursachsen. Wird zum Unterschied des Jeßnitz bey Meschwitz also benennet.

Dürr-Kamnitz, ein bischöfliches Dorf mit einer einträglichen Scholtißey im neißischen Creise im Herzogthume Schlesien.

Dürr-Kirschdorf, s. Weiß-Kirschdorf.

Dürr-Kunzendorf, ein Rittergut 1 und 1 viertel Meile von Löwenberg im Herzogthume Schlesien.

Dürr-Kunzendorf, ein Rittersitz 3 und 1 viertel Meilen von Neiße im Herzogthume Schlesien. Ein Theil davon steht unter dem jedesmaligen Stadtpfarrer in Ziegenhals; der andere, wozu das Vorwerk Altmannsdorf gehört, ist adelich.

Dürr-Kunzendorf nebst Finkenhübel, ein Rittergut im münsterburger Districte der Grafschaft Glatz.

Dürrlangen, ein kleines Dorf im wirtenbergischen Amte Lorch in Schwaben.

Dürrlauingen, ein Dorf zwischen den Flüßen Donau und Günz in Schwaben. Es gehört in die Markgrafschaft Burgau.

Dürrmaul, ein Dorf im Königreiche Böhmen im ellnbogner Creise, zur Herrschaft Tuppau gehörig.

Dürrmaul, ein Dorf im Königreiche Böhmen im plißner Creise zur Herrschaft Kuttenplan gehörig.

Dürrmenz, ein wohlgebauter Marktflecken an der Enz, im wirtembergischen Amte Maulbronn.

Dürrmentingen, auch Dürrmenzringen, ein Marktflecken an der Kanzach, in der Herrschaft dieses Namens in Schwaben. Er ist der Sitz eines Oberamtes.

Dürrn, ein Pfarrdorf in dem badenschen Amte Pforzheim in Schwaben.

Dürrnast, ein Dorf und Amt in der untern Landvogtey in Schwaben.

Dürrnau, ein Pfarrdorf unweit Göppingen in Schwaben. Es ist ein wirtembergisches Lehen und gehört dem Grafen von Degenfeld, hat ein schönes Schloß und Kapuzinerhospitium.

Dürrnbuch, ein Dorf in der Klostervogtey Langenzenn, 1 Stunde davon gegen Neustadt, theils Deutschorden, theils Bayreuth, Anspach, und Nürnbergisch.

Dürrndorf, ein Ort im königlich-preußischen Fürstenthume Anspach, ins Amt Anspach gehörig in Franken.

Dürrnest, ein fürstlich hohenlohischer Ort in Franken.

Dürr-Neudorf, oder **Neudorf am Rennwege**, ein Dorf im goldbergischen Creise im Herzogthume Schlesien, dessen Einwohner sich von der Unterthänigkeit losgekauft haben.

Dürrn-Hambach, ein anspachischer Weiler in Franken, ins königlich-preußische Oberamt Schwobach gehörig.

Dürrnhau, ein Dorf ohnweit Friedland, im Fürstenthume Schweidnitz im Herzogthume Schlesien.

Dürrnhof, liegt in der Herrschaft Krummau im Königreiche Böhmen, im budweiser Creise, zur Herrschaft Krummau gehörig.

Dürrnhof, liegt im Bezirke des Gutes Rausching im Königreiche Böhmen, im budweiser Creise.

Dürrnhof, ein Hof auf dem Sandbühl, oberhalb der Vorstadt Wöhrd bey Nürnberg.

Dürrneusdorf, auch **Thurnnausstift**, ein Dorf des Klosters Aggsbach im Oestreichischen, zwischen dem Mannhardsberge und dem Kampflusse bey Gars.

Dürrniz, **Thierniz**, am Wasser gleiches Namens, mit dem sich hier der Trasenbach vereinigt, Markt und Ort im Oestreichischen an der mariazeller Strase hinter Lilienfeld, unter dem Gebiete dieses Klosters, unter der Ens, im Viertel oberhalb des wiener Waldes.

Dürrn oder **Thurnplandles**, ein Ort im Königreiche Böhmen im budweiser Creise, zur Herrschaft Krummau gehörig.

Dürrnsdorf, Dernsdorf, ein Dorf im Königreiche Böhmen im saatzer Creise, zur Herrschaft Preßnitz gehörig. Liegt am Mühlbache.

Dürrn-Wasserlos, ein Dorf im Bambergischen, anderthalb Stunden von dem Städtchen Scheßlitz in Franken gelegen.

Dürrschnitz, ein Ort im königlich-preußischen Fürstenthume Bayreuth, ins Amt St. Johannis in Franken.

Dürrsdorf, ein Dorf in der Grafschaft Nassau Idstein, im Amte Burgschwalbach an der Durkbach, 1 Stunde von Katzenellenbogen und 3 von Idstein.

Dürrsgraben, ein kleines Oertchen im Reichsthale Hammerspach in Schwaben.

Dürrstein, Törstein, ein Dorf mit einem Jägerhause im Königreiche Böhmen im klattauer Creise, zur Herrschaft Bistrzitz gehörig.

Dürrsuppen, ein Weiler im Stadt Rabensburgischen Amte Winterbach in Schwaben.

Dürrwaid, ein Ort im königlich-preußischen Fürstenthume Bayreuth, ins Amt Lichtenberg gehörig.

Dürrwaizschen, ein Ort im Creisamte Meißen, im meißner Creise in Chursachsen.

Dürrwang, ein anspachisches Schloß und Dorf an der Sulz, 2 Stunden von Feuchtwang gegen Dünkelspiel.

Dürrwang, ein Marktflecken mit einem Schlosse im Amte Dürrwang in Schwaben. Oettingen-Spielberg gehörig.

Dürrweiler, ein kleines Dorf im wirtembergischen Amte Altensteig in Schwaben.

Dürrwiesen, ein zum Rittergute Klingenberg gehöriger Ort, im Amte Dresden, bey Burgwitz im meißner Creise in Chursachsen.

Dürrwiesen, ein Ort im königlich-preußischen Fürstenthume und Amte Bayreuth in Franken.

Dürschneck, ein Dorf im Herzoglich-Sachsengothaischen in Thüringen.

Dürschwitz, ein Rittergut im liegnitzer Creise im Herzogthume Schlesien.

Düsedow, ein Dorf in der königlich-preußischen Altmark Brandenburg, im stendalschen Creise, der Universität zu Frankfurt an der Oder gehörig.

Düsel, ein Dorf im Bißthume Paderborn im westphälischen Creise.

Düshop, ein Ort im Lüneburgischen im Bezirke des churhannöverischen Amtes Fallingbostel.

Düshorn, ein Dorf im Churfürstenthume Lüneburg, zum churhannöverischen Amte Fallingbostel gehörig.

Düße, Duste, eine Mühle bey Sackeritz im Amte Wittenberg, im Churcreise in Sachsen.

Düffern, ein adeliches Frauenstift und Dorf im Herzogthum Cleve unweit Duisburg.

Düssin, ein Dorf mit einem Rittersitz im Amte Wittenburg des Herzogthums Meklenburg-Schwerin.

Düsterbeck, ein Dorf im Amte Wittenburg, des Herzogthums Meklenburg-Schwerin.

Düsterbeck, ein adeliches Dorf, 3 viertel Meilen nord-nordostwärts von Naugard, im königlich-preußischen Hinterpommern, im dober-naugard- und bewitzischen Creise in Obersachsen.

Düsterförde, ein Dorf im Amte Strelitz, des Herzogthums Meklenburg-Strelitz.

Düttelbronn, ein Dorf im Amte Maynberg, im Wirzburgischen in Franken.

Düttenberg, ein Dorf im Bißthume Wirzburg in Franken.

Düttigheim, ein Dorf in Schwaben, im Wirzburgischen an der Tauber.

Düttinghof, eine Bauerschaft in der Grafschaft Ravensberg in Westphalen, zum Amte Fuger und Kirchspiel Wallenbrück gehörig.

Düttingsfeld, ein bischöflich-wirzburgisches Dorf im Amte Schwarzach in Franken.

Düwelsdamm, zwey Bauernhöfe im Herzogthume Pommern, im barthenschen Districte, nach Grebanow gehörig.

Düviger, ein Hof und Dorf im Herzogthume Pommern, im lolzer Bezirke.

Duggingen, ein Dorf im Hochstifte Basel, ins Oberamt Pfeffingen gehörig, im oberrheinischen Creise.

Duhm, ein Ort im Fürstenthume Grubenhagen, zum
Bezirke des Amtes Catlenburg.

Duingen, ein Flecken im churhannöverischen Fürstenthume Calenberg, zum Amte Lauenstein gehörig.

Duino, s. Tybein.

Dul, ein Dorf mit einer Tuchwalke im Königreiche Böhmen im taborer Creise, zum Gute Poschna gehörig.

Dul, Doll, ein Dorf im Königreiche Böhmen im taborer Creise, zur Herrschaft Cheynow gehörig.

Dul, ein Ort im Königreiche Böhmen im bunzlauer Creise,
zur Herrschaft Widim gehörig.

Dul, s. Lustthal, Tieffenthal.

Dula, ein Dorf im Oestreichischen bey Tell, auf einem
Berge, im Untercrain.

Dula, s. Thal.

Dulai Puscheneg, s. Billichberg.

Dulawez, ein Dorf im Oestreichischen unweit Crainburg,
in Obercrain.

Dullenau, ein Ort im Fraischbezirke des königlich-preus-
sisch-markgräflich-anspachischen Vogtamtes Schönberg
in Franken.

Dulna, s. Mährenfels.

Dulzig, s. Reinwasser.

Dumbgnevitz, ein Dorf und Höfe im Herzogthume Pommern, auf der Insel Rügen.

Dumbldorf, ein Ort im Gerichte Reichenberg, Rentamts Burghausen in Unterbayern.

Dum-Bozy, s. Neuschloß.

Dumbseviz, ein Hof im Herzogthums Pommern auf
der Insel Rügen.

Dumelsperg, ein Dorf in der Grafschaft Niederhohenberg in Schwaben.

Dummadel, ein adeliches Dorf und Vorwerk, 1 Meile
ostwärts von Greifenberg, im königlich preussischen Hinterpommern, im greifenbergischen Creise in Obersachsen.

Dummarz, ein Vorwerk im Lüneburgtischen, zum churhannöverischen Amtsbezirks Luchow gehörig.

Dummes-Bergen, s. Bergen.

Dummerade, ein Dorf im Herzogthume Pommern auf der Insel Rügen.

Dummersitz, ein adeliches Dorf und Vorwerk am grossen See Pielsborg, 2 Meilen südwestwärts von Neustettin, im königlich-preußischen Hinterpommern, im neustettinschen Creise in Obersachsen.

Dummerstorf, ein Dorf mit einem Rittersitz im Amte Rivnitz, des Herzogthums Meklenburg-Güstrow.

Dummerten, s. Heddinghausen.

Dummerteviz, ein Hof im Herzogthume Pommern, auf der Insel Rügen.

Dumpen, ein Dorf im Oberinnthal in Tirol, zum petersbergischen Gerichte gehörig, zwischen den Dörfern Umhausen und Oetz.

Dumtese, ein adelicher Wohnsitz mit einem Vorwerke, anderthalb Meilen ostsüdostwärts von Stolpe, im königlich-preußischen Hinterpommern, im stolpischen Creise in Obersachsen.

Dumschall, ein Dorf im Oestreichischen an der Straße, 2 Meilen von Laybach, 1 halbe Meile von Auersberg, in Obercrain.

Dumzin, ein Rittersitz mit 2 Vorwerken, von denen eins Heinrichsfelde genannt, auf dessen Feldmark liegt, 1 Meile südwestwärts von Cößlin, im königlich-preußischen Hinterpommern, im Fürstenthume Cammin in Obersachsen.

Dunagicz, ein Dorf im Königreiche Böhmen im budweiser Creise, zum Gute Wittingau gehörig.

Dunawicze, Dunaw, ein Dorf im Königreiche Böhmen im berauner Creise, zur Herrschaft Litschau gehörig.

Dunawitz, Dunowitz, ein Ort im Königreiche Böhmen im prachiner Creise, zu den Herrschaften Stiekna und Prottwin gehörig.

Dunbach, ein kleines Dorf im wirtenbergischen Kloster-amte Lichtenstern in Schwaben.

Dunbach, s. Dinbach.

Dundenheim, ein Dorf in der badenschen Herrschaft Malberg in Schwaben.

Dundorf, Tunckdorf, Thunckdorf, ein Schloß, Dorf und sogenanntes Burggrafthum im Wirzburgischen in Franken, viertehalb Stunden von Schweinfurt gegen Munnerstadt gelegen, und gehört den Herren von Rosenbach zu.

Dunfels, ein Ort und Kirchspiel im untern Erzstifte Trier, ins Amt Hammerstein am Rhein gehörig.

Dungelbeck, ein Ort im Stifte Hildesheim, ins Amt Peine gehörig an der Fuhste.

Dungendorf, ein Filial von Kinderfeld, ohnweit Röglingen in Franken.

Dunitz, s. Tunitz.

Dunck, ein Ort in der Grafschaft Hoye, zum Amte Steyerberg gehörig.

Dunkeldorf, ein Ort im Fürstenthume Plön, im königlich-dänischen Herzogthume Holstein, im südlichen Wagrierlande in Niedersachsen.

Dunkelforth, eine Holzstrecke und Försterey im königlich-preußischen Herzogthume Magdeburg im jerichawschen Creise, zum königl. Amte Alte-plathe.

Dunkelhausen, ein gräflich-schönbornisches Dorf in Franken, in der Herrschaft Wiesenthaid bey Urisenstatt gelegen.

Dunkelsbergerhof, ein Ort im Königreiche Böhmen im ellnbogner Creise, zur Herrschaft Luppau gehörig.

Dunkelsgrün, Doglasgrün, ein Dorf im Königreiche Böhmen im ellnbogner Creise, zur Herrschaft Ober-Cothnu gehörig.

Dunkelshausen, Dingeldshausen, Dinckelhausen, ein grosses Dorf und Rittergut im Wirzburgischen in Franken, im Amte Gerolzhofen, 1 Stunde davon gegen Kloster Eberach gelegen.

Dunkelwald, s. Hahnwald.

Dunkrithal, ein Dorf im Königreiche Böhmen im königgrätzer Creise, zur Herrschaft Marschendorf gehörig.

Duns

Dunningen, ein Dorf im Gebiete der kaiserlichen freyen Reichsstadt Rothweil in Schwaben.

Dunowitz, s. Dunawitz.

Dunstelkingen, ein fürstlich-öttingen-baldernscher Pfarrort in Schwaben, ins Pflegamt Katzenstein gehörig.

Dunzendorf, ein fürstlich hohenlohisches Dorf in Franken, 1 Meile von Weickersheim gegen Rothenburg.

Dunzenheim, ein Ort in dem landgräflich-hessendarmstädtischen Amte Buchsweiler im oberrheinischen Creise.

Duorizhof, Zaresch, ein Schloß und Herrschaft im Oestreichischen, 2 Meilen von Gurkfeld, 12 Meilen von Laybach, am Zusammenflusse der Sau und Gurk, in Untercrain.

Du Pasquier, Vacherie de Freuisberg, Ruincaud und Journeau, Orte in dem königlich-preußischen Fürstenthume Welsch-Neuenburg, in die Meyerey Balengin an der schweizerischen Gränze.

Dupelno, ein Dorf im Oestreichischen, zwischen hohen Gebürgen im tihainer Grunde, in Obercrain.

Dupesen, Tupas, Tupeß, ein Dorf im Königreiche Böhmen im budweiser Creise, zur Herrschaft Frauenberg gehörig.

Duplach, Duple, ein Ort im Oestreichischen, 5 Meilen von Laybach und 1 Meile von Crainburg, unweit der Landstraße von Crainburg nach Neumärktel in Obercrain.

Durach, ein Pfarrdorf im Stifte Kempten, an der Landstraße nach Insbrugg.

Durbach, ein Ort zum Amte Stauffenberg in der Ortenau in der obern Markgrafschaft Baden gehörig.

Durchgang, so heißt ein Haus im Königreiche Böhmen im czaslauer Creise, zu den Herrschaften Sedletz und Krchleb gehörig.

Durchhausen, ein Pfarrdorf in der dem Domkapitel zu Konstanz gehörigen Herrschaft Konzenberg in Schwaben.

Durchholzen, ein Dorf im Gericht Kufstein im Unterinnthal in Tirol.

Durchstich, eine Hirtenwohnug, zur wittenberger Vorstadt gehörig, im Churcreise in Sachsen.

Durchwehna, ein Amtsdorf und Vorwerk im Amte Düben im leipziger Creise in Chursachsen.

Durdicze, ein Dorf im Königreiche Böhmen im berauner Creise, zur Herrschaft Smilkau gehörig.

Durech, ein Dorf zum Gerichte Arams gehörig im Viertel Unterinnthal in Tirol.

Durkshofn, ein Ort im Oestreichschen ob der Ens, im Amte Schärding, unweit der Stadt Schärding, im Innviertel.

Durmersheim, ein Ort im markgräflich-badenschen Oberamt Rastadt und Kuppenheim in Schwaben.

Durnau, ein Dorf im schwäbischen Creise im Rittercanton am Kocher.

Durren, ein Dorf im schwäbischen Creise im Ritterkanton Kreichgau.

Durgog, ein Dorf im breslauischen Creise im Herzogthume Schlesien, dem Domcapitel in Breslau gehörig.

Duschentaich, s. Dutzentaich.

Duschin, s. Tuchinie.

Duschnik, Dussnikyrrhowy, ein Schloß und Dorf im Königreiche Böhmen im berauner Creise.

Duschnik, ein Dorf im Königreiche Böhmen im kauzimer Creise, zur Herrschaft Obrzistwy gehörig.

Duschnik, Dussniky, ein Dorf im Königreiche Böhmen im rakonitzer Creise, zur Herrschaft Jeniowes jenseits der Moldau gehörig.

Duschnik, ein Dorf und Poststation im rakonitzer Creise im Königreiche Böhmen, ist dem Gute Chraschtian einverleibet.

Duschnik, ein Dorf im Königreiche Böhmen im rakonitzer Creise, zur K. K. Cammeralherrschaft Doran disseits der Eger gehörig.

Duschnik, s. Deutsch Duschnik.

Duschnitz, s. Ober= und Unter=Duschnitz.

Duschowitz, ein Ort im Königreiche Böhmen im prachner Creise, zur Herrschaft Karlsberg gehörig.

Dusemont, ein Ort im churpfälzischen Oberamte Veldenz, 1 Stunde davon westwärts entfernt, an der Mosel.

Dusenbach, ein gräflich-erpachisches Dorf in Franken, 3 Stunden von Erpach gegen Aschaffenburg gelegen.

Dusenmunth, ein churtrierisches Dorf an der Mosel, 2 Stunden von dem Städchen Berncastel entlegen.

Dussemont, ein Dorf im churpfälzischen Oberamte und Fürstenthume Veldenz, im oberrheinischen Creise, wo guter Moselwein wächst.

Dussenhausen, ehemaliger Name des jetzigen Dorfs Angelberg.

Dusserow, s. Tuschegow.

Dusseviz, ein Hof im Herzogthume Pommern auf der Insel Rügen

Dussin, ein zur Dompropstey Kuckelow gehöriges Dorf und Vorwerk, 1 halbe Meile südwestwärts von Cammin im königlich-preusischen Hinterpommern im flemmingischen Creise in Obersachsen.

Dußlingen, ein Pfarrdorf im wirtemberg. Amte Tübingen.

Dussnjky, s. Deutsch-Duschnik.

Dussnikytrhowy, s. Duschnik.

Duste, s. Düße.

Dutenbrunn, ein Dorf im fränkischen Creise in der Grafschaft Wertheim im Amte Lautenbach.

Dutenheim, s. Dautenheim.

Dutenstein, ein Ort zwischen dem Herzogthume Neuburg und der Herrschaft Eglingen in Schwaben, dem gräflich Marx-Fuggerischem Hause gehörig.

Dutenstein, ein tarisches Dorf am Flusse Kessel, an den Grenzen der Grafschaft Oettingen in Schwaben.

Duthenhof, Duttenhof, eine herrschaftliche Meyerey des Stifts zu Klosterneuburg, an der Donau, links der Poststraße hinter Langenzersdorf, im Viertel oberhalb dem Mannhardsberge.

Dutie, s. Duttin.

Dutschfelden, ein Dorf in der Ortenau in Schwaben, am Flusse Bleich in der badenschen Markgrafschaft Hochberg.

Dutschow, ein Hof und Dorf im Amte Neustadt des Herzogthums Mecklenburg-Schwerin.

Duttenberg, ein churpfälzisches Dorf im fränkischen Rittercreise im Canton Ottenwald.

Duttendorf, ein Dorf im bambergischen in Franken, am Flüßchen Weisach, 2 Stunden von Hochstett gelegen.

Duttenhausen, s. Duddenhausen.
Duttenhof, s. Duthenhof.
Duttenhurst, ein Hof im markgräflich badenschen Amte Steinbach, zum winzheimer Stab gehörig.
Dutterndorf, ein Ort im Amte Gasseneck im Oestreichischen, oberhalb dem Mannhardsberge.
Duttin, Dutie, ein Dorf im Königreiche Böhmen im brauner Creise, zum Gute Roth Hradeck gehörig.
Duttingsfeld, ein Dorf im Amte Schwarzach im Wirzburgischen in Franken.
Dunzeroder Hof, ein Hof auf dem Westerwalde in der Grafschaft Wittgenstein, 1 Stunde von Wittgenstein und 4 Stunden von Marburg.
Dutzlar, ein Dorf in der Grafschaft Wittgenstein Berleburg auf dem Wester-Walde.
Duvendick, ein adelicher Hof im Herzogthume Pommern im barthischen Districte.
Duveneck, ein Ort im Bezirke des Amtes Ehrenberg in der hannöverschen Grafschaft Hoye.
Duvensee, ein Dorf im Fürstenthume Lauenburg im Bezirke des churhannöverischen Amtes Steinhorst.
Duvensehe, ein Ort in Stormarn, im königlich-dänischen Herzogthume Holstein in Niedersachsen, im Amte Steinhorst.
Duvenstede, ein Ort in Stormarn, im königlich-dänischen Herzogthume Holstein in Niedersachsen, im Amte Tremsbüttel.
Dur, Dora, eine Hofmark an der Gränze der Herrschaft Steinach im Unterinnthal in Tirol.
Duysborg, ein Ort im burgundischen Creise im östreichischen Antheile des Herzogthums Brabant, im Gebiete der Stadt Brüssel.
Duzentaich, Duschentaich, ein großer Weyher, woran ein Hammerwerk, Mühle und Wirthshaus; im Walde in Franken, 1 halbe Stunde von Nürnberg auf der Poststraße nach Feucht, nach Nürnberg gehörig.
Duzenthal, ein den Herren von Seckendorf gehöriges Dorf im königlich-preußischen Markgrafthume Anspach in Franken.

Duzow,

Duzow, ein Dorf im Amte Gadebusch des Herzogthums Mecklenburg-Schwerin.

Dwakaczowicz, ein Dorf im Königreiche Böhmen im chrudimer Creise, zur Herrschaft Rositz gehörig.

Dwargesdorp, ein Dorf im Herzogthume Pommern auf der Insel Rügen.

Dweres, s. Tweras.

Dwoberg, ein Dorf in dem Herzogthume Oldenburg und Grafschaft Delmenhorst, in der Hausvogtey des Nahmens bey Delmenhorst.

Dwol, s. Rothöfen.

Dworcze, ein Dorf im Königreiche Böhmen im berauner Creise, zum Gute Mitrowitz gehörig.

Dworcze, s. Leiczkow, Tweras.

Dworecz, ein Dorf im Königreiche Böhmen im bidschower Creise, zur Herrschaft Radim gehörig.

Dworecz, ein Ort im Königreiche Böhmen im budweiser Creise, zum Gute Przehorzow gehörig.

Dworecz, ein Dorf im Königreiche Böhmen im kaurzimer Creise, zum Gute Werschowitz gehörig.

Dworecz, ein Dorf im Königreiche Böhmen im klattauer Creise, zur Herrschaft Grünberg gehörig.

Dworecz, ein Ort im Königreiche Böhmen im prachiner Creise, zur Herrschaft Winterberg gehörig.

Dworecz, ein Ort im Königreiche Böhmen im prachiner Creise, zur Herrschaft Netolitz gehörig.

Dworecz, s. Höftings, Wistrkow, Wlastiegow, Wurzen.

Dworeczko, ein der Herrschaft Ledetsch einverleibter Ort im Königreiche Böhmen im czaslauer Creise.

Dworek, s. Dwornjk.

Dworeticze, ein Meyerhof im Königreiche Böhmen im prachiner Creise, zur Herrschaft Drahenitz gehörig.

Dwornjk, Dworek, ein Meyerhof im Königreiche Böhmen im berauner Creise, zum Gute Roth-Hradeck gehörig.

Dworschuske, ein Dorf im Königreiche Böhmen im berauner Creise.

Dwory, ein Meyerhof im Königreiche Böhmen im budweiser Creise, zum Gute Wittingau gehörig.

Dwory,

Dwory, ein Dorf im Königreiche Böhmen im bunzlauer Creise, zur Herrschaft Benatek gehörig.

Dwory, s. **Dlauhy-Dwory, Krzenowy.**

Dworzischt, Dworzisko, ein Ort im Königreiche Böhmen im chrudimer Creise, zur Herrschaft Neuschloß gehörig.

Dworzisko, ein Ort im Königreiche Böhmen im chrudimer Creise, zur Herrschaft Chozan gehörig.

Dwozißtie, 2 Dörfer im Königreiche Böhmen im bidschower Creise, zur Herrschaft Dimokur, und im taborer Creise, zur Herrschaft Cheynow gehörig.

Dworzowicze, s. **Tworschowitz.**

Dwur, ein Dorf mit einer Mühle, welche die Poddmurer Mühle heiße, im Königreiche Böhmen im prächiner Creise, zur Herrschaft Winterberg gehörig.

Dwur, s. **Czkin Hararsky-Dwur, Königshof, Suchey-Dwur.**

Dyahren, ein Ort im Lüneburgischen im Bezirke des churhannöverischen Amtes Luchow.

Dybowe, s. **Liebau.**

Dydow, ein Dorf in der königlich preußischen Churmark Brandenburg in der Prignitz im lenzenschen Districte.

Dyherrnfeld, eine adeliche Kolonie im wartenbergischen Creise im Herzogthume Schlesien.

Dyhrenfurth, ein Rittergut an der Oder im breslauischen Creise im Herzogthume Schlesien.

Dyhrngrund, eine Kolonie mit einer evangelischen Kirche bey der Stadt Loslau im Herzogthume Schlesien.

Dyk, ein Schloß, Dorf und unmittelbare Herrschaft im Nieder-Erzstifte Köln, einer Linie des gräflichen Hauses Salm-Reiferscheid gehörig.

Dyltniczow, s **Tilmitschau.**

Dymokury, Dymokurzy, s. **Dimokur.**

Dynastien, s. Vorrede des Ersten Nachtrags.

Dynssow, s. **Diwischau.**

Dyraz, s. **Dúroz.**

Dzbanow, Zbanicz, ein Dorf im Königreiche Böhmen im chrudimer Creise, der Stadt Leutomischl gehörig.

Dzechen, ein Vorwerk im Königlich-preußischen Hinterpompommern im lauenburgischen und bütowschen Creise in Obersachsen, der Stadt Lauenburg gehörig.

Dzechlin, oder **Dzieclin**, ein Dorf mit einem Vorwerke, 1 halbe Meile von Lauenburg im königlich-preußischen Hinterpommern, im lauenburg- und bütowschen Creise in Obersachsen, im lauenburger Districte.

Dziadowokloda, s. **Kunzendorf**.

Dziatkawe nebst **Savarine**, ein Bauergut im Walde, 2 Meilen von Wirschkowitz in der freyen Minderherrschaft Neuschloß im Herzogthume Schlesien.

Dziechlin, s. **Dzechlin**.

Dziedzitz, ein Dorf im glogauischen Creise in Oberschlesien, gehört zur Herrschaft Chrzeliz.

Dziedzitz, ein bischöfliches Dorf im namslauschen Creise im Herzogthume Schlesien.

Dziedzkowitz, ein adeliches Dorf mit einer katholischen Kirche in der freyen Standesherrschaft Pleß im Herzogthume Schlesien.

Dziekainstwo, deutsch **Dechantsdorf**, ein Dorf mit einer Pfarrkirche im oppelnschen Creise im Herzogthume Schlesien.

Dzielawy, polnisch **Dziela**, ein Rittergut im koseler Creise im Herzogthume Schlesien.

Dzielna, ein adeliches Dorf im lublinitzer Creise im Herzogthume Schlesien.

Dzielnitz, auch **Dzielnica**, ein Dorf im koseler Creise, gehört dem Hospitale zu Kosel im Herzogthume Schlesien.

Dziergowitz, ein adeliches Dorf auf der polnischen Seite der Oder im koseler Creise im Herzogthume Schlesien.

Dziermiertz, ein Rittergut im ratiborschen Creise im Herzogthume Schlesien.

Dziewentline, ein Rittergut, 1 und 1 Viertelmeile von Militsch im Herzogthume Schlesien.

Dzincelitz, oder **Dzizcelitz**, ein Dorf, anderthalb Meilen von Lauenburg im königlich-preußischen Hinterpommern im lauenburg- und bütowschen Creise in Obersachsen, im lauenburger Districte.

Dziowkowitz, polnisch **Diwkowice**, ein adliches Dorf
mit

mit einer Mühle, Niemiez genannt, im groß-strehlitzer Creise im Herzogthume Schlesien.

Dzirschnow, ein Rittergut im Herzogthume Schlesien im
toster Creise.

Dziretitz, s. Dzincelitz.

Dzuschowitz, auch Dziechowice, ein Rittergut im
groß-strehlitzer Creise des Herzogthums Schlesien.

E.

Ebatetschweiler, ein Dorf im Fürstenthume Fürstenberg in Schwaben, zur Abtey Petershausen gehörig.

Ebbelisheim, s. Eppelsheim.

Ebbentorp, ein Ort bey Preetz, im nördlichen Theile
des Wagrierlandes, im königlich-dänischen Herzogthume Holstein in Niedersachsen.

Ebbingen, ein Ort im Churfürstenthume Braunschweig-
Lüneburg, im Bezirke des hannöverischen Amtes Rethen.

Ebbinghausen, ein Dorf im Bisthume Paderborn im
westphälischen Creise.

Ebblisheim, s. Eppelsheim.

Ebelgünde, ein Vorwerk von 13 Feuerstellen im preußischen Herzogthume Magdeburg, im jerichowschen Creise, Herrn von Katt gehörig.

Ebelsbach, ein Dorf im Amte Staffelstein, im Bambergischen in Franken.

Ebelsberg, s. Ebersberg.

Eben, ein Dorf in der Herrschaft Rothenburg, im Unterinnthal in Tirol.

Eben, ein Dorf im Bambergischen in Franken, 2 Stunden von Staffelstein am Mayn.

Eben, Vorder- und Hinter-, Orte im Oestreichischen
ob der Ens, westwärts von Algen, bey Freyung, unweit der passauischen Grenze im alten Mühlviertel.

Ebenau, ein Messingwerk im Hochstifte Salzburg, im
bayerschen Creise bey Salzburg.

Ebenberg, ein Dorf im Oestreichischen hinter Stockerau,
westwärts von Göllersdorf bey Oberaschenbrunn, im
Viertel oberhalb dem Mannhardsberge.

Eben

Ebenberg, ein bayreuthisches Dorf in Franken, ins königlich-preußische Castenamt Culmbach gehörig.

Ebenberger Hof, bey Isenburg, in der Graffschaft Neuwied an der Saynbach.

Ebendorf, ein Schloß, Gut und Dorf im Oestreichischen an der Zaya, zwischen Mistelbach und Wulfersdorf, im Viertel unterhalb dem Mannhardsberge.

Ebenet, ein zum Amte Reuter gehöriges Dorf in der Probstey Ellwangen in Schwaben.

Ebenheit, ein Dorf im Amte Fladungen, im Wirzburgischen in Franken.

Ebenheit, s. Ebnet.

Ebenhof, ein zum Gerichte Castelbell gehöriger Ort in Tirol im Vinstgau.

Ebenhof, ein Hof im königlich-preußischen Markgrafthume Anspach in Franken.

Ebenhofen, ein Pfarrdorf an der Wertach im Stifte Kempten, in den benzenauischen Gerichten in Schwaben.

Ebeniet, Ebnet, ein Dorf im Wirzburgischen in Franken, im Amte Freudenberg, 1 Stunde davon gegen Wertheim gelegen.

Eben-Porthen, Ubrestie, ein Schloß und Dorf im Oestreichischen, 2 Meilen von Laybach zu Wasser auf der Laybach, und zu Lande 3 Meilen davon, in Untercrain.

Ebensee, ein Dorf und Kammergut im Oestreichischen, mit einer Pfarre, wird von einigen zum Traunviertel gerechnet, ob der Ens im Hausruckviertel.

Ebensee, ein Ort im Oestreichischen ob der Ens, am Traunsee im Traunviertel.

Ebensfeld, ein Schloß mit einem Landgerichte im Oestreichischen, unweit Mahrburg und Pettau in Steyermark, im cillier Creise.

Ebensfeld, Groblie, ein Schloß im Oestreichischen, 2 Meilen von Laybach und eine Meile von Stein in Obercrain.

Ebenthal, ein Schloß, Landgut und Dorf im Oestreichischen, beym Marchfelde, nordwärts hinter Schönkirchen,

chen, am Gebürge, im Viertel unterhalb dem Mannhardsberge.

Ebenthal, ein Schloß im Oestreichischen, nahe beym Fluß Glan, 1 Meile von Klagenfurt in Unter-Kärnten.

Ebenung, ein Rittergut im badenschen Amte Steinbach in der untern Ortenau in Schwaben.

Ebenweiler, ein Dorf in der Grafschaft Königsegg in Schwaben, ist der Sitz eines Gerichtsamtmanns.

Ebenzweyer, ein Ort im Oestreichischen, westwärts von Traunsee ob der Ens, im Hausruckviertel.

Ebenwies, ein Ort im Königreiche Böhmen im prachner Creise, unter den Schutz des stadler und stachauer Gerichts gehörig.

Eberach, s. Ebrau.

Eberau, ein Ort im Landgerichte Straubingen in Unterbayern.

Eberbach, ein Pfarrdorf, gehört den Herren von Stetten, 1 Stunde von Langenburg.

Eberbach, ein Dorf im Bißthume Wirzburg in Franken.

Eberbach, ein Ort in dem landgräflich-hessendarmstädtischen Amte Worth im oberrheinischen Creise.

Eberbach, ein Bezirk von Höfen in der Markgrafschaft Baden in Schwaben, zum Oberamte der Markgrafschaft Hochberg zu Emendingen.

Eberbalbach, ein Dorf in Schwaben, 1 Stunde von Mergentheim, dem teutschen Orden und dem Herrn von Zobel gehörig.

Eberbach, s. Erbach.

Eberfingen, ein Dorf am Flusse Wutach in der fürstenbergischen Grafschaft Stühlingen in Schwaben.

Ebergärsch, ein Dorf im Oestreichischen hinter Albrechtsberg, über der großen Krems, bey Lichtenau oberhalb dem Mannhardsberge.

Ebergersch, ein Hof im Königreiche Böhmen im taborer Creise, zur Herrschaft Landstein gehörig.

Eberhards, Niederebarhardsberg, auch **Kleinseberhards,** nahe bey Obereberhards oberhalb dem Mannhardsberge.

Eberhards Cluse, s. Clausen.
Eberhardtshof, s. Geismannshof.
Eberhardsweiler, ein kleines Dorf im wirtembergischen Amte Lorch in Schwaben.
Eberhardszell, ein Pfarrdorf und Gericht in der Grafschaft Waldsee in Schwaben.
Eberharting, ein Dorf zur Herrschaft Kitzbühel gehörig, im Unterinnthal in Tirol.
Eberhartsreuth, ein Ort im Gerichte Bernstein, Rentamts Straubingen in Unterbayern.
Eberholzen, ein Ort im Stifte Hildesheim bey Marienstedt, zum Amte Gronau gehörig.
Eberlein Galgenhof, s. Ober-Galgenhof.
Ebermergen, ein Dorf im Umfange der Grafschaft Oettingen in Schwaben. Es gehört Oettingenspielberg und dem teutschen Orden.
Ebern, s. Lutzel-Ebern.
Ebernburg, ein Schloß, Dorf und Unteramt des churpfälzischen Oberamtes Kreuznach, 1 Stunde von dieser Stadt gelegen.
Eberndorf, s. Oberndorf.
Ebersbach, ein Dorf im fränkischen Creise im Flußbißthume Bamberg, ins Amt Neunkirchen gehörig.
Ebersbach, ein Dorf im Bambergischen in Franken, im Amt Vilseck, 1 halbe Stunde davon gegen Sulzbach gelegen.
Ebersbach, ein bayreuthisches Dorf in Franken, 1 Stunde von Bayersdorf, in dieses königlich-preußische Amt gehörig.
Ebersbach, ein königlich-preußisch-bayreuthisches Dorf am Weisen-Mayn in Franken, 1 Stunde von Culmbach entlegen.
Ebersbach, ein nürnbergisches Dorf bey Klein-Amberg, gegen Spalt in Franken.
Ebersbach, ein wirzburgisches Dorf bey Münnichstadt in Franken.
Ebersbach, ein Dorf im Wirzburgischen in Franken an der Saale, 2 Stunden von der Neustadt gelegen.

Dorfgeogr. 1r Nachtrag. X Ebers-

Ebersbach, ein zur Herrschaft Remſa gehöriger Ort im Gebirgiſchen in Churſachſen, im Amtsbezirke Zwickau gelegen.

Ebersbach, ein Ort im Amte Voigtsberg, im Vogtlande in Churſachſen.

Ebersbach, ein dem Rathe zu Zittau gehöriges Dorf in der Oberlauſitz in Churſachſen, zwiſchen Friebers-Waltersdorf und Eyhau gelegen.

Ebersbach, ſ. Ober-Ebersbach, Unter-Ebersbach, Straß-Ebersbach, Eberspach.

Ebersberg, ein Markt im Hochſtift Paſſau, im bayeriſchen Creiſe ob der Ens.

Ebersberg, ein fürſtlich hohenlohiſcher Ort in Franken.

Ebersberg, ein ritterſchaftliches Schloß und Dorf des Cantons Rhönwerra, im Wirzburgiſchen in Franken, 3 Stunden von Fulda gegen Biſchoffsheim gelegen, und den Herrn von Weyhers zuſtändig.

Ebersberg, ein gräflich-erpachiſches Dorf in Franken, 1 Stunde von Erpach gegen Ebersbach.

Ebersberg, ein kleines Dorf in der Graffſchaft Limburg in Schwaben, ſolms-aſſenheimiſchen Antheils.

Ebersberg, ein Bergſchloß im Wirtembergiſchen, zwiſchen Baknang und Murrhard.

Ebersbergiſche Gilde, ſ. Weidling.

Ebersbronn, ein Dorf im Bißthume Wirzburg in Franken, wo die Reiche Eberach entſpringt.

Ebersbrunn, ein Dorf im Oeſtreichiſchen gegen Untermannhardsberg, zwiſchen Oberravelsbach und Hohenwart, oberhalb dem Mannhardsberge.

Ebersbühl, ein kleines Dorf im wirtembergiſchen Kloſteramt Hirſau in Schwaben.

Ebersburt, ein bayreuthiſches Dorf in Franken, im königlich preußiſchen Amte Embskirchen, 1 Meile davon gegen Längenzenn gelegen.

Eberſchüz, ein großes Dorf am linken Ufer der Diemel, zviertel Stunden oberhalb Trendelburg, in welches heſſen-caſſelſche Amt es gehört, 1 St. v. Hof-Geismar.

Ebersdorf, ein Dorf im Oeſtreichiſchen bey Ernſtbrunn, im Viertel unterhalb dem Mannhardsberge.

Ebers-

Ebersdorf, ein Dorf im Oestreichischen an der Zaya, ostwärts der Poststraße hinter Gaunersdorf, bey Bullendorf, im Viertel unterhalb dem Mannhardsberge.

Ebersdorf, ein Pfarrdorf u. Gut im Oestr., links der Poststrase nach Wolkersdorf hinter Stammersdorf, im Viertel unterhalb dem Mannhardsberge.

Ebersdorf, ein Dorf im Oestreichischen seitwärts von Hartberg in Steyermark, im grätzer Creise.

Ebersdorf am Berge, ein Edelsitz im Oestreichischen hinter Bösstall, sonst auch **Raunberg** genannt, oberhalb dem Mannhardsberge.

Ebersdorf über der Bielach, **Grosebersdorf**, ein Dorf im Oestreichischen unter der Ens zwischen Gräfensdorf und Haindorf, im Viertel oberhalb dem wiener Walde.

Ebersdorf, ein Dorf mit einer k. k. Haupt-Zollstation an der Gränze von der Oberlausitz unweit Seidenberg im Königreiche Böhmen im bunzlauer Creise, zur Herrschaft Friedland gehörig.

Ebersdorf, ein Dorf im Königreiche Böhmen im gastlauer Creise, zur Herrschaft Schrittens gehörig.

Ebersdorf, ein Dorf im Königreiche Böhmen im leutmeritzer Creise, zur Herrschaft Kulm gehörig.

Ebersdorf, ein Rittergut im sprottauschen Creise im Herzogthume Schlesien.

Ebersdorf, ein Dorf im neumarktschen Creise im Herzogthume Schlesien, dem Domkapitel zu Breslau geh.

Ebersdorf, ein Rittergut im neuroder Distrikte der Grafschaft Glatz, im Herzogthume Schlesien.

Ebersdorf, eigentlich **Mittelwaldisch-Ebersdorf**, ein Rittergut im habelschwerder Distrikte der Grafschaft Glatz im Herzogthume Schlesien.

Ebersdorf, ein Dorf im fränkischen Creise im Fürstenthume Bamberg, ins Amt Lichtenfels gehörig.

Ebersdorf, ein bayreuthisches Dorf in Franken, im Königlich preussischen Amte Neuhof, 1 Stunde davon gegen Anspach gelegen.

Ebersdorf, ein bayreuthisches Dorf in Franken, 1 Stunde von Lauenstein, in dieses kön. preus. Oberamt gehörig.

Ebersdorf, ein Dorf im herzoglich-coburgischen Amte Neustadt.

Ebersdorf, ein Dorf im churhanöverischen Fürstenthume Bremen, zum Bezirke des Amtes Bremervörde gehörig.

Ebersdorf, s. Klein-Ebersdorf, Ober-Ebersdorf, Nieder-Ebersdorf.

Ebersfeld, ein Ort im Königreiche Böhmen im ellnbogner Creise, zum Gute Königsberg gehörig.

Ebersfeld, s. Offenheim.

Ebersgöns, ein Ort zum Theil Hessendarmstädtisch, theils Nassau-Weilburgisch, ins Amt Kleeberg gehörig.

Ebershard, ein kleines Dorf im wirtembergischen Amte Nagold.

Ebershausen, ein Ort in dem landgräflich-hessendarmstädtischen Amte Braubach im oberrheinischen Creise.

Ebershausen, ein Pfarrdorf an der Haslach, in der Markgrafschaft Burgau in Schwaben. Es gehört dem Kloster Beuren.

Ebersheim, s. Ibersheim.

Ebershorst, ein Ort im Hannöverischen, im Bezirke des Amtes Leinförde.

Eberspach, ein Pfarrdorf bey Altshausen in Schwaben, dem deutschen Orden gehörig.

Eberspach, ein Marktflecken im wirtembergischen Amte Göppingen in Schwaben, an der Landstraße von Stuttgard nach Göppingen.

Eberspach, ein Pfarrdorf im Stifte Kempten, 1 Stunde von Obergünzburg, im Pflegamt Kemnath in Schwaben.

Eberspach, ein Dorf im Gebiete des Klosters Roggenburg, im Amte Nordholz in Schwaben.

Eberspach, ein Dörfchen im Burgau in Schwaben, dem Kloster Wettenhausen gehörig.

Eberspach, ein kleines Dorf in der Kloster Blaßischen Herrschaft Bondorf in Schwaben.

Eberspach, s. Ebersbach.

Ebersperg, Ebelsberg, ein Schloß und Markt im Oestreichischen ob der Ens, dem Hochstifte Passau gehörig,

rig am Traunflusse, 1 Meile von Linz ohnweit Ens, im Traunviertel.

Eberspeunt, ein Ort im Gerichte Biburg, Rentamts Straubingen in Unterbayern.

Eberspeunt, ein Dorf in Niederbayern, zum Rentamt Landshut und Pflegverwaltung des Hochstifts Regensburg gehörig.

Ebersreut, ein Dorf im Oestreichischen unter der Ens, südwärts hinter Bärschling, bey Wald, im Viertel oberhalb dem wiener Walde.

Ebersreuth, ein Ort im Gerichte Mitterfels, Rentamts Straubingen in Unterbayern.

Eberstadt, ein Dorf im gräflich-solms-hohensolmischen Antheile der Herrschaft Münzenberg, im Amte Niederweisel im oberrheinischen Creise.

Eberstadt, ein Ort in dem landgräflich-hessendarmstädtischen Amte Darmstadt im oberrheinischen Creise.

Eberstädter-Mühle, liegt bey Niedertrebra in Thüringen in Chursachsen, und gehört ins Amt Eckardsberga.

Eberstall, ein Ort im Gerichte Kirchberg, Rentamts Straubingen in Unterbayern.

Eberstall, ein zerfallenes Bergschloß und Weiler im Mindelthal bey Jettingen im Burgau.

Eberstallzell, ein Ort im Oestreichischen ob der Ens, am Atterbache, ohnweit Kremsmünster und Wynsbach, im Traunviertel.

Eberstatt, ein Ort im fränkischen Ritterkreise im Canton Ottenwald, gehört dem Rüdt von Collenberg.

Eberstein, ein Markt und Schloß im Oestreichischen am Wasser Peseriz in Kärnten, im gurker Viertel.

Eberstein, ein altes Bergschloß in der badenschen Grafschaft Eberstein, von welchem diese den Namen erhalten hat.

Eberstein, Haueneberstein, ein Pfarrdorf im badenschen Amte Rastadt in Schwaben.

Eberstein, Neu-Eberstein, ein Flecken unweit des Schlosses Eberstein, in der Grafschaft dieses Namens.

Ebersteinburg, ein altes Bergschloß bey Baden, in dem markgräflich-badenschen Amte Baden.

Ebersteinburg, ein Pfarrdorf bey dem alten Schlosse dieses Namens in Schwaben.

Eberswang, ein Schloß und Hofmark im Oestreichischen ob der Ens, im Amte Ried, an der Grenze vom Hausrukviertel im Innviertel.

Ebersweier, ein Pfarrdorf in der östreichischen Landvogtey Ortenau in Schwaben, zum Gericht Griesheim gehörig.

Ebertsche Hof, vor Oberzell am Sinnflusse, im hessen-cassel-hanauschen Amte Schwarzenfels.

Ebertsbrunn, ein Filial zu Wermutshausen. Ist ein hohenloh-neuensteinisch- und weickersheimisches Dorf in Franken, 1 Meile von Weickersheim gelegen.

Ebertsbrunn, ein anspachisches Dorf in Franken, im königlich-preußischen Oberamte Creglingen, 1 Meile davon gegen Weickersheim.

Ebertsbrunn, ein Dorf im Amte Ebern im Wirzburgischen in Franken.

Ebertshausen, ein Ort im Gerichte Mainburg, im Rentamte München in Bayern.

Ebertshausen, ein Dorf im Wirzburgischen in Franken, im Amte Mainberg, gegen Lauringen gelegen.

Ebertshausen, ein Dorf denen von Diemar gehörig, im fränkischen Rittercreise, im Canton Röhnwerra.

Ebertsheim, ein Dorf in der Grafschaft Leiningen im oberrheinischen Creise, ins sogenannte Hintergericht der Christophischen Familie gehörig.

Ebertshof, ein anspachischer Hof in Franken, im Fraischbezirke des Oberamtes Cadolzburg.

Eberwein, **Eberwik**, ein Dorf im Oestreichischen bey Litschau, gegen Eisgarn, oberhalb dem Mannhardsberge.

Eberweis, ein Dorf im Oestreichischen bey Eisgarn, oberhalb dem Mannhardsberge.

Eberwik, s. Eberwein.

Ebing, ein Dorf im fränkischen Creise im Fürstbißthume Bamberg, ins Amt Rattelsdorf gehörig.

Ebingen, ein kleines Dorf in der Landgrafschaft Saunbe in Schwaben, am Flusse Wiesen.

Ebingshausen, ein Ort im Churfürstenthume Trier an der Lahn, zur meudrer Zent gehörig.

Ebisdorf, s. Ebsdorf.

Ebisheim, s. Ißheim.

Eblern, ein Ort im Oestreichischen, unweit Gröbning und Gumpenstein an der Ens in Steyermark, im judenburger Creise, nahe dabey ist ein Kupferbergwerk.

Ebmath, ein Rittergut und Dorf im Amte Voigtsberg in Chursachsen, im Vogtlande.

Ebmer, ein Ort im Oestreichischen ob der Ens, unweit der Donau, bey Gramastädten, im alten Mühlviertel.

Ebmet, ein Dorf im Königreiche Böhmen im ellnbogner Creise, zur Herrschaft Walhof gehörig.

Ebmet, ein Dorf im Königreiche Böhmen im Ellnbogner Creise, zur Herrschaft Falkenau gehörig.

Ebnat, auch **Ebnet**, ein Pfarrdorf im Ries im Gebiet des Klosters Niesheim in Schwaben.

Ebne, ein kleines Dorf in der wittembergischen Herrschaft Neizheim.

Ebnet, ein Schloß und Dorf im Bambergischen in Franken, 1 halbe Stunde von Burgkunstadt.

Ebnet, ein Dorf denen von Seckendorf gehörig im fränkischen Rittercreise, im Canton Gebürg.

Ebnet, Ebenheit, ein Dorf in Franken in der Grafschaft Wertheim im Amte Freudenberg.

Ebnet, ein kleines Dorf in der St. blasischen Herrschaft Bondorf in Schwaben.

Ebnet, ein Pfarrdorf auf einem Berge im Breisgau in Schwaben.

Ebnet, s. Ebeniet.

Ebnit, ein Pfarrort in der östreichischen Gräfschaft Hohenembs in Schwben.

Ebnow, s. Emau.

Eborn, ein Ort in dem markgräflich badenschen Antheil der Grafschaft Sponheim zum Oberamte Birkenfeld der Hintern Grafschaft gehörig.

Ebra, s. Ibra.

Ebrach, Eborach, eine reiche und 1126 gestiftete Cysterzienserabtey im Btzthume Wirzburg. Ehedessen wurden die Herzen der verstorbenen wirzburgischen Bischöffe daselbst beygesezt.

Ebrzhofen, ein Pfarrdorf in der östreichischen Grafschaft Hoheneck in Schwaben.

Ebranweiler, ein Dorf zwischen Ueberlingen und Pfullendorf in Schwaben. Es geh. d Spital zu Ueberlingen.

Ebrechtstein, Eckbrechtstein, Eberhardstein, ein bayreuthisches Schloß in Franken im königlich preußschen Amte Streitberg, 1 Stunde davon gegen Nürnberg gelegen.

Ebriach, ein Ort im Oestreichschen bey Capl in Kärnten.

Ebringen, ein Pfarrdorf im Breisgau bey Freyburg, es gehört dem Stifte St. Gallen.

Ebringen, ein Dorf in der Landgrafschaft Neuenburg in Schwaben.

Ebringen, ein schwäbisches Dorf in der fürstenbergischen Landgrafschaft Baar.

Ebringen, ein fürstlich-Oetting-Oettingischer Pfarrort in Schwaben, ins Oberamt Hochhaus gehörig.

Ebs, ein Pfarrdorf nordwärts von Kufstein im Unterinnthal in Tirol.

Ebsdorf, Ebisdorf, ein ziemliches Dorf und Gericht des Nahmens an der Lahn, 2 Stunden von Marburg an dem Flüßchen Zwister oder Me Zwester-Ohm.

Echbeck, ein kleines Dorf in der fürstenbergischen Grafschaft Heiligenberg in Schwaben.

Echelette, s. Combe.

Echem, ein Dorf im Churfürstenthme Braunschweig-Lüneburg zum Bezirk des Amtes Scharnbeck gehörig.

Echenbrunn, ein pfalzneuburgisches Pfarrdorf bey Lauingen in Schwaben.

Echesberg, ein Dorf im fränkischen Creise im Fürstbißthume Bamberg ins Amt Wartenfels gehörig.

Echindorf, s. Eggendorf im langen Thale.

Echingen, ein Pfarrdorf in der fürstenbergischen Herrschaft Hohenhöwen in Schwaben.

Echlies

Echlishausen, ein kleines Dorf in der Markgrafschaft Burgau in Schwaben. Es gehört Oestreich.

Echobrunn, eine Hofmark mit einem Schloß im Bißthume Augsburg in dieser Pfarrey und den Pflegamt Gundelfingen, nicht weit von dieser Stadt zwischen der Donau und Brenz.

Echternhagen, s. Hohenhausen.

Echthausen, ein Dorf im Wirzburgischen in Franken, im Amte Steinach eine halbe Stunde davon gegen Lauringen gelegen.

Echtringhausen, ein Hof nahe bey Westendorf in der Mitte zwischen Rinteln und Schauenburg zu dem hessencasselischen gehörigen Antheil der Grafschaft und Amt Schaumburg den Herren von Zerzen gehörig.

Echweil, ein Dorf im Amte und Stifte Aichstett in Franken

Echzell, ein Dorf im Stifte Aichstett in Franken, im Amte Kupferberg, 3 Stunden von Ingolstadt, an der bayerischen Grenze gelegen.

Eck, auf den Eck, ein Dörfchen im Ostreichischen im Gebürge unter der Ens, westwärts hinter Kaumberg und Araberg im Viertel oberhalb den wiener Wald.

Eck, ein Dorf zur Herrschaft Hertenberg gehörig, im Oberinnthal in Tirol.

Eck, ein Dorf zur Herrschaft Rattenberg gehörig, im Unterinnthal in Tirol.

Eck, ein Zinken in dem margräflich-badenschen Amte Croschweyer in Schwaben.

Eck, ein Dorf im schwäbischen Rittercreise im Ort oder Rittercanton am Neckar und Schwarzwald, gehört Leutrum von Ertingen.

Eck, ein kleines Dorf in der Grafschaft Oettingen bey Mönchsroth in Schwaben.

Eckardtische-Mühle, eine Mühle nebst Vorwerk im Amte Schweinitz im Churkreise in Sachsen.

Eckarts, ein meinungisches Dorf in Franken, 3 Stunden Salzungen, ins herzoglich-sächsische Amt Sand gehörig.

Eckarts, ein Ritterschaftliches Dorf des Cantons Rhönwerra im Wirzburgischen in Franken, eine Stunde von Zeitlof gegen Brückenau gelegen, und den Herren von Thüngen zuständig.

Eckardsau, Schloß, Herrschaft und Ort im Oestreichischen mit Esling vereint, ostwärts unter Ort in den Auen, zwischen dem Rusbache und der Donau, im Viertel unterhalb dem Mannhardsberge.

Eckartsberga, ein Ort im Amte Borna im Leipziger Creise, in Chursachsen.

Eckartsdorf, s. **Eckersdorf**.

Eckartshausen, ein Dorf im Wirzburgischen in Franken, im Amte Werneck 2 Stunden davon gegen Gemünd gelegen.

Eckartshausen, ein Dorf des Ritterortes Baunach im Wirzburgischen in Franken, 2 Stunden von Geßlach gegen Königshofen gelegen, und den Herrn von Altenstein gehörig.

Eckartsweier, ein Ort in den landgräflich-hessendarmstädtischen Amte Willstett im oberrheinischen Creise.

Eckartsweiler, ein Anspachsches Dörfchen in Franken, im königlich preußischen Vogteyamte Leutersheim 1 Stunde davon gegen Leutershausen.

Eckartsweyler, ein fürstlich-hohenlohischer Ort in Franken.

Ecke, ein Ort im Gerichte Passage im Etschlande in Tirol.

Eckel, ein Ort im Churfürstenthume Braunschweig Lüneburg zum hannöverischen Amte Haarburg gehörig.

Eckele, ein Dorf im Gerichte Laudeck im Oberinnthal in Tirol.

Eckeleh, ein Ort im churhannöverischen Fürstenthume Bremen, zum Lande Wursten gehörig

Eckelsdorp, ein Ort Fürstenthme Plön, im königlich-dänischen Hochstifte Holstein, im südlichen Wagrierlande, in Niedersachsen, im Amte Ahrensböck.

Eckelshausen, ein Ort in den landgräflich-hessendarmstädtschen Amte Biedenkopf im oberrheinischen Creise.

Eckelshofen, ein Dorf im Stifte Bamberg in Franken.

Eckels-

Eckrtshofen, ein churpfälzischer Ort im Fürsten- oder Herzogthume Sulzbach in der Oberpfalz, ins Landgerichte Sulzbach gehörig.

Eckenberg, ein bayreuthisches Dorf in Franken, im königlich-preußischen Amte Münch-Aurach, 1 Stunde davon gegen Neustatt gelegen.

Eckenbrechtshausen, ein Dorf des Ritterorts Steigerwald im Wirzburgischen in Franken, den Herren von Seckendorf gehörig.

Eckenberg, ein Dorf im Bambergischen in Franken, im Amte Herzog-Aurach, 2 Stunden davon gegen Neustatt an der Aisch.

Eckendorf, ein Ort in dem landgräflich-hessendarmstädtischen Amte Pfaffenhofen im oberrheinischen Creise.

Eckendorf, ein Guth im lippischen und der königl.-preuß. schen Grafschaft Ravensberg in Westphalen.

Eckenfeld, ein Schloß im Stifte Bamberg in Franken.

Eckenhaid, ein nürnbergisches Dorf am Flüßchen Eckenbach bey Eschenau in Franken, 3 Meilen von Nürnberg entlegen.

Eckenheim, ein Dorf eine und eine halbe Stunde von Preungesheim 1 Stunde von Frankfurt in der hessencasselischen Grafschaft Hanau, nach der Nied zu, zum Amte Bornheimerberg gehörig.

Eckenhofen, ein königlich-preußisch-bayreuthischer Weiler in Franken, 1 halbe Stunde von Dachsbach, in dieses Amt gehörig.

Eckenreuth, ein nürnbergisches Dorf in Franken, im Amte Bezenstein 1 Stunde davon gegen Rothenberg gelegen.

Eckenroth, s. Ober-Eckenroth.

Eckenstein, ein Dorf des Klosters Altenburg im Oestreichischen hinter Horn, an der Laffa, oberhalb dem Mannhardsberge.

Eckenstein, ein Schloß im Oestreichischen bey Wölau im Steyermark, im Cilliercreise.

Eckenstein, ein Ort in der Markgrafschaft Baden im schwäbischen Creise, ins Oberamt Karlsruhe und Amt Mühlburg gehörig.

Eckerde,

Eckerde, ein Dorf im churhannöverischen Fürstenthume Calenberg, zu diesem Amtsbezirke gehörig.

Eckerhöffte, und Eickhof, Elsebusch, einige Güter und Freyhöfe in der königlich-preußischen Altmark Brandenburg im seehäusischen Creise.

Eckern, ein Ort in der ehemaligen Grafschaft jetzigen Herzogthume Oldenburg und Delmenhorst in die Landvogtey Neuenburg und Vogtey Zwischenahn gehörig.

Eckeroth, ein zur Probstey Ellwangen gehöriger Ort in Schwaben.

Eckerrodt, ein Weiler in der limburgischen Herrschaft und Amt Adelmansfelden in Schwaben.

Eckerroth, ein Anspachsches Dorf in Franken, im königlich-preußischen Oberamte Creilsheim 1 Meile davon gegen Ellwang.

Eckerroth ein Ort im Gebiete der Reichsstadt Schwäbischhalle in Franken, ins Amt Honhard gehörig.

Eckersbach, ein Ort im Königreiche Böhmen im bunzlauer Creise, zur Herrschaft Grafenstein gehörig.

Eckersbach, ein Ort im fränkischen Rittercreise im Canton Steigerwald, gehört den von Schrottenberg.

Eckersbach, ein Dorf im Stifte Bamberg in Franken.

Eckersdorf, ein Dorf mit einer katholischen Kirche eine halbe Meile von Sagan, hat 2 Dominia eins ist herzoglich das andere gehört der Stadt Sagan im Herzogthme Schlesien.

Eckerdorf, ein Ort eine starke Meile von Schweidniz im Herzogthume Schlesien, gehört dem Stift Grüßau.

Eckersdorf, ein adeliches Dorf 3 und 1 viertel Meile von Löwenberg im Herzogthume Schlesien.

Eckersdorf, ein Rittergut im breßlauchen Creise im Herzogthume Schlesien.

Eckersdorf, ein Rittergut im Namslauschen Creise im Herzogthume Schlesien.

Eckersdorf, ein Ort im namslauschen Creise im Herzogthume Schlesien, dem deutschen Ritterorden gehörig.

Eckersdorf, ein adeliches Dorf mit einer Kirche und einer Steinkohlengrube Frischauf genannt, im Neuroder

der Diſtricte der Grafſchaft Glaß im Herzogthume Schleſien.

Eckersdorf, Eggersdorf, ein Ort unter dem Leiſſenberg im Oeſtreichiſchen zwiſchen Ladendorf und Niederleis, im Viertel unterhalb dem Mannhardsberge.

Eckersdorf, ein Dorf im Oeſtreichiſchen an der Theya, oberhalb dem Mannhardtsberge.

Eckersdorf, Eckartsdorf, ein Dorf mit einer Pulvermühle im Oeſtreichiſchen unweit Gleisdorf in Steyermark, im Grätzer Creiſe.

Eckersdorf, ein Ort im Gerichte Biburg Rentamts Straubingen in Unterbayern gehörig.

Eckersdorf, ein Dorf 1 Stunde von Bayreuth in Franken, den Herren von Buchau gehörig.

Eckersdorf, ein Dorf im Fürſtbißthum Bamberg in Franken, ins Amt Herzogenaurach gehörig.

Eckersheim, ſ. Ober-Eckersheim.

Eckershof, ein Weiler im Fraiſchbezirk des königlich-preußiſch-anſpachſchen Richteramts Langenzenn.

Eckersmühlen, ein anſpachſches Dorf in Franken, im königlich-preußiſchen Amte Roth, 1 Stunde davon gegen Hilpoltſtein.

Eckertsdorf, ein gräflich-giechiſches Dorf in Franken 1 Viertelſtunde von Thurnau, in dieſes Amt gehörig.

Eckfleth, ein Dorf in der ehemaligen däniſchen Grafſchaft jetzigen Herzogthume Oldenburg und Delmenhorſt, in der Landvogtey Oldenburg und Marſchvogtey Mohrein oder Elsflet an der Hunte im Stedinger Lande.

Eckh, ein Pfarrort in der Abtey Irrſee in Schwaben.

Eckhardts, ein Pfarrdorf in der Grafſchaft Königseggs Rothenfels in Schwaben.

Eckhardsberg, eine Kolonie bey Wüſte-Waltersdorf im Herzogthume Schleſien.

Eckhardsborn, ein Ort in den landgräflich-heſſendarmſtädtiſchen Amte Nidda im oberrheiniſchen Creiſe.

Eckhof, ein Dorf, im Amte Stavenhagen des Herzogthums Mecklenburg Güſtrow.

Eckhorſt, ein Dorf im Bißthume Lübeck im königlich-däniſchen Herzogthume Holſtein, im ſüdlichen Wagrlande, in Niederſachſen.

Eckhof, ein Ort im Oestreichischen ob der Ens, ohnweit Gallneukirchen bey St. Magdalena und Dorna, im Mühl- und Alten Machlandviertel.

Eclofswind, ein anspachsches Dorf in Franken 1 Stunde von Anspach, in dieses königlich-preußische Oberamt gehörig.

Eckmannshausen, ein Ort im oranien-nassauschen Fürstenthume Siegen, ins Amt Netphen gehörig.

Eckmannshofen, ein nürnbergisches Dorf unweit Stauf in Franken.

Eckschewitz, ein Dorf im Königreiche Böhmen im Pilsner Creise, zur Herrschaft Hayda gehörig.

Eckstedt, oder **Eichstedt,** ein adeliches Dorf in der königlich-preußischen Altmark Brandenburg im arneburgischen Creise, im Bezirk des Amtes Tangermünde.

Eckstever, ein Ort im churhannöverischen Fürstenthume Bremen, zum Bezirke des Amts Ottersberg gehörig.

Eckwarden, ein Dorf in der ehemaligen Grafschaft jetzigen Herzogthume Oldenburg und Delmenhorst, im Landgerichte Ovelgönne zur Vogtey Burhave im butjadinger Land gehörig.

Eckwartshofen, Equartshofen, ein königlich-preußisch-markgräflich-bayreuthisches Dorf in Franken, zum Kloster Frauenthal gehörig.

Eckweiler, ein Dorf in dem markgräflich-badenschen Antheile der hintern Grafschaft Sponheim in der Pfalz, zum Amte Winterburg gehörig.

Eckwersheim, ein Ort in dem landgräflich-hessendarmstädtischen Amte Brumath im oberrheinischen Creise.

Ecquarhof, ein anspachsches Dorf in Franken, im königlich-preußischen Oberamte Creglingen, 1 Meile hievon gegen Windsheim gelegen.

Ed, drey Orte im Oestreichischen bey Frankenburg ob der Ens, im Hausrukviertel; das andere westwärts von Attergaa ob der Ens, im Hausrukviertel; das dritte ob der Ens im Amte Schärding, an der Gränze vom Hausrukviertel, im Innviertel.

Eddelake, ein Dorf und Kirchspiel im Hollstein-Dithmarschen gelegen.

Eddels

Eddelsen, ein Dorf im Lüneburgischen, zum churhannöverischen Amte Haarburg gehörig.

Eddelstorf, ein Dorf im Churfürstenthume Braunschweig Lüneburg, zum hannöverischen Amte Medingen gehörig.

Eddenwische, Nienkrog, ein Ort im Dithmarschen, im königlich-dänischen Herzogthume Holstein in Niedersachsen.

Edderiz, ein Dorf und Rittergut im Fürstlich-Anhaltischen, im Amte Cöthen.

Eddesmahnswurth, ein Dorf im Hollstein-Dithmarschen, ins oldenworder Kirchspiel gehörig.

Eddeße, ein Dorf im Churfürstenthume Braunschweig-Lüneburg, zum hannöverischen Amte Meinersen gehörig.

Eddigehausen, ein Dorf in der an der Leine gelegenen Herrschaft Plesse, Hessencassel gehörig, bey Bovenden unter dem Schlosse Plessen.

Eddihusen, ein Ort im Stifte Hildesheim, ins Amt Winzenburg gehörig, ohnweit Escherde an der Leine.

Edegg, ein Wallfarthsort im Gebiete des Klosters Rogenburg in Schwaben.

Edelbach, ein Dorf im Oestreichischen über der Kamp, gegen Kirchberg an der Wild, oberhalb dem Mannshardsberge.

Edelbach, ein Gut im Oestreichischen an der Ips, oberhalb Keminelbach unter der Ens, im Viertel oberhalb des wiener Waldes, ein Dorf ohnfern dieses Gutes gehört dazu.

Edelbrunn, vulgo Gebiz, ein Dörfgen von 5 Haushaltungen in der Gegend von Königsberg in Franken.

Edelfingen, Oedelfingen, ein Dorf an der Landstraße nach Frankfurt, 3viertel Stunden unter Mergentheim, dem deutschen Orden, den Grafen von Hatzfeld und Herrn von Adelsheim gehörig.

Edelhausen, ein Hofmarkt im Bißthume Regensburg, zu dem königlichen Pflegamt Regenstauf an dem Regen im Nordgau zum Herzogthume Neuburg, den Freyherrn von Hofmühlen gehörig.

Edelhof, einige Orte im Oestreichischen bey Puchenstein, zwischen der Mur und Raab, in Steyermark, im grätzer Creise; ein anderer ob der Ens, bey Hall, im Traunsviertel.

Edelhof, ein nach Kölleda gehöriges Vorwerk, im Amte Eckartsberga in Thüringen in Chursachsen.

Edelitz, ein kleines Dorf im Gebiete der Reichsstadt Wangen in Schwaben.

Edelkirchen, ein Dorf im Bambergischen in Franken, im Amte Hochstätt, 1 halbe Stunde davon entlegen.

Edelkring, ein Dörfchen im Oestreichischen unter der Ens an der Bielach, westwärts von Dürrniz, oberhalb Schwarzbach, im Viertel oberhalb des wiener Waldes.

Edellake, ein Kirchdorf im Dithmarschen, im kön. dän. Herzogthume Holstein in Niedersachsen.

Edelprinz, eigentlich Erlapreis, ein Dorf im Oestreichischen über der deutschen Theya hinter Fldes, oberhalb dem Mannhardsberge.

Edelsbach, ein Ort mit einer Pfarre im Oestreichischen in Steyermark, im grätzer Creise.

Edelschrot, ein Ort im Oestreichischen bey Voitsberg in Steyermark, im marburger Creise.

Edelsdorf, Oedsdorf, ein Ort im Oestreichischen hinter Wolkenstein, oberhalb dem Mannhardsberge.

Edelsen, ein Dorf im Oestreichischen, zwischen Dürrenstein und Hohenstein, oberhalb dem Mannhardsberge.

Edelsfeld, ein churpfälzisches Dorf im Fürstenthume und Landgerichte Sulzbach in der Oberpfalz, 2 Stunden von Sulzbach auf Vilseck zu gelegen.

Edelskirchen, s. Ezelkirchen.

Edelsreut, Elsenreut, ein Dorf im Oestreichischen hinter Mariataferl, oberhalb dem Mannhardsberge.

Edelsreut, ein Ort im Oestreichischen hinter Kloster Bernek gegen die Theya, oberhalb dem Mannhardsberge.

Edelstetten, ein Flecken bey dem Stift Edelstetten, im Burgau in Schwaben.

Edelweiler, ein kleines Dorf und Kolonie im wirtembergischen Amte Altensteig.

Edes

Edemissen, ein Dorf im churhannöverischen Fürstenthum Braunschweig-Lüneburg, im Amte Meinersen.

Edemissen, ein Dorf im churhannöverischen Fürstenthum Grubenhagen, zum Amte Rotenkirchen gehörig.

Edenberg, ein Dorf im Burgau in Schwaben. Es gehöret dem Kloster St. Steffan in Augsburg.

Edenborner Hof, im Fürstlich-Nassau-Weilburgischen, jenseits dem Rhein.

Edenbüttel, ein Ort im Herzogthume Oldenburg, zur Grafschaft Delmenhorst und Vogtey Altenesch gehörig.

Edenhausen, ein Dorf im Gebiete des Klosters Ursperg in Schwaben.

Edenhofen, ein Ort im Gerichte Mitterfels, Rentamts Straubingen in Unterbayern.

Edenried, ein Dorf in der Herrschaft Pyrbaum in der Oberpfalz.

Edenspach, s. Unter-Edenspach.

Ederheim, ein fürstlich-öttingischer Pfarrort in Schwaben, ins Oberamt Hochhaus gehörig.

Edernhard, ein kleines Dorf im wirtembergischen Winsheimer in Schwaben.

Edersheim, ein öttingen-wallersteinisches Pfarrdorf in der Grafschaft Oettingen.

Ederried, ein Ort im Pfleggerichte Aichach in Bayern.

Edersdorf, ein anspachisches Dorf in Franken, ins königlich-preußische Oberamt Gunzenhausen gehörig.

Ederstetten, ein östreichischer Cameralort in der Landgrafschaft Nellenburg in Schwaben.

Edesheim, ein Marktflecken im Hochstift Speyer im oberrheinischen Creise, ins Oberamt Kirweiler gehörig, 2 Stunden von Landau.

Edesmannwisch, ein Dorf im Holstein-Dithmarschen, im oldenworder Kirchspiel.

Edesmannwurdt, ein Ort im Dithmarschen, im königlich-dänischen Herzogthume Holstein in Niedersachsen.

Edewecht, ein Ort und Kirchspiel in der ehemaligen Grafschaft jetzigem Herzogthume Oldenburg, in die Landvogtey Neuenburg und Vogtey Zwischenahn.

Dorfgeogr. 2r Nachtrag. Y Ed=

Ebhausen, ein Gan-Erbendorf des Ritterortes Baunach im Wirzburgischen in Franken, 2 Stunden von Seßlach gegen Schweinfurt, hat auch eine Judenschule und gehört Wirzburg, den Herren von Truchses und von Dalberg zu.

Ediger, ein Dorf und Kirchspiel im Erzstifte Trier im churrheinischen Creise, ins Amt Zell gehörig.

Edingen, ein Dorf und herrschaftlicher Hof im fürstlich solms'r braunfelsischen Amte Greifenstein im oberrheinischen Creise.

Edlendorf, ein Dorf in dem königlich-preusischen, zur marggräflich-bayreuthischen Amtshauptmannschaft Hof gehörigen Stadtrichteramt Münchberg, im fränkischen Creise und Vogtlande.

Edles, ein Dorf im Oestreichischen über der Zwettel bey Grosbertholds, oberhalb dem Mannhardsberge.

Edlinschwang, ein Dorf im Burgau in Schwaben.

Edliz, Oberedliz, ein Dorf im Oestreichischen bey der deutschen Theya gegen Jarolden, oberhalb dem Mannhardsberge.

Edliz, Niederedliz, ein Dorf und Gut im Oestreichischen unterhalb Oberedliz, gegen Markgdrsch, oberhalb dem Mannhardsberge.

Edlzhausen, ein Ort im Gerichte Schrobenhausen, zur Rentamte München in Bayern.

Edmist, ein Ort im Oestreichischen bey Schachenstein und Aflenz, nordwärts über Bruck, in diesem Creise, die Steyermark.

Edshorn, ein Dorf in der Grafschaft Oldenburg und Delmenhorst, in die Land- und Hausvogtey Oldenburg gehörig.

Edt, s. Oed.

Edung, s. Großes und Kleine-Edung.

Eckhövet, ein adelicher Ort im königlich-dänischen Herzogthume Holstein in Niedersachsen, im Bezirke des Amtes Rendsburg.

Efeld, ein Dorf im Wirzburgischen in Franken, 2 Stunden von Volkach gegen Ebrach gelegen.

Effeldorf, ein Ort im Wirzburgischen in Franken, im Amte Dettelbach, 2 Stunden davon gegen Wirzburg gelegen.

Effelter, ein Dorf im Fürstbißthume Bamberg in Franken, ins Amt Cronach gehörig.

Effeltrich, ein Dorf im fränkischen Creise im Fürstißthume Bamberg, ins Amt Neunkirchen gehörig.

Effnizweiler, ein Dorf und Schloß in der dem Hochstifte Konstanz gehörigen Pfandherrschaft Kluftern in Schwaben.

Effolderbach, ein Ort in dem landgräflich-hessendarmstädtischen Amte Nidda im oberrheinischen Creise.

Effringen, ein Dorf im Amte Röteln im Badenschen.

Egck, ein Dorf in Schwaben, zur Commende Meinau gehörig.

Egek, ein Dorf in der Herrschaft Mindelheim, an der Mindel und Westernach in Schwaben.

Egelbach, ein Dorf in der Herrschaft Mindelheim in Schwaben.

Egelfingen, ein Dorf auf den Alpen, zwischen Böhringen und Riedlingen in Schwaben.

Egelhofen, ein Pfarrdorf in der bayerschen Herrschaft Mindelheim in Schwaben.

Egelhofen, ein Pfarrdorf an der Roth in Schwaben, zur fuggerschen Graffschaft Kirchberg-Weisenhorn gehörig.

Egelinde, ein Vorwerk im preußischen Herzogthume Magdeburg im jesarschen Creise, Herrn von Oppen zuständig, wobey auch die Egelings- oder Ehlingsmühle ist.

Egelingerode, Ekelingerode, ein Ort auf dem Eichsfelde im Churmayntzischen, in die westernbagische Gerichte gehörig.

Egelriede, ein Ort in der hannöverischen Graffschaft und Amtsbezirke Diepholz.

Egelschoffen, ein Dorf im Thurgau, zur Stadt Konstanz gehörig.

Egelsee, einige Dörfer im Oestreichischen unweit Krems an der Trasen, oberhalb dem Mannhardsberge, und eins unter der Ens, zwischen der Bärschling und Tressen, südwärts der Poststraße nach St. Pölten.

Egelsee, ein Dorf im Gebiete der Reichsstadt Memmingen in Schwaben, zum Theil auch der Abtey Ottobeuren gehörig.

Egelsee, ein nürnbergischer Weiler in Franken, 1 Stunde von Röthenberg gegen Nürnberg, ins Amt Lauff gehörig.

Egelspfühl, ein Vorwerk im Amte Leipzig, im leipziger Creise in Chursachsen.

Egelheim, s. Elsheim.

Egellesheim, s. Elsheim.

Egenberg, Eggenberg, ein Schloß und Gut im Oestreichischen ob der Ens, dem kremsmünster Benediktinerstifte gehörig, bey Forchdorf im Traunviertel.

Egendorf, ein Ort im Oestreichischen ob der Ens, ohnweit Neuhofen und Hall, im Traunviertel.

Egendorf, ein Ort in den fürstenbergischen Herrschaften Gundelfingen und Neufra in Schwaben, ins Obervogteyamt Neufra gehörig.

Egendorf, ein zur östreichischen Herrschaft Kufstein gehöriges Dorf, im Unterinnthal in Tirol.

Egendorf, ein herrschaftliches Vorwerk, 1 halbe Stunde von Blankenhayn, in diesem gräflich-gleichen-hatzfeldische, jetzt churmaynzische Amt gehörig.

Egenhausen, ein anspachisches Dorf in Franken, im churhannöverischen Amte Colmberg, 1 Meile davon gegen Neustatt an der Aisch. Die Herren von Seckendorf haben hierinn ein Rittergut.

Egenhausen, ein Dorf im Wirzburgischen in Franken, im Amte Werneck, 2 Stunden davon gegen Ebenshausen.

Egenhausen, ein Dorf in der hannöverischen Grafschaft Hoye, zum Amte Ehrenbergsbezirk gehörig

Egenhausen, ein kleines Dorf im wirtembergischen Amte Altensteig in Schwaben.

Egenhof, ein Dorf im fränkischen Creise, im Fürstbisthume Bamberg, ins Amt Büchenbach gehörig.

Egenhofen, ein Dörfchen in der Markgrafschaft Burgau in Schwaben. Es gehört Oestreich.

Egenhofen, ein Ort im Gerichte Dachau in Bayern.

Egen-Mühle, s. Brand-Mühl.

Egensee, ein bayreuthisches Dorf in Franken, 1 viertel Stunde von Neustatt an der Aisch, ins königlich-preußische Amt Pirkenfeld gehörig.

Egenspach, ein dem Kloster Engelthal gehöriger Weyher, im Bezirke des Amtes Herspruck im nürnbergischen Gebiete.

Egenstein, ein Ort im Oestreichischen ob der Ens, bey Forchdorf, im Traunviertel.

Egenthal, ein Pfarrort in der Abtey Irrsee in Schwaben.

Egenthal, ein anspachisches, jetzt königlich-preußisches Dorf in Franken.

Egerdach, ein Dorf unweit dem Schlosse Ambras, 1 Stunde von Inspruck, im Unterinnthal in Tirol, mit einem Gesundbrunnen im Oestreichischen.

Egerhofen, ein fürstlich-schwarzenbergisches Amt und Dorf in Franken.

Egeringen, ein Ort in der markgräflich-badenschen Herrschaft und Oberamt Rötteln in Schwaben.

Egermühle, ein Ort im Königreiche Böhmen im ellnbogner Creise, zur Herrschaft Gishübel gehörig.

Egern, ein Dorf im Oestreichischen hinter Heidenreichstein, bey Eisgarn, oberhalb dem Mannhardsberge.

Egeroth, Egert, Oechert, ein kleines Dörfchen von dem vierherrischen Theil der niedern Grafschaft Katzenellenbogen, Hessencassel gehörig, nahe bey Obermeilingen und Kloster Gronau, 1 Stunde von Nastetten.

Egersdorf, ein anspachisches Dorf in Franken, 1 halbe Stunde von Cadolzburg gegen Nürnberg, wo auch Nürnberg und Bamberg Unterthanen hat.

Egersfelde, eine Kolonie beym Dorfe Leschzin, im ratiborschen Creise im Herzogthume Schlesien.

Egersheim, ein ehemaliges Dorf jetzt Gut und Mühle zum weisenheimer Gebiete, den Freyherren von Halberg gehörig, im churpfälzischen Unteramts Freinsheim gelegen.

Egert, s. **Egeroth**.

Egecten und **Egisholz**, Dörfer in der Markgraffchaft Baden im Amte Rötelm.

Egerwiese, ein Oertchen im Königreiche Böhmen im fanzer Creife, zur Herrfchaft Klöfterle gehörig.

Egesdorf, ein Hof und Pachtung in dem Heffencaffel gehörigen Antheile der Graffchaft und Amt Schaumburg in der rumbecker Vogtey, der Univerfität Rinteln gehörig, 1 Stunde von Oldendorf, unfern Hennertingen, wohin es eingepfarrt ift.

Egesheim, ein öftreichfches Pfarrdorf in der Graffchaft Oberhohenberg in Schwaben.

Egeftorf, ein Dorf und Gut im Lüneburgifchen, im Bezirke der churhannöverifchen Aemter Garze und Winfen an der Luhe.

Egeftorf, etliche Dörfer im hannöverifchen Amte und Fürftenthume Calenberg, zum Amtsbezirke Lauenau geh.

Egg, ein Pfarrdorf in der öftreichifchen Graffchaft Bregenz in Schwaben.

Egg, ein Dörfchen am Bodenfee in Schwaben. Gehört dem deutfchen Orden zur Kommenthurey Meinau.

Egg, ein Pfarrdorf an der Günz in Schwaben. Es gehört dem Klofter Ottobeuren.

Egg, eine Alpe im Algau gehört Königsegg-rothenfels in Schwaben.

Egg, ein Dörfchen in der Graffchaft Heiligenberg in Schwaben. Es gehört dem Spital zu Ueberlingen.

Egg, eine Capelle famt einem Haufe bey Heiligenberg in Schwaben.

Egg, Berdo, ein Ort im Oeftreichifchen 5 Meilen von Laybach, 1 Meile von Crainburg, in Obercrain.

Egg, Eyg, ein Ort im Oeftreichifchen bey Frankenburg ob der Ens, im Hausrukviertel.

Egg, ein Ort im Gerichte Mitterfels Rentamts Straubingen in Unterbayern.

Egg, s. **Unter-Egg**.

Eggartskirch, ein Pfarrdörfchen in der Landvogtey Audorf in Schwaben.

Egge, ein Dorf im hannöverischen Fürstenthume Calenberg im Bezirk des Amtes Lachem.

Eggeberg, ein Ort und Bauerschaft in der Grafschaft und Amt Ravensberg in Westphalen, zum Kirchspiel Halle gehörig.

Eggelhausen, ein Ort im Gerichte Rottenburg Rentamts Straubingen in Unterbayern.

Eggelinde, ein Vorwerk und Gerichts der Herrn von Oppen im ztesarischen Bezirke des zauchischen Creises, in die von oppenschen Gerichte gehörig, 7 Meilen von Magdeburg.

Eggeloh, ein Dorf in der ehemaligen Grafschaft jetzigen Herzogthume Oldenburg und Delmenhorst, in der Landvogtey Neuenburg und Amte Alpen.

Eggelsen, Hohen-Eggelsen, ein hildesheimisches Dorf im Amte Steinbruck, an der Fuhse gelegen.

Eggen, ein Ort im Etschland in Tirol zum Gerichte Deutschenofen gehörig im Oestreichischen.

Eggen, ein zerfallenes Schloß samt einem Bauhof bey Leuzfried im Pflegamte Sulzwoltenberg, im Stifte Kempten.

Eggenberg, ein schönes Schloß mit Garten im Oestreichischen, unweit Gräz in Steyermark im grätzer Creise.

Eggenberg, s. Egenberg.

Eggenbostel, ein Ort im Fürstenthme Bremen, im Bezirk des churhannöverischen Amtes Rothenburg.

Eggendorf, ein Dorf im Oestreichischen unweit Egenburg, oberhalb dem Mannhardsberge.

Eggendorf, ein Pfarrdorf beym Mannhardsberge gegen Zembling, der Herrschaft Weißau im im Oestreichischen, im Viertel unterhalb dem Mannhardsberge.

Eggendorf am Wagram, ein Dorf und Gut im Oestreichischen, oberhalb Stockerau und der Pfarre Hausleuten, im Viertel unterhalb dem Mannhardsberge.

Eggendorf, ein Dorf im Oestreichischen in der Pfarre Ravelsbach, im Viertel unterhalb dem Mannhardsberge.

Eggendorf im langen Thale, ehedem Echindorf, ein Pfarrdorf der Herrschaft Weyerburg im Oestreichischen, ostwärts von Oberhollabrun, bey Kleinstädteldorf, im Viertel unterhalb dem Mannhardsberge.

Eggenen, Ober- und Nieders-, einige Pfarrdörfer in der badenschen Landgraffschaft Saufenburg.

Eggenstall, ein Ort zum Gerichte Imst gehörig, im Oberinnthal in Tirol im Oestreichischen.

Eggenstedt, ein Dorf und Rittersitz im magdeburgischen Holzcreise, den Herrn von der Asseburg zugehörig.

Eggenstein, ein badensches Pfardorf im Amte Mühlburg und Oberamt Karlsruhe.

Eggenthal, ein Pfarrdorf am Hungerbach im Gebiet des Klosters Jersee in Schwaben.

Eggenweiler, ein Dorf in der untern Landvogtey und Amtssitz in Schwaben.

Eggerbach, ein Dorf im fränkischen Creise im Fürstbißthume Bamberg, ins Amt Rattelsdorf gehörig.

Eggeringhausen, ein Dorf im Bißthume Paderborn im westphälischen Creise.

Eggerkamp, ein Dorf und Gut im churhannöverischen Fürstenthume Bremen, zum Amtsbezirke Kedingen Freyburg gehörig.

Eggermühle, ein adel. Gut im Hochstifte und Fürstenthume Osnabrück in Westphalen, ins Gogericht und Vogtey Ankum des Amtes Fürstenau, Herrn von Böselager gehörig.

Eggerndorf, ein Ort im Hochstifte und Fürstenthume Osnabrück in Westphalen, ins Amt Grönenberg und Vogtey Buer gehörig.

Eggersdorf, ein adeliches Vorwerk und Ziegeley in der königlich-preußischen Prignitz oder Vormark Brandenburg im Prizwalkschen Distrikte bey Tächen.

Eggersdorf, s. Eckersdorf.

Eggersen, ein Ort im hannöverischen Fürstenthume Calenberg, zum Amtsbezirke Lauenstein gehörig.

Eggersglus, ein Ort im churbraunschweig-lüneburgischen Amtsbezirke Fallingbostel.

Eggersham, ein Ort im Gerichte Grießbach Rentamts Burghausen in Bayern.

Eggersheim, ein fürstlich-schwarzenbergisches Dorf in Franken, 1 Meile von Windsheim gegen Uffenheim.

Eggersmühle, im Fürstenthme Bremen, zum Theil des Amtes Rothenburg gehörig.

Eggersperg, ein Ort im Gerichte Riedenburg Rentamts Straubingen in Unterbayern.

Eggerstede, ein Ort in der Herrschaft Pinneberg, im königlig-dänischen Herzogthum Hollstein in Niedersachsen.

Eggerstädt, ein Dorf im Hollstein-Ditmarschen ins Kirchspiel Süder-Harstedt gehörig.

Eggerstorf, ein Dorf im Amte Stevismühlen des Herzogthums Mecklenburg Schwerin.

Eggertsbronn, ein Ort in der fürstenbergischen Landgrafschaft Stühlingen in Schwaben.

Eggese, ein Ort in der churhannöverischen Grafschaft Hoye zum Bezirk des Amtes Harpstedt.

Eggesin, ein Dorf an der Randow 1 Meile südostwärts von Uckermünde, im königlich-preußischen Antheile des Herzogthums Pommern und zwar in Vorpommern, im anklamschen Creise in Obersachsen, ins Amt Uckermünde gehörig.

Eggestede, ein Ort in Dithmarschen im königlich-dänischen Herzogthum Hollstein, in Niedersachsen.

Eggestedt, ein Dorf im churhannöverischen Furstenthume Bremen, zum Amtsbezirk Lesum gehörig.

Eggeten, ein einzeln Haus in der markgräflich-bayreuthischen Amtshauptmannschaft Hof, im Vogtlande zu dem Rittergute Gattendorf gehörig.

Eggetsweiler, ein Pfarrdorf im Gebiet des Klosters Schußenried in Schwaben.

Eggingen, ein Dorf und Frauenstift in der Nähe der Stadt Ulm in Schwaben.

Eggingen, s. Ober- und Unter-Eggingen.

Egglfing, ein Ort im Gerichte Haldau Rentamts Straubingen in Unterbayern.

Egglham, ein Ort im Gerichte Vilshofen Rentamts Burghausen in Oberbayern.

Egglkofen, ein Ort im Gerichte Neumarkt Rentamts Burghausen in Unterbayern.

Egglofstein, ein Dorf im fränkischen Creise im Fürstbißthume Bamberg ins Amt Leyenfels gehörig.

Egglofsteiner-Hüll, ein zum Schloße Egglofstein gehörig Dorf im Bayreuthischen in Franken.

Egidi, St. ein Ort im Vinstgau in Tirol zum Gerichte Schlanders gehörig.

Egisholz, ein badensches Dorf bey Kanzern in der Herrschaft und Amte Rötheln in Schwaben.

Egk, Berdo, ein Schloß im Oestreichischen bey Putzlesch, in Oberkrain.

Eglau, ein Ort im Oestreichischen am Vogelflusse ohnweit Schwanastadt ob der Ens, im Hausrukviertel.

Eglau, eine Herrschaft und Ort in Schwaben, am Lechfluß dem gräflich. Hans. Fugger-Glöttischen Hause gehörig.

Eglasdorf, ein Ort im Stifte Aichstätt in Franken, an der bayerschen Gränze gelegen, ins Amt Berngries gehörig.

Eglfing, ein Ort im Gerichte Weilheim im Rentamte München in Oberbayern.

Egtharting, ein Ort im Gerichte Schwaben im Rentamte München Bayern.

Eglingen, ein Ort und Herrschaft an den Gränzen der Grafschaft Oettingen und Pfalzneuburgs in Schwaben. Gehört dem Fürsten von Toris.

Eglingen, ein Marktflecken in der Herrschaft dieses Nahmens in Schwaben.

Eglingen, ein Ort in der Abtey Marchthal in Schwaben.

Eglingen, ein Dorf in den Alpen bey Münsingen in Schwaben.

Eglisried, ein Ritterdorf im Burgau in Schwaben.

Egluzhofen, Büscheldorf, Küchen- und Oberndorf, im nürnbergischen Bezirke des Amtes Hersprukgelegne kleine Weiler, deren Unterthanen mehrentheils dem ehemaligen, jetzt secularisirten Kloster Engeithal gehörig.

Eglof, oder **Eglofs,** ein kleines Pfarrdorf und Hauptort der Reichsherrschaft Eglofs in Schwaben.

Eglof, s. Meglofs.

Eglofs, ein altes Bergschloß in der Reichsherrschaft Eglofs in Schwaben, bey dem Dorfe Eglofs.

Eglofs,

Eglofs, ein Dorf und Filial von Obergümburg im Stifte Kempten in Schwaben.

Eglofsheim, s. Alten- und Neuen-Eglofsheim.

Egmanns, ein Dorf in der Herrschaft Waldhofen im Oestreichischen, hinter Heldenreichstein bey Eisgarn oberhalb dem Mannhardsberge.

Egmansried, ein Dorf in der Grafschaft Waldsee im Gerichte Schwarzach in Schwaben.

Egmating, ein Ort im Gerichte Schwaben im Rentamte München in Bayern.

Egnach, ein Dorf und Gericht in der Nähe des Bodensees im Hochstifte Constanz in Schwaben.

Egringen, ein badensches Pfarrdorf am Flusse Kander in der Herrschaft Rötheln.

Egrischreut, s. Himmelreich.

Egsenhausen, ein Ort im churhannöverischen Fürstenth. Grubenhagen, zum Amtsbezirke Elbingerode gehörig.

Egsow, ein Ort mit 2 Vorwerken, anderthalb Meilen ostwärts von Schlawe im königlich-preußischen Hinterpommern im schlaweschen und pollnowschen Creise in Obersachsen.

Egthofen, ein Dorf in der bayerschen Herrschaft Mindelheim bey Unterrieden in Schwaben.

Ehe, ein baureuthisches Dorf in Franken, ins königlich-preußische Oberamt Neustadt an der Aisch gehörig.

Ehe, ein fürstlich-schwarzenbergisches Dorf in Franken, 1 Meile von Schnurzenbach gegen Neustatt gelegen.

Ehebrock, ein Ort im churhannöverischen Fürstenthume Bremen, zum Amtsbezirke Hanstedt gehörig.

Eheim, ein Dorf am Flusse Schwell im Gebiete des Klosters Ottobeuren in Schwaben.

Ehenweyher, ein Dorf im schwäbischen Creise, im Altvercantou Ortenau gelegen.

Eher, ein Ort im Fürstenthume Oranien-Nassau-Dietz, ins Amt Nassau und Nassau-Usingen gemeinschaftlich gehörig.

Eherne Schlange, ein Zechenhaus auf dem freyberger und hohenbirkner Reviere im Gebirgischen in Chursachsen, ins Bergamt Freyberg gehörig.

Ehe-

Ehstetten, ein Pfarrdorf bey Munderkingen in Schwaben. Gehört den Herren von Speth und steuert zum Canton Donau.

Ehestetten, ein Ort in der Abtey Marchthal in Schwaben.

Ehestorf, einige Dörfer im churhannöverisch- und braunschweig-lüneburgischen Amte Haarburg, und im churhannöverischen Fürstenthume Bremen, zum Bezirke des Amtes Zeven gehörig.

Ehingen, ein königlich-preußisch-markgräflich-anspachisches Dorf in Franken, 1 Stunde von Wassertrudingen gegen Feuchtwang.

Ehingen, ein Dorf in der Herrschaft Norndorf in Schwaben, dem gräflich-marr-suggerischen Hause gehörig.

Ehingen, ein Dorf in der badenburlachischen Landgrafschaft Sausenberg, zur Vogtey Tegernau gehörig.

Ehingen, ein Pfarrdorf in der Grafschaft Oettingen in Schwaben. Es gehört Oettingenspielberg und ist vermischter Religion.

Ehingen, ein fürstenbergisches Pfarrdorf im Amte Engen, im Hegau in Schwaben. Gehört zum nellenburgischen Landgerichte.

Ehkirch, ein Dorf im Burgau in Schwaben. Es gehört dem Domkapitel zu Augsburg, ins Pflegamt Zusamaltheim.

Ehla, ein anspachischer Weiler in Franken, ins königlich-preußische Oberamt Gunzenhausen gehörig.

Ehlebeck-Oster, ein Ort im Lüneburgischen, zum Bezirke des churhannöverischen Amtes Winsen an der Luhe.

Ehlen, **Enger**, ein Dorf in Westphalen, im lippischen Antheile der Grafschaft Schaumburg-Lippe, im Amte Stadthagen.

Ehlen, ein ziemliches Dorf im Hessen-Casselischen, gleich hinter dem Habichtswalde an der Warme, welche über dem Dorfe ihren Ursprung nimmt, 3 Stunden von Cassel und 1 halbe Stunde von Burghausen, zum Amte Ahne und Vogtey Harsungen gehörig.

Ehlenbruch, s. Ohrsen.

Ehlend,

Ehlend, ein Vorwerk im churhannöverischen Fürstenthume Grubenhagen, im Amte Elbingerode.

Ehlensburg, ein Ort im churhannöverischen Fürstenthume Grubenhagen, im Amte Elbingerode.

Ehlingsmühle, eine Mühle im königlich-preußischen Amte und Distrikte Ziesar, im zauchischen Creise in der Mittelmark Brandenburg, den Herrn von Oppen in die Gerichte zu Eggelinde gehörig.

Ehmen, ein Dorf im churhannöverischen Fürstenthume Braunschweig-Lüneburg, zum Amte Fallersleben geh.

Ehnkendorf, ein Dorf im Amte Ribnitz, des Herzogthums Mecklenburg-Schwerin.

Ehnes, ein Ort im Bezirke des herzoglich-sachsen-meinungischen Amtes Schalkau in Franken.

Ehningen, ein Pfarrdorf im wirtembergischen Amte Böblingen.

Ehningen, ein großer Marktflecken im wirtembergischen Amte Urach.

Ehra, ein Dorf im Churbraunschweig-Lüneburgischen, zum Gerichte Brohme gehörig.

Ehrdißen, s. Hovedißen.

Ehre Gott, ein Wohnhaus auf gosnitzer Revier, unter des Bergamts neustädter Creises Jurisdiction gehörig, im neustädter Creise in Chursachsen.

Ehrenau, ein Ort und ansehnliches Schloß im Oestreichischen unweit Mautern, an der judenburger Grenze in Steyermark, im brucker Creise.

Ehrenau, ein Schloß im Oestreichischen 3 Meilen von Laybach, 1 Meile von Crainburg und 1 Viertelstunde von Bischoflak in Untercrain.

Ehrenbach, ein Dorf im fürstlich-nassau-usingischen Oberamte Idstein, 1 Stunde von der Stadt Idstein.

Ehrenbach, s. Kirch-Ehrenbach.

Ehrenbachkirch, ein Dorf im Stifte Bamberg in Franken.

Ehrenberg, ein adelicher Wohnsitz und Dorf von ohngefähr 73 Feuerstellen, im königlich-preußischen Hinterpommern, im pyritzischen Creise in Obersachsen.

Ehren-

Ehrenberg, ein Dorf und Mühle im Amte Hohenstein, im meißner Creise in Chursachsen.

Ehrenberg, ein Rittergut im leobschützschen Creise im Herzogthume Schlesien.

Ehrenberg und Krollful, s. Langenau.

Ehrenberg, ein Dorf denen von Clodt gehörig, im rheinischen Rittercreise.

Ehrenberg, Ehrenburg, eine Capelle, wohin gewallfahret wird, im Bayreuthischen in Franken, 2 Stunden von Forchheim entlegen.

Ehrenberg, ein fuldaisches Forsthaus im Amte Fischberg, im Hennebergischen in Franken.

Ehrenberg, ein Schloß bey Lienz im Pusterthale in Tirol, zum Gerichte Lienz gehörig.

Ehrenberg, s. Klein-Ehrenberg, Neu-Ehrenberg, Nieder-Ehrenberg.

Ehrenbühel, ein Ort im Gerichte Ehrenberg, im Oberinnthal in Tirol.

Ehrenburg, s. Ehrenberg.

Ehrenburg, ein Schloß ohnweit Grunegg im Gerichte Schönegg, im Pusterthal in Tirol.

Ehrenburg, ein Schloß im Bambergischen in Franken, im Amt Forchheim, 2 Stunden von dieser Stadt.

Ehrenburg, s. Sanct Walburg.

Ehrendorf, ein anspachischer Hof in Franken, ins königl. preuß. Vogtamt Leutershausen gehörig.

Ehrendorf, s. Ehrensdorf.

Ehreneck, ein Schloß und Gut im Oestreichischen unter der Ens, südwärts hinter Winkelmühl, an der kleinen Erlauf, Wohlpassing gegenüber, mit Sitzenthal vereinigt, im Viertel oberhalb des wiener Waldes.

Ehrenfeld, eine Kolonie auf moserauer Grunde im breslauer Creise im Herzogthume Schlesien.

Ehrenfeld, oder **Ohrenfeld**, eine gräfliche Ziegelbrennerey und Thonmühle im königlich-preußischen Fürstenthume Halberstadt in der Grafschaft Wernigerode in Niedersachsen.

Ehrenfeld, s. Ohrenfeld, Prosecz.

Ehrenfelde, Jagdgebäude in der Grafschaft Werningerode am Harze, ins Amt Werningerode gehörig.

Ehrenfels, ein altes Schloß mit einem merkwürdigen Keller in Schwaben, 1 Stunde von Zwiefalten, wohin es auch gehört.

Ehrenfels, Stauf-Ehrenfels, eine Herrschaft und Schloß im Herzogthume Neuburg, 1 Viertelstunde von dem Flecken Berghausen gelegen.

Ehrenhof, ein Dorf im Amte Strelitz des Herzogthums Mecklenburg-Strelitz.

Ehrenhofen oder **Arnhofen**, ein nach Altdorf gepfarrter geringer Weyler, an der Gränze des Oberamtes Burgthan, worinne einige ins Pflegamt Altdorf gehörige Höfe und Unterthanen sind. Allda soll auch der Erb-Püttel der Stadt Altdorf seyn.

Ehrenhofen, ein nürnbergisches Dorf in Franken, im Amte Altdorf, 1 Stunde davon gegen Engelthal.

Ehrenhüll, ein churpfälzischer Ort im Fürsten- oder Herzogthume Sulzbach in der Oberpfalz, ins Landgericht Sulzbach gehörig.

Ehrensbach, ein hohenlohe-weickersheimisches Dorf am Kocher in Franken, 1 Stunde von Sindringen gegen Ingelfingen.

Ehrensbrunn, insgemein **Ernstbrunn**, ein Schloß, Herrschaft und Ort im Oestreichischen, nordwärts von Kornneuburg, hinter Karnabrunn, im Viertel unterhalb dem Mannhardsberge.

Ehrenschwind, ein ansbachisches, jetzt königlich-preußisches Dorf in Franken, 2 Stunden von Wassertrudingen gegen Herrieden.

Ehrensdorf, Ehrendorf, ein Dorf und Gut in der Herrschaft Engelstein im Oestreichischen, hinter Zwettel, oberhalb dem Mannhardsberge.

Ehrensdorf, s. Ernstdorf.

Ehrenste, ein Dorf, Vorwerk und Schäferey im Vogtlande, in der fürstlich-reußischen Grafschaft Gera.

Ehrensperg, ein Dorf im Gebiete des Klosters Ochsenhausen in Schwaben.

Ehrenstein, ein Dorf an der Blau, unweit Söflingen in Schwaben. Es gehört dem Kloster Söflingen.

Ehrenstetten, ein östreichisches Dorf im Breisgau in Schwaben, bey Stauffen.

Ehrensweiler, ein Dorf im Breisgau in Schwaben, einige Stunden von Freyburg. Es gehört Oestreich.

Ehrhorn, einige Orte im Lüneburgischen, im Bezirke der churhannöverischen Aemter Garze und Winsen an der Luhe.

Ehring, s. Ober- und Unterehring.

Ehringen, ein Ort in der fürstenbergischen Landgrafschaft Stühlingen in Schwaben.

Ehringen, ein öttingen-wallersteinisches Dorf im Amte Kirchheim in Schwaben.

Ehring, ein berühmtes Hofmarksgericht im Rentamte Burghausen in Oberbayern.

Ehringen, ein großes Dorf an dem Flusse Erpe und der waldeckischen Gränze, im hessencasselschen Amte Wolfhagen, anderthalb Stunden von dieser Stadt und eine von Volkmarsen.

Ehring-Mühle, eine Mahl- und Sägemühle an der Schwarzach nach Nürnberg, und zur Gerichtsobrigkeit dem Richteramt Schwandt gehörig.

Ehringshausen, ein Ort in dem landgräflich-hessen-darmstädtischen Amte Homberg gehörig, im oberrheinischen Creise.

Ehrl, ein Dorf im fränkischen Creise im Fürstbißthume Bamberg, ins Amt Scheßlitz und Burgellern gehörig.

Ehrlich, ein Ort in der königlich-preußisch-markgräflich bayrenthischen Amtshauptmannschaft Hof, im vogtländischen und fränkischen Creise.

Ehrlich, ein Dorf im Bambergischen in Franken, im Amte Burgebrach, 2 Stunden davon gegen Forchheim, am Flüßchen Reichenebrach gelegen.

Ehrlich, Oehrlich, ein Dorf zwischen den Ruck und Steckelbach im Königreiche Böhmen im Ellnboger Creise. Die Einwohner sind als freye Bürger der Stadt Lauterbach einverleibet.

Ehrlich   **Eibenbach**

Ehrlich, ein Dorf im Gebiete der kaiserl. freyen Reichsstadt Hall in Schwaben, ins Amt Schlicht gehörig.

Ehrlich, ein Amtsdorf nach Herrendorf und Grund gehörig, im meißner Creise in Chursachsen.

Ehrlich der kleine, s. **Erlenhof**.

Ehrnach, ein kleines Dorf im Burgau in Schwaben. Es gehört dem Kloster Ursperg.

Ehrnbach, ein Dorf 1 Stunde von Idstein in der Wetterau, Nassau Usingen gehörig.

Ehrnegg, ein Schloß im Oestreichischen, nicht weit von Greiffen und Weissettegg in Kärnten.

Ehrnhausen, ein Schloß im Oestreichischen 1 Stunde von Klagenfurt in Unterkärnten.

Ehrnpüchel, ein Schloß im Oestreichischen, anderthalb Stunden von Klagenfurt in Unterkärnten.

Ehrnthal, ein Schloß im Oestreichischen, 1 Stunde von Klagenfurt in Kärnten.

Ehrsen, Bredem und Ribbettrup machen 36 Wohnhöfe in der Grafschaft Lippe-Detmold in Westphalen, ins Amt Schötmar gehörig.

Ehrstatt, ein Dorf im Kreichgau in Schwaben. Es steuert zum Kanton Kreichgau.

Ehrstetten, ein kleines Dorf im wirtembergischen Amte Blaubeuren in Schwaben.

Ehrwald, ein Dorf im Gerichte Ehrenberg, im Oberinnthal in Tirol, mit einer Mauth.

Eibach, Eibich, ein Dorf im Bambergischen in Franken, im Amte Baunach, 2 Stunden davon gegen Coburg, mit einer Brücke über den Mayn, wo die Itsch in den Mayn fällt.

Eibach, ein Ort im fürstlich-oranien-nassauischen Fürstenthume Dillenburg, ins Amt Dillenburg gehörig.

Eiben, die Eiben, einzelne 6 Häuser in der königlich preußisch-markgräflich-bayreuthischen Amtshauptmannschaft Hof im Vogtlande, dem Rath in Münchberg gehörig, im fränkischen Creise.

Eiben, ein bayreuthisches, jetzt königlich-preußisches Dorf in Franken, 1 Stunde von Bayreuth gelegen.

Eibenbach, Eulenbach, ein Dorf im Oestreichischen

über

über der Theya, hinter Fides, derhalb dem Mannshardsberge.

Eibenberg, ein Dorf im fränkischen Creise im Fürstbißthume Bamberg, ins Amt Cronach gehörig.

Eiberg, ein kleines Dorf im Stift Elwangen, im Amte Rötein in Schwaben.

Eibesbrunn, ein Dorf im Oestreichischen am Rusbache, gegen Obersdorf, im Viertel unterhalb dem Mannshardsberge.

Eibesfeld, ein Schloß im Oestreichischen, südwärts von Wildon, bey St. Margareth und Kallenberg in Steyermark, im marburger Creise.

Eibesthal, ein Markt und Ort im Oestreichischen über der Zaya, westwärts der Poststrase nach Poysdorf, im Viertel unterhalb dem Mannhardsberge.

Eibeswald, ein Markt von 80 Häusern, mit Schloß und Landgericht, einer Wegmaut, einem Eisenhammerwerk und andern guten Eisenfabriken im Oestreichischen, westwärts von Arnfels bey heil. Creuz in Steyermark, im marburger Creise.

Eibich, s. Eibach.

Eibrizberg, ein Dorf im Oestreichischen oberhalb dem Mannhardsberge.

Eich, ein Ort in der Landgrafschaft Hessen-Darmstadt, im Bezirke des Amtes Darmstadt im oberrheinischen Creise.

Eich, Eichinen, Aichinum, ein großes Dorf am Rheine bey Gunsheim, ins Churpfälzische Oberamt Alzey gehörig.

Eich, ein Ort im herzoglich-sachsen-hildburghäusischen Amte Sonnenfeld.

Eich, ein Dorf im fränkischen Creise im Fürstbißthume Bamberg, ins Amt Tambach gehörig.

Eich, s. Aich.

Eicha, oder Träg, ein Dorf in der Grafschaft Hennesberg im herzoglich-sachsen-coburg-meiningischen Gesammtamte Römhild.

Eicha, Aiche, ein Ort im Amte Grimma im leipziger Creise in Chursachsen.

Eiche,

Licha, ſ. Liche und Klein-Licha.

Lichart, ein Ort im Amte Leisnig im leipziger Creiſe in Churſachſen.

Lichau, ein Dorf im münſterbergiſchen Creiſe im Herzogthume Schleſien.

Lichau, ein Dorf im frankenſteiniſchen Creiſe im Herzogthume Schleſien, gehört dem Stifte Kamenz.

Eichberg, ein Cammergut im Bezirke des herzoglich-ſachſenmeininglichen Amtes Sonnenberg in Franken im Oberlande.

Eichberg, einige Häuſer, zum Rittergute Lungkwitz gehörig, im Amte Pirna im meißner Creiſe in Churſachſen.

Eichberg, ein Vorwerk und Lehngut, ſ. Kuhnern.

Eichberg nebſt Mildenberg, ein Rittergut im Herzogthume Schleſien, 1 Meile von Bunzlau.

Eichberg, ein Rittergut im Herzogthume Schleſien, 2 Meile von Hirſchberg.

Eichberg, ein Kretſcham, ein Jäger- und Coloniehaus im Eichbergbuſche im reichenbachſchen Creiſe im Herzogthume Schleſien, zu Bertholdsdorf gehörig.

Eichberg, ein Dorf mit einem Schloſſe bey Hirſchberg im Herzogthume Schleſien.

Eichberg, ein Dorf im bunzlauer Creiſe des Fürſtenthums Jauer im Herzogthum Schleſien.

Eichberg, ſ. Aichberg, Ober-Eichberg, Unter-Eichberg.

Eichdorf, ein Schloß mit einer Pulvermühle im Oeſtereichiſchen, unweit Judenburg, bey Farrach, in Steyermark im judenburger Creiſe.

Eichdorf, ſ. Eichtorf.

Eiche, ein Dorf im freyſtädtiſchen Creiſe des glogauiſchen Fürſtenthums im Herzogthume Schleſien.

Eiche, Licha, Eyche, ein Gut und Schloß nahe bey Calrsbad, dißeits der Eger, im Königreiche Böhmen im ellnbogner Creiſe, den Herren von Schönau gehörig.

Eiche, ſ. Alt-Eiche, Lichow, Klein-Eiche.

Eichede, ein Kirchdorf in Stormarn im königlich-däniſchen Herzogthum Holſtein in Niederſachſen, im Amte Trittow.

Eichel, ein gräflich-wertheimisches Dorf am Mayn in Franken.

Eichelberg, ein Dorf im Markgräfthume Bayreuth in Franken, ins königlich-preußische Amt Hoheneck gehörig.

Eichelberg, ein königlich-preußisch-markgräflich-anspachisches Dorf bey Bruntlau in Franken.

Eichelberg, ein den Herren von Wellet gehöriger Ort im fränkischen Rittercreise im Canton Ottenwald.

Eichelberg, ein freyherrlich von Rotenhahnisches Dörfchen im fränkischen Ritterkanton Bauhach.

Eichelberg, ein Dorf im Amte Mecklenburg des Herzogthums Mecklenburg-Schwerin.

Eichelberg, ein Dorf, zur Reichsabtödtey Odenheim oder Ritterstift Bruchsal gehörig, im oberrheinischen Creise bey Odenheim.

Eichelberg, eine Wallfahrtskirche und Gebäude auf einem hohen Berge, anderthalb Stunden von Hemau im Bißthum Regensburg und Herzogthum Neuburg.

Eichelberg, ein Ort an den bayreuthischen Gränzen im Königreiche Böhmen im egerischen Creise; zum Gute Liebenstein gehörig.

Eichelburg, ehemals Trawnik, ein Dorf im Königreiche Böhmen im chrudimer Creise, zur Herrschaft Pardubitz gehörig.

Eichelburg, ein Dorf im Königreiche Böhmen im bidschower Creise, zur Herrschaft Poblebrad gehörig.

Eichelhagen, ein der Stadt Pyritz gehöriger Colonieort im königlich-preußischen Hinterpommern im pyritzischen Creise in Obersachsen.

Eichelhain, ein Ort in der Landgräffschaft Hessendarmstadt, im Bezirke des Amtes Ulrichsen im oberrheinischen Creise.

Eichelhausen, ein Dorf des Ortes Rhönwerta im Würzburgischen in Franken, 2 Stunden von Königshofen, dem Kloster Neustatt gehörig; die Herrn von Salzburg haben daselbst ein Rittergut.

Eichelmühl, ein Ort im Königreiche Böhmen im elnbogner Creise, zur Herrschaft Schlackenwerda gehörig.

Eichels

Eichelmühle, an der Eselsbach bey der churpfälzischen Stadt Lautern, dem Hospitale daselbst zuständig.

Eichelsberg, ein Gan Erben-Dorf, im Wirzburgischen in Franken, im Amte Ebern gelegen, einige Unterthanen gehören Wirzburg und die übrigen den Herren von Thüngen.

Eichelsdorf, ein Amt, Schloß und Dorf im Wirzburgischen in Franken, 1 Stunde von Hofheim gegen Königshofen gelegen.

Eichelsee, ein Dorf im Bißthume Wirzburg in Franken.

Eichelsprachermühle, in der Landgraffschaft Hessen im Amte Lemberg.

Eichen, ein adeliches Haus, den Herren von Außem gehörig, im fürstlich oranien-nassauischen Amte Burbach, im Grunde Steel und Burbach.

Eichen, ein Ort im oranien-nassauischen Fürstenthume Siegen, ins Amt Freudenberg gehörig.

Eichen, ein Ort mit einem Stahlhammer im oranien-nassauischen Fürstenthume Siegen, ins Amt Hilchenbach gehörig.

Eichen, ein kleines Dorf bey Schopfheim in Schwaben, in der badenschen Landgraffschaft Sausenberg.

Eichen, ein Ort in der Abtey Ochsenhausen in Schwaben.

Eichen, ein bayreuthisches, jetzt königlich preußisches Dorf in Franken, 2 Stunden von Bayreuth gegen Culmbach gelegen.

Eichen, oder Streizig, ein ins Amt Neustettin gehöriges Vorwerk im königlich-preußischen Hinterpommern, im neustettinschen Creise in Obersachsen.

Eichen, ein starker Flecken, 1 Stunde von Windecken oberhalb der Nidder gelegen, welcher, nebst der Vogtey, als ein vom Stifte Limburg herrührendes Lehn, von Churpfalz zu Lehn gehet, im Bezirke des Amtes Windecken der hessencasselischen Graffschaft Hanau.

Eichen, oder Eichhof, ein fürstliches Haus und Schloß, eine gute halbe Stunde oberhalb Hersfeld an der Fulbe, in dieses hessencasselische Amt und Dechaney-Gericht gehörig.

Eichen, Klein-Lhota, Lhota Dubowa, ein Dorf im

im Königreiche Böhmen im Klattauer Creise, zur Herrschaft Bistritz gehörig.

Eichen, s. Aichen, Aigen und Neuglück.

Eichenau, s. Aichenau.

Eichenberg, Aichenberg, ein Dorf in der Abtey Roth in Schwaben, woran die Abtey Ochsenhausen 1 Drittel Antheil hat.

Eichenberg, ein anspachisches, jetzt königlich-preußisches Dorf in Franken.

Eichenberg, s. Meienberg.

Eichenberge, ein Rittersitz und Vorwerk, 2 Meilen westwärts von Neustettin, im königlich-preußischen Hinterpommern im neustettrinschen Creise in Obersachsen.

Eichenborn, ein Ort in der obern Grafschaft Pyrmont in Westphalen, dem Fürsten von Waldeck zuständig.

Eichenbruch (brück), s. Eichhöfe.

Eichenbrunn, s. Aichabrunn.

Eichenbühl, ein Dorf im Bambergischen in Franken, 2 Stunden von Weißmayn.

Eichenfelde, ein neues Etablissement in der königlich-preußischen Prignitz oder Vormark Brandenburg, im Distrikte und Amte Wittstock.

Eichenhausen, ein wirzburgisches Dorf ohnweit Neustatt an der Saale, mit einem sachsen-meiningischen Schlosse und Gute.

Eichenhausen, ein Dorf, dem Voit von Salzburg gehörig, im fränkischen Rittercreise im Canton Rhönwerra.

Eichenhof, eine Meyerey im Königreiche Böhmen im ebnbogner Creise, zur Herrschaft Gishübel gehörig.

Eichenhofen, ein unter östreichischer Landeshoheit stehendes Dörfchen im Burgau in Schwaben.

Eichenhül, ein Dorf im fränkischen Creise im Fürstenthum Bamberg, ins Amt Scheßlitz gehörig.

Eichenkrug, ein Hof oder Wirthshaus, 1 halbe Stunde von Wittmarshof und Bennigehausen aufm Eichsfelde gelegen, zum hessen cassetschen Amte Neuengleich geh.

Eichen Mühle, s Nesnaßow.

Eichenreyth, s. Enichenreuth.

Eichens

Eichenrieden, ein Dorf in Thüringen, eine Meile von Mühlhausen, in das Territorium dieser Reichsstadt gehörig.

Eichenrod, ein Ort in dem landgräflich hessen-darmstädtischen Amte Ullrichstein im oberrheinischen Creise.

Eichenrode, ein zu den riedeselschen Gütern ins Gericht Engelrode gehöriger, unter hessen-darmstädtischer Hoheit stehender Ort.

Eichenstein, ein Dörfchen von 9 Häusern in der königlich preußisch-markgräflich bayreuthischen Amtshauptmannschaft Hof im Voigtlande im fränkischen Creise, 3 Stunden von der Stadt, Herrn Püttner und zu dem im Gräflich-Reußischen gelegenen Rittergute Plankenstein gehörig.

Eichenstruth, ein Ort in der oranien-nassau-diezischen Herrschaft Beilstein, ins Amt Marienberg gehörig.

Eichenwerder, s. Jungfernwerder.

Eichenzell, ein Dorf im Stift und Amt Ellwangen in Schwaben.

Eicherhof, ein Hof im nassau-weilburgischen Amte Neusaarwerden an der lothringischen Gränze.

Eicherscheid, ein churpfälzisches Dorf im Amte Monjoye im Herzogthum Jülich in Westphalen.

Eichfeld, ein Dorf in der fränkischen Grafschaft Castell ins Amt Rüdenhausen, der jüngern Familie Castells Rüdenhausen gehörig.

Eichgraben, s. Aichgraben.

Eichgrund, ein Rittergut im Herzogthume Schlesien, 1 und 3viertel Meilen von Oels.

Eichgrund, poln. Dlugimost, ein Rittergut im wartembergischen Creise im Herzogthume Schlesien.

Eichhäusel, ein Dörfchen im Herzogthume Schlesien, 1 Meile von Neustadt.

Eichhöfe, zwey Höfe, die auch Eichenbruch oder Eichenbrück genannt werden, anderthalb Stunden von dem gräflich-schaumburgischen Amte Rodenberg.

Eichhöfe, s. Aichern.

Eichhof, der Brand, ein Dorf 3 und 1viertel Meile südostwärts von Anklam, im königlich-preußischen Anstheile des Herzogthums Pommern, und zwar in Vorpommern, im anclamschen Creise in Obersachsen, ins Amt Königsholland gehörig.

Eichhof, ein Hof und freyeigenthümliches Gut im herzoglich-coburgischen Gerichte Lautern.

Eichhof, ein fürstlich-hohenlohischer Ort im fränkischen Creise.

Eichhof, s. Eichen, Kösternitz.

Eichholz, eine Mark und Vorwerk zum Heil. Geist-Hospitale zu Belzig gehörig, im Churcreise in Sachsen.

Eichholz, ein Ort im Churbraunschweig-Lüneburgischen, zum Amtsbezirke Winsen an der Luhe gehörig.

Eichholz, ein Dorf im Amte Buckow, des Herzogthums Meklenburg-Schwerin.

Eichholz, ein Dorf im Erzstifte Köln, in der probstlichen Herrlichkeit Endenich.

Eichholz, ein Ort im Lippe-Detmoldischen in Westphalen, wobey neulich 5 Köterhäuser angebaut worden.

Eichholz, ein Ort im Hochstifte und Fürstenthume Osnabrück in Westphalen, zum Amte Grönenberg und Vogtey Melle gehörig.

Eichholz, ein kleines Dorf an einem Arm des Wiesenflusses, in der badenschen Landgrafschaft Sausenberg.

Eichholz, ein Ort im Gebiete der Reichsstadt Schwäbischhall, ins Amt Schön-Rocheneck gehörig.

Eichholz, etliche Dörfer und Höfe im Herzogthume Pommern, theils im Amt Franzburg, theils im barthenschen Distrikte.

Eichholz, s. Aichholz, Hohenhausen, Spork.

Eichholzheim, s. Unter-Eichholzheim.

Eichhorst, ein ritterschaftliches Gut im Amte Stargard, des Herzogthums Mecklenburg-Strelitz.

Eichig, ein königlich-preußisch-markgräflich-bayreuthisches Dorf in Franken, 1 halbe Stunde von Bayreuth gegen Weidenberg gelegen.

Eichich, ein Dorf im Bambergischen in Franken, 2 Stunden von Weismayn.

Eichicht, ein bayreuthisches Dorf in Franken, in die königlich-preußische Amtshauptmannschaft Hof gehörig.

Eichicht, ein Dorf im Königreiche Böhmen im bunzlauer Creise, zur Herrschaft Reichenberg gehörig.

Eichig, ein bayreuthisches, jetzt königlich-preußisches Dorf in Franken, 1 halbe Stunde von Culmbach gegen Kupferberg gelegen.

Eichinen, s. Eich.

Eichiz, ein Ort von 6 Häusern, auf einer Anhöhe, im Bezirke des herzoglich-sachsen-meiningischen Amtes Neuhaus.

Eichkretscham, s. Borschen.

Eichkülz, ein Dorf von 20 Häusern, 1 halbe Stunde von Stimmern, in dieses churpfälzische Oberamt und Schultheiserey Reich gehörig. Es liegt am rechten Ufer der von Laubach herabkommenden Külzbach, in welche die Michelbach sich ergießt, und die sogenannte Taubenmühle treibt.

Eichmühl, ein Hof zuiertel Stunden vor Rosenthal, im Bezirke des hessen casselschen Amtes Rosenthal und Gemünd, Herrn von Wurm gehörig.

Eichmühl, Schrotsdorf und Hallerhof, ein kleiner Weiler im nürnbergischen Gebiete und des Amtes Herspruck gelegen.

Eichmühle, ein Vorwerk im churhannöverischen Fürstenthume Calenberg, zum Amtsbezirke Unden gehörig.

Eichmühle, Dybowa, liegt im Bezirke des Gutes Zinnutiz im Königreiche Böhmen, im budweiser Creise.

Eicholzheim, s. Unter-Eichholzheim.

Eichow oder **Eiche**, ein Dorf in der königlich-preußischen Chur- und Mittelmark Brandenburg, ins Amt Potzdam gehörig.

Eichring, ein Dorf im Stifte Aichstätt in Franken, am Fluß Anlauter, 1 Meile vor Stadt Greding gelegen.

Eichsel, ein Pfarrdorf in der österreichischen Cammeralherrschaft Rheinfelden in Schwaben.

Eichsel, s. Unter-Eichsl.

Eichsen (Großen-), in Dorf im Amte Schwerin, des Herzogthums Meklenburg-Schwerin.

Eichsmühle, ein Ort in dem landgräflich-hessen-darmstädtischen Amte Rüsselsheim im oberrheinischen Creise.

Eichstedt, s. Eckstedt, Nieder-Eichstedt.

Eichsteigen, ein Dorf bey Altshausen in Schwaben. Es gehört dem deutschen Orden, in die Kommenthurey Altshausen.

Eichstetten, ein Marktflecken in der badenschen Markgrafschaft Hochberg, 2 Stunden von Emmendingen.

Eichstetten, ein Pfarrdorf in der Grafschaft Zell in Schwaben, s. Aichstetten.

Eichstetten, s. Aichstetten.

Eicht, s. Ober-Eicht, Unter-Eicht.

Eichtorf (Dorf), ein Dorf im Churbraunschweig-Lüneburgischen, zum Amte Bleckede gehörig.

Eichvorwerk, 3 Meilen von Sagan im Herzogthume Schlesien, dem Fürsten von Schönaich gehörig.

Eichvorwerk, ein Dörfchen im lübenschen Creise im Herzogthume Schlesien, gehört zu Brauchitschdorf.

Eichwald, ein Dorf im Königreiche Böhmen im leutmeritzer Creise, zur Herrschaft Teplitz gehörig.

Eichweiler, ein Ort in dem markgräflich-badenschen Antheile der Grafschaft Sponheim in der Unterpfalz, zum Oberamte Birkenfeld in der hintern Grafschaft gehörig.

Eickborf, ein Dorf in der königlich-preußischen Altmark Brandenburg, im salzwedelschen Creise und Amte Diesdorf.

Eickbusch, ein Ort im Churhannöverischen, im Bezirke des Amtes Uepholz.

Eickedorf, ein Dorf im Fürstenthume Bremen, zum churhannöverischen Amte Ottersberg gehörig.

Eickeloh, ein Dorf im Churfürstenthume Braunschweig, zum churhannöverischen Amte Ahlden gehörig.

Eickelsheim, ein Dorf in der östreichischen Grafschaft Falkenstein im oberrheinischen Creise, nicht weit von Neu-Baumberg gelegen.

Eicken, ein Ort im Hochstifte und Fürstenthume Osnabrück in Westphalen, im Amt Grönenberg, in die Vogtey Buer halb und zu Melle gehörig.

Eicken, ein in der Landschaft Frickthal in der Herrschaft Rheinfelden gelegnes Dorf, im östreichischen Breisgau.

Eickendorf   **Eiendorf**   363

Eickendorf, ein Dorf im preußischen Herzogthume Magdeburg im Holzcreise, zum königl Amte Calbe gehörig.

Eickendorf, ein Dorf im weserlingischen Creise, im königlich-preußischen Fürstenthume Halberstadt in Niedersachsen.

Eickenrode, ein Dorf im Churbraunschweig-Lüneburgischen, zum hannöverischen Amte Meinersen gehörig.

Eickertshof, ein Dorf im Stifte Aichstett in Franken, 3 Stunden von Aichstädt entlegen.

Eickhöpen, ein Dorf im Churhannöverischen, zum Bezirke des Amtes Lemförde gehörig.

Eickhof, verschiedene Oerter und Güter im Churfürstenthume Braunschweig Lüneburg, in den hannöverischen Aemtern Neuhaus Oste, Liebenau, Ritterhude gelegen.

Eickhof, ein Dorf im Amte Mecklenburg, des Herzogthums Mecklenburg-Schwerin.

Eickhof, ein Dorf im Herzogthume Pommern, im loizer Bezirke.

Eickhof, s. Eckerhöffte, Nienhagen.

Eickhorst, ein Ort im churhannöverischen Fürstenthume Braunschweig-Lüneburg, zum Amte Gifhorn gehörig.

Eickste, ein Dorf im Churbraunschweig-Lüneburgischen, zum hannöverischen Amte Meinersen gehörig.

Eickstufe, ein Ort im Churbraunschweig-Lüneburgischen, zum Bezirke des hannöverischen Amtes Haarburg gehörig.

Eidengefäß, ein Dorf in der hessen-casselschen Grafschaft Hanau, 1 Stunde von Altenhaßlau und von Gelnhausen.

Eiderwerfe, ein Dorf zu der ehemaligen Grafschaft jetzigem Herzogthume Oldenburg und Delmenhorst, in das Land und Amt Wührden gegen Stadtland über, im Herzogthume Bremen über der Weser.

Eidlitz, Audlicze, Vdlicz, ein Marktflecken im Königreiche Böhmen im saatzer Creise, zur Herrschaft Rothenhaus gehörig, liegt 11 und 3viertel Meilen von Prag.

Eiendorf, ein Ort im Churbraunschweig-Lüneburgischen,

schen, zum Bezirke des hannöverischen Amtes Moisburg gehörig.

Eierbach, ein ritterschaftliches Dorf des Cantons Rhönwerra, mit einer evangelischen Kirche im Wirzburgischen in Franken.

Eiershausen, ein Dorf im Fürstlich-Oranien-Nassauischen, ins Amt Tringenstein gehörig. Wo die Ehen so unfruchtbar sein sollen, daß nie über zwey Kinder in einer Ehe erzeugt werden.

Eierwang, ein Dorf im Stifte Aichstätt in Franken, 1 Meile von Sind, in dieses Amt gehörig.

Eifa, zwey Orte in der Landgrafschaft Hessendarmstadt in den Aemtern Bottenberg und Alsfeld im oberrheinischen Creise.

Eifenbachomühle, in dem landgräflichen Amte Battenberg im Hessendarmstädtischen und oberrheinischen Creise.

Eifenbühl, ein Dorf in der königlich-preußischen, zu den Fürstenthümern Anspach und Bayreuth gehörigen Amtshauptmannschaft Hof im Vogtlande, 3 Stunden von Hof, im fränkischen Creise, ins Kastenamt u. a. gehörig.

Eiferding, ein Ort im Oestreichischen ob der Ens, im Amte Wilzat, bey der Stadt Wilzat, im Innviertel.

Eigehof, ein Hof bey Volckershof, 1 Stunde von Neukirchen, im Bezirke dieses hessen-casselischen Amtes.

Eigeldingen, s. Aigeldingen.

Eigen, s. Aigen.

Eigengannersdorf, s. Gaunersdorf.

Eigenbüttel, ein Ort in der Herrschaft Pinneberg, im kön. dänischen Herzogthume Hollstein, in Niedersachsen.

Eiglau, poln. Dzielow, ein Dorf mit einer Kapelle, worin sonst ein Gnadenbild befindlich war, gehört dem jungfräulichen Stifte zu Ratibor, im Herzogthume Schlesien.

Eigenfließen, ein Dorf im Oestreichischen an der Erla unter der Ens, südwärts von Strengeberg bey Salaberg, im Viertel oberhalb dem wiener Walde.

Eigenrieden, ein Dorf im Gebiete der kaiserl. freyen Reichsstadt Mühlhausen in Thüringen, Auf welchem eine Burg gestanden.

Eikens

Eiken, ein Dorf im Frickthal in der Kammeralherrschaft Rheinfelden in Schwaben. Gehört dem Stifte zu Seckingen.

Eikenkrug, s. Hasebecke.

Eila, ein Dorf im fränkischen Creise im Fürstbißthume Bamberg, ins Amt Cronach gehörig.

Eilbecke, ein Gut im Gebiete der kaiserl. freyen Reichsstadt Hamburg.

Eilbrexer Born, s. Born.

Eilenbiß, s. Eulenbiß.

Eilenburg, s. Dübberteck.

Eilendorf, ein Kirchdorf von 150 Häusern und 1060 Einwohnern, ehemals der Stadt Aachen, jetzt der Abtey Cornelius-Münster in Westphalen gehörig.

Eilenstede, ein Dorf in der Herrschaft Pinneberg, im königlich-dänischen Herzogthume Holstein in Niedersachsen.

Eilenstedt, einige Dörfer und adeliche Güter und 2 Höfe, im königlich-preußischen Fürstenthume im halberstädtischen Landcreise.

Eilenstein, ein Pfarrdorf und Gut der Herrschaft Gemünd im Oestreichischen, oberhalb dem Mannhardsberge.

Eilerstorp, ein Ort in Stormarn, im königlich-dänischen Herzogthume Holstein in Niedersachsen, im Amte Segeberg.

Eilersdorf, s. Altersdorf.

Eilfang, ein Dorf im Oestreichischen hinter der deutschen Theya, oberhalb dem Mannhardsberge.

Eilhütten, 2 unter dem Schutze der Herrschaft Deschnitz stehende Höfe im Königreiche Böhmen, im prachiner Creise.

Eilsdorf, ein Dorf im königlich-preußischen Fürstenthume Halberstadt, im halberstädtischen Landcreise in Niedersachsen.

Eilsleben, ein Dorf im königlich-preußischen Herzogthume Magdeburg im Holzcreise, zum königlichen Amte Ummendorf gehörig.

Eilsrexen, ein Dorf im Bißthume Paderborn im westphälischen Creise.

Eilversen, eine Bauerschaft mit Meyerey in dem paderborn-lippischen Gesamtamte Oldenburg in Westphalen gelegen.

Eimbeckhausen, ein Dorf im churhannöverischen Fürstenthume Calenberg, zum Amte Lauenau gehörig.

Eimbsen, ein Ort bey Wettensen an der Leine, im Stifte Hildesheim, ins Amt Winzenburg gehörig.

Eime, ein Flecken im churhannöverischen Fürstenthume Calenberg, im Amte Lauenstein.

Eimeldingen, ein Pfarrdorf am Fluß Kander, in der badenschen Herrschaft Röthein in Schwaben.

Eimelrod, ein Ort in dem hessendarmstädtischen Amte Böhl im oberrheinischen Creise.

Eimenhorst, ein Ort im Lande Sassen, im königlich dänischen Herzogthume Holstein in Niedersachsen, im Amte Trittow.

Eimersleben, ein Dorf in der königlich-preußischen Altmark Brandenburg im salzwedelschen Creise, im Bezirke des Amtes Diesdorf.

Eimsbüttel, ein Dorf im Bezirke der kaiserlich-freyen Reichsstadt Hamburg, dem St. Johannskloster gehörig.

Eimstorf, ein Ort im Lüneburgischen, zum churhannöverischen Amte Bleckede gehörig.

Eimsheim, Uminesheim, Ominisheim, Umasnesheim, ein kleines Dorf im churpfälzischen Oberamte Alzey, 3 Stunden von dieser Stadt ostwärts gelegen.

Einaten, ein zur Herrschaft Rattenberg gehöriges Dorf im Unterinnthal in Tirol.

Einberg, ein Ort im Oestreichischen ob der Ens, im Amte Schärding, bey Zell und Jebling, im Innviertel.

Einberg, ein Dorf im herzoglich-coburgischen Amte Neustadt.

Eindürnen, ein Pfarrdorf in der Grafschaft Tranchburg in Schwaben.

Einem, ein Ort im Lüneburgischen, im Bezirke des churhannöverischen Amtes Winsen an der Luhe.

Einemhof, ein Hof im Lüneburgischen, im churhannöverischen Amte Winsen an der Luhe.

Einen, ein Ort im Churhannöverischen, zum Amte Diepholz gehörig.

Einersdorf, ein bayreuthisches Dorf in Franken, ins Oberamt Neuhof gehörig.

Einersheim, ein gräflich-limburgischer Marktflecken in Franken, 1 Stunde von Speckfeld entlegen.

Einersheim, s. Markt-Einersheim.

Einerstorf, einige Schlösser im Oestreichischen bey Volkenmarkt, 1 viertel Meile von Pleiburg in Unterkärnten; das andere zwischen Ehrnpüchel und Ehrnthal, in Unterkärnten.

Einfeldt, ein Dorf im königlich-dänischen Herzogthume Hollstein in Niedersachsen.

Einhard, ein Pfarrdorf im Gebiete des Klosters Salmannsweil in Schwaben.

Einhardt, ein Dorf in Schwaben, im Ort oder Rittercanton Hegau, Algau und Bodensee.

Einhardsbühl, ein königlich-preußisch-markgräflich anspachisches Dorf in Franken.

Einhauß, ein Ort im churhannöverischen Fürstenthume Lauenburg, zum Amte Razeburg gehörig.

Einhörner, sind Zechenhäuser hinter Erbisdorf auf Gränder-Refier im Gebirgischen in Chursachsen, ins Bergamt Freyberg gehörig.

Einhofen, ein Dorf im Burgau in Schwaben.

Einholdes, s. Mehmels.

Einigkeit, ein Zechenhaus am untern Fastenberg im Gebirgischen in Chursachsen, ins Bergamt Johann-Georgenstadt gehörig.

Eining, ein Ort im Oestreichischen hinter Zwettel, bey Engelstein, oberhalb dem Mannhardsberge.

Einkorn, eine Kirche und Wallfarth auf einer hohen Bergspitze in Schwaben, 1 Stunde von der Reichsstadt Halle.

Einöd, Arnold, ein Ort im Oestreichischen bey Neukirchen, nordwärts von Cilli, ohnweit Hocheneck an der Ladniz in Steyermark, im zillier Creise.

Einöd,

Einöd, Ainöd, oder **im Bad,** ein Ort mit einem Bade im Oestreichischen unweit Judenburg, zwischen dem großen Gebirge an der Landstraße in Steyermark, im judenburger Creise.

Einöd, Ainöd, ein Schloß und Landgut im Oestreichischen an der Ikasen unter der Ens, zwischen dem Kloster St. Andrä und Trasmauer.

Einöd, ein Dorf und Schultheißerey des herzoglichen Oberamtes Zweybrücken im oberrheinischen Creise.

Einöde, ein Meyerhof und Garten im Erzstifte Salzburg im bayrischen Creise, an der halleiner Strase.

Einöde, s. **Abdeckersteinnöde.**

Einöder Wiesenhof, in dem landgräflich-hessen-darmstädtischen Amte Lemberg im oberrheinischen Creise.

Einödhausen, ein ritterschaftliches Oertchen von zwölf Häusern im herzoglich-sachsen-meiningischen Amte Maßfeld in Franken, Herrn von Borle gehörig.

Einödner bey Dussek, ein Ort im Königreiche Böhmen im budweiser Creise, zur Herrschaft Wittingau gehörig.

Einöllen, ein geringes Dorf, 1 Stunde unterhalb Woissessen, in dieses churpfälzische Unteramt zum Oberamte Lautern gehörig. In der Gemarkung ist das Steinkohlenwerk Drößengrube, woraus im Jahr 1781 über 10000 Zentner Kohlen gewonnen worden sind.

Einordhausen, ein herzoglich-sachsen-meiningisches Dorf im Amte Maßfeld in Franken.

Eins St., ein Dorf am Jlfluß in der östreichischen Gräfschaft Feldkirch in Schwaben.

Einschichtige-Bauernhöfe, liegen im Königreiche Böhmen im czaslauer Creise, und gehören zum Gute Franzenthal.

Einschied, ein Hof in dem markgräflich-badenschen Antheile der Gräfschaft Sponheim in der Unterpfalz, zum Oberamte Birkenfeld der hintern Gräfschaft gehörig.

Einselheim, Euselheim, ein Dorf zwischen Offen, Herrheim und Albsheim, an der Pfrim, ins churpfälzische Oberamt Alzey gehörig. In der Gemärk liegt das zur kurfürstlichen Hofkammer eingezogene Wachenheimische Lehngütchen u. der sogenannte Tiefenhof.

Einsiedel, ein Dorf nebst 3 Mühlen im Amte Wolkenstein im Gebürgischen in Chursachsen.

Einsiedel, ein Ort und Mühle im Amte Freyberg im Gebürgischen in Chursachsen.

Einsiedel, ein einzelnes Haus im Amte Plauen im Vogtlande in Chursachsen.

Einsiedel, ein hildburghäusisches Dörfchen von 6 Häusern im herzoglich-sächsischen Amte Eisfeld.

Einsiedel, ein gräflich-wertheimisches Dorf in Franken, 3 Stunden von Wertheim gegen den Spessart.

Einsiedel, ein beträchtliches Hofgut anderthalb Stunden von Weilerbach, in diese Gerichte des churpfälzischen Oberamtes Lautern gehörig. Es ist mit einer Mauer umgeben und war ein besonderes Commenthurhaus des deutschen Ritterordens.

Einsiedel, ein Dorf 1 und 1 Viertelmeile von Landeshutt, gehört dem Stifte Grüßau im Herzogthume Schlesien.

Einsiedel, Mieschow, ein Marktflecken im Königreiche Böhmen im pilsner Creise, zur Herrschaft Tepel gehörig.

Einsiedel, s. Ainsiedel, Maria-Einsiedel.

Einsiedl, ein Ort im Königreiche Böhmen im budweiser Creise, zur Herrschaft Rosenberg gehörig.

Einsidl, s. Nieder- und Ober-Einsidl.

Einsiedl, drey Dörfer im Königreiche Böhmen, wovon das erste, im budweiser Creise, zur Herrschaft Hohenfurt, das zweyte, im bunzlauer Creise, zur Herrschaft Friedland, das dritte, im saatzer Creise, zur Stadt Brür gehörig.

Einsiedl, ein Dorf im Königreiche Böhmen im budweiser Creise, zur Herrschaft Rosenberg gehörig.

Einsiedlerey, s. Eremitage, Rodolenov.

Einsigen, ein Dorf der Abtey Ursberg, Ulm, dem Kloster Wiblingen und den Herren von Erbach in Schwaben gehörig.

Einsikofen, ist der übriggebliebene Name eines Dorfs in dem Umfange der Grafschaft Sigmaringen in Schwaben an der Lauchart.

Einsingen, ein herzoglich-sachsen-weimarsches Dorf im Amte Allstedt in Thüringen.

Einsingen, ein Dorf bey Ulm an der Donau in Schwaben. Es gehört Ulm.

Einsingen, ein katholisches Dorf 1 Stunde von Grömelsingen im Amtsdistrikte Bermaringen, im Gebiete der Reichsstadt Nürnberg in Schwaben, in welchem wechselsweise mehrere Herrschaften den Stab führen.

Einsingen, s. Emsing.

Einspach, ein Ort im Gerichte Dachau in Bayern.

Einspiel, s. Enspel.

Einsdorf, ein Kloster des Stifts Bamberg, im Wirzburgischen in Franken.

Einste, ein Dorf im hannöverischen Fürstenthume Bremen, zum Amte Thedinghausen gehörig.

Einstetten, ein Dorf im Burgau in Schwaben.

Einswarden, ein Dorf in der ehemaligen Grafschaft jetzigem Herzogthume Oldenburg und Delmenhorst, im Landgerichte Ovelgönne, in die Vogtey Blexen im budjadinger Lande gelegen.

Einweiler, ein fürstlich - hohenlohischer Ort im fränkschen Creise.

Einwinkel, ein adeliches Dorf in der königlich - preußischen Altmark Brandenburg, im arendseeischen Creise und Amtsbezirke.

Einzelberg, ein Dorf im herzoglich - sachsen - coburgischen Gerichte Lautern.

Einzelne Höfler, ein Dorf im Königreiche Böhmen im czaslauer Creise, zur Herrschaft Okrauhlitz gehörig.

Einzingen, ein Ort im churhannöverischen Fürstenthume Lüneburg, zum Amte Fallingbostel gehörig.

Eipoldau, s. Leopoldau.

Eipowitz, Steindörfel, Weypowitz, ein Dorf im Königreiche Böhmen im pilsner Creise, zur Stadt Pilsen gehörig.

Eirach, ein Dorf in der überlingischen Herrschaft Ue hohenfels in Schwaben.

Eiratsfeld, Eiritzfeld, am Leitmannsbache, ein Dorf im Oestreichischen unter der Ens, über der Erlau, im Viertel oberhalb dem wiener Walde.

Eirishofen, ein Pfarrdorf zwischen der Gennach und Senkel im Gebiete der Stadt Kaufbeuren in Schwaben.

Eirizfeld, s. Elxesfeld.

Eirs, eine Probstey bey Schlanders in Tirol.

Eis, Am Eis, ein östreich. Ort bey Lavamünd in Kärnten.

Eisberg, ein Rittergut und Dorf in der Grafschaft Mannsfeld in Churſachſen, nach Wallbeck gehörig.

Eisberg, ein Dörfchen in der östreichischen Grafschaft Hauenstein in Schwaben.

Eisberger Mühle, Eisbermühle, in der fürstlich oranien nassauischen Grafschaft Diez im Amte Dauborn.

Eischen, ein Pfarrort in der gräflich königseggischen Grafschaft Rothenfels in Schwaben.

Eischott, ein Dorf im Fürstenthum Wolfenbüttel, ohnweit dem Flecken Vorsfelde.

Eischweiler, ein Ort in dem landgräflich-hessen-darmſtädtiſchen Amte Lemberg.

Eisdorf, ein Dorf im Saalkreiſe des Herzogthums Magdeburg im Amte Giebichenſtein.

Eisdorf, ein Dorf im Amte Luckau in der Niederlausitz in Churſachſen.

Eisdorf, ein Rittergut im namslauiſchen Creiſe im Herzogthume Schleſien.

Eisdorf, ein Rittergut im Herzogthume Schleſien, 1 halbe Meile von Strigau.

Eiselau, 4 Höfe im Stadt ulmiſchen Oberamte Albeck in Schwaben.

Eisemost, ein adeliches Dorf im glogauiſchen Creiſe in Niederſchleſien, 1 Meile von Lüben und 3 von Groß-Glogau.

Eisenroth, ein Ort im fürstlich-oranien-nassau-dillenburgiſchen Amte Tringenſtein.

Eisen, ein Dorf im Bisthume Paderborn im weſtphäliſchen Creiſe.

Eisenbach, ein Dorf im Pfälziſchen, den Freyherren von Sellenbach gehörig.

Eisenbach, ein Dorf im herzoglich-zweybrückiſchen Oberamte Lichtenberg der ehemaligen Grafſchaft Veldenz und Schultheißerey Thal, Eßweiler im oberrheiniſchen Creiſe.

Eisenbach, ein ruinirtes Schloß in der Markgraffschaft Montfort in Schwaben.

Eisenbach, ein Dorf bey Isni in Schwaben, dem Reichsstift Isni gehörig.

Eisenbach, wegen seiner Hammerwerke Hammereisenbach genennet, ist ein Schmelz= und Hammerwerk im fürstenbergischen Amte Neustatt in Schwaben.

Eisenbach, ein Ort in der Abtey Weissenau in Schwaben.

Eisenberg, ein Ort und ein herrschaftliches Erbbestands= Eisenschmelzwerk und Hammerwerke im Nassauweilburgischen, zum Amte Kirchheim=Bolanden und Amt Stauff jenseits des Rheins gelegen.

Eisenberger Mühle, in dem oranien=nassauischen Fürstenthume Hadamar, ins Amt Renneroth gehörig.

Eisenberg, ein Dorf mit einem schönen Bergschlosse im Königreiche Böhmen im saazer Creise, zur Herrschaft Neundorf gehörig.

Eisenberg, ein Dorf im Oestreichischen am Kampflusse, hinter Gesöll, bey Idolsberg, oberhalb dem Mannhards= berge.

Eisenberg, ein adeliches Dorf mit einer evangel. Kirche, 1 Meile von Strehlen im Herzogthume Schlesien, nach Grottkau zu.

Eisenberg, ein herzogliches Dorf mit einer katholischen Kirche, 1 und 1 Viertelmeile von Sagan im Herzogthume Schlesien.

Eisenberg, ein ruinirtes Schloß bey Fißen im Augsburgischen in Schwaben.

Eisenberg, ein Dorf im fränkischen Creise im Fürstbißthum Bamberg, ins Amt Stadtsteinach gehörig.

Eisenberger Mühle, im fürstlich=oranien=nassau=dietzischen Amte Marienberg.

Eisenbolz, ein Dorf in der Graffschaft Königseggrothen= fels in Schwaben.

Eisenbrechtshofen, ein Dorf in der obern Landvogtey in Schwaben.

Eisenbrechtshofen, ein Dorf im Burgau, im bi= schöflich=Augsburgischen in Schwaben.

Eisenbrod, Felezny-Brod, Brodecz, Brödl, ein Marktflecken am rechten Ufer der Iser, am Bache Zerbownik, 11 Meilen nordostwärts von Prag im Königreiche Böhmen im bunzlauer Creise, zur Herrschaft Groß-Rohosetz gehörig.

Eisenburg, ein adelicher Sitz, Dorf und Herrschaft im Gebiete der kaiserl. freyen Reichsstadt Memmingen in Schwaben, 1 Stunde davon gehört theils dem Patriziat in Memmingen, theils dem Unterhospital, und steuert zum Canton Donau. In derselben sind 3 adeliche Sitze: Grünenfurth, Trunkelsberg, das Dorf Amadingen und 3 Weiler: Schweighausen, Unterhard und Trunkelsberg.

Eisendorf, ein Dorf im Churfürstenthume Braunschweig-Lüneburg, zum hanstöverischen Amte Haarburg gehörig.

Eisendorf, ein Dorf im Königreiche Böhmen im klattauer Creise, zur Herrschaft heiligen Kreuz gehörig.

Eisendorf, ein Rittergut, im Herzogthume Schlesien, 2 Meilen von Striegau.

Eisenfest, ein gräflich-wertheimisches Dorf in Franken, 1 Meile von Wertheim gegen den Speßart.

Eisengarten, ein Ort im Oestreichischen ob der Ens, bey Oberweis, ohnweit dem Donauflusse im Traunviertel.

Eisengraben, ein Dorf im Oestreichischen hinter Dürrenstein, bey Markt Loiben, oberhalb dem Mannhardsberge.

Eisengrub, ein Ort im Königreiche Böhmen im budweiser Creise, zur Herrschaft Krummau gehörig.

Eisenhammer, ein adeliches Dorf im rosenbergischen Creise im Herzogthume Schlesien.

Eisenhammer, Kittelhammer, nach Zabelsdorf gehöriger Ort, liegt an der Weyda im neustädter Creise in Chursachsen.

Eisenhammer, an der Au, in dem landgräflich-hessendarmstädtischen Amte Battenberg im oberrheinischen Creise.

Eisenhammer, Hüttie, ein Dorf im Königreiche Böhmen im taborer Creise, zur Herrschaft Bechin gehörig.

Eisenhammer, s. Joachimshammer und Neusattel.

Eisenhart, ein Ort im Oestreichischen, bey Linz an der Donau, ob der Ens, im Hausruckviertel.

Eisenharz, ein Pfarrdorf in der Grafschaft Trauchburg in Schwaben, dem Erbtruchseß Grafen von Waldburg und Zeil Zeil gehörig.

Eisenheim, **Eusenheim**, ein Marktflecken im Wirzburgischen in Franken, im Amte Gemünd, 2 Stunden davon gegen Carlstadt, und gehört dem Dompropsteypfründamt zu Witzburg.

Eisenheim, ein teutschherrisches Dorf in Franken, 1 Stunde von Wimpfen gegen Oeringen gelegen.

Eisenhofen, ein Ort im Gebiete der Probstey Wettenhausen in Schwaben.

Eisenhofen, ein Hofmarkt in Bayern, dem Hochstift Freysingen, ins Gericht Aicha gehörig.

Eisenhütte, ein Ort und Bergwerk im Bezirke des Fürstenthums Grubenhagen, im Hannöverischen, zum Bergamte gehörig.

Eisenhüttel, ein Dorf im Königreiche Böhmen im pilsner Creise, zur Herrschaft Weseritz gehörig.

Eisenhüttenmühle, liegt 1 halbe Stunde von Sangerhausen, in Thüringen in Churfachsen, und gehört ins Amt Weissenfels.

Eisenhut, s. Annawerder.

Eisenhutsroth, ein fürstlich-hohenlohe-weckersheimisches Dorf, 1 halbe Stunde von Jaxtberg in Franken.

Eisenreichs, ein Edelsitz im Oestreichischen hinter der deutschen Theya, oberhalb dem Mannhardsberge.

Eisenreichs-Dornach, ein Dorf, Amt und Gut im Oestreichischen unter der Ens, mit Guldeneck vereinigt.

Eisenroth, ein Dorf im fürstlich-oranien-nassauischen Amte Tringenstein.

Eisenschmelzhütten, s. Vorrede des Ersten Nachtrags.

Eisenschmiede, eine Mahl-, Stampf- und Schneidemühle beym Städtchen Auma, im neustädter Creise in Churfachsen, ins Amt Arnshaugk gehörig.

Eisenstein, einige Oerter im Königreiche Böhmen im prachi prachiner Creise, unter dem Schutz der deschnitzer Herrschaft, das andere im prachiner Creise, zum Gute Eisenstein gehörig.

Eisenstein, ein Schloß im Gerichte Zwißl Rentamts Straubingen in Unterbayern.

Eisenstein, s. Hofmarkt-Eisenstein.

Eisenthal, auch Exenthal, ein Dorf und Amt im Oestreichischen oberhalb dem Mannhardsberge.

Eisenthal, ein Dorf im badenschen Amte Steinbach in Schwaben.

Eisenwerk, s. Trzebiczker-Eisenwerk.

Eisenwind, ein Dorf im fränkischen Creise im Fürstbißthume Bamberg, ins Amt Wartenfels gehörig.

Eiserfeld, ein Ort und Eisenhütte nebst Reckhammer, auch Kupferhütte im fürstlich oranien nassauischen Amte Siegen.

Eisern, ein Ort und Eisenhütte im fürstlich oranien nassauischen Amte Siegen.

Eisern Schaaf, s. Galiläische Wirthschaft.

Eiserndorp, ein Dorf im königlich dänischen Herzogthume Hollstein im niedersächsischen Creise im Amte Rendsburg.

Eisersdorf, ein adeliches Dorf aus 5 Antheilen bestehend, mit einer Kirche, in der Grafschaft Glatz im Herzogthume Schlesien.

Eisershusen, s. Eyershusen.

Eißfeld, s. Ober-Eißfeld, Unter-Eißfeld.

Eisgarn, eine landesfürstliche weltliche Probstey, Pfarre und Prälatur, auch Dorf im Oestreichischen, hinter Gemünd, gegen Litschau, an der böhmischen Gränze oberhalb dem Mannhardsberge.

Eißghofen, ein Dorf im fürstlich nassau-usingischen Oberamte Idstein, 1 Stunde von der Stadt Idstein.

Eislingen, s. Groß- und Klein-Eislingen.

Eismannsberg, ein churpfälzischer Ort im Fürstenthum und Landgerichte Sulzbach in der Oberpfalz.

Eisnern, ein Markt mit einem Eisenhammer im Oestreichischen, westlich von Bischoflak, unweit der Zeyer in Obercrain.

Liße, ein Theil von Schweringen, in der churhannöverischen Graffschaft und Amte Hoye.

Lißel, ein Dorf im churhannöverischen Fürstenthume Bremen, zum Amte Werden gehörig.

Lißen, ein Ort im Churfürstenthume Trier an der Lahn, zur meudter Zent gehörig.

Lißingen, ein Pfarrdorf im badenschen Amte Pforzheim in Schwaben.

Eißmannsberg, ein Ort im Bezirk des nürnbergischen Amtes Altdorf, ohnfern des Naschbaches.

Liste-Rahder, ein Dorf im Fürstenthume Bremen, zum Amte Hanstedt gehörig.

Lissing, ein Dorf im Bayrischen, dem Hochstifte Freysingen gehörig.

Listorf, ein Ort im Hochstift und Fürstenthum Osnabrück in Westphalen, ins Amt Iburg und Vogtey Bißendorf gehörig.

Listrup, ein Dorf in der hannöverischen Graffschaft Hoye und in dieses Amt gehörig.

Liten, ein Dorf im Fürstenthume Bremen, zum churhannöverischen Amte Achim gehörig.

Litener Moor, ein Ort im churhannöverischen Fürstenthume Bremen, zum Bezirke des Amtes Schwachhausen gehörig.

Litenthal, s. Eisenthal.

Literhagen, ein Dorf im hessen-casselischen Amte Stowstadt, an einem Flüßchen, die Mülmische genannt, 3 Stunden von Cassel und 2 von Lichtenau gelegen.

Litersheim, ein Schloß im herzoglich-zweybrückischen Oberamten Lichtenberg und Schultheißerey Lanken der alten Graffschaft Veldenz im oberrheinischen Creise.

Litersperg, ein kleines Dorf im Amte Oettingen in Schwaben.

Litingerthal, ein Dorf im schwäbischen Ritterkreise im Ritterkanton am Neckar und Schwarzwald.

Litra (y), ein Dorf am Flüßchen die Elter, das 1 Viertelstunde davon in die Hanne fällt, 1 Stunde von Süchenau, ins Hessische Fürstenthum Hersfeld und Amt Schildschlag gehörig.

Litrach,

Littrach, **Littrach**, ein großes Dorf in der Herrschaft Wurrstetten in Schwaben, den Grafen von Fugger gehörig.

Littenhausen, ein Dorf in der Herrschaft Mindelheim in Schwaben.

Litting, ein Ort im Gerichte Erding, Rentamts München in Unterbayern.

Litzen, ein adelicher Hof im Herzogthume Pommern, im bartischen Bezirke.

Litzen, ein Dorf im Braunschweigischen, nahe bey der Stadt Scheppenstedt.

Litzen, ein Ort im Lüneburgischen, zum Amte Ebstorf gehörig.

Litzen, ein Dorf im Fürstenthume Bremen, ins Amt Vetden gehörig.

Litzen, ein Ort in der hannöverischen Grafschaft Hoye, im Bezirke des Amtes Bruchhausen.

Litzendorf, s. **Elzendorf** und **Etzendorf**.

Litzendorf, ein Ort im Oestreichischen über der Straße, hinter Herzogenburg unter Ens, im Viertel oberhalb dem wiener Walde.

Litzendorf, ein Dorf im Churhannöverischen, in der Grafschaft und Amte Hoye.

Litzenhof, ein Ort im Oestreichischen über dem Kampflusse, hinter Grospopen, bey Alendsteig, oberhalb dem Mannhardsberge.

Litzerschal, ein Dorf der Herrschaft im Oestreichischen, westwärts von Gollersdorf, im Viertel unterhalb dem Mannhardsberge.

Litzing, Ober- und Unterlitzing, ein Schloß und Hofmarkt im Oestreichischen ob der Ens im Amte Ried, im Innviertel.

Litzing, ein Dorf im Oestreichischen unter der Ens, ohnweit Jps, im Viertel oberhalb dem wiener Walde.

Lizum, ein Dorf im Stifte Hildesheim ins Amt Winzenburg gehörig, bey Eberholtensen, ohnweit Gronau.

Lk, ein östreichisches Dorf im Breisgau bey Freyburg.

Lk, ein Dorf im Gebiete des Reichsstifts Ottobeuren in Schwaben.

Ek oder Oek, ein Dörfchen in der fürstenbergischen Grafschaft Heiligenberg in Schwaben.

Ek, einige Oerter in dem markgräflich-badenschen Amte Lichtenthal und Kroschweier in Schwaben.

Ekardts, ein Dorf im sogenannten Oberlande, im herzoglich-sachsen-weimar-eisenachischen Amte Kaltennordheim.

Ekelingerode, s. Egelingerode.

Ekenrod, ein kleines Dorf im Amte Honhard, im Gebiete der Reichsstadt Halle in Schwaben.

Ekenweiler, ein kleines Dorf im wirtembergischen Amte Herrenberg.

Ekering, ein Ort im Oestreichischen ob der Ens, im Amte Schärding, bey Haag und Hocker im Innviertel.

Ekershaim, ein Ort im Oestreichischen ob der Ens, im Amte Schärding, bey der Stadt Schärding im Innviertel.

Eketschlag, ein Dorf im Königreiche Böhmen im buweiser Creise, zur Herrschaft Krummau gehörig.

Ekhardsbrunn, ein Dorf im fürstenbergischen Amte Engen in Schwaben. Es gehört zum nellenburgischen Landgerichte.

Ekhardshausen, ein kleines Dorf im Stadt hallischen Amte Bühler in Schwaben.

Ekhardsweiler, ein Pfarrdorf in der Ortenau in Schwaben, im hessen-darmstädtischen Amte Wildstädt.

Ekhardsweiler, ein kleines Dorf im wirtembergischen Amte Baknang in Schwaben.

Ekhausen, ein kleines Dorf im Burgau in Schwaben. Es gehört dem Kloster St. Ulrich in Augsburg.

Ekendorf, ein Gut in der Grafschaft Lippe-Detmold in Westphalen, zum Amte Oerlinghausen, Herrn von Borries gehörig.

Eklhaim, ein Ort im Oestreichischen ob der Ens im Amte Ried, südwärts von der Stadt Ried im Innviertel.

Eklinshausen, ein Dorf im Burgau in Schwaben.

Eklsperg, ein Ort im Oestreichischen ob der Ens, im Amte Braunau, bey Altheim im Innviertel.

Ekum, ein Dorf im Erzstifte Köln im Amte Hülchrath.

Ekwälden, ein Dorf im wirtembergischen Amte Kirchheim in Schwaben.

Ekwertsheide, ein Rittersitz, 2 Meilen von Neiße im Herzogthume Schlesien.

Elau, ein ansbachisches, jetzt königlich preußisches Dorf an der Altmühl in Franken, 1 Stunde von Heidenheim gegen Weisenburg.

Elay, oder Seehof, ein Ort im Hochstifte Basel im oberrheinischen Creise im Münsterthal, wo Eisenbergwerke sind.

Elben, ein Dorf an dem Flüßchen die Elbe, im Bezirke des landgräflich hessen-casselischen Amtes Gudensberg, im Gericht Buttler, an der mayntzischen Gränze, 1 gute halbe Stunde von Naumburg und 3 von Gudensberg.

Elben, ein Dorf in der magdeburgischen Grafschaft Mansfeld im Amte Friedeburg.

Elbenrod, ein Dorf in dem landgräflich hessen-darmstädtischen Amte Alsfeld im oberrheinischen Creise.

Elbenschwand, ein Dorf im badenschen Amte Röteln, zur Vogtey Tegernau gehörig.

Elbenschwand, ein Dorf in der badenschen Landgrafschaft Sausenberg in Schwaben.

Elberdam, ein Theil von Barrel im Churhannöverischen in der Grafschaft Hoye.

Elberode, gemeiniglich der Mönchhof genannt, im Bezirke des hessen-casselischen Gerichts Bilstein, 1 halbe Stunde von Abterode, wozu noch verschiedene Höfe gehören.

Elbersberg, ein Dorf im fränkischen Creise im Fürstbißthum Bamberg, ins Amt Pottenstein gehörig.

Elbersdorf, ein Dorf im hessen-casselischen Amte und 1 Viertelstunde von der Stadt Spangenberg gelegen, den Herren von Boyneburg gehörig.

Elberswenden, ein Dorf im Stifte Ellwangen im Amte Wasseralfingen in Schwaben.

Elberth, ein Dorf im fränkischen Creise im Fürstbißthum Bamberg, ins Amt Vilsek gehörig.

Elbertsmühle, in dem landgräflich-hessen-darmstädtischen Amte Darmstadt im oberrheinischen Creise.

Elbeu, ein Dorf im königlich-preußischen Herzogthume Magdeburg im Holzcreise, zum Amte Wolmirstedt gehörig.

Elbgemeinde, ein aus 11 Häusern bestehender Ort bey Königstein, im meißner Creise in Chursachsen, ins Amt Pirna gehörig.

Elbholz, ein Ort im Churbraunschweig-Lüneburgischen, zum Amte Gartow gehörig.

Elbingen, ein Vorwerk im chur-hannöverischen Fürstenthume Grubenhagen, zum Amte Herzberg gehörig.

Elbingen, ein Vorwerk in der königlich-preußischen Grafschaft Hohenstein, eine Meile von Nordhausen.

Elbingenalb, ein Dorf im Gerichte Ehrenberg am Albflusse im Oberinnthal in Tirol.

Elbisbach, ein Ort im leipziger Creise in Chursachsen, ins Amt Borna gehörig.

Elbitz, ein Dorf in der königlich-preußisch-herzoglich-magdeburgischen Grafschaft Mannsfeld, im Amte und Herrschaft Seeburg.

Elbleinsmühl, eine anspachische Mühle in Franken, ins Oberamt Feuchtwang gehörig.

Elbleiten, Neudorf-Elbleiten, ein Dorf im Königreiche Böhmen im leutmeritzer Creise, zur Herrschaft Binsdorf gehörig. Nicht weit davon, an der Elbe, liegt das sogenannte in einen Felsen ausgehauene Belvedere.

Elbrighausen, ein Dorf in dem landgräflich-hessen-darmstädtischen Amte Battenberg im oberrheinischen Creise.

Elbrixen, eine Bauerschaft und Dorf von 77 Wohnsitzen in der Grafschaft Lippe-Detmold in Westphalen, zum Amte Schwalenberg gehörig.

Elbritzmühle, nach Delitzsch gehörig, im leipziger Creise in Chursachsen.

Elbwangen, ein Dorf in der Grafschaft Zell-Wurzach in Schwaben.

Elchenreute, ein Cammeralhof in der Grafschaft Walds see in Schwaben.

Elchesheim, ein katholisches Pfarrdorf, zum badenschen Oberamte Rastadt gehörig.

Elchingen im Hertfelde, ein Pfarrdorf in Schwaben. Es gehört dem Kloster Neresheim unter öttingen-wallersteinischer Landeshoheit.

Elchingen, eine Reichsabtey, Benedictinerordens, im bischöflich-augsburgischen Sprengel in Schwaben, 2 Stunden unter Ulm an der Donau.

Eldagsen, ein Dorf im königlich-preußischen Fürstenthume Minden, ins Amt Petershagen und Vogtey Hofmeister gehörig.

Eldena, ein Hof, Dorf und Amt im schwedischen Herzogthume Pommern.

Eldenburg, ein Ort und Amt in der königlich-preußischen Churmark Brandenburg in der Prignitz und lenzenschen Distrikte.

Eldern, ein Hospitium für etliche Geistliche im Gebiete des Reichsstifts Ottobeuren in Schwaben.

Eldingen, ein Dorf im Churhannöverischen, zum Amte Bedenbostel gehörig.

Elenbach, ein Ort im fränkischen Rittercreise im Canton Ottenwald, gehört denen von Prettlach und von Unger.

Elendbachel, ein Ort im Königreiche Böhmen im prachiner Creise, zur Herrschaft Winterberg gehörig.

Elende Seelen, eine Bergschmiede nebst Kohlhause auf halsbrücker Revier, im Erzgebirge in Chursachsen, ins Bergamt Freyberg gehörig.

Elends, ein Dorf im Oestreichischen hinter der Wild, bey Drössiedel, oberhalb dem Mannhardsberge.

Elene, ein Ort in der Grafschaft Flandern im burgundischen Creise.

Eleonora, s. **Erzengel-Raphael.**

Elephant, eine Mühle im Königreiche Böhmen im prachiner Creise, zum Gute Wotatitz gehörig.

Elersdorf, ein adelicher Ort im königlich-dänischen Herzogthume Holstein in Niedersachsen, im Bezirke des Amtes Rendsburg.

Elersdorp, ein Hof im königlich-dänischen Herzogthume Holstein, im nördlichen Wagrierlande in Niedersachsen.

Elerzheim, ein Ort im Erzstifte Köln, im Amte Reymbach.

Elesberg, ein Dorf im Oestreichischen, hinter Kloster Mauerbach, gegen Freyndorf unter der Ens, im Viertel oberhalb wiener Waldes.

Eiernicz, Wolessnicze, ein Schloß und Dorf im Königreiche Böhmen, im budweiser Creise, zur Stadt Budweis gehörig.

Elfershausen, ein ritterschaftliches Dorf des Cantons Rhönwerra, im Wirzburgischen in Franken, an der Saal, 1 Stunde von Trimberg gegen Kloster Talba gelegen, und ist den Herrn von Erthal zuständig.

Elfershausen, ein kleines Dorf im hessencasselischen Amte Melsungen, 1 Stunde davon entlegen.

Elften, ein Ort im Erzstifte Köln, im Amte Hulkeradt.

Elgersdorf, ein Ort im meißner Creise in Chursachsen, ins Creisamt Meissen gehörig.

Elgersdorf, ein nürnbergisches Dorf am Flüßchen Auräch, bey Embskirchen in Franken.

Elgershausen, ein Hof im fürstlich-solms-braunfelsischen Amte Greifenstein im oberrheinischen Creise.

Elgershausen, ein großes Dorf im hessen-casselschen Amte Baune, zum Schöppenstuhl Großenritte gehörig, drittehalb Stunden von Cassel.

Elgersheim, ein Schloß bey Volkach, im Wirzburgischen in Franken.

Elgersweier, einige Pfarrdörfer in der östreichischen Landvogtey Ortenau und Gericht Zunsweier an der zing in Schwaben und Griesheim gehörig.

Eihenitz, Lhenicze, Lehnize, ein Marktflecken 17 Meilen südwärts von Prag im Königreiche Böhmen, im prachiner Creise, zur Herrschaft Netolitz gehörig.

Elhofen, ein Ort im weinsberger Thal in Schwaben.

Elhota, s. Lhota.

Elhotak,

Elhotka, ein Ort im Königreiche Böhmen im budweiser Creise, zur Herrschaft Kratzen gehörig.

Elhotten, Chota, einige Dörfer im Königreiche Böhmen im pilsner Creise, zu den Herrschaften Groß-Chottieschau und Kladrau gehörig.

Elhowicz, ein Dorf im Königreiche Böhmen im klattauer Creise, zur Herrschaft Chudenitz gehörig.

Elias, ein Zechen- und Pulvervorrathshaus am hintern Fastenberge im Gebirgischen in Chursachsen, ins Bergsamt Johanngeorgenstadt gehörig.

Elisabeth im Walde, auch **Elisabethwald**, eine Gegend zwischen Gutschdorf und Kuhnern, zum kuhnerschen Walde gehörig, war ehedem ein Vorwerk im Herzogthume Schlesien.

Elisabeth St., ein Schloß und Ort im Oestreichischen an der See, unweit Cilli, in diesem Creise, in Steyermark.

Elisabethen-Grube, s Fockelberg und Karl Theodors-Grube.

Elisabetzell, ein Ort im Gerichte Mitterfels, Rentamts Straubingen in Unterbayern.

Elischau, Lzow, Nalzowy, ein Dorf und schönes Schloß im Mittelgebirge an der Landstraße, 18 Meilen westsüdwärts von Prag im Königreiche Böhmen, im prachiner Creise, den Reichsgrafen von Taafe gehörig.

Elissem oder **Elixem**, ein Ort im östreichischen Antheile des Herzogthums Brabant im burgundischen Creise.

Eliz, ein Ort im Oestreichischen an der großen Theya, hinter Kloster Geräs bey Primmersdorf.

Ellar, ein Ort in dem oranien-nassauischen Fürstenthume Hadamar, ins Amt Rehnteroth gehörig.

Elldorf, s. Ober-Elldorf, Unter-Elldorf.

Ellebach, ein nürnbergisches Dorf in Franken, im Amte Hersbruck, 1 halbe Stunde davon gegen Engelthal.

Ellefeld, ein Hammer- und Messingwerk unter Carlsfeld an der Wihschbach, nebst einer Glashütte im Gebirgischen in Chursachsen, ins Amt Schwarzenberg gehörig.

Ellefeld, s. Nieder-Ellefeld.

Elleiching, Ellreiching, ein Ort mit einem adelichen Sitze im Oestreichischen ob der Ens, im Amte Ried, unweit Obernberg, ungefähr 1 Stunde vom Innstrome im Innviertel.

Ellen, ein Dorf in der Herrschaft Matsch in Tirol, im Vinstgau.

Ellenbach, ein Hof im hessen-casselschen Amte Neustadt, anderthalb Stunden von Cassel, 1 halbe Stunde von Sandershausen und Heiligenrode gelegen.

Ellenbach, ein Dorf im Bißthume Wirzburg in Franken.

Ellenbach, s. Allenbach.

Ellenberg, ein Pfarrdorf auf einer Anhöhe im Stifte Ellwangen in Schwaben, im Amte Röthelu.

Ellenberg, Groß- und Klein-, Dörfer im Churbraunschweig Lüneburgischen, zu den Amtsbezirke Bresenbrock und Bodenteich gehörig.

Ellenberg, ein Ort in dem markgräflich-badenschen Antheile der Grafschaft Sponheim in der Unterpfalz, zum Oberamte Birkenfeld, der hintern Grafschaft gehörig.

Ellenberge, ein adeliches Dorf in der königlich-preußischen Altmark Brandenburg, im salzwedelschen Creise und Bezirke des Amtes Diesdorf.

Ellenbogen, ein östreichisches Dorf in der Grafschaft Bregenz in Schwaben.

Ellenbogen, Ober- und Unterellenbogen, sind zwey kleine Oertchen in einem Thale des Schwarzwaldes, im wirtembergischen Klosteramte Alpirspach.

Ellenbogen, ein Dorf im Königreiche Böhmen im leutmeritzer Creise, zur Herrschaft Tirmitz gehörig.

Ellenbogen, s. Unter-Ellenbogen.

Ellenbogenthal, ein von der Kinzing bewässertes Thal im Schwarzwalde bey Alpirspach. Es hat von seiner Flaur den Namen.

Ellendorp, ein Dorf in dem königlich-dänischen Herzogthume Hollstein im niedersächsischen Creise, im Amte Rendsburg.

Ellenkofen, ein Ort im Gerichte Schongau, im Rentamte München in Bayern.

Ellenried, ein Dorf bey Königshausen, in der fuggerschen Grafschaft Kirchheim in Schwaben.

Ellenrode, ein kleiner Ort 1 Stunde von Kloster Hayne, in diesem an der Wohre gelegene hessen-casselsche Amt gehörig.

Ellens, ein Ort in der ehemaligen Grafschaft jetzigem Herzogthume Oldenburg und Delmenhorst, in der Landvogtey und Amte Neuenburg, und zur Vogtey Bockhorn und Zetel gehörig, so aus eingedeichtem Land entstand.

Ellensterdam, ein Ort in der ehemaligen Grafschaft jetzigem Herzogthume Oldenburg und Delmenhorst in der Landvogtey und Amte Neuenburg, und Vogtey Bockhorn und Zetel gehörig, ist aus eingedeichtem Land entstanden.

Ellenz, ein Dorf und Kirchspiel im Erzstifte Trier im churrheinischen Creise und Amte Cochem.

Ellenzf, ein Dorf im Erzstifte Trier im churrheinischen Creise, ins Amt Kylburg gehörig.

Eller, ein Dorf und Kirchspiel im Erzstifte Trier im churrheinischen Creise, ins Amt Zell gehörig.

Ellerbach, ein Pfarrdorf im Burgau in Schwaben. Es gehört dem Kloster Fultenbach, in dessen Nähe es liegt.

Ellerbecke, ein Ort im Hochstift und Fürstenthume Osnabrück in Westphalen, zum Amte Iburg und Vogtey Schledehausen gehörig.

Ellerbeck, ein Ort in der Herrschaft Pinneberg im königlich-dänischen Herzogthum Hollstein in Niedersachsen.

Ellerbeck, ein Ort am Kiehlersöhrde im königlich-dänischen Herzogthume Hollstein in Niedersachsen.

Ellerbrock, ein Ort im Fürstenthume Bremen, zum churhannöverischen Amte Neuhaus-Oste gehörig.

Ellerburg an der Weser, eine ehemalige Stuterey und Pachtung, zu Mollenbeck geschlagen, in dem Hessen-Cassel gehörigen Antheile der Grafschaft und Amt Schaumburg.

Ellerhoep, ein Ort in der Pinneberg im königlich-dänischen Herzogthume Hollstein in Niedersachsen.

Ellerhorst, ein Ort in der hannöverischen Grafschaft Hoye, zum Amte Ehrenburg gehörig.

Ellerich, ein Dorf im Stift Bamberg in Franken.

Ellerkamp, s. Klein=Zemmin.

Ellerkathen, s. Falkenhagen.

Ellerkenhausen, ein Dorf in der churhannöverischen Grafschaft Hoye, zum Amte Ehrenburg gehörig.

Ellern, ein Walddorf von 50 Häusern und Schultheißerey des churpfälzischen Oberamtes Simmern, 2 Stunden davon südostwärts, von Rheinbellen aber westwärts gelegen.

Ellern, einige Orte im Fürstenthume Lüneburg, zum Bezirke der hannöverischen Aemter und Gerichte Lüne und Bleckede.

Ellern, ein Freygut im Fürstenthume Querfurt in Chursachsen, ins Amt Querfurt gehörig.

Ellerndorf, ein Dorf im Churfürstenthume Lüneburg, zum hannöverischen Amte Ebstorf gehörig.

Ellernkruge, s. Heyden.

Ellersbach, ein Ort im Gebiete der Probstey Wettenhausen in Schwaben.

Ellersbach, ein Dorf im Bambergischen in Franken, im Amte Hochstätt; 1 Stunde davon gegen Dachsbach.

Ellersbronn, ein kleines Dorf im öttingen-spielbergischen Amte Oettingen in Schwaben.

Ellersdorf, ein Dorf im Bambergischen in Franken, zwischen Forchheim und Schlüsselau gelegen.

Ellershagen, ein adeliches Coloniedorf nebst Vorwerk in der königlich-preussischen Priegnitz oder Vormark Brandenburg im pritzwalkischen Distrikte bey Nohlsdorf.

Ellershausen, ein Dorf im churhannöverischen Fürstenthume Calenberg, zu den Gerichten Leineberg gehörig.

Ellershofen, ein Dorf auf der leutkircher Haide in Schwaben.

Ellerstadt, ein Ort in der Grafschaft Wartenberg im oberrheinischen Creise, zwischen Mannheim und Dürkheim.

Ellerstatt, ein Dorf und Pfandschaftsort in der Markgrafschaft Baden.

Ellewitz

Ellewiz, ein Dorf im preußischen Antheile der Grafschaft Mannsfeld, im schraplauer Creise, zum Amte Seeburg gehörig.

Ellgau, ein Dorf im Burgau, am Lech, in der fuggerschen Herrschaft Glött.

Ellgehrn, ein Dorf im Burgau in Schwaben.

Ellgoth, ein Dorf im toster Creise im Herzogthume Schlesien.

Ellgoth und Kostuchna, ein Ort in der freyen Standesherrschaft Pleß im königlich-preußischen Herzogthume Schlesien, zum Althammer-Amt gehörig.

Ellguth, auch **Ellgoth**, ein adeliches Dorf im leobschützer Creise im Herzogthume Schlesien

Ellguth, ein Ort im rattiborschen Creise im Herzogthume Schlesien, dem Nonnenkloster zu Rattibor gehörig.

Ellguth-Tworkau, ein adeliches Dorf im rattiborschen Creise im Herzogthume Schlesien.

Ellguth, ein Dorf 3 Viertelmeilen von Ottmachau im Herzogthume Schlesien, theils dem Bischof zu Breslau, theils einem andern Besitzer gehörig.

Ellguth, Ligota, ein Rittergut im falkenbergischen Creise im Herzogthume Schlesien.

Ellguth, ein adeliches Dorf im rosenbergischen Creise im Herzogthume Schlesien.

Ellguth bey Woschnick, ein adeliches Dorf im lublinitzer Creise im Herzogthume Schlesien.

Ellguth, eine adeliche Colonie im großstrehlitzer Creise im Herzogthume Schlesien.

Ellguth bey Guttentag, ein Rittergut im lublinitzer Creise im Herzogthume Schlesien, mit einem Frischfeuer.

Ellguth, ein Rittergut, 1 Meile von Trebnitz im Herzogthume Schlesien.

Ellguth und Schmarcker, ein adeliches Dorf im obertrebnitzischen Creise, 3 Meilen von Trebnitz im Herzogthume Schlesien.

Ellguth, ein Dorf mit einer katholischen Kirche im gleiwitzer Creise im Herzogthume Schlesien.

Ellguth, ein adeliches Dorf im toster Creise im Herzogthume Schlesien.

Ellguth-Falkenberg, ein Rittergut im oppelnschen Creise, 3 Meilen von Oppeln im Herzogthume Schlesien.

Ellguth-Friedland mit dem Dörfchen Hammer, ein Rittergut im oppelnschen Creise, 5 Meilen von Oppeln im Herzogthume Schlesien.

Ellguth-Proskau, zur Herrschaft Proskau gehörig, mit einer katholischen Kirche, anderthalb Meilen von Oppeln im Herzogthume Schlesien.

Ellguth Turawa, ein Rittergut mit einer Kirche im oppelnschen Creise im Herzogthume Schlesien.

Ellguth-Ligotta, ein Rittergut mit einer katholischen Kirche, eine Meile von Zülz im Herzogthume Schlesien.

Ellguth, ein Dorf im namslauischen Creise im Herzogthume Schlesien, der Kämmerey zu Namslau gehörig.

Ellguth, ein adeliches Dorf im neumarktschen Creise im Herzogthume Schlesien.

Ellhofen, ein Dorf im wirtembergischen Amte Weinsberg.

Ellhofen, ein Pfarrdorf in der östreichischen Herrschaft Hoheneck in Schwaben.

Ellighofen, ein östreichisches Dorf im Breisgau.

Ellingen, ein dem deutschen Orden gehöriges Dorf in der Gegend Ulms in Schwaben.

Ellingen, ein Ort im Lüneburgischen, zum Bezirke des churhannöverischen Amtes Soltau gehörig.

Ellingerode, ein Dorf im hessen casselschen Amte Ludwigstein, auf dem Wege nach Witzenhausen.

Ellingerode, ein Hof, eine Viertelstunde unterhalb Rotenburg, in diesem hessen casselschen Amtsbezirk gehörig.

Ellinghausen, ein Dorf im Churbraunschweig-Lüneburgischen, zum churhannöverischen Amte Fallingbostel gehörig.

Ellinghausen, ein Ort im Churhannöverischen, zur Grafschaft Hoya ins Amt Ehrenburg gehörig.

Ellinghausen, ein Dorf im Gebiete der K. freyen Reichsstadt Dortmund im westphälischen Creise.

Ellingshausen, ein Dorf, 3 Viertelstunden von Walleustein und 9 Stunden von Homburg, in diesem hessen cassel-

cassellische Amt, und theils Herren von Baumbach gehörig.

Ullmannsweiler, ein Dorf im schwäbischen Creise im Ort oder Ritterkanton Hegau, Algau und Bodensee.

Ellmenau, ein Dorf bey Leutkirch in Schwaben. Gehört dem Kloster Weingarten ins Gericht Ausnang.

Ellmendingen, ein Marktflecken im markgräflich-badenschen Amte Pfarzheim in Schwaben.

Elln, s. Ober-Elln.

Ellnbach, s. Ober-Ellnbach.

Ellnhausen, ein Dorf im landgräflich-hessen-cassellischen Amte Kaldern, anderthalb Stunden von Marburg. Es gehört zum Theil in das Gericht Reizberg.

Ellnrode, ein kleines Dorf, 1 halbe Stunde von Schlierbach, 1 von Jeßberg und 3 von Borcken, in dieses hessen-cassellische Amt und Gericht Jeßberg gehörig.

Ellreiching, s. Elleiching.

Ellrichshausen, ein anspachisches Dorf in Franken, im jetzigen königlich-preusischen Oberamte Crettsheim, 1 Meile davon gegen Leutershausen gelegen.

Ellrow, ein Dorf und Mühle in der Herrschaft Pinneberg, im königlich-dänischen Herzogthume Hollstein in Niedersachsen.

Ellsbach, s. Unter-Ellsbach.

Ellwang, ein Ort im Gerichte Schongau im Rentamte München im Churfürstenthum Bayern.

Ellwangen, ein Pfarrdorf in der Grafschaft Zeil-Wurzach in Schwaben.

Ellwangen, ein Schloß in der Probstey Ellwangen im schwäbischen Creise, im Vira- oder Eiren- auch Feichtengrund, am Fluß Jagst.

Ellwing, ein Ort im Churfürstenthum Trier, an der Lahn, zur salzer Cent und Amt gehörig.

Ellwühren, ein Dorf in der ehemaligen Grafschaft, jetzigen Herzogthume Oldenburg und Delmenhorst, im Landgerichte Oevelgönne und Vogtey Abbehausen im Stadtlande.

Elm, ein Dorf an der Embach und dem Kinzberge, zwischen Schlüchtern und dem Schlosse Brandenstein, in dieses hessen-cassel-hanauische Amt gehörig, von jedem 1 halbe Stunde entlegen.

Elm, ein Dorf im churhannöverischen Fürstenthume Bremen, zum Amtsbezirke Himmelspforten gehörig.

Elm, etliche Amthäuser unter Trochaus, im Voigtlande in Chursachsen, ins Amt Plauen gehörig.

Elmanshausen, s. **Elmshausen**.

Elmau, ein großes Dorf im Gerichte Kufstein im Unterinnthal in Tirol.

Elme, ein Vorwerk im Fürstenthume Bremen, im churhannövrischen Amte Osterholz.

Elmeloh, s. **Almsloh**.

Elmen, oder **Alten-Salza**, ein Flecken im königlich preußischen, ehemals herzoglich-magdeburgischen Holzcreise.

Elmenau, ein kleines Dorf in der Grafschaft Montfort in Schwaben

Elmendorp, ein Ort in der ehemaligen Grafschaft, jetzigen Herzogthum Oldenburg, in der Landvogtey Neuenburg und Vogtey Zwischenahn gelegen.

Elmeneck, ein östreichisches Dorf in der Grafschaft Hauenstein in Schwaben.

Elmenhorst, ein Hof und Dorf im Herzogthume Pommern, ins Amt Franzburg gehörig.

Elmenhorst, ein Dorf im Churhannöverischen im Fürstenthume Lauenburg, zum Amte Wotersen gehörig.

Elmenhorst, ein Dorf im Amte Dobberan des Herzogthums Mecklenburg Schwerin.

Elmenhorst, ein Dorf im Amte Grevismühlen des Herzogthums Mecklenburg-Schwerin.

Elmensweiler, ein Dorf und Schloß auf einem Berge, zwischen Heggbach und Biberach. Es steuert zum Kanton Donau.

Elmienthal, ein Dorf in der Hessen Cassel zur Herrschaft Schmalkalden gehörigen Vogtey Herrenbreitungen, 1 halbe Stunde davon gelegen.

Elmeschenhagen, ein Kirchdorf im königlich-dänischen Herzogthum Holstein in Niedersachsen.

Elmins-

Elminswang, ein Dorf an der Schmutter im Burgau in Schwaben.

Elmlohe, ein Dorf im Fürstenthume Bremen, zum Amte Bederkese gehörig.

Elmshausen, ein Dorf in dem landgräflich-hessen-darmstädtischen Amte Biedenkopf im oberrheinischen Creise.

Elmshausen, oder **Elmanshausen**, ein Dorf, wo Bleyerz gefunden wird, in Franken, in der Grafschaft Erbach im Amte Schönberg.

Elnbach, s. Vordern-Elnbach.

Elnischt, **Elnischten**, **Lnißt**, ein Dorf im Königreiche Böhmen im budweißer Creise, zur Herrschaft Gratzen gehörig.

Elnsbach, ein gräflich-erpachisches Dorf in Franken, 1 Stunde von Erpach gegen Darmstadt gelegen.

Elpenrod, ein Dorf in dem landgräflich-hessen-darmstädtischen Amte Byrgeminden, im oberrheinischen Creise.

Elpersberg, ein Dorf im Bambergischen in Franken, im Amte Bodenstein, 1 Stunde davon gegen Nürnberg zu.

Elpersbuttel, ein Ort im Dithmarschen, im königlich-dänischen Herzogthume Holstein in Niedersachsen.

Elpersdorf, ein anspachisches, jetzt königlich-preußisches Dorf in Franken, unweit Windsbach, die Unterthanen gehören theils dem Stifte zu Anspach, Nürnberg und dem Teutschenorden.

Elpersdorf, ein Ort in Franken, im königlich-preußischen Hofcasteneamte Anspach, 1 Stunde hievon gegen Leutershausen.

Elpersheim, **Espersheim**, ein fürstlich-hohenlohe-weickersheimisches Dorf an der Tauber in Franken, 1 Stunde von Weickersheim gegen Mergenthal.

Elpershofen, ein fürstlich-hohenlohisches Dorf in Franken, 1 Stunde von Langenburg gegen Schwäbischhall.

Elpershofen, ein anspachisches Dorf in Franken, im königlich-preußischen Amte Creilsheim, 1 Meile von Langenburg an der Jagst, und im Canton Ottenwald.

Elpersroth, ein anspachisches Dorf in Franken, im königlich-preußischen Vogteyamte Leutershausen, 1 Meile hievon gegen Feuchtwang.

Elpersreuth, ein Dorf im fränkischen Rittercreise, im Canton Gebürg, denen Voit von Rieneck gehörig.

Els, Elz, ein Schloß, Gut und Ort im Oestreichischen über der kleinen Krems, hinter Wesendorf, oberhalb dem Mannhardsberge.

Els, s. Langen=Els.

Elsarn, Ober= und Unterelsarn, einige Dörfer im Oestreichischen am bösen Dürrenbache, bey der Grenze vom obern Mannhardsberge, nicht weit von dem Schlosse Mühlbach, das andere nicht weit von Oberelsarn, gegen den Kampfluß, bey Markt Stras, im Viertel unterhalb dem Mannhardsberge.

Elsarn, Elsing, einige Dörfer und Aemter im Oestreichischen, unter dem Landgerichte der Herrschaft Leiben, und eins hinter Kloster Geräs an der großen Theya, oberhalb dem Mannhardsberge.

Elsbach, s. Ober=Elsbach, Oelsbach.

Elsbacher Hof, 1 halbe Stunde nordwärts Hütschenhausen, zum Gericht Ramstein, des churpfälzischen Oberamtes Lautern gehörig.

Elsch, Wolessna, Wolsse, ein Allodialgut und Dorf mit einem schönen Schlosse im Königreiche Böhmen, im klattauer Creise, 1 Stunde von Hayde und 1 halbe Stunde von Pernartiz.

Elschelin, ein Dorf im Königreiche Böhmen im klattauer Creise, zur Herrschaft Bischofteinitz gehörig.

Elschnig, poln. Olzinka, ein Dorf im glogauschen Creise, im Herzogthume Oberschlesien, an der Grenze des neustädtschen Creises.

Elschop, ein Ort im königlich-dänischen Herzogthume Holstein in Niedersachsen, im Amte Steinburg.

Elschtin, Elstin, einige Dörfer im Königreiche Böhmen, im klattauer Creise, zum Gute Prziwostecz, das andere 16 und 1 halbe Meile von Prag und 1 Meile ostwärts von Winterberg im prachiner Creise, zur Herrschaft Winterberg gehörig.

Elsenberg, Elsendorf, ein Dorf, im Bayreuthischen in Franken, 2 Stunden von Bayersdorf entlegen, hat bambergische und nürnbergische Unterthanen.

Elsenberg, ein Dorf im Bambergischen in Franken, im Amte Forchheim, 1 Stunde davon gelegen.

Elsendorf, ein Ort an der Reichen-Ebrach, im Bambergischen in Franken, ins Amt Wachenroth gehörig.

Esendorf, s. Elsenberg.

Elsenfeld, ein Dorf in dem Churfürstenthume Maynz, ins Vicedomamt Aschaffenburg am Mayn gehörig, im niederrheinischen Creise.

Elsenheim, ein Gut im Hochstifte Salzburg, im bayerschen Creise bey Salzburg, den Herrn von Rehling gehörig.

Elsenreut, s. Edelsreut.

Elsheim, Egelheim, Egellesheim, ein Dorf an der Sezbach gegen Stadeken zu gelegen, ins churpfälzische Oberamt Oppenheim gehörig. Die Landstrase von Maynz nach Kreuznach geht durch.

Elsing, s. Elsarn.

Elsnersches Lehngut, s. Trautliebersdorf.

Elsner-Deberney, Dobrnay, Debrny, ein Dorf im Königreiche Böhmen im bidschower Creise, zur Herrschaft Arnau gehörig.

Elsnitz, ein Dorf im Königreiche Böhmen im ellnbogner Creise, zur Herrschaft Schlackenwerda gehörig.

Elsoff, ein Dorf und Vogtey in der Graffschaft Sayn-Wittgenstein im oberrheinischen Creise.

Elß, s. Neckar-Elß.

Elssowicze, s. Eltschowitz.

Elssin, s. Elschtin.

Elsterhammer, ein Blau- und Frischfeuer oder Eisenwerk im Schwarzburg-Rudolstädtischen. Die Räder treibt die Schwarze.

Elstermühlen, Götzenmühle, Creuzmühle, Ober- und Untermühle, zwey bey der Stadt Plauen befindliche Mühlen, im Vogtlande in Churfachsen.

Elstiborz, s. Lstiborz.

Elstorf, einige Dörfer im Hannöverschen, im Fürstenthume Bremen und Lüneburg, zu den Aemtern Zeven und Molsburg gehörig.

Elterlein, Baumannischer-Hammer, ein Hammerwerk, sonst das Arnold= und Schmerzingische genannt, im Gebirgischen in Churfachsen, ins Amt Schwarzenberg gehörig.

Eltersdorf, ein Dorf im Bayreuthischen in Franken, 1 Stunde von Erlangen gegen Nürnberg gelegen, ins königlich=preußische Amt Bayersdorf gehörig, drey Viertheil Unterthanen sind Nürnbergisch, ein Viertheil aber Bayreuthisch.

Eltershofen, ein Dorf im Gebiete der kaiserl. freyen Reichsstadt Halle in Schwaben, im fränkischen Ritterkreise im Canton Ottenwald, theils der Reichsstadt Hall, theils ins Amt Schlicht und der Familie von Senfft gehörig.

Eltham, ein Ort im Gerichte Heidau, churfürstlichen Rentamts Straubingen in Unterbayern.

Eltingshausen, ein Dorf des Amtes Ebenhausen, im Wirzburgischen in Franken.

Eltmannsberg, ein bayreuthisches Dorf in Franken, im königlich=preußischen Amte Creußen, 2 Stunden von dieser Stadt, an der bayrischen Grenze gelegen.

Eltmansee oder **Eltmanseer Höfe**, deren 10 sind an der Grenze des Amtes Sontra, im Bezirke des hessencasselschen Amtes Spangenberg, 3 Stunden von dieser Stadt, dem adelichen Geschlechte von Lindau gehörig.

Eleschowitz, Elssowicze, Lczowicze, ein Dorf und Bergschloß am Flusse Wollnka, 16 Meilen südsüdwestwärts von Prag im Königreiche Böhmen im prachiner Creise, den Grafen von Sickingen gehörig.

Elve, Elvede, ein Dorf im Hildesheimischen im Amte Steinbrück an der Fuhse, nach Sarbolzum zu.

Elverdingen, ein Dorf im Lüneburgischen, zum churhannöverischen Amte Fallingbostel gehörig.

Elverdißen, eine Bauerschaft in der königlich=preussischen Graffchaft Ravensberg in Westphalen, ins Amt Heepe gehörig.

Elverich, ein Ort im Erzstifte Köln, im Bezirke des Amtes Lynn.

Elversdorf, ein Dorf in der königlich-preußischen Altmark Brandenburg, ins Amt Tangermünden des arneburgischen Creises.

Elvershagen, ein adelicher Wohnsitz mit 2 Vorwerken, Groß- und Klein-Liebenthal, zviertel Meilen nitschdostwärts von Regenwalde, an der Rega, im königlich-preußschen Hinterpommern, im borkschen Creise in Obersachsen.

Elvestorf, ein Dorf im Churfürstenthume Braunschweig-Lüneburg, zum hannöverschen Amte Winsen an der Luhe gehörig.

Elvánczicz, ein Dorf mit einem Gesundbade im Königreiche Böhmen im taborer Creise, zur Herrschaft Jung-Wozicz gehörig.

Elwisheimer Hof, im Nassau-Weilburgischen, jenseits dem Rhein.

Elz, ein Ort im churhannöverschen Fürstenthume Bremen, zum Amte Zeven gehörig.

Elz, ein Ort im Erzstifte Trier im churrheinischen Creise, ins Amt Limburg gehörig.

Elz, s. **Els**.

Elzdorf, s. **Ezelsdorf**.

Elze, ein Dorf im Churfürstenthum Braunschweig-Lüneburg, zum churhannöverischen Amte Bißendorf gehörig.

Elzeghem, oder **Helseghem**, ein Ort in der Grafschaft Flandern im burgundischen Creise in der Castellaney Oudenarde. Es ist hier ein Priorat regulirter Chorherren.

Elzen, ein Ort im Gebiete der Probstey Wettenhausen in Schwaben.

Elzenbaum, ein Dorf im Gerichte Sterzingen, südwärts vom Städtchen Sterzingen im Eisack in Tirol.

Elzenberg, ein gräflich-schönburgisches Rittergut im Amtsdistricte Zwickau im Gebürgischen in Chursachsen.

Elzendorf, **Ezendorf**, ein Ort im Oestreichischen ob der Ens, bey Herzogsdorf im alten Mühlviertel.

Elze

Elzerath, ein Dorf im Erzstifte Trier im churrheinischen Creise, zum Amte Hunold gehörig.

Elzersheim, ein Dorf im Fürstenthum Hohenlohe-Neuenstein in Schwaben, an der Tauber, bey Winkersheim.

Elzhausen, ein Ort im Gebiete der Reichsstadt Haßl in Schwaben, ins Amt Bieler gehörig.

Elzmühle, ein einzelnes Haus nebst Mahl- und Schneidemühle, zum Amtsdorfe Beckwitz gehörig im meißner Creise in Chursachsen.

Elzweiler, ein Dorf im Herzoglich Pfalz-Zweybrückischen.

Emanuelsberg, ein Ort am Berge Claßtenstein im Königreiche Böhmen im leutmeritzer Creise, zur Herrschaft Oberliebich gehörig.

Emanuelshof, ein Dorf mit einem Meyerhofe und Jägerhause im Königreiche Böhmen im saatzer Creise, zur Herrschaft Schönhof gehörig.

Emau, Oemau, Ebnow, ein Dorf im Königreiche Böhmen im budweiser Creise, zur Herrschaft Gratzen gehörig.

Emau, ein Meyerhof im Königreiche Böhmen im budweiser Creise, der Stadt Krummau gehörig.

Emaus, ein bürgerliches Wirths- und Flußhaus, nahe bey der Stadt Przibram im Königreiche Böhmen im berauner Creise.

Emberg, ein kleines Dorf im wirtembergischen Amte Kalw.

Emblicheim, Emblikamp, ein Kirchdorf und Amt an der Rechte, in der untern Grafschaft Bentheim in Westphalen.

Embmannsberg, s. Emtmannsberg.

Embsweiler, ein Ort in der Abtey Ochsenhausen in Schwaben.

Emedorf, ein Dorf im Stifte Aichstädt in Franken, an der Altmühl, 1 halbe Stunde von Kundig, in dieses Amt gehörig.

Emeckendorp, ein adelicher Ort im königlich-dänischen Herzogthume Hollstein in Niedersachsen, im Bezirke des Amtes Rendsburg.

Emes

Emekendorf, ein Ort im königlich-dänischen Herzogthume Hollstein im Waagrierlande in Niedersachsen.

Emekenhagen, ein Dorf im Amte Ribnitz des Herzogthums Mecklenburg-Schwerin.

Emelsdorf, s. Emersdorf.

Emelweiler, ein dem Kloster Weingarten gehöriges Lehen, zu den niedern Gerichten der Stadt Ravensberg gehörig, in der niedern Landvogtey Altdorf in Schwaben.

Emenhausen, ein Ort im Gerichte Landsberg im Rentamte München in Bayern.

Emeringen, ein Pfarrdorf zwischen Zwiefalten und dem Rechtenstein, am Abhange der Alpen in Schwaben. Es gehört dem Kloster Zwiefalten.

Emerkingen, ein kleines Dorf und Schloß bey Munderkingen in Schwaben.

Emern, ein Ort im Königreiche Böhmen im budweiser Creise, zur Herrschaft Hohenfurt gehörig.

Emersacker, ein Pfarrdorf am Ufer der Laugna im Burgau in Schwaben. Es gehört in das fuggersche Pflegamt Laugna.

Emersdorf, ein Ort im Gerichte Reichenberg, Rentamts Burghausen in Unterbayern.

Emersdorf, Emelsdorf, ein Ort im Bambergischen in Franken, 1 Meile von Hochstett im dachsbachischen Frais gelegen.

Emersen, ein Dorf im Bambergischen in Franken, 1 Stunde von Burgkunstatt gegen Kronach zu.

Emersheim, ein Ort im fränkischen Rittercreise im Canton Gebirg, den Herren von Redwitz gehörig.

Emershofen, ein Dörfchen in der bayerschen Herrschaft Illertissen in Schwaben.

Emersleben, ein Dorf mit einem Rittergute im königlich-preußischen Fürstenthume Halberstadt im halberstädtischen Landcreise in Niedersachsen.

Emesthurn, ein Dorf im fränkischen Ritterkreise im Canton Röhn-Werra, den Herren von Schaumburg gehörig.

Emgartner, liegt in der Herrschaft Gratzen im Königreiche Böhmen im budweiser Creise.

Emhofen, eine Hofmarkt mit einem Schloß und Ziegelhütte im Bißthum Regensburg und Herzogthum Neuburg, zu dem Landrichteramte Burglengenfeldt und der Pfarrey Dieteldorf, im Nordgau an der Wils, den Freyherren von Rummel auf Zell gehörig.

Emhofen, auch **Kleinwilslingen**, ein Dorf im Umfange der Grafschaft Sigmaringen in Schwaben.

Emichsmühle, ein Dorf im landgräflich-hessen-darmstädtischen Amte Lichtenberg.

Emigrantenhäuser, ein Ort im churhannöverischen Fürstenthume Callenberg, zum Amte Lauenstein gehörig.

Eming, ein Ort im Oestreichischen ob der Ens, ohnweit Wels und Kremsmünster, bey Steinakirchen im Traunviertel.

Emingen, ein Amt und Dorf in der fürstenbergischen Landgrafschaft Stühlingen in Schwaben, ins Obervogteyamt Engen gehörig.

Emishofen, ein Dorf im Umfange der Landgrafschaft Nellenburg in Schwaben. Es gehört dem Canton Zürch.

Emkenhofen, ein Pfarrdörfchen in der Grafschaft Zeil-Trauchburg in Schwaben.

Emmel, ein Dorf im Erzstifte Trier im churrheinischen Creise, ins Amt Wittlich gehörig.

Emmelndorf, ein Dorf im Churfürstenthume Braunschweig-Lüneburg, zum Amte Haarburg gehörig.

Emmen, ein Dorf im Churbraunschweig-Lüneburgischen, zum hannöverschen Amte Gifhorn gehörig.

Emmen, ein Ort im Churhannöverschen, im Bezirke des Amtes Motsburg.

Emmen, ein Ort im churhannöverschen Fürstenthume Bremen, im Bezirke des Amtes Rothenburg.

Emmendach, ein Nonnenkloster in der gefürsteten Reichsgrafschaft Friedberg-Scheer an der Donau in Schwaben, dem Fürsten von Thurn und Taxis gehörig.

Emmendorf, ein Dorf im Churfürstenthume Lüneburg, zum hannöverschen Amte Medingen gehörig.

Emmendorf, s. Ober-Emmendorf.

Emmenhausen, ein Pfarrdorf im Burgau in Schwaben. Es gehört dem Kloster Heilig-Kreuz in Schwaben.

Emmenhofen, ein Dorf am Untersee in Schwaben. Es gehört zum Hochstifte Constanz.

Emmerden, ein Dorf im churhannöverischen Fürstenthume Calenberg, ins Amt Ochsen gehörig.

Emmerfelden, ein Pfarrdorf zwischen Riedlingen und Böhringen in Schwaben. Es gehört zum fürstenbergischen Amte Neufra.

Emmerichenhayn, ein Dorf und Kirchspiel in der dem Fürsten von Oranien-Diez gehörigen Herrschaft Beilstein in churrheinischen Creise.

Emmeringen, ein Kirchdorf im königlich-preußischen Fürstenthume Halberstadt, im ascherslebischen Creise in Niedersachsen.

Emmerke, ein Ort im Stifte Hildesheim, ohnweit Himmelsthür bey Hildesheim, ins Amt Steuerwald gehörig.

Emmern, ein Dorf im Churfürstenthum Braunschweig-Lüneburg, zum Amte Bodenteich gehörig.

Emmersbach, eine Gegend mit einzelnen Höfen, wo Silber- und Bleybergwerke sind, in der Graffschaft Geroldseck in Schwaben.

Emmersdorf, ein Ort hinter heilig Creuz, im Oestreichischen unter Ens an der Tulla, bey Neulengbach, im Viertel oberhalb dem wiener Walde.

Emmersdorf, ein Schloß, Herrschaft und Pfarrdorf an der Donau im Oestreichischen unterhalb Weideneck, oberhalb dem Mannhardsberge.

Emmersdorf, ein bayreuthisches Dorf in Franken, im königlich-preußischen Amte Dachsbach, 1 Stunde davon gegen Herzog-Aurach gelegen.

Emmersdorf, s. Schalmersdorf.

Emmerstedt, ein Dorf im Herzoglich-Braunschweigischen, 1 Stunde von Helmstädt.

Emmertshof, ein fürstlich-hohenlohischer Ort in Franken.

Emmezheim, ein anspachisches Dorf in Franken, unweit Gunzenhausen, in dieses königlich-preußische Amt gehörig.

Emmingen ob Eke, ein Pfarrdorf im fürstenbergischen Amte Engen in Schwaben,

Emmingen, ein Dörfchen am Nagoldflusse in Schwaben, im wirtembergischen Amte Nagold.

Emmingen, ein Ort im Gerichte Landsberg, im Rentamte München in Bayern. Unweit von diesem Ort entspringt aus dem guggenberger Weiher die Paar.

Emmingen, ein Ort im Churhannöverischen, im Bezirke des Amtes Soltau.

Emmrichshof, eine Viertelstunde von Oberthalhausen, im Gericht Riedesel oder Ludwigseck, zum Bezirke des hessen-casselschen Amtes Rothenburg an der Fulde, 2 und 1 halbe Stunde davon gelegen.

Empede, ein Dorf im churhannöverischen Fürstenthume Calenberg, zum Amte Neustadt-Rubenberg gehörig.

Empelde, ein Dorf im churhannöverischen Fürstenthume und Amte Calenberg.

Empersberg, ein im Gebürge ohnfern Hohenstein im nürnbergischen Amte Herspruck gelegener Weyler und 3 Bauernhöfe, zwischen welchen die Gränze gehet, daß also ein Hof im Rothenbergischen, die andern zwey in herspruckischer Obrigkeit liegen.

Empershausen, s. **Emsterhausen.**

Empfershausen, ein Dörfchen, das sich in Ober- und Niederempfershausen theilt, anderthalb Stunden von Melsungen im Hessen-Casselschen.

Empfingen, ein Pfarrdorf in der zollern-sigmaringischen Herrschaft Haigerloch in Schwaben.

Emphertshausen, Empfertshausen, auch **Emsterhausen,** ein Dorf im Hochstifte Fulda, und herzoglich-sachsen-weimar-eisenachschen Amte, ins ehemalige hennebergische Amt Fischberg gehörig, im oberrheinischen Creise und sogenannten Oberlande.

Emrichshof, ein Hof zu den freyherrlichen Gütern der Dinasten von Riedesel, in die Gerichte Ludwigseck gehörig, unter hessen-casselscher Hoheit.

Ems, s. **Wüst-Ems.**

Ems, ein Marktflecken und Hauptort in der östreichischen Grafschaft Hohenems in Schwaben, unweit des Rheins.

Ems, ein Flecken und Bad in der landgräflich-hessen-darmstädtischen gemeinschaftlichen Vogtey des Nahmens.

Ems, Dorf-Ems, ein Dorf, 1 Viertelstunde vom Bad Ems in der fürstlich-oranien-nassau-diezischen Vogtey Ems an der Lahn.

Ems, Ober- und Nieder-, zwey Dörfer im fürstlich-nassau-usingischen Oberamte Idstein, ersteres 2 und 1 halbe, und letzteres 2 Stunden von der Stadt Idstein entfernt.

Emsbach, ein gräflich-erpachisches Dorf in Franken, 1 halbe Stunde von Erpach gegen Wertheim.

Emsbaur, ein Ort in der Herrschaft Rheda im westphälischen Creise, zum Kirchspiele Lette gehörig.

Emsbühren, ein Kirchspiel und Ort im Stifte Münster im Amte Thein in Westphalen.

Emse, ein Ort in der Herrschaft Rheda in Westphalen, zum Kirchspiel Reckenberg im Hochstift Osnabrück gel.

Emsen, einige Dörfer im Churhannöverischen, zu den Bezirken der Aemter Lüne und Haarburg gehörig.

Emsen, ein Dorf im churhannöverischen Fürstenthum Bremen, zum Amte Achim gehörig.

Emsenhof, ein badenscher Wittumshof bey Gibern in der Schultheißerey Reich, des churpfälzischen Oberamtes Simmern.

Emsenmühle, eine Mühle bey Rehhausen am Emsersbache, in Thüringen in Chursachsen, ins Amt Pforta gehörig.

Emsing, Emsingen, ein Dorf im Stifte Aichstätt in Franken, am Flusse Anlauter, 3 Stunden von Aichstätt gegen Gredingen gelegen.

Emskeim, eine Hofmark und Ort im Bißthume Aichstätt des Herzogthums Neuburg, zum Pflegamte Monheim unweit der Usel, den Freyherrn von Hohenhausen gehörig.

Emskirchen, ein Dorf im fränkischen Creise, im Fürstbisthume Bamberg, ins Amt Herzogenaurach gehörig.

Emslieb, ein Schloß im Hochstifte Salzburg im bayerischen Creise, an der hellabronner Straße bey Salzburg.

Emstadt, ein Ort im Herzoglich-Sachsen-Meiningenschen, im Bezirk des Amtes Schalkau.

Emsterhausen, s. **Emphertshausen**.

Emtmannsberg, Embmannsberg, ein ritterschaftliches Schloß und Dorf des Cantons Gebürg, im bayreuthischen in Franken, 2 Stunden von Bayreuth gegen Creusen gelegen.

Emzenbach, s. **Heinzenbach**.

Enabeuren, ein Dorf im schwäbischen Creise im Rittercanton, am Neckar und Schwarzwald.

Enbrickl, ein Bad, nahe bey Hall im Unterinnthal in Tirol.

Enbruck, ein zum Gerichte Laudeck gehöriges Dorf im Oberinnthal in Tirol.

End, ein Dorf im fränkischen Creise im Fürstbißthume Bamberg, ins Amt Lichtenfels gehörig.

Endbach, ein Ort in dem landgräflich-hessen-darmstädtischen Amte Blankenstein im oberrheinischen Creise.

Endegut, s. **Tschuntschendorf**.

Endehof, s. **Cordeshagen**.

Endeholz, ein Dorf im churhannöverischen Fürstenthume Lüneburg, zum Amte Bedenbostel gehörig.

Enden, ein Dorf im Bambergischen in Franken, an der Lauter, 2 Stunden von Staffelstein gelegen.

Endenburg, ein kleines Dorf in der badenschen Landgraffschaft Sausenberg bey Weitenau in Schwaben.

Endenich, ein Dorf und Herrschaft im Erzstifte Köln.

Enderbach, ein kleines Dorf im wittembergischen Klosteramte Lorch in Schwaben.

Endermöttingen, ein Dorf in der fürstenbergischen Landgraffschaft Stühlingen.

Enderndorf, ein nürnbergisches Dorf in Franken, oberhalb Spalt, südwärts gelegen.

Endersdorf, ein Rittersitz mit einer Kirche, 1 starke Meile von Grottgau im Herzogthume Schlesien.

Endetsdorf, ein Rittergut im neißischen Creise des Herzogthums Schlesien.

Endersgrün, ein Dorf im Königreiche Böhmen im saatzer Creise, zur Herrschaft Klösterle gehörig.

Enderspach, ein Pfarrdorf im wirtembergischen Amte Schorndorf in Schwaben.

Enderspach, ein Dorf in der Ortenau in Schwaben, im Gebiete der Reichsstadt Zell.

Enderobel, ein Dorf in der Landvogtey Altdorf, im Amte Geigelbach in Schwaben.

Endganz, s. Endgienz.

Endhausen, ein Dorf im Wirzburgischen in Franken, im Amte Lauringen, 2 Stunden davon gegen Schweinsfurth gelegen.

Endigs, ein Hof und Dorf im Herzogthume Pommern, ins Amt Franzburg gehörig.

Endingen, ein Dorf in der schweizerischen Grafschaft Baden. Das Stift St. Blasien besitzt daselbst die niedern Gerichte.

Endjebur, ein Dorf in der ehemaligen Grafschaft, jetzt dem Herzogthume Oldenburg und Delmenhorst, zu dem Landgerichte Oevelgönne und Vogtey Rothkirchen im Stadtlande.

Endlichhofen, ein nassau-weilburgisches Dorf im Amte Miehlen.

Endlos, ein Dorf im Oestreichischen, hinter Kloster Manna, oberhalb dem Mannhardsberge.

Endorp, ein Dorf im königlich-dänischen Herzogthume Holstein in Niedersachsen.

Endrejen, s. Andreeschken.

Endste, Enfe, Ensenheim, ein Weiler im Gebiete der kaiserl. freyen Reichsstadt Rothenburg an der Tauber.

Endtenberg, ein nächst dem Oberheidelbach gelegenes mittelmäßiges Dorf, dem sekularisirten Kloster Engelthal gehörig, im Bezirke des nürnb. Amtes Hersbruck.

Endtenfang, ein einzelnes Haus im Amte Torgau, im meißner Creise in Chursachsen.

Enemos, ein Ort zum Gerichte Petersberg gehörig, im Oberinnthal in Tirol.

Enerfuhrenau, ein kleines Oertchen bey Schopfheim, in der badenschen Landgrafschaft Sausenberg in Schwaben.

Eng, ein Dorf im Oberinnthal in Tirol, zum Gericht Ehrenberg gehörig.

Engde, ein Ort im Stifte Münster, im Amte Rhein und Kirchspiel Emsbüren in Westphalen.

Engdorf, ein Ort im Oestreichischen ob der Ens, bey Neuhofen, im Traunviertel.

Engefortke, s. Engelspfort.

Engehausen, ein Dorf im churhannöverischen Fürstenthume Lüneburg, im Bezirke des Amtes Eßel.

Engelau, Engenaue, ein nach Waldau gehöriges Wirthshaus im Amte Schleusingen, im Hennebergischen in Franken.

Engelbach, ein Ort in dem landgräflich-hessendarmstädtischen Amte Biedenkopf im oberrheinischen Creise.

Engelbach, ein Hof am rechten Ufer der Fulde bey Solmes, 1 Stunde von Niederaule, in dieses hessen-casselsche Amt des Fürstenthums Hersfeld gehörig.

Engelberg, ein kleines Oertchen im Reichsthale Harmersbach in Schwaben.

Engelboldshofen, ein Dorf in der obern Landvogtey in Schwaben.

Engelbolzdorf, ein Ort im Oestreichischen ob der Ens, ohnweit Freystadt, bey Gallneukirchen, im Mühl- und alten Machlandviertel.

Engelbrechts, ein Dorf und Amt im Oestreichischen über der Theya, hinter Waldhofen, oberhalb dem Mannhardsberge.

Engelhardtstädten, ein Pfarrdorf der Herrschaft Schloßhof im Oestreichischen, am Loinersbache, nordwärts hinter Eckartsau, bey dem Schlosse Unterweißenben, im Viertel unterhalb dem Mannhardsberge.

Engelhardsberg, ein bayreuthisches und bambergisches Dorf in Franken, in die Aemter Streitberg und Ebermannstadt gehörig.

Engelhardshausen, ein anspachisches Dorf in Franken, 2 Stunden von Gerhardsbrunn gegen Leutershausen oder Rothenburg gelegen, ins königlich-preußische Oberamt Creilsheim gehörig.

Engelhardshof, ein nürnbergischer Hof unweit Enderndorf in Franken.

Engelhardshof, ein Dorf im Stifte Aichstätt in Franken, 1 Stunde von Spalt gegen Abend.

Engelhardtszell, s. Engelszell.

Engelhof, ein Hof im Fraischbezirke des königlich-preußisch-markgräflich-anspachischen Oberamtes Roth in Franken.

Engelhof, s. Paris.

Engelhofen, ein kleines Dorf in der Grafschaft Limburg in Schwaben, gaildorffschen Antheils.

Engelitz, ein kleines Dörfchen im Gebiete der Stadt Wangen in Schwaben.

Engellade, ein Dorf im Fürstenthume Wolfenbüttel, ohnweit Seesen.

Engellow, ein Ort im Bißthume Lübeck im südlichen Wagrierlande, im königlich-dänischen Herzogthume Holstein in Niedersachsen.

Engelmannsbrunn, ein Dorf und Edelsitz im Oestreichischen, nicht weit von Dürrenthal und Fels, im Viertel unterhalb dem Mannhardsberge.

Engeln, ein Dorf in der churhannöverischen Grafschaft Hoye, zum Bezirke des Amtes Bruchhausen gehörig.

Engelpostel, ein Dorf im churhannöverischen Fürstenthume Calenberg, zum Amte Langenhagen gehörig.

Engelrod, ein Ort in dem landgräflich-hessendarmstädtischen Amte Ullrichstein im oberrheinischen Creise.

Engelroding, ein adelicher Sitz im Bezirke des Amtes Dölman, im Stift Münster in Westphalen.

Engelsbach, ein Dorf im Oestreichischen über der Ips, zwischen Herbertendorf und St. Martin unter der Ens, im Viertel oberhalb wiener Waldes.

Engelsberg, Englsing, ein Ort im Oestreichischen bey Wolfsegg und Zell, ob der Ens, im Hausruckviertel.

Engelsberg, ein Dorf im Königreiche Böhmen im bunzlauer Creise, zur Herrschaft Gräfenstein gehörig.

Engelsberg, ein Schloß im Erzstifte Salzburg im bayrischen Creise, bey dem Markt Hopfgarten.

Engelsbrand, ein Dörfchen im wirtembergischen Amte Neuenburg in Schwaben.

Engelschalking, ein Dorf in der Grafschaft und dem Amte Ismaning, im Stifte Freysingen in Bayern.

Engelschalks, ein Dorf im Oestreichischen über der grosen Krems, hinter Albrechtsberg oberhalb dem Mannhardsberge.

Engelschap, ein Dorf im churhannöverschen Fürstenthume Bremen, zum Bezirke des Amtes Himmelspforten.

Engelsdorf, ein Ort im Oestreichischen hinter Egenburg, bey Kuenring oberhalb dem Mannhardsberge.

Engelsdorf, ein Dorf und Mayerhof im Königreiche Böhmen im bunzlauer Creiße, zur Herrschaft Friedland gehörig.

Engelspfort, oder **Engepfortkes Mühle**, in der königlich-preußischen Altmark im tangermünder Creiße, ohnweit Kl. Schwarzlosen.

Engelstadt, ein großes Dorf von etlichen 80 Häusern bey Niederhilbersheim, ins churpfälzische Oberamt Stromberg gehörig.

Engelstatt, ein Schloß im Bisthum Wirzburg in Franken.

Engelstein, ein Schloß, Herrschaft und Dörfchen, mit dem Titel einer Baronie, oberhalb dem Mannhardsberge.

Engelstorf, ein Ort im Gerichte Rottenburg Rentamts Straubingen in Unterbayern.

Engelstraße, s. Maria-Strasengel.

Engelswacht, ein adelicher Hof im Herzogthume Pommern und Amte Wolgast.

Engelszell, **Engelhardtszell**, ein landesfürstlicher Markt mit einem Zolle im Oestreichischen an der Donau, nicht weit davon ist ein Cistercienserkloster, ob der Ens im Hausruckviertel.

Engelweis, ein kleines Dorf im Umfange der Grafschaft Sigmaringen in Schwaben. Gehört in das Obertyamt Gutenstein, hat eine Wallfahrtskirche und stehet zu Oestreich.

Engelwies, ein Pfarrort in der fürstenbergischen Herrschaft Mösklich in Schwaben, ins Oberamt Mösklich gehörig.

Engenaue, s. Engeläue.

Engenhan, ein Dorf, 1 Stunde von der Stadt Jöstein, im fürstlich-nassau-usingischen Oberamte gleiches Nahmens.

Engenhard, ein Dorf in der Landvogtey Altdorf im Amte Seigelbach in Schwaben.

Engenhausen, ein ritterschaftliches Dorf des Orts Steigerwald im Bambergischen und Wirzburgischen in Franken, den Freyherren von Seckendorf gehörig.

Engensen, ein Dorf im Churfürstenthume Braunschweig-Lüneburg, zum Amte Burgwedel gehörig.

Engenstein, ein hildburghäussisches Dörfchen oberhalb Eisfeld.

Engenthal, ein 1 Stunde vom Amte Kupferberg gelegenes Dorf im Bambergischen in Franken.

Engenthal, ein nürnbergisches Dorf an der Pegnitz in Franken, 1 Stunde von Velden gegen Vilseck gelegen.

Engenthal, ein Dorf im Amte Trimberg im Wirzburgischen in Franken.

Engenthal, s. Engethal.

Engentreute, ein Dorf in der Landvogtey Altdorf im Amte Bergatreute in Schwaben.

Enger, ein Haus und Amt in der Grafschaft Ravensberg in Westphalen.

Enger, ein Hof im Bißthume Paderborn im westphälischen Creise.

Enger, ein Ort im churhannövertschen Fürstenthume Bremen, zum Amte Bremervörde gehörig.

Enger, s. Ehlen.

Engeratshofen, ein Pfarrdorf am Fluß Eschach in der obern Landvogtey im Amte Gebratzhofen in Schwaben.

Engeratsried, ein Dorf im Gebiete des Reichsstifts Ottobeuren in der Herrschaft Stein.

Engerl, ein Dörfchen, 3 Viertelstunden von Asch im Königreiche Böhmen im egerischen Bezirke, zum Gute Asch gehörig.

Engern, ein kleines Dorf an der Weser, oberhalb Rintein, zum landgräflich-hessen-casselschen Antheile der

Grafschaft und des Amtes Schaumburg und Weser-Vogtey gehörig.

Engers, Lunostein- und Zoll-Engers, ein Ort am Rhein, im Erzstifte Trier, ins Amt Ehrenbreitstein geh.

Engersdorf, Groß-Engersdorf, ein Kirchdorf der Herrschaft Bockflus im Oestreichischen, ostwärts von Wolkersdorf, am Rusbache, bey Obersdorf, im Viertel unterhalb dem Mannhardsberge.

Engersdorf, Klein-Engersdorf, ein Pfarrdorf des Stifts zu Klosterneuburg im Oestreichischen, hinter Bisenberg, gegen Flandorf, im Viertel unterhalb dem Mannhardsberge.

Engershausen, eine Bauerschaft in der Grafschaft Ravensberg in Westphalen, zur Vogtey Oldendorf gehörig.

Engethal, Engenthal, ein Weiler im Bezirke des nürnbergischen Amtes Velden an der Pegnitz in Franken.

Engetried, ein Pfarrdorf im Gebiete des Reichsstifts Ottobeuern in Schwaben.

Enggering, ein Dorf im Bißthum Eichstedt im Amte Kipfenberg in Franken.

Engiens, Endganz, ein Dorf im Oestreichischen, über der deutschen Theya, bey Schwarzenau, oberhalb dem Mannhardsberge.

Engkirchen, ein pfalzzweybrückischer Marktflecken an der Mosel, 1 Stunde von Trarbach.

Englar, ein Dorf zum Gerichte Altenburg gehörig, im Etschlande in Tirol.

Englburg, ein Ort im Gerichte Vilshofen, Rentamts Burghausen in Oberbayern.

Englers, ein Dörfchen in der Grafschaft Waldsee im Gericht Essendorf in Schwaben.

Englisweiler, ein Dorf im Gebiete des Reichsstifts Ochsenhausen in Schwaben.

Englmayr, ein Ort im Gerichte Mitterfels, Rentamts Straubingen in Unterbayern.

Englsing, s. Engelsberg.

Engolon, ein Dorf in dem königlich-preußischen Fürstenthume Welsch-Neuenburg, in die Meyerey Vallengin gehörig, an der schweizerischen Gränze.

Engter,

Engter, ein Dorf im Hochstift und Fürstenthum Oßnabrück in Westphalen, zum Amte Wörden und Vogtey dieses Nahmens gehörig.

Enheim, ein Dorf im Amte Bibert im Wirzburgischen in Franken.

Enheim, ein königlich-preusisch-markgräflich-anspachtisches Dorf in Franken, 1 Stunde von Markbreit gegen Uffenheim gelegen.

Enhofen, ein markgräflich-anspachisches Dorf in Franken, im königlich-preußischen Vogteyamte Beyern, 1 Stunde davon gegen Roth gelegen.

Enichelberg, ein Dorf im Oestreichischen an der Trasen, nordwestwärts hinter St. Pölten, unter der Ens, im Viertel oberhalb des wiener Waldes.

Enichenreuth, Eichenreuth, ein Marktflecken und Amt im Bambergischen in Franken, 2 Stunden von Marktleugast gelegen.

Eningen, ein Dorf im schwäbischen Creise im Rittercanton am Neckar und Schwarzwald.

Enkenbach, ein Dorf und ehemaliges Kloster, 2 Stunden von Lautern, in dieses churpfälzische Oberamt und dessen Gericht Alsenborn gehörig.

Enkenbacher Nonnengut, bey Obersülzen im churpfälzischen Oberamt Alzey und Unteramt Freinsheim.

Enkendorf, ein Dorf bey Seckingen in der östreichischen Cammeralherrschaft Rheinfelden in Schwaben.

Enkengrün, ein Dorf im Königreiche Böhmen im pilsner Creise, zur Herrschaft Tepel gehörig.

Enkenhofen, ein Pfarrdorf in der Grafschaft Scheer-Trauchburg in Schwaben.

Enkenstein, ein Dörfchen in der badenschen Landgrafschaft Sausenberg in Schwaben, gehört nach Langenau.

Enkheim, ein ziemliches Dorf nahe an dem Flecken Bergen, die Anhöhe herunter nach dem Mayn zu, wo viel Obst und Wein gebauet wird.

Enkingen, ein Dorf in der Grafschaft Oettingen-Wallerstein in Schwaben, unter die Superindententur Mönchsdeggingen gehörig.

Enkirch, ein Flecken an der Mosel, in der pfalzzweybrücktibrückischen hintern Grafschaft Sponheim, im Oberamte Trarbach des oberrheinischen Creises.

Enn, ein Schloß und Herrschaft im Etschlande in Tyrol, bey Tramin an der Etsch.

Ennendach, ein Dorf mit einem Nonnenkloster in der Grafschaft Friedberg-Scheer an der Ablach in Schwaben.

Ennendorf, ein Dorf im Stifte Aichstätt in Franken.

Ennenhofen, ein Dorf im Hochstifte Augsburg in Schwaben.

Ennenhofen, ein kleines Dorf in der wirtembergischen Herrschaft Steuslingen in Schwaben.

Ennerich, ein Dorf in der obern Grafschaft Wied-Runkel im westphälischen Creise.

Ennert, s. Unter-Ennert.

Ennetach, ein Pfarrort in der gefürsteten Grafschaft Friedberg-Scheer in Schwaben, dem Fürst von Thurn und Taxis gehörig.

Ennetsreute, ein Dorf bey Ueberlingen in Schwaben. Es gehört dem Spital dieser Stadt.

Ennigloh, ein Ort und Bauerschaft in der Grafschaft Ravensberg in Westphalen, zum Amte Limberg und Vogtey Bünde gehörig. Wohin auch Gevinghausen, Blanken, Ober- und Niederennigloh gehören.

Enningen, ein Dorf im Stifte Aichstädt in Franken.

Enninghausen, ein Ort und Bauerschaft in der Grafschaft Ravensberg in Westphalen, zum Amte Limberg und Vogtey Bünde, ins Kirchspiel Borninghausen gehörig.

Ens, Burgens, ein von dieser Herrschaft in Oberöstreich herrührendes Gut, welches die Grimmthalische Gülde genannt wird, im Viertel oberhalb dem wiener Walde.

Ensbruch, ein Ort im Oestreichischen, bey Steinach an der Ens, in Steyermark, im brucker Creise.

Ensburg, ein Schloß und Herrschaft, auch Burg im Oestreichischen ob der Ens, bey der Stadt Ens, im Traunviertel.

Ensdorf, ein Dorf im Oestreichischen vor dem engelberger

ger Walde, an der strengberger Poststraße, hinter Renns, unter der Ens, im Viertel oberhalb des wiener Waldes.

Ense, s. Endsee.

Enseck, ein Gebiet von zerstreuten Häusern, welches mit der oberöstreichischen Herrschaft des Nahmens verbunden ist, im Viertel oberhalb des wiener Waldes.

Ensen, ein Ort in der churhannöverschen Grafschaft Hoye, zum Amte Stolzenau gehörig.

Ensenbrück, ein Ort im Königreiche Böhmen im egerischen Creise, zur Herrschaft Fonsau gehörig.

Ensenheim, s. Endsee und Ensheim.

Ensheide in der, ein Ort im Oestreichischen ob der Ens bey Steyer, im Traunviertel.

Ensheim, Ensenheim, ein Dorf 7 Stunden von Stromberg, in dieses churpfälzische Oberamt gehörig, zwischen Spiesheim, Albich und Arnsheim, nach Alzen zu gelegen.

Ensingen, s. Unter-Ensingen.

Ensisheim, ein Dorf am Fluß Beer im Bärenthal, bey dem Reichsstift Beuern in Schwaben.

Enslingen, ein Dorf in der Grafschaft Oettingen in Schwaben.

Enslingen, ein Dorf im Gebiete der kaiserlichen freyen Reichsstadt Halle in Schwaben, ins Amt Schön- oder Koheneck, Komburg und der Familie von Senft gehörig.

Enspel, zwey Orte in dem oranien-nassauischen Fürstenthume Hademar, ins Amt Renneroth und diezische Amt Marienberg und Amte Rotzenhain in der Grafschaft Katzenellenbogen gehörig.

Entenberg, ein nürnbergisches Dorf in Franken, im Amte Engelthal, 1 Stunde davon gegen Altdorf.

Entenfang bey Geltow, ein Ort in der königlich-preußischen Chur- und Mittelmark Brandenburg im Amte Potzdam.

Entenfang, ein Ort in der churhannöverschen Grafschaft Hoye, zum Amtsbezirke Langenhagen gehörig.

Entenkrug, s. Belle.

Entersdorf, ein Dorf bey Reichenbach im Herzogthume Schlesien.

Entersdorf, s. Enzendorf.

Entersweiler Hof, gehört zum Stifte Lautern und besteht aus 2 Häusern nebst einer Bordmühle, 1 Stunde ostwärts von Lautern in der Churpfalz.

Entorf, eine Bauerschaft in dem paderborn-lippischen Gesammtamte Oldenburg in Westphalen.

Entrup, ein Ort im Bißthum Paderborn im westphälischen Creise.

Entrup, eine Bauerschaft und Gut in der Grafschaft Lippe-Detmold in Westphalen, zum Amte Brake und Herrn von Donop zu Heiligenrode in Hessen gehörig.

Entsed, ein Ort im Oestreichischen ob der Ens, bey St. Lenhardt, im Mühl- und alten Machlandviertel.

Ensen oder Ensenheim, ein Schloß und Dorf im Gebiete der Reichsstadt Rothenburg in Franken.

Enzberg, ein Dorf im schwäbischen Creise im Rittercanton am Neckar und Schwarzwald.

Enzberg, s. Nieffern.

Enzen, ein Dorf im westphälischen Creise, im lippischen Antheile der Grafschaft Schaumburg-Lippe, im Amte Bückeburg.

Enzenberg, eine Hofmark mit einem Schlosse im Herzogthume Neuburg und Bißthume Regensburg, zum K. Pflegamte Laaber im Nordgau, 1 Viertelstunde von Laaber auf einer Anhöhe. Es gehört jetzo Herrn von Pestaluzza.

Enzendorf, Entersdorf, ein ohnweit Hohenstein an der Pegnitz liegender Weiler, worinnen, nebst einer mäßigen Anzahl Einwohner, auch ein Schlößchen oder Herrensitz anzutreffen, an der nürnberg. Gränze, theils ins Amt Hersbruck, theils ins Amt Velden gehörig, gegen Hohenstein gelegen.

Enzenheim, ein Dorf im Gebiete der Reichsstadt Rothenburg in Franken, 3 Stunden von Rothenburg gegen Windsheim gelegen.

Enzenkirchen, ein Ort im Oestreichischen ob der Ens, im Amte Schärding, bey Parz und St. Willbald im Innviertel.

Enzenstall, ein Dorf im Oberinnthal in Tirol, zum Gericht Imst gehörig.

Enzersdorf, ein Ort im Oestreichischen über der Zeya, bey Falkenstein, im Viertel unterhalb dem Mannhardsberge.

Enzersdorf im langen Thale, ein Schloß, Herrschaft und Markt im Oestreichischen, ostwärts von Holabrunn bey Weyersdorf, im Viertel unterhalb dem Mannhardsberge.

Enzersdorf, Langen-Enzersdorf, ein Pfarrdorf des Stifts zu Klosterneuburg im Oestreichischen, 2 Meilen nordwestwärts von Wien, ausserhalb der Donaubrücke, im Viertel unterhalb dem Mannhardsberge.

Enzersdorf, Groß-Enzersdorf, ein Schloß und Herrschaft des Bißthums Freysingen im Oestreichischen, nahe bey dem Städtchen Enzersdorf im Viertel unterhalb dem Mannhardsberge.

Enzersdorf, ein Dorf im Oestreichischen bey Großpoppen, über dem Kampfflusse, oberhalb dem Mannhardsberge.

Enzersdorf, ein Ort im Erzherzogthume Oestreich, dem Hochstifte Freysingen gehörig.

Enzesfeldt, ein Kirchdorf und freyer Edelsitz im Oestreichischen, westwärts der Poststraße nach Wolkersdorf, unterhalb Fländorf, im Viertel unterhalb dem Mannhardsberge.

Enzheim, ein kleines Dorf in der landgräflich-hessen-casselschen Grafschaft Hanau, ins Amt Ortenberg gehörig, 2 Stunden davon gelegen.

Enzisreute, ein Dorf in der untern Landvogtey im Amte Bergatreute in Schwaben. Es gehört Weingarten.

Enzkofen, ein Dorf in der Grafschaft Scheer in Schwaben.

Enzow, ein adelicher Wohnsitz mit einem Vorwerke und der Meyerey Platschow, oder Platzow, 3 Meilen von Lauenburg im königlich-preußischen Hinterpommern im lauenburg- und bütowschen Creise in Obersachsen im lauenburger Distrikte.

Enzowann, ein herrschaftliches Lustschloß und Dorf im Königreiche Böhmen im leutmeritzer Creise, dem Fürsten von Lobkowitz gehörig.

Enzweyler, ein Dorf im markgräflich-badenschen Amte Idar in Schwaben.

Epdorf, ein Dorf und Vorwerk in der Grafschaft Mansfeld, zum herzoglich-gotha-coburg-saalfeldischen Gesamtamte Themar gehörig.

Epe, ein Ort im Hochstifte und Fürstenthume Oßnabrück in Westphalen, ins Amt Vörden und Vogtey Bramsche gehörig.

Epeldorf, ein zum Theil königlich-preußisch-markgräflich anspachisches Dorf in Franken, bey Postbaur gegen Neumark gelegen, wo auch nürnbergische und teutschmeisterische Unterthanen sind.

Epelheim, ein ritterschaftlicher Ort im Anspachischen in Franken, den Herren von Seckendorf gehörig.

Epen, ein Dorf in den Herrschaften Wittem, Eysen und Schlenacken, im westphälischen Creise, den Grafen von Plettenberg gehörig.

Epenworden, ein Marschdorf im Dithmarschen, zu Norden-Meldorf gehörig, im Hollsteinischen.

Epenworden, ein Ort im Dithmarschen, im königlich dänischen Herzogthume Holstein in Niedersachsen.

Epernicze, s. Weipernitz.

Epfenbach, ein Dorf im schwäbischen Creise im Ritterscanton Kreichgau.

Epfendorf, ein Pfarrdorf am Neckar, wo die Schlichem hineinfließt, im Gebiete der Stadt Rottweil in Schwaben.

Epfingen, ein Dorf im schwäbischen Rittercreise im Canton Donau.

Eplas, ein Dorf in der königlich-preußischen, zu den Markgrafthümern Anspach und Bayreuth gehörigen Amtshauptmannschaft Hof im Vogtlande, in dem fränkischen Creise, anderthalb Stunden von der Stadt, ins Kasten-Kloster und Hospital-Amt u. a. gehörig.

Eppach, s. Ober- und Unter-Eppach.

Eppelbronn, ein Dorf im herzoglich-zweybrückischen Oberamte Neukastel oder Bergzabern im oberrheinischen Creise.

Eppelsheim, **Ebbelisheim**, **Ebblisheim**, ein Dorf anderthalb Stunden von Alzey, in dieses churpfälzische Oberamt gehörig.

Eppen, im Gerichte Altenburg in Tirol, im Etschlande, mit einem Kapuzinerkloster, welches im Jahr 1784 aufgehoben worden.

Eppenberg, ein Dorf in Eyffel, den Grafen von der Leyen gehörig, im rheinischen Rittercreise. Es ist churtrierisches Lehn.

Eppenberg, ein Dorf, Amt und Gut im Oestreichischen, hinter Albrechtsberg über der großen Krems, oberhalb dem Mannhardsberge.

Eppenbrenn, ein Ort in dem landgräflich-hessen-darmstädtischen Amte Lemberg im oberrheinischen Creise.

Eppendorf, ein Dorf zur Herrschaft Kitzbühel gehörig, im Unterinnthal in Tirol.

Eppenreuth, ein Dorf in der königlich-preußischen, zu den Markgrafthume Anspach und Bayreuth gehörigen Amtshauptmannschaft Hof im Vogtlande, im fränkischen Creise, 1 Stunde von Hof, ins dasige Kasten- und Klosteramt u. a. gehörig.

Eppensen, ein Ort im Lüneburgischen, im Bezirke der Aemter Winsen an der Luhe und Medingen.

Eppenstein, ein Ort im Oestreichischen, unweit Wetscirchen in Steyermark, im judenburger Creise.

Epperstorf, ein Schloß im Oestreichischen am Flusse Gurk, in Unterkärnten.

Eppertshausen, ein Ort im fränkischen Rittercreise im Canton Ottenwald, gehört den von Groschlag.

Eppichhausen, eine Reichsherrschaft und Pfarrort in Schwaben, dem gräflich-Hans-Fugger-Kirchheimischen Hause gehörig.

Epping, ein Ort im Oestreichischen ob der Ens, bey Rohrbach und Peilstein, unweit der großen Mühle, im alten Mühlviertel.

Eppisburg, ein Dorf im Burgau in Schwaben. Es gehört dem Domkapitel zu Augsburg und dem Kloster Fultenbach.

Eppishausen, ein Pfarrdorf in der fuggerschen Grafschaft Kirchheim in Schwaben.

Eppishofen, ein kleines Dorf bey Altenmünster im Burgau in Schwaben. Es gehört den Klöstern Fultenbach und Oberschönefeld und zur bayerschen Herrschaft Wertingen.

Epplas, ein Rittergütchen in der königlich-preußisch-markgräflich-bayreuthischen Amtsherrschaft Hof, im Fränkischen Creise und Vogtlande, 2 Stunden von dieser Stadt, Herrn von Reizenstein gehörig.

Epplings, ein kleines Dorf im Gebiete der Stadt Wangen in Schwaben.

Epprechtstein, ein bayreuthisches Schloß in Franken.

Epstein, ein Ort in dem landgräflich-hessendarmstädtschen Amte Wallau im oberrheinischen Creise.

Eptenhofen, ein Dorf und Ort dem deutschen Orden gehörig, zur Commende Blumenfeld und Meinau gehörig, in Schwaben.

Epterode, oder **Erterode**, ein Dorf an der lichtenauer Gränze, 1 Viertelstunde von Groß-Alnerode und 3 Stunden von Witzenhausen gelegen, zur Hessen-casselschen Vogtey Rückerode gehörig.

Eptingen, ein Rittergut im Amte Freyburg in Thüringen in Chursachsen.

Eptshausen, ein Dorf im Bißthume Wirzburg in Franken.

Equartshofen, s. **Eckwartshofen**.

Erang, ein Flecken und Kirchspiel im Erzstifte Trier, im Amte Pfalzel im churrheinischen Creise.

Erasmus, St., ein Ort im Oestreichischen bey Gmünd in Kärnten.

Erau, ein Dorf im Herzogthume Schlesien, anderthalb Meilen von Trachenberg.

Erb, ein Ort in den den Grafen von Monderscheid gehörigen Grafschaften Blankenhein und Gerolstein in Westphalen.

Erb, ein Pfarrdorf, nordwärts von Kuffstein, zum Gerichte dieses Nahmens gehörig, im Unterinnthal in Tirol.

Erb, s. **Im Erb**.

Erbach

Erbach, ein Schloß, Herrschaft und Marktflecken oberhalb Ulm, an der Donau in Schwaben, Oestreich geh.

Erbach, ein herzoglich-sachsen-meiningisches Dorf und Mühle in Franken, 1 Stunde von Salzungen, ist dieses Amt und ins Amt Altenstein gehörig.

Erbach, ein Dorf unweit der Stadt gleiches Nahmens im fränkischen Creise in der Grafschaft Erbach. Hierdurch fließt ein Bach, der auf einer Wiese ohnweit davon in die Erde fällt und auf der andern Seite eines Berges wieder zum Vorscheine kömmt.

Erbach, ein Ort, Churtrier und Nassau-Diez gemeinschaftlich, des Amt Camberg und Amt Marienborn gehörig. Nicht weit davon liegt die Nees-Mühle.

Erbach, oder **Eberbach**, ein Flecken im churmainzischen Vicedomamte Rheingau, 1 Viertelstunde unter Erwill, zu dieser Amtskellerey gehörig.

Erbach, ein geringes Dorf, 3 Stunden von Simmern ostwärts; eine Schultheißerey, in das churpfälzische Oberamt Simmern gehörig.

Erbacher Mühle, in dem landgräflich-hessen-darmstädtischen Amte Hüttenberg.

Erbelstein, **Erbenstein**, ein Dorf im Königreiche Böhmen im Saazer Creise, zur Herrschaft Klösterle gehörig.

Erben, **Erbhäuser**, ein Ort im Königreiche Böhmen im Ellnbogner Creise, der Stadt Joachimsthal gehörig.

Erbenhausen, ein eisenachisches Dorf des Amtes Nordheim, wo der Fluß Volla entspringt.

Erbenhausen, ein Ort in dem landgräflich hessendarmstädtischen Amte Alsfeld im oberrheinischen Creise.

Erbenhausen, ein Dörfchen an der Zwister im Hessencasselischen, zum Gericht Ebsdorf gehörig und 1 halbe Stunde davon gelegen.

Erbenschwang, ein Ort im Gerichte Schongau im Rentamte München in Bayern.

Erbenstein, s. **Erbelstein**.

Erbershofen, s. **Erckprechtshofen**.

Erbesbühl, ein Ort und Rittergut in der königlich-preußischen zum Burggrafthum Nürnberg und Marggrafthum

thum Bayreuth gehörigen Amtshauptmannschaft. Ist im Vogtlande und fränkischen Creise, ins Vogteyamt Naila gehörig, und Herrn von Feilitsch zuständig.

Erbfluß, eine Zinnzeche im Königreiche Böhmen im Ellnbogner Creise, zur Herrschaft Neudek gehörig.

Erbhausen, ein Dorf des Amtes Arnstein im Wirzburgischen in Franken.

Erbhäuser, s. Erben.

Erbishofen, ein kleines Dorf im Burgau in Schwaben, gehört zur fuggerschen Grafschaft Kirchberg und Pfaffenhofen.

Erbrath, ein Ort und Herrlichkeit im Erzstifte Köln, im Bezirk des Amtes Hulchradt.

Erbruch, eine Bauerschaft und Dorf von 19 Wohnhöfen in der Grafschaft Lippe-Detmold in Westphalen, zum Amte Blomberg gehörig.

Erbschied, ein geringes Dorf von 16 Häusern in der Schultheißerey Laubach des churpfälzischen Oberamts Simmern, 2 und 1 halbe Stunde von Simmern nordwärts, an der nach Koblenz führenden Landstraße gelegen.

Erbstadt, ein zur hessen-cassel-hanauischen Kellerey Naumburg gehöriges Dorf, 1 halbe Stunde von Naumburg und eine Stunde von Assenheim gelegen.

Erbstbühl, ein bayreuthischer Ort in Franken, in der königlich preußischen Landeshauptmannschaft Hof gelegen.

Erbstorf, ein Ort im Churbraunschweig Lüneburgischen, zum Amtsbezirk Lüne und Scharnbeck gehörig.

Erburg, ein Dorf im Bisthum Wirzburg in Franken.

Erbzins-Güter, Lehn-, s. Vorrede des Ersten Nachtrags.

Erbzinsgut, ein Ort mit 2 Vorwerken und 2 Mühlen auf dem ahlbeckischen Seegrunde im königlich preußischen Antheile des Herzogthums Pommern, und zwar in Vorpommern im anklammschen Creise in Obersachsen, 2 Meilen von Uckermünde, in dieses Amt gehörig.

Erchenbrechthofen, ein Dorf im Stifte Aichstätt in Franken.

Erckbrechtsstein, ein königlich-preusich-markgräflich-bayreuthisches Dorf in Franken.

Erckenbrechtshausen, ein markgräflich-anspachisches Dorf in Franken, im königlich-preusischen Oberamte Crailsheim, 1 Stunde davon gegen Langenburg gelegen.

Erckenhofen, ein markgräflich bayreuthisches Dorf in Franken, ins königlich-preusische Amt Dachsbach gehörig.

Erckersreuth, ein markgräflich-bayreuthisches Dorf des königlich preussischen Amtes Selb in Franken, den Herren von Lindenfels gehörig.

Erckheim, ein großes Dorf an der Günz, bey und im Bezirk der K. fr. R. St. Memmingen in Schwaben, in Gemeinschaft dem Kloster Ottobeuern gehörig. Dankelsried, wo ein guter Stahlbrunnen ist, gehört dazu.

Erckmannsdorf, ein gräflich reußisches Dorf im neustädter Creise in Chursachsen.

Erckprechtshofen, **Erbershofen**, ein bayreuthisches Dorf in Franken, ins königlich-preusische Amt Hoheneck gehörig.

Erda, ein Ort in der Grafschaft Hohensolms-Lech im oberrheinischen Creise.

Erdbach, ein Dorf im Fürstenthume Oranien-Nassau, ins Amt Herborn gehörig, wo viele Töpfer-Pfeifen- und Waltererde gegraben wird, ohnfern liegen 2 Mahlmühlen.

Erdbach, ein anspachisches Dorf in Franken, im königlich-preusischen Oberamte Creglingen, auf Uffenheim zu.

Erdbeerhof, im markgräflich-badenschen Pfandschafts-amt Gondelsheim in Schwaben.

Erdberg, ein Schloß, Landgut und Pfarrdorf des Fürsten von Lichtenstein, im Oestreichischen, ostwärts der Poststraße nach Poysdorf, ein Viertel unterhalb dem Mannhardsberge.

Erdbersdorf, s. Grafeneck.

Erden, ein Dorf im Creyer Reich, im pfalzweybrücklischen Antheile der hintern Grafschaft Sponheim, jenseits der Mosel im oberrheinischen Creise.

Erder, eine Bauerschaft und Dorf von 55 Wohnhäusern in der Grafschaft Lippe-Dettmold in Westphalen, zum Amte Varenholz und Vogtey Langenholzhausen gehörig, an dem Ufer der Weser gelegen, wo die zu Wasser von Bremen und andern Orten ankommenden Waaren abgesetzt werden.

Erdhausen, ein Ort in dem landgräflich-hessen-darmstädtischen Amte Blankenstein im oberhessischen Creise.

Erdischowitz, Erdissowisse, ein Schloß, Dorf und Gut im Königreiche Böhmen im berauner Creise, 8 Meilen von Prag.

Erdlingen, ein Pfarrdorf bey Nördlingen, am Flusse Eger in Schwaben. Es gehört dem Maltheserorden, der hier eine Kommenthurey hat.

Erdmannhausen, ein Pfarrdorf im wirtembergischen Amte Marpach.

Erdmannsberg, ohnweit Medzibor, ein Dorf im öhlschen Creise im Herzogthume Schlesien.

Erdmannsbruch, eine Colonie in der herzoglich-schlesischen freyen Standesherrschaft Pleß.

Erdmannsdorf, ein Rittergut, eine Meile von Hirschberg im Herzogthume Schlesien, wird in Ober-Mittel- und Nieder-Erdmannsdorf eingetheilt; zum Obern gehört das rothe Vorwerk, zum Niedern Affenberg und Scheibe.

Erdmannsdorf, ein Dorf mit einem Schlosse unter Schmiedeberg im Herzogthume Schlesien.

Erdmannsdorf, s. Affenberg.

Erdmannsheim, oder Hayn, ein Hof, 1 Stunde von Sontra, in dieses hessen-casselsche Amt gehörig.

Erdmannshayn, eine adeliche Colonie im lublinitzer Creise im Herzogthume Schlesien.

Erdmannshayn, eine Colonie auf naßadler Grund nach Landsberg zu, im kreuzburgischen Creise im Herzogthume Schlesien.

Erdmannshayn, ein Dorf im leipziger Creise in Chursachsen, im Amtsbezirke Grimma.

Erdmannsweiler, ein kleines Dorf im wirtembergischen Amte Hornberg in Schwaben.

Erdmuthgrün, ein Dorf, anderthalb Stunden von Lobenstein, im Vogtlande in der gräflich-reußischen Grafschaft Lobenstein.

Erdpersdorf, s. Erdpresdorf.

Erdpres, ein Dorf im Oestreichischen, ostwärts der Poststraße nach Gaubersdorf, hinter Pirawart, im Viertel unterhalb dem Mannhardsberge.

Erdpresdorf, Erdpersdorf, Erpersbach, ein Dorf und Gut an der Donau im Oestreichischen oberhalb Tulln, zwischen Zwendendorf und Kleinschönbühel unter der Ens, im Viertel oberhalb des wiener Waldes.

Erdweis, ein Dorf der Herrschaft Weitra im Oestreichischen hinter Gemünd, an der Launiz, oberhalb dem Mannhardsberge.

Ereckirsdorf, s. Erksdorf.

Erelbach, ein Schloß im Gebiete der Reichsstadt Rotenburg in Franken.

Eremitage, Einsiedlerey, ein Lusthaus im königlich preußischen Markgrafthume Bayreuth in Franken, 1 Meile von Bayreuth in einem dicken Walde gelegen, wurde von dem Markgraf Georg Wilhelm erbauet.

Eresing, ein Ort im Gerichte Landsberg, im Rentamte München in Bayern.

Erfelden, ein Ort in dem landgräflich-hessen-darmstädtischen Amte Dornberg im oberrheinischen Creise.

Ersenbach, ein Dorf von 29 Häusern anderthalb Stunden von Lautern, in dieses churpfälzische Oberamt und dessen Kellerey Hoheneck gehörig. Durch das Dorf läuft die Siegelsbach.

Erfenschlag, ein Ort und Mühle im Amte Wolkenstein, im Gebirgischen in Churfachsen.

Erfersdorf, ein Dorf im Stifte Aichstätt in Franken, 1 Stunde von Berngrieß gelegen.

Ergach, ein kleines Dorf unweit der Roth, im Gebiete des Reichsstifts Ochsenhausen in Schwaben.

Ergenzingen, ein Pfarrdorf in der östreichischen Grafschaft Niederhohenberg in Schwaben.

Ergerkschweiler, ein Dorf in der östreichischen Landvogtey Altdorf, im Amte Zogenweiler in Schwaben, der Abtey Weingarten mit der niedern Gerichtsbarkeit gehörig.

Ergershausen, ein Dorf an der Dreisbach, in dem Vierherrischen der niedern Grafschaft Katzenellenbogen, Hessen-Cassel gehörig, bey Klingelbach im Darmstädtischen.

Ergersheim, ein bayreuthisches Dorf in Franken, ins Amt Hoheneck gehörig.

Ergersweiler, ein Dorf in der Landvogtey Altdorf in Schwaben. Es gehört Weingarten.

Ergetweiler, ein Dorf in der Grafschaft Waldsee, im Gericht Schweinhausen in Schwaben.

Erheim, ein Ort im Gerichte Rhain oder Rentamts München in Bayern.

Erichshagen, ein Flecken von 50 Häusern im Churhannöverschen, im Fürstenthume Calenberg, zum Amte Wölpe gehörig.

Erichshof, ein Vorwerk in der hannöverschen Grafschaft Hoye, zum Amtsbezirke Syke gehörig.

Erigmühl, eine nürnbergische Mühle an der Schwarzach, bey Kornburg in Franken.

Ering, ein Ort im Gerichte Landau, Rentamts Straubingen in Unterbayern.

Eringen, ein Dorf im schwäbischen Rittercreise, im Canton Donau.

Eringshausen, ein Ort im Churfürstenthume Trier an der Lahn, zur meudter Zent gehörig.

Eringshausen, ein Dorf im Gebiete der Reichsstadt Rothenburg in Franken, 1 Meile von Rothenburg gegen Langenburg.

Erisdorf, ein Dorf bey Riedlingen in Schwaben. Es gehört dem Spital zu Riedlingen.

Eriskirch, ein Flecken in der Herrschaft Baumgarten, im Gebiete der Reichsstadt Buchorn in Schwaben.

Erisried, ein Pfarrdorf am Fluß Auerbach, in der bayerschen Herrschaft Mindelheim in Schwaben.

Erisweiler, s. Gerisweier.

Erkelen, ein Ort im Bißthume Paderborn im westphälischen Creise.

Erkelsdorf, ein Ort im freystädtschen Creise im Herzogthume Schlesien, dem Herzog von Curland gehörig.

Erkelenz, ein im Herzogthume Jülich ohnweit Ruhremond gelegener Ort, war ehemals befestigt.

Erkenberg, ein ruinirtes Schloß bey Weilheim und dem Teßberge im Wirtembergischen.

Erkenbrechtshausen, ein Ort mit Schloß im fränkischen Rittercreise im Canton Ottenwald, gehört einem Herrn von Seckendorf, zwischen Kirchberg und Crailsheim.

Erkenstein, ein Ort im Oestreichischen an der Sän, bey Lichtenwald, in Steyermark im siller Creise.

Erkenstein, Ober-Novigrod, ein Ort im Oestreichischen, 8 Meilen von Laybach, ½ Meile von Ratschach, in Untercrain.

Erkenstein, Unter-, Gamille, ein Ort im Oestreichischen, 9 Meilen von Laybach, 1 Meile von Gurkfeld, zwischen beyden, in Untercrain.

Erkershausen, ein Dorf im Gebiete der kaiserl. freyen Reichsstadt Hall in Schwaben, ins Amt Bühler gehörig.

Erkhausen, ein Dorf an der Jusam, im Burgau in Schwaben. Es gehört St. Ulrich in Augsburg.

Erkheim, Jörgheim, ein langes Dorf mit einer evangel. lutherischen Kirche und einem Stahlbrunnen im Gebiete der Reichsstadt Memmingen in Schwaben, der Abtey Ottobeuren und Stadt Memmingen gehörig.

Erkheim, s. Unter-Erkheim.

Erksdorf, Erkirsdorf, Ereckirsdorf, ein großes Dorf im hessen-casselschen Amte Rauttenberg an der Wohre, 2 Stunden von Rautenberg.

Erkshausen, ein mittelmäßiges Dorf v Viertelstunde von Seifartshausen, im Bezirke des hessen-casselschen Amtes Rotenburg, 5 Viertelstunden von Rotenburg, im Gerichtsstuhle Seifertshausen.

Erl, ein Dorf im fränkischen Creise, im Fürstbißthum Bamberg, ins Amt Burgebach gehörig.

Erla, ein Ort im Oestreichischen ob der Ens, unweit Grein, bey Dünbach, im Mühl- und Machlandviertel.

Erla, Edla, ein Hof im Oestreichischen über der Ips, zwischen Anstädten und Arbacker unter der Ens, im Viertel oberhalb dem wiener Walde.

Erla, Erlakloster, ein Dorf, Gut und Rentamt im Oestreichischen, an dem Wasser gleiches Namens, zwischen Altenhofen und Remes, gegen die oberöstreichische Gränze unter der Ens, im Viertel oberhalb dem wiener Walde.

Erla, Ober- und Untererla, 2 Dörfer der Herrschaft Weisenberg, im Oestreichischen, hinter Mariataferl, oberhalb dem Mannhaidsberge.

Erlabron, ein Ort im fränkischen Rittercreise im Canton Steigerwald, gehört den von Eichler.

Erlabronn, ein fürstlich-schwarzenbergisches Dorf in Franken, 1 Meile von Schwarzenberg gegen Kloster-Ebrach.

Erlabrunn, ein Dorf am Mayn im Würzburgischen in Franken, im Amte Veits-Hochheim, 2 Stunden davon gegen Gemünd gelegen.

Erlabrunn, ein Vorwerk im Gebirgischen in Chursachsen, ins Creisamt Schwarzenberg gehörig.

Erlabrunn, ein bergbestoptes Zechenhaus ohnweit Breitenbrunn, im Bergamte Eybenstock, im Gebirgischen in Churfachsen.

Erlabrunn, ein Berghaus ohnweit Steinheydel, im Gebirgischen in Churfachsen, ins Bergamt Schwarzenberg gehörig.

Erlaburg, ein Haus in der königlich-preußisch-markgräflich-bayreuthischen Amtshauptmannschaft Hof im vogtländischen und fränkischen Creise, ins Amt Lichtenberg gehörig.

Erlach, ein Schloß und Herrschaft mit einem Landgerichte im Oestreichischen, unweit Neumarkt, Grieskirchen und Zupfing ob der Ens, im Haustruckviertel.

Erlach;

Erlach, ein Dorf in der Ortenau, im bischöflich-straßburgischen Amte Ulm in Schwaben.

Erlach, ein Dorf mit einer Kirche im Stadt-Hallschen Amte Schlicht in Schwaben.

Erlach, ein Dorf im fränkischen Creise, im Fürstenthume Bamberg, ins Amt Schlüsselau gehörig.

Erlach, ein anspachisches Dorf in Franken, im königlich preußischen Vogteyamte Leutersheim, 1 Stunde davon gegen Craitsheim gelegen.

Erlach, ein Dorf am Mayn, im Wirzburgischen in Franken, 1 Stunde von Rotenfels, in dieses Amt gehörig.

Erlach, ein Ort im Gerichte Bohburg, im Rentamte München in Bayern.

Erlachstein, ein Schloß mit einem Landgerichte im Oestreichischen, unweit Gonowitz, bey Samarein und Landsberg in Steyermark, im cillier Creise.

Erlaf, ein Dorf im Oestreichischen unter der Ens, am östlichen Ufer der großen Erlauf, bey der Poststraße hinter Melk, im Viertel oberhalb dem wiener Walde.

Erlahammer, eine Eisenfabrik im churfächsischen Obergebürge im vogtländischen Creise.

Erlaheim, ein Dorf bey Haigerloch in Schwaben, der Herrschaft Calenberg gelegen.

Erlalohe, ein Ort in der königlich-preußischen, zu den Markgrafthümern Anspach und Bayreuth gehörigen Amtshauptmannschaft Hof im Vogtlande, in dem fränkischen Creise, ins Klosteramt gehörig, 1 halbe Stunde von der Stadt Hof.

Erla-Mühle, s. Zant.

Erlapreis, s. Edelprinz.

Erlastegen, Erlenstegen, ein Dorf im Gebiete der Reichsstadt Nürnberg, 1 Stunde von dieser Stadt an der lauffer Straße, worüber Brandenburg die Fraiß-Obrigkeit zusteht.

Erlastegen, ein nürnbergisches Dorf nebst verschiedenen Schlössern und Herrensitzen in Franken, 1 Stunde von Nürnberg an der Straße nach Lauff.

Erlastrud, ein Dorf im fränkischen Creise im Fürstenthum Bamberg, ins Amt Wolfsberg gehörig.

Erlastrut, ein nürnbergisches Dorf in Franken im Amte Hilpoltstein, 1 Stunde davon gegen Nürnberg gelegen.

Erlau, ein Ort im Oestreichischen ob der Ens, bey Freystadt im Mühl- und alten Machlandviertel.

Erlau, ein Ort im fränkischen Rittercreise im Canton Ottenwald, gehört der Familie von Gemmingen.

Erlau, ein chursächsisches Dorf im Hennebergischen in Franken, im Amte Schleusingen, 1 Stunde davon gelegen.

Erlau, ein Ort im gebürgischen Creise in Chursachsen, im Amtsbezirke Augustusburg gelegen.

Erlau, ein Dorf in der fürstlich- und gräflich-schönburgischen Herrschaft und Amte Wechselburg im Churamte Rochlitz in Chursachsen.

Erlbach, ein Ort im Gerichte Gießbach Rentamts Burghausen in Bayern.

Erlbach, ein Dorf in der Grafschaft Oettingen in Schwaben.

Erlbach, ein markgräflich-anspachisches Dorf in Franken, im königlich-preußischen Vogteyamte Leutershausen, 1 Stunde davon gegen Crailsheim gelegen.

Erlbach, ein Ort im Amte Rochlitz im leipziger Creise in Chursachsen.

Erlbach, s. Erlebach, Klein-, Münnich-, Nieder-, Ober-, Unter- und Veits-Erlbach.

Erlebach, s. Baumen-Erlebach.

Erlebach, Erlbach, Unter-, ein Rittergut und Dorf nebst einer Papiermühle im Vogtlande in Chursachsen, ins Amt Vogtsberg gehörig.

Erlebach, ein Amtsdorf mit 3 Mühlen im Gebürgischen in Chursachsen, ins Amt Stolberg gehörig.

Erlenhof, ein Ort im fränkischen Creise im Fürstenthum Bamberg, ins Amt Neuenkirchen gehörig.

Erlenbach, ein großes Dorf im Wirzburgischen in Franken, im Amte Homburg, 1 Stunde davon gegen Rotenfels gelegen.

Erlenbach, ein Reichsdorf in Franken, unter der Landeshoheit der Fürsten und Grafen von Löwenstein im Amte Remlingen gelegen.

Erlenbach, ein fürstlich-hohenlohe-neuensteinisches Dorf in Franken, 1 Meile von Neustatt am Kocher gegen Neustein gelegen.

Erlenbach, ein Dorf, 1 Viertelstunde von Morlautern, in dieses Gericht zum Churpfälzischen Oberamte Lautern gehörig.

Erlenbach, ein kleines Dorf im würtembergischen Amte Maulbronn.

Erlenbach, s. Baumen-Erlenbach.

Erlenberg, ein Dorf beym Flusse Günz in der bayerischen Herrschaft Mindelheim in Schwaben.

Erlenburg, ein Ort im meißner Creise in Chursachsen, ins Creisamt Meißen gehörig.

Erlenhof, oder der kleine Ehrlich, ein Hof in der königlich-preußischen zu den Markgrafthümern Anspach und Bayreuth gehörigen Amtshauptmannschaft Hof im Vogtlande und fränkischen Creise, ins Hospitalamt gehörig, 1 halbe Stunde von Hof, zu der maschendorfer Gemeinde gehörig.

Erlenkopf, ein Ort in der landgräflich-hessen-darmstädtschen Amte Lemberg im oberrheinischen Creise.

Erlenmoos, ein Ort in der Abtey Ochsenhausen in Schwaben.

Erlenmühle, ein Ort in dem landgräflich-hessen-darmstädtischen Amte Biedenkopf.

Erlenmühle, s. Madenmühle.

Erlensteegen, s. Erlastegen.

Erlesdorf, ein Ganerbendorf des Amtes Königsberg im Wirzburgischen in Franken, 1 Stunde von Hofheim gegen Heldburg gelegen.

Erlhof, ein anspachisches Dorf in Franken, 1 Stunde von Langenzenn an der bayreuthischen Gränze, ins Oberamt Cadolzburg gehörig.

Erlhof, ein Dorf im fränkischen Creise im Fürstbißthum Bamberg, ins Amt Anttelsdorf gehörig.

Erlhof, Trlhof, zwey unterm Schutze des Reichsfürsten von Palm stehende Höfe im Königreiche Böhmen im prachiner Creise.

Erlhammer, ein Hammerwerk oberhalb Schwarzenberg an der Pöhle und Schwarzwasser im Gebürgischen in Chursachsen, ins Bergamt Schwarzenberg gehörig.

Erlich, ein Ort im Gebiete der Reichsstadt Hall in Schwaben, ins Amt Schlicht gehörig.

Erlicht, ein Ort im Herzogthume Schlesien, gehört zu Schwenkfeld.

Erlicht, ein Amtsdorf im Amte Grillenburg, unweit dem tharonder Walde in Churfachsen.

Erlichtmühle, zum Rittergute Gamig gehörig, bey Meuscha an der Mügktz gelegen, im Amte Pirna im meißner Creise in Churfachsen; treibt Brod- und Mehlhandel nach Dresden.

Erlichsmühle, Erlsmühle, im Amte Arnshaugk im neustädter Creise in Churfachsen.

Erlich-Vorwerk, im lübenschen Creise im Herzogthume Schlesien, zu Groß-Grichen gehörig.

Erligheim, ein Pfarrdorf im würtembergischen Amte Bönnigheim in Schwaben.

Erligheim, ein Dorf im schwäbischen Creise im Rittercanton Kreichgau.

Erlin, ein kleines Dorf im Amte Kocheneck, im Gebiete der Reichsstadt Halle in Schwaben.

Erlingshofen, ein Pfarrdorf an der Donau und Wernitz in Schwaben. Es gehört dem Kloster Kaisersheim.

Erlisbronn, ein kleines Dorf in der Grafschaft Oettingen Wallerstein in Schwaben.

Erliz, Gerliz, Orlicze, Orliz, ein Dorf und Mayerhof am stillen Adlerflusse im Königreiche Böhmen im königgrätzer Creise, zur Herrschaft Geyersberg gehörig.

Erliz, s. Ober- und Unter-Erliz.

Erlizgraben, ein Ort im Königreiche Böhmen im ellbogner Creise, zur Herrschaft Schlackenwerda gehörig.

Erlizhoch, Hohenerliz, ein Dorf im Königreiche Böh-

Böhmen im königgrätzer Creise, zur Herrschaft Rokenitz gehörig.

Erllenhäuser, ein Ort im Amte Leipzig im leipziger Creise in Chursachsen.

Erlkerdorf, ein bayreuthisches Dorf in Franken, ins königlich-preußische Amt Mönchberg gehörig.

Erlmühl, eine Mühle im Fraischbezirke des königlich-preußisch-markgräflich-anspachischen Oberamtes Feuchtwang in Franken.

Erlmühle, ein Rittergut und Mühle zwischen Zwickau und Reichenbach am neumarker Bache, im gebürgischen Creise in Chursachsen, ins Amt Zwickau gehörig.

Erloff, ein Dorf in dem königlich-dänischen Herzogthume Schleßwig, im Amte und Harde Haderßleben.

Erlsmühle, s. Erlichtsmühle.

Ermachor, Uschmachor St., ein Markt im Oestreichischen, am Flüßchen Gastein, ohnweit dem Weissensee in Kärnten.

Ermannshusen, s. Ermershausen.

Ermatingen, ein Marktflecken vermischter Religion mit zwey Kirchen am Untersee in Schwaben. Es gehört dem Hochstift Konstanz.

Ermeley, liegt in der Herrschaft Grätzen im Königreiche Böhmen im budweiser Creise, dem Pfarrhofe in Koplitz gehörig.

Ermenach, ein Dorf im Herzogthume Zweybrücken an der Mosel, 1 Stunde oberhalb Trarbach.

Ermengerst, ein Dorf im stift-kemptenschen Pflegamte diesseits der Iller in Schwaben.

Ermenreuth, ein Schloß und Dorf an der Schwabach im Bambergischen in Franken, 1 Stunde von Gräfenberg gegen Forchheim, den Herren von Stieber gehörig.

Ermenrod, ein Ort in dem landgräflich-hessen-darmstädtischen Amte Burggemünden im oberrheinischen Creise.

Ermershausen, Ermaneshusen, ein Dorf im Würzburgischen in Franken, 2 Stunden von Stadt Hochheim, der freyadelich-fränkischen Familie von Hutten gehörig.

Ermers-

Ermetshausen, ein Ort im fränkischen Rittercreise im Canton Ottenwald, gehört dem Fürsten von Hatzfeld.

Ermetshofen, ein bayreuthisches Dorf in Franken, ins Amt Eckwartshofen gehörig.

Ermetheis, ein Dorf 1 halbe Stunde von Niedenstein, anderthalb Stunden von Gudensberg, in dieses heßen casselsche Amt gehörig.

Ermetsgrün, ein Ort im Königreiche Böhmen im ellnbogner Creise, zur Herrschaft Walhof gehörig.

Ermetshofen, ein Dorf denen von Seckendorf gehörig, im fränkischen Rittercreise im Canton Altmühl und königlich-preußisch-markgräflich-anspachischen Oberamte Uffenheim, 1 Meile davon gegen Burgbernheim gelegen.

Ermingen, ein Dorf bey Ulm in Schwaben. Es gehört dem Kloster Söflingen.

Ermreiß, ein bayreuthisches Dorf in Franken, 1 Stunde von Bayersdorf, in dieses Amt gehörig, hat auch einige nürnbergische Unterthanen.

Ernerfeld, ein Ort in den fürstenbergischen Herrschaften Gundelfingen und Neufra in Schwaben, ins Obervogteyamt Neufra gehörig.

Ernestdorf, ein neuangelegtes Dörfchen im Königreiche Böhmen im saatzer Creise, zur Herrschaft Ezwollb gehörig.

Ernestgrün, ein Ort im Königreiche Böhmen im egerischen Bezirke, mit Eisenhämmern.

Ernestinenthal, ein adliches Dörfchen im goldbergschen Creise im Herzogthume Schlesien, zu Giersdorf gehörig.

Erningk auf Ek, ein Ort in der fürstenbergischen Landgraffschaft Stühlingen in Schwaben.

Ernolzheim, ein Ort in dem landgräflich-heßen-darmstädtischen Amte Buchsweiler im oberrheinischen Creise.

Ernsdorf, ein Ort bey Reichenbach im Herzogthume Schlesien, gehört theils der reichenbachschen Waltherserkommende, theils der Stadtkämmerey.

Ernsdorf, ein Ort im fürstlich-oranien-nassau-siegenschen Amte Hilchenbach.

Ernsdorf, ein Dorf im Stifte Eichstädt in Franken, 3 Stunden von Roth gegen Gunzenhausen gelegen.

Ernspach, ein Flecken und Amt im Kochetthal, 3 Stunden von Cünzelsau, zur Grafschaft Hohenlohe gehörig in Franken.

Ernspach, ein fürstlich-hohenlohischer Marktflecken in Franken.

Ernstberg, ein Ort im Königreiche Böhmen im prachtner Creise, zur Herrschaft Winterberg gehörig.

Ernstbrunn, s. Ehrensbrunn.

Ernstdorf, Ehrensdorf, ein Ort im Oestreichischen über der Zaya, zwischen Lösdorf und Staats, im Viertel unterhalb dem Mannhardsberge.

Ernsdorf, ein Dorf im Königreiche Böhmen im bidschower Creise, zur Herrschaft Neudorf gehörig.

Ernsthausen, ein großes Dorf an der Wettschaft und der Gränze vom Amte Wetter, zu dem hessen-casselschen Amte Frankenberg an der Edder, 2 Stunden von Frankenberg.

Ernsthausen, ein Dorf am linken Ufer der Wohra, 3 Viertelstunden von Rauschenberg, in dieses hessencasselsche Amt gehörig.

Ernsthofen, ein Dorf, Amt und Gut an der Ens, südwärts der strengberger Straße, hinter Rens, im Viertel oberhalb des wiener Waldes.

Ernsthofen, ein Ort in dem landgräflich-hessendarmstädtischen Amte Lichtenberg im oberrheinischen Creise und Canton Odenwald.

Ernsting, ein Ort im Oestreichischen ob der Ens, im Amte Wildshut, bey der Stadt Wildshut und Ditmaning, im Innviertel.

Ernstthal, ein Dorf im herzoglich-sachsen-coburg-saalfeldischen Amte Gräfenthäl, 2 Stunden von der Stadt, mit einer Glashütte.

Ernstthal, ein hildburghäusisches Dörfchen im Amte Eisfeld.

Ernstthal, Sittowa, Laha, ein Dorf im Königreiche Böhmen im bidschower Creise, zur Herrschaft Starkenbach gehörig.

Eroldsheim, ein Pfarrdorf und Schloß an der Iler in Schwaben.

Erp, ein Ort und Herrschaft im Erzstifte Köln, im Bezirke des Amts Lechenich.

Erpel, ein Ort im Erzstifte Köln, zum Amte Linz gehörig.

Erpen, ein Ort im Hochstifte und Fürstenthume Osnabrück in Westphalen, dem Amt Iburg und Vogtey Dissen gehörig.

Erpenhausen, ein Dörfchen, ½ Viertelstunde von Heigershausen an der Fulde, zur hessen-casselschen Amte Rotenburg-Gerichtsstuhl Mark, ¾ Viertelstunden von Rotenburg.

Erpensen, ein Dorf im Churbraunschweig-Lüneburgischen, zum Amte Knesebeck gehörig.

Erpentrup, ein Ort im Bisthume Paderborn im westphälischen Creise.

Erpersbach, s. Erpersdorf.

Erpet, Azpety, ein Dorf und Meyerhof im Königreiche Böhmen im brauner Creise, zur Herrschaft Elbnetz gehörig.

Erpfenthal, ein Dorf im Stift Elwangen, im Amte Röteln in Schwaben.

Erpfersweiler, ein Weiler im Fürstenthume hohenlohe-langenburgischen Antheils im fränkischen Creise.

Erpferswey̆ler, ein kleines anspachisches Dorf in Franken, im königlich-preußischen Oberamte Crailsheim, gegen Gerhardsbrunn.

Erpfingen, ein Pfarrdorf im wirtembergischen Amte Urach.

Erpfingen, ein Pfarrdorf nahe am Lech in Schwaben, steuert zum Canton Donau.

Erpfezing, ein Ort im Gerichte Landsberg, im churfürstlichen Rentamte München in Bayern.

Errbach, s. Ober-Errbach.

Errenbach, s. Mittel-Errenbach.

Errigstede, ein Meyerhof im königlich-dänischen Herzogthume Schleswig, im Amte und Hard Hadersleben.

Erschhausen, ein Dorf aufm Eichsfelde, ins churfürstlich-maynzische Amt Bischofstein gehörig.

Eschen,

**Ersen, ein Dorf im hessen-casselschen Amte Zierenberg, 1 Stunde von Liebenau und 3 Stunden von Zierenberg, Herrn von Malsburg gehörig.

Ersingen, ein Pfarrdorf 3 Stunden von Ulm in Schwaben. Es gehört dem evangelischen Fräuleinstift in Ulm.

Ersingen, ein Dorf in der Markgrafschaft Baden im Amte Ettlingen. Es gehört dem Kloster Frauenalb in Schwaben.

Ersrode, oder **Oersrode,** ein Dorf, 2 und 1 halbe Stunde von und in dem hessen-casselschen Amte Rotenburg an der Fulda.

Ersten, ein Dorf im hessen-casselschen Amte Zierenberg, 1 Viertelstunde von Fürstenwalde und 1 Stunde von Zierenberg.

Erteyn, s. **Rden.**

Ertfallmühl, ein nürnbergischer Ort bey Engelthal in Franken.

Erthal, ein ritterschaftliches Dorf des Cantons Rhönwerra im Wirzburgischen in Franken, ist das Stammhaus der Freyherren von Erthal, denen es auch gehört.

Ertina, ein Dorf im Königreiche Böhmen im königgrätzer Creise, zur Herrschaft Horzeniowes gehörig.

Ertingen, ein Dorf im Hochstifte Augsburg im domkapitelischen Pflegamte Zusamaltheim in Schwaben.

Ertingen, ein Pfarrdorf an der Schwarzach, an den Gränzen von Scheer in Schwaben. Es gehört dem Kloster Heiligkreuzthal.

Ertingen, ein Dorf im schwäbischen Creise im Rittercanton am Neckar und Schwarzwald, gehört der adelichen Familie Leutrum von Ertingen.

Erve, ein Ort im churhannöverischen Fürstenthume Bremen, zum Amte Lesum gehörig.

Erwizen, ein Ort im Bißthume Paderborn im westphälischen Creise.

Erzdorf, s. **Etzdorf.**

Erzengel Gabriel, ein gewerkschaftliches Zechenhaus auf dem obern Fastenberge im Gebürgischen in Churfürstlich- Bergamt Johanngeorgenstadt gehörig.

Erzengel Raphael, Eleonora, ein gewerkschaftliches Zechenhaus auf dem obern Fastenberge im Gebürgischen in Chursachsen, ins Bergamt Johanngeorgenstadt gehörig.

Erzenhausen, ein Dorf, 1 halbe Stunde von Weilersbach, in die Gerichte des churpfälzischen Oberamts Lautern gehörig.

Erzenleutermühl, eine anspachische Mühle, in Franken, ins königlich-preußische Vogtamt Langenzenn gehörig.

Erzingen, ein fürstlich-schwarzenbergischer Pfarrort in der gefürsteten Landgraffschaft Kletgau in Schwaben, ins Oberamt Thiengen gehörig.

Erzmühle, gehört ins Amt Weyda im neustädter Creise in Chursachsen.

Erzperkaufhütten, ein Ort im Königreiche Böhmen im ellnbogner Creise, bey Gleystadt, zu dieser Stadt gehörig.

Esbach, oder **Eschbach**, ein Dorf im Johannitermeisterthum und Fürstenthum Heitersheim im oberrheinischen Creise.

Esbach, s. Ober- und Unter-Esbach.

Esbeck, ein Dorf im Braunschweigischen, zwischen Helmstädt und Schöningen, mit einem Rittergute, den Herren von Hoym zuständig.

Esbeck, ein Dorf im churhannöverischen Fürstenthume Calenberg, zum Amte Lauenstein gehörig.

Esch a. Asch, ein ritterschaftliches Schloß und Dorf an der Aisch im Bambergischen in Franken, den Herren von Stieber gehörig.

Esch, oder **Aesch**, ein Dorf im Hochstifte Basel, ins Oberamt Pfeffingen gehörig, im oberrheinischen Creise.

Esch, ein Dorf im Erzstifte Trier im churreinischen Creise, im Bezirke des Amtes Wittlich, bey Clausen.

Esch, ein Ort im Erzstifte Köln, im Amte Härbt.

Esch, ein Ort im Erzstifte Köln, im Amte Hulkerade.

Esch, **Esche**, ein Dorf und Gut im Königreiche Böhmen im taborer Creise, ohnweit Patzau.

Eschach, ein Dorf im fränkischen Creise in der Herrschaft

Eschach — **Esche** 435

Limburg, in dem gröningischen Antheile der Herrschaft Limburg-Sontheim.

Eschach, ein Pfarrdorf in der Grafschaft Zeil, Zeil in Schwaben.

Eschach, ein Dorf bey Blomberg im fürstenbergischen Amte Blomberg in Schwaben.

Eschach, ein Pfarrdorf in der Landvogtey Altdorf in Schwaben.

Eschach, ein kleines Dorf mit einer Kirche in Schwaben. Es gehört zur Pfarrey Buchenberg in der stifterkemptischen Landvogtey diesseits der Iller.

Eschach, ein Dorf im Bißthum Augsburg bey Füßen in Schwaben. Es gehört dem Kloster St. Mangen in Füßen.

Eschach, ein Pfarrdorf in der Grafschaft Limpurg in Schwaben.

Eschach, Aeschach, ein Dorf im Gebiete der K. freyen Reichsstadt Lindau im Bodensee.

Eschach, s. Unter-Eschach.

Eschau, ein Dorf im Kinzingerthal im fürstenbergischen Amte Haslach in Schwaben.

Eschau, ein Dorf in Franken, in der Grafschaft Erbach, im Amte Wildenstein.

Eschauer Hof, ein Hof im fränkischen Rittercreise im Canton Ottenwald, gehört den Herren von Meyerhoffen.

Eschbach, ein bayreuthisches Dorf in Franken, ins königlich-preußische Oberamt Culmbach gehörig.

Eschbach, ein ansbachisches, jetzt königlich-preußisches Dorf in Franken, 1 Stunde von Dünkelsbühl gegen Crailsheim gelegen.

Eschbach, ein fürstliches Schloß und Jagdhaus im Oberamte Pforzheim in der Markgrafschaft Baden.

Eschbach, ein Pfarrdorf im Breisgau, bey Staufen in Schwaben. Es gehört dem Maltheserorden.

Eschbach, ein Dorf und Kirchspiel in der obern Grafschaft Wied-Runkel in Westphalen.

Eschbach, s. Ebach.

Esche, einige Orte im Churhannoverischen im Lüneburgischen,

gischen, zum Amtsbezirke Bedenbostel und Fürstenthume Bremen, zum Amte Kedingen-Freyburg gehörig.

Esche, ein Ort im Dithmarschen, im königlich-dänischen Herzogthum Hollstein in Niedersachsen.

Esche, s. Esch, Nesche.

Eschebach, ein Dörfchen in der hessen-casselschen niedern Grafschaft Katzenellnbogen, ins Amt Reichenberg gehörig, 2 Stunden von St. Goar.

Escheberg, ein malsburgischer Hof zwischen Breune und Zierenberg, in dieses hessen-casselsche Amt gehörig.

Escheburg, ein Dorf im churhannöverischen Fürstenthume Lauenburg, zum Amte Schwarzenbeck gehörig.

Eschefeld, oder **Eschfeld,** ein Dorf im Herzoglich Sachsen-Gotha- und Altenburgischen, im Bezirke des Amtes Altenburg, nordostwärts von Altenburg.

Eschefeld, s. Klein-Eschefeld.

Eschelbach, ein hohenlohe-waldenburgischer Ort im fränkischen Creise.

Eschelberg, ein Schloß im Oestreichischen ob der Ens, unweit der Donau, bey Gramastätten, im alten Mühlviertel.

Eschelbronn, ein Dorf im schwäbischen Creise im Rittercanton Kreichgau.

Eschen, ein bayreuthisches, jetzt königlich-preußisches Dorf in Franken, an der Straße nach Hollfeld, 1 Stunde von Bayreuth gelegen.

Eschen, ein Pfarrdorf in der lichtensteinischen Grafschaft Vaduz und Schellenberg in Schwaben.

Eschenau, ein Ort zwischen der Trasen und Bielach im Oestreichischen unter der Ens, im Viertel oberhalb des wiener Waldes.

Eschenau, ein Dorf im Oestreichischen hinter Alendsteig, über der deutschen Theya, oberhalb dem Mannhardsberge.

Eschenau, ein Schloß im Gebiete der Reichsstadt Schwäbisch-Halle in Franken, ins Amt Velberg gehörig.

Eschenau, ein dem Rheingrafen von Grumbach gehöriger Ort.

Eschenbach, ein Ort im fürstlich-oranien-nassau-siegenschen Amte Nerphen.

Eschenbach, ein zum Städtchen Wolkenstein gehöriges Vorwerk im Gebürgischen in Chursachsen.

Eschenbach, ein teutschherrisches Schloß und Ort im Stifte Aichstätt in Franken, 2 Stunden von Windsbach gegen Ohrenbau gelegen.

Eschenbach, ein Dorf im Wirzburgischen in Franken, im Amte Eltmann, 2 Stunden davon gegen Gabelstein gelegen.

Eschenbach, ein königlich-preußisch-markgräflich-bayreuthischer Ort in Franken.

Eschenbach, ein königlich-preußischer-markgräflich-bayreuthischer Ort in Franken, bey Mark Erlebach gelegen.

Eschenbach, ein Dorf im schwäbischen Creise im Ritter canton am Kocher, gehört den Herren von Kyllinger.

Eschenbach, ein Dorf und Schloß bey Göppingen im Wirtembergischen.

Eschenbach, s. Mittel-Eschenbach, Unter-Eschenbach.

Eschenbruch, s. Hiddenhausen.

Eschenbruck, ein Dorf im Oestreichischen an der Kamp, unterhalb Zwettel, bey Lichtenfels, oberhalb dem Mannhardsberge.

Eschenbug, ein Dorf im Stifte Aichstätt in Franken, ins Amt Hirßberg gehörig.

Eschendorf, ehemals Osterndorf, ein Dorf im Gebiete des Stifts Salmannsweil in Schwaben.

Eschenfelden, ein Ort im Bezirke des nürnbergischen Amtes Welden.

Eschenhan, ein Dorf im fürstlich-nassau-usingischen Oberamte Jdstein, 1 Stunde von der Stadt Jdstein.

Eschenhausen, ein Dorf im hessen-casselschen Amte Freudenberg, des Antheils der Grafschaft Schaumburg, 1 Viertelstunde von Baßum.

Eschenlohemühle, ein ruinirtes Schloß im Bißthume Augsburg und Pflegamt Buchlöe in Schwaben.

Eschenriege, ein Dorf im Amte und 1 Meile westnordwestwestwärts von Neustettin, im königlich-preußischen Hinterpommern, im neustettinschen Creise in Obersachsen.

Eschenrod, ein Ort in dem landgräflich-hessen-darmstädtischen Amte Nidda im oberrheinischen Creise.

Eschenrode, ein Dorf im königlich-preußischen Fürstenthume Halberstadt, im weserlingischen Creise in Niedersachsen.

Eschenschwinge, ein Dorf im churhannöverschen Fürstenthume Bremen, zum Amtsbezirke Neuhauß-Oste gehörig.

Eschenstruet, ein Dörfchen im wirtembergischen Amte Weinsberg in Schwaben.

Eschenstruth, s. Eschstruth.

Eschenthal, ein hohenlohe-waldenburgisches Pfarrdorf.

Escher, ein kleines Dorf in dem Hessen-Cassel gehörigen Antheile der Grafschaft und Amte Schaumburg, in der hattendörfer Vogtey und nahe bey Hattendorf gelegen.

Escherich, ein bayreuthisches Dorf in Franken, ins königlich-preußische Amt Gold-Cronach gehörig.

Escherndorf, Ischerndorf, Uschersdorf, ein Ganerbendorf im Wirzburgischen in Franken, 1 Stunde von Hofsnagen, gegen Coburg gelegen.

Escherndorf, ein Dorf im Wirzburgischen in Franken, am Mayn, 2 Stunden von Volkach gegen Wirzburg gelegen.

Eschfeld, s. Eschefeld.

Eschhofen, ein Ort im Churfürstenthume Trier an der Lahn, ins Amt Lindenholzhausen gehörig.

Eschinghausen, ein Dorf im Churfürstenthume Hannover, im Fürstenthume Calenberg, im Amt Harvogsen.

Eschkam, ein Ort im Gerichte Neukirchen, Rentamts Straubingen in Unterbayern.

Eschlbach, ein Ort im Gerichte Pfaffenhofen, im Rentamte München in Bayern.

Eschlipp, ein Dorf im Bambergischen in Franken, im Amte Ebermannstadt, 1 Stunde davon gegen Bamberg liegend.

Eschollbrücken, ein Ort in dem landgräflich-hessen-darmstädtischen Amte Darmstadt, auch Eschelnbrück.

Eschstruth oder Eschenstruth, ein Dorf an der Lissa

im hessen-casselschen Amte Neustadt, 1 Stunde von Oberkaufungen, viertehalb Stunden von Cassel, und anderthalb Stunden von Lichtenau.

Esdorf auch **Eselsdorf**, ein Rittergut drittehalb Meilen von Trebniz im Herzogthume Schlesien, mit Klein-Breesen verbunden.

Esebusch, s. Eckerhöffte.

Eselbach, ein Dorf im Stifte Aichstätt in Franken, 1 Stunde von Sing gelegen.

Eselhof, ein Ort im Königreiche Böhmen im prachiner Creise, zur Herrschaft Winterberg gehörig.

Esell, ein Ort im Erzstifte Köln, im Amte Nurbach.

Eielsdorf, s. Esdorf.

Eselsfürth, ein beträchtliches Hofgut samt einer Mahl- und Bord-Mühle, 3 Viertelstunden von der churpfälzischen Oberamtsstadt Lautern, nordostwärts an der Eselsbach gelegen.

Esels-Mühle, s. Hetschmühle.

Eselsplatz, auf diesem Platze unweit Merseburg, ist im Jahr 1787 ein ganz neues Versorgungs- und Arbeitshaus erbauet worden, welches unter die Jurisdiction des Amtes Merseburg gehört, in Chursachsen.

Eselsschenke, zum Rittergute Bodebülz gehörig, im Amte Weissenfels, in Thüringen in Chursachsen.

Eselstein, Ezelstein, ein Dorf im Oestreichischen, nicht weit von der Stadt Krems, mit einem Spitale, oberhalb dem Mannhardsberge.

Esenhausen, ein Pfarrdorf an der Aach, in der Landvogtey Altdorf, in Schwaben. Es gehört dem Kloster Weingarten.

Esenheim, Isenheim, ein Dorf an der Selzbach, zwischen Stadeken und dem churmaynzischen Oberamte Ulm, ins churpfälzische Oberamt Oppenheim, zur Kellerey Stadeken gehörig. Hier geht die von Maynz nach Kreuznach führende Landstrasse vorbey.

Esensham, ein Dorf und Kirchspiel in der ehemaligen Grafschaft, jetzigem Herzogthume Oldenburg und Delmenhorst, zu dem Landgerichte Oevelgönne und Vogtey Rothkirch im Stadtlande.

Eienshammer-Groden, ein Ort eben da gelegen.

Esing, ein Ort in der Herrschaft Pinneberg, im königlich-dänischen Herzogthume Holstein in Niedersachsen.

Esingen, ein Hof in der Herrschaft und Amte Rademacher im Herzogthume Luxemburg, zur Markgrafschaft Baden gehörig.

Esklum, ein Dorf in Westphalen, im Fürstenthume Ostfriesland im Amte Leer.

Esling, ehemals Estarn, ein k. k. Schloß, Gut und Dorf, im Oestreichischen, ostwärts der wienerischen Donaubrücke, gegen das Städtchen Enzersdorf, im Viertel unterhalb dem Mannhardsberge.

Espach, ein Pfarrdorf im Schwarzwalde im Breisgau. Es gehört dem Kloster St. Peter.

Espach oder Espig, ein Dorf im fränkischen Kreise, im Fürstbisthume Bamberg, ins Amt Scheßlitz gehörig.

Espachsgraben, ein Ort in der reichsritterschaftlichen Herrschaft und Amte Thann, ins habeler Viertel gehörig in Franken.

Espagnes oder Espanier, ein Dorf in dem königlich preußischen Fürstenthume Welsch-Neuenburg, in die Meyerey oder Gerichtsbarkeit Zihl oder Thiel gehörig.

Espanier, s. Hauteriv.

Espen, ein Dorf denen von Frankenstein gehörig, im rheinischen Ritterkreise.

Espenschied, ein Waldort im churmaynzischen Vicedomamte Rheingau, in die Amtskellerey Rüdesheim gehörig.

Espensteig, ein Hofgut 1 Stunde von Lautern, in dießseo churpfälzische Oberamt und Kellerey Hoheneck gehörig.

Esperde, ein Dorf im hannöverschen Fürstenthume Calenberg, zum Amtsbezirke Erohnde gehörig.

Esperke, ein Dorf im hannöverschen Fürstenthume Calenberg, zum Amtsbezirke Neustadt Rubenberg gehörig.

Espern, ein Ort in der ehemaligen Grafschaft jetzigem Herzogthume Oldenburg und Delmenhorst in der Landvogtey Neuenburg, ins Amt Axe gehörig.

Espersheim, s. Elpersheim.

Espers

Espestingen, ein Schloß und Dorf in der Landgrafschaft Nellenburg in Schwaben.

Espig, s. **Espach**.

Esplingerode, ein Dorf im churmaynzischen Amte Steinboldehausen aufm Eichsfelde.

Eßack, s. **Estack**.

Eßbach, ein anspachisches Dorf in Franken, im königlich-preußischen Amte Colmberg, 1 Meile davon gegen Neustatt an der Aisch.

Eßbach, ein anspachisches Dorf in Franken, im königlich-preußischen Hofcastenamte Anspach, 1 Stunde davon gegen Herrieden.

Eßbach, ein anspachisches Dorf in Franken, im königlich preußischen Hofcastenamte Anspach, 3 Stunden davon gegen Wassertruding gelegen.

Eßbach, ein Dorf im herzoglich-coburgischen Gerichte Lautern.

Eßbach, ein Dorf im Amte Ziegenrück, im neustädter Creise in Chursachsen.

Eße, ein einzelnes Haus zum Rittergute Heynersgrün gehörig, im Amte Voigtsberg, im Voigtlande in Chursachsen.

Eßeburg, ein Gut im Bezirke des Altenlandes, des hannöverschen Fürstenthums Bremen.

Eßel, ein Vorwerk und Amtsvogtey im churbraunschweig-lüneburgischen Fürstenthume gelegen.

Eßel, ein Dorf im hannöverschen Fürstenthume Bremen, zum Amtsbezirke Harsefeld gehörig.

Eßelau, ein Dorf im Gebiete der kaiserl. freyen Reichsstadt Ulm in Schwaben, im Oberamte Langenau.

Eßelborn, Ezelsborn, ein Dorf von etwa 50 Haushaltungen bey Kettenheim, im churpfälzischen Oberamte Alzey. In der Gemarkung liegt das kleine Weidaßer und das im Jahr 1769 von Pfalzzweybrücken eingetauschte Hornbacher Gut.

Eßelbronnerhof, ein Hof im fränkischen Rittercreise im Canton Ottenwald, gehört den von Bettendorf.

Eßemühle, im churhannöverschen Fürstenthume Bremen, zum Amtsbezirke Diepholz gehörig.

Eßen, ein Dorf im Hochstifte und Fürstenthume Oßnabrück in Westphalen, eine Vogtey des Amtes Wittlage.

Essenbach, ein Ort im Gerichte Rottenburg, Rentamts Straubingen in Unterbayern.

Eßenberg, ein Dorf im Stifte Aichstätt in Franken, im Amte Nasting, 1 Stunde von Gräding gegen Duntingen gelegen.

Essendorf, ein Dorf und Gericht in der Grafschaft Waldsee in Schwaben.

Essendorf, ein Dorf und Stammhaus der alten adelichen Familie von Essendorf, oberhalb Ulm und Wiblingen in Schwaben.

Essendorf, s. Unter-Essendorf.

Essenhausen, ein Dorf in der östreichischen Landvogtey Altdorf im Amte Zogenweiler in Schwaben, der Abtey Weingarten mit der niedern Gerichtsbarkeit gehörig.

Eßenrode, ein Dorf und Gut im Churfürstenthume Braunschweig-Lüneburg, zum Amtsbezirk Gifhorn gehörig.

Eßentho, ein Ort im Bisthume Paderborn im westphälischen Creise.

Esseratsweiler, ein Pfarrdorf an den Gränzen der Landvogtey Altdorf in Schwaben. Es gehört dem deutschen Orden, zur Kommenthurey Altshausen.

Eßern, mit Northausen und Steinbrück, ein Ort in der hannöverschen Grafschaft Hoya, zum Amtsbezirke Diepenau gehörig.

Eßfeld, Aisfeld, ein Dorf im Wirzburgischen in Franken, im Amte Heydrungsfeld, 2 Stunden von Ochsenfurt gegen Wertheim gelegen.

Eßfeld, s. Ober-Eßfeld, Unter-Eßfeld.

Esslingen, ein Dorf und Schloß am Ursprunge der Remse in Schwaben.

Eßleben, ein Dorf im Wirzburgischen in Franken, 2 Stunden von Arnstein, in dieses Amt gehörig.

Eßlingen, ein anspachisches Dorf in Franken.

Eßlingen, ein Pfarrdorf in der fürstenbergischen Landgrafschaft Baar in Schwaben, ins Obervogteyamt Mähringen gehörig.

Eß-

Eßmannsdorf, ein Ort im Amte Sangerhausen, in Thüringen in Churſachſen.

Eſpich, ein paar Häuſer, zum Rittergute Leubnitz gehörig, im Amte Plauen, im Voatlande in Churſachſen.

Eſpichſchenke, ein gerichtsherrſchaftliches Vorwerk, nach Thierbach gehörig, im Amte Weiſſenfels, in Thüringen in Churſachſen.

Eſtack, Eßack, ein Gut bey Klein-Beinſter, in der königlich-preußſchen Altmark Brandenburg im ſeehauſiſchen Creiſe.

Eſtedt, ein Dorf in der königlich-preußiſchen Altmark Brandenburg, im ſalzwedelſchen Creiſe und Bezirke des Amtes Diesdorf, in die alvenslebiſche Geſamt-Gerichte Calbe gehörig.

Eſtenfeld, ein Dorf des Amtes Prozelsheim, im Wirzburgiſchen in Franken, 1 Meile von Wirzburg entlegen.

Eſterholz, ein Dorf im churhannöverſchen Fürſtenthume Lüneburg, zum Amte Bodenteich gehörig.

Eſternberg, ein Ort im Oeſtreichiſchen ob der Ens, im Amte Schärding, unweit Paſſau und dem Donauflusse, im Innviertel.

Eſtersdorf, ein Ort im Gerichte Erding, Rentamts München in Unterbayern.

Eſtlißberg, Neſtleinsberg, ein königlich-preußſch-markgräflich-anſpachiſches Dorf in Franken.

Eſtobon, ein Dorf in der Grafſchaft Mümpelgard, an den Grenzen des Bißthums Baſel, der Grafſchaft Burgund und Lothringen.

Eſtorf, etliche Orte in der churhannöverſchen Grafſchaft Hoye, zum Amte Stolzenau und Fürſtenthume Bremen, zum Amte Himmelspforten gehörig.

Eſthal, ein dalbergiſches Dorf bey der alten Burg und Dorf Frankenthal, im churpfälziſchen Oberamte Lautern.

Esweiler, ein Pfalzzweybrückiſcher Ort.

Esweiler, ſ. Thal-Esweiler.

Etelſen, ein Dorf im churhannöverſchen Fürſtenthume Bremen, zum Amte Achau gehörig.

Etenau,

Etenau, ein Ort im Oestreichischen ob der Ens, im Amte Wildshut, bey Ditmaning, an dem Flusse Salza, im Innviertel.

Etenbostel, ein Dorf im churhannöverischen Fürstenthume Lüneburg, zum Amte Fallingbostel gehörig.

Etgersleben, ein Dorf mit einem königlichen Zollgeleite auch Vorwerk im preusischen Herzogthume Magdeburg im Holzcreise, zum königlichen Amt Egeln gehörig.

Etgersleber-Zollkrug, ein Zollkrug und Mühle im magdeburgischen Holzcreise, zum königlichen Amte Sommerschenburg gehörig.

Eting, ein Ort im Oestreichischen bey Draaburg in Kärnten.

Etingen, ein zur Vogtey Tannenkirch gehöriges Dorf in der badenschen Landgrafschaft Sausenberg.

Etingen, ein adeliches Dorf in der königlich preußischen Altmark Brandenburg, im salzwedelschen Creise und Bezirke des Amtes Diesdorf.

Etischweiler, ein Dorf im Gebiete der Stadt Wangen in Schwabe.

Etlaschwind, ein Dorf im fränkischen Creise im Fürstbißthume Bamberg, ins Amt Neunkirchen gehörig.

Etlaswind, Etleswind, ein nahe an der Gränze des nürnbergischen Amtes Hilpoltstein gelegener Weiler.

Etmannsweiler, ein Dorf im schwäbischen Rittercreise im Canton Donau.

Etmarshausen, ein Hof von 5 Häusern im Bezirke des herzoglich-sachsen-meiningischen Amtes Salzungen.

Etoupes, ein Dorf in der Grafschaft Mümpelgard, an den Gränzen des Bißthums Basel, der Grafschaft Burgund und Lothringen.

Etschütz, ein nach Altranstedt gehöriges Dorf im Amt Leipzig im leiziger Creise in Chursachsen.

Etteldorf, ein Dorf im Erzstifte Trier im churrheinschen Creise, ins Amt Kylburg gehörig.

Ettelen, ein Ort im Bißthum Paderborn im westphälischen Creise.

Ettelfeld, ein ritterschaftliches Dorf des Bißthums Wirtzburg in Franken, den Herren von Grumbach gehörig.

Ettelried, ein Pfarrdorf im Zusamthal in Schwaben.

Ettenberg, ein Ort und Gnodschaft in der gefürsteten Probstey Berchtesgaden im bayerischen Creise, zum Erzstifte Salzburg gehörig.

Ettenberg, ein kleines Dorf bey Aalen, gehört dem teutschen Orden, in der Commenthurey Kapfenburg.

Ettenbeuren, ein Ort im Gebiete der Probstey Wettenhausen im Burgau in Schwaben.

Ettenbüttel, ein Dorf im churhannöverischen Fürstenthume Lüneburg, zum Amte Gifhorn gehörig.

Ettendorf, ein Ort im Oestreichischen unweit Lavamünd, an der Lavant in Kärnten.

Ettenhausen, ein fürstlich-hohenlohe-bartensteinisches Pfardorf in Franken.

Ettenheimmünster, Mönchzell, ein Benedictinerkloster im Rittercanton Ortenau im Bißthum Strasburg, im schwäbischen Creise.

Ettenheimweiler, ein kleines Dorf in der Ortenau im bischöflich-strasburgischen Amte Ettenheim, 1 halbe Stunde von der Stadt gelegen.

Ettenkirch, ein Pfarrdorf in der Landvogtey Altdorf in Schwaben.

Ettenkofen, ein Ort im Gerichte Kirchberg Rentamts Straubingen in Unterbayern.

Ettensperg, ein Dorf in der Grafschaft Königseggrotthenfels in Schwaben.

Ettenstatt, ein anspachisches Dorf in Franken, im königlich-preusischen Vogteyamte Geyern, 1 Stunde davon gegen Roth gelegen.

Ettensweiler, ein Dorf im Umfange der Grafschaft Sigmaringen in Schwaben.

Etterhausen, ein meiningisches Dorf in Franken, 1 Stunde von Salzungen, in dieses Amt gehörig.

Ettershausen, ein Dorf im Wirzburgischen in Franken, im Amte Vollach, 2 Stunden davon gegen Schweinfurt gelegen.

Ettersheim, Tauber-Ettersheim, ein Dorf im Wirzburgischen in Franken, 1 Stunde von Röttingen an der Tauber, gegen Weickersheim gelegen.

Etterzhausen, eine Hofmark mit Schloß im Herzogthum Neuburg im Bißthum Regensburg, zu dem Pflegamt Laaber und der Pfarrey Nittendorf an der Naabe im Nordgau gehörig, wodurch die Landstraße nach Nürnberg geht.

Ettingen, ein Dorf im Hochstifte Basel im Oberamte Birseck im oberrheinischen Creise.

Ettingen, s. Neu=Ettingen.

Ettishofen, ein Dorf am Flusse Schussen, in der Landvogtey Altdorf und Amt Geigelbach in Schwaben.

Ettlaswind, ein nürnbergisches Dorf in Franken im Amte Hilpoltstein, zwischen Eschenau und Grävenberg gelegen.

Ettleben, ein Dorf im Wirzburgischen in Franken, ins Amt Werneck gehörig.

Ettlenschieß, **Ettlingschieß**, ein Ort im Gebiete der kaiserlich=freyen Reichsstadt Ulm in Schwaben, ins Amt Lonsee gehörig.

Ettling, ein Ort im Gerichte Vohburg, im Rentamte München in Bayern.

Ettlingenweier, ein Dorf im badenschen Amte Ettlingen in Schwaben.

Ettlingschies, s. Ettlenschieß.

Ettlis, ein Dörfchen im Stifte Kempten, in der Landvogtey diesseits der Iller in Schwaben, in der Hauptmannschaft Memmhölz.

Ettlishofen, ein Dorf in der suggerschen Grafschaft Kirchberg=Pfaffenhofen in Schwaben.

Ettmannsdorf, ein Hofmarkt mit einem schönen Schloß im Bißthume Regensburg, dem Nordgau, der Pfarrey Schwandorf und Landrichteramte Burglengenfeld, etwa 1 Viertelstunde von der Stadt Schwandorf. Hat einen Eisenhammer und Ziegelhütte, den Freyherren von Spirnick gehörig.

Ettmannsweiler, ein Dorf im wirtembergischen Amte Altensteig in Schwaben.

Ettmarshausen, ein Dorf im herzoglich=sachsen=meiningischen Amte Salzungen im Oberlande.

Ettringen, ein Ort im Erzstift Trier im churrheinischen Kreise, ins Amt Mayen gehörig.

Ettringen, ein Dorf in der Herrschaft Schwabeck in Schwaben, dem Churfürsten von Bayern gehörig.

Etzmannsdorf, Hetzmannsdorf, ein Dorf und Gut im Oestreichischen, am obern Theile des Mannhardsberges, zwischen Burgschleinitz und Egenburg.

Etzmannsdorf, ein Ort im Oestreichischen hinter Garsch, zwischen dem Gefällerwalde und der Kamp, oberhalb dem Mannhardsberge.

Eub, ein Dorf in der Landvogtey Altdorf in Schwaben. Es gehört dem Kloster Weingarten.

Eubabrunn, ein mit Untererlbach combinirtes Rittergut und Mühle, im Amte Voigtsberg im Voigtlande in Churfachsen.

Eubigheim, ein Ort im fränkischen Ritterkreise im Canton Ottenwald, gehört der Familie Rüdt v. Collenberg.

Eubingen, ein Dorf im churmainzischen Vicedomamte Rheingau und Amtskellerey Rüdesheim gelegen, nicht weit von Rüdesheim. Nächst an dem Dorfe liegt auch das adeliche Frauenkloster gleiches Nahmens, Benedictinerordens.

Eubstadt, s. **Klein-Aubstadt.**

Euburg, ein Amt im Stift Aichstätt in Franken.

Euchendorf, ein Marktflecken an der Ils, im Gerichte Landau, Rentamts Straubingen in Unterbayern.

Euchenhofen, ein Ort im Gerichte Kehlheim, Rentamts Straubingen in Unterbayern.

Euchtersheim, ein Dorf im Kreichgau in Schwaben.

Eudorf, ein Ort in dem landgräflich-hessen-darmstädtischen Amte Alsfeld.

Euerbach, ein freyherrl. von münsterisches Dorf ohnweit Schweinfurt.

Euerdt, ein Ort im Erzstifte Köln im Amte Hülkerath.

Eufingen, ein Ort im Nassau-Dietzischen an der Lahn, zur Zent und Amt Daubenborn gehörig.

Eugenbach, ein Ort im Gerichte Rottenburg, Rentamts Straubingen in Unterbayern.

Euge-

Eugenienberg, eine Colonie an der Tollensee im königlich-preußischen Antheile des Herzogthums Pommern, und zwar in Vorpommern, im demmin- und treptowschen Creise in Obersachsen, 1 halbe Meile ostwärts von Demmin, dieser Stadt gehörig.

Eula, ein Ort im Amte Borna im leipziger Creise in Chursachsen. Wird in Förder- und Hinter-Eula eingetheilt.

Eula, ein Ort im neustädter Creise in Chursachsen, ins Amt Weyda gehörig.

Eula, ein zur Herrschaft Forsta gehöriges Dorf im Amte Guben in der Niederlausitz in Chursachsen.

Eula, s. Neu Eula.

Eulau, ein fürstbischöfliches Dorf mit einer rittermäßigen Scholtisey, 1 und 1 Viertelmeile von Neiße im Herzogthume Schlesien.

Eulbach, s. Eulenbach.

Eule, Eula, ein Marktflecken und Schloß, 2 Meilen von Aussig und anderthalb westwärts von Tetschen, im Königreiche Böhmen im leutmeritzer Creise, zur Herrschaft Tetschen gehörig.

Eule, ein Ort im neuroder Distrikte der Grafschaft Glatz, mit Ludwigsdorf verbunden, im Herzogthume Schlesien.

Eule, eine Colonie zu Mölke in der Grafschaft Glatz im Herzogthume Schlesien.

Eulen, ein Ort im sächsischen Churcreise im Amtsbezirke Schweinitz.

Eulenau, ein zum Cammergute Krevscha gehöriger Ort im Amte Schweinitz im Churcreise in Chursachsen.

Eulenbach, Eulbach, ein herrschaftlicher Hof, sonst ein Dorf, im fränkischen Creise in der Grafschaft Erbach im Amte Michelstadt.

Eulenbach, s. Eibenbach.

Eulenbiß, Eilenbiß, ein geringes Dorf im Gericht Wetterbach des churpfälzischen Oberamtes Lautern, nordwärts gelegen. Südwärts fließen die von Röder und Wetterbach kommenden Bäche zusammen, und heißen nun die Moßlauter. Unterhalb dieser Vereinigung liegt

Eulenburg — Eulnhofen

die sogenannte Mickenmühle, welche der Teutschordens=commende Einsiedel gehört. Weiter hinunter die **Pfeifermühle.**

Eulenburg, eine Colonie im neuroder Distrikte der Grafschaft Glatz im Herzogth. Schlesien, unweit der Eule, einem Berge, der die Gränze zwischen der Grafschaft und dem Fürstenthume Schweidnitz macht.

Eulenburg, ein Dorf im fränkischen Creise im Fürstbisthum Bamberg, ins Amt Wartenfels gehörig.

Eulenburg, s. **Dubbereck.**

Eulenhammer, ein Ort in der königlich=preußischen, zu den Markgrafthümern Anspach und Bayreuth gehörigen Amtshauptmannschaft Hof im Vogtlande, im fränkischen Creise, ins Kasten= und Klosteramt u. a. gehörig, 3 Stunden von Hof.

Eulenhof, ein Dorf im Königreiche Böhmen, im ellnbogner Creise, zur Herrschaft Neudeck gehörig.

Eulenhof, ein anspachischer Hof in Franken, ins Verwalteramt Treuchtlingen gehörig.

Eulenhof, ein Dorf und Schäferey, dem Fürsten von Hatzfeld gehörig, im fränkischen Rittercreise im Canton Ottenwald, 1 halbe Stunde von Niederstetten.

Eulenhof, ein Hof auf den Alpen über Elbach in Schwaben. Er besteht aus 3 oder 4 Gebäuden.

Eulenhof, s. **Maylenhof.**

Eulenmühle, im ziesarschen Districte des zauchischen Creises, in der königlich=preußischen Mittelmark Brandenburg, 6 Meilen von Magdeburg.

Eulenstein, ein Rittergut im Amte Vogtsberg, im Vogtlande in Churfachfen.

Eulermühle, gehört nach Rußdorf im Amte Weyda, im Neustädter Creise in Churfachfen.

Eulersdorf, ein Ort in dem landgräflich=hessen=darmstädtischen Amte Grebenau im oberrheinischen Creise.

Eulitz, Retzergasse, ein Ort im meißner Creise in Churfachfen, ins Creißamt Meißen gehörig.

Eulnhofen, ein Ort im Gerichte Wembding im Rentamte München in Bayern.

Dorfgeogr. 2r Nachtrag. Ff **Euls=**

Eulsfeld, ein Dorf im Wirzburgischen in Franken, ins Amt Volkach gehörig.

Eulspach, ein Dorf im fränkischen Rittercreise im Canton Ottenwald, gehört den von Prettlach und von Ulmer.

Eunsdorf, ein Ort im Gerichte Kreyburg, Rentamts Burghausen in Oberbayern.

Euraspurg, ein Ort im Gerichts Wolfertshausen, Rentamts München in Bayern.

Eurfeld, Eyerfeld, ein Dorf im Wirzburgischen in Franken, 2 Stunden von Dettelbach gegen Cramschatz gelegen.

Euringen, ein Dorf in der Landgrafschaft Breisgau, unweit Freyburg in Schwaben.

Eurishofen, s. Eirishofen.

Eurnbach, ein Ort im Gerichte Pfaffenhofen im Rentamte München in Bayern.

Eusenhausen, ein Dorf im Wirzburgischen in Franken, mit einer evangelischen Kirche, im Amte Mellerstadt, 2 Stunden davon gegen Meiningen gelegen.

Eusenheim, s. Eisenheim.

Eutelborn, ein Gerichtsdorf im herzoglich-sachsen-weimarischen Amte Berka in Thüringen.

Eutenhausen, ein Pfarrdorf an der Mindel in der bayerschen Herrschaft Mindelheim in Schwaben.

Euting, ein Dorf in Niederbayern, zum Rentamte Landshut und Pflegverwaltung der Reichsherrschaft Hohenburg im Hochstift Regensburg.

Eutingen, ein Pfarrdorf zum Oberamte Pforzheim gehörig, im Badenschen.

Euttingen, ein Pfarrdorf und Kirchspiel im Nieder Oestreichischen.

Euren, ein Dorf im Erzstifte Trier zum Amte Pfalzel im churrheinischen Creise.

Eutz oder Uez, ein adeliches Dorf und Gut in der Königlich-preussischen Chur- und Mittelmark Brandenburg.

Eutzen, ein Ort im churhannöverschen Fürstenthume Lüneburg, ins Amt Knesebeck gehörig.

Luzschütz, ein Amtsdorf im Stifte Merseburg in Chursachsen, ins Amt Lützen gehörig.

Evendorf, ein Dorf im churhannöverschen Fürstenthume Lüneburg, zum Amte Winsen an der Luhe gehörig.

Evensen, ein Dorf und Gut im churhannöverschen Fürstenthume Calenberg, zum Amte Neustadt-Rubenberg gehörig.

Evenhausen, s. Gresto.

Eventhal, ein Dorf, worin lauter Weber wohnen, im bolkenhain-landeshüttschen Creise im Herzogthume Schlesien.

Eventhal, s. Schreibendorf.

Everbergh, ein Dorf, welches zu einer Baronie erhoben worden, im burgundischen Creise im östreichischen Antheile des Herzogthums Brabant, im Gebiete der Stadt Brüssel.

Everbode, s. Averbode.

Evere, ein Dorf im Stifte Hildesheim bey Kleinem Lapke, zur Dompropstey gehörig.

Everingen, ein Kirchdorf im königlich-preußischen Fürstenthume Halberstadt im weserlingischen Creise in Niedersachsen.

Everinghausen, ein churhannöverisches Dorf im Fürstenthume Bremen, zum Amtsbezirke Rothenburg geh.

Everloh, ein Dorf im churhannöverschen Fürstenthume Calenberg und in dessen Amtsbezirk gehörig.

Evern, ein Dorf im churhannöverschen Fürstenthume Lüneburg, ins Amt Ilten gehörig.

Evernhausen, ein Dorf im churhannöverschen Fürstenthume Calenberg im Amte Adeltpsen.

Everode, ein geringes Dorf im Amte Winzenburg des Stiftes Hildesheim, ohnweit Mennerhusen.

Eversburg, ein Landgut bey Oßnabrück in Westphalen, wo der Dompropst von Oßnabrück wohnt.

Eversdorf, ein adeliches Gut und Dorf in der königlich preußischen Altmark Brandenburg im salzwedelschen Creise und Bezirke des Amtes Diesdorf.

Eversen, ein Dorf im Churfürstenthum Hannover im lüneburgischen Amts Bergen.

Eversen, ein Dorf im Churfürstenthum Hannover, nach Motsburg gehörig.

Eversen, ein Dorf im churhannöverischen Fürstenthume Bremen, ins Amt Rothenburg gehörig.

Eversen, eine Bauerschaft in dem paderborn-lippeschen Gesamtamt Oldenburg und Bückeburg in Westphalen.

Eversen, ein Dorf im Stifte Hildesheim, ins Amt Winzenburg gehörig, bey Klein-Ilde gelegen.

Evershagen, ein Dorf im Amte Schwann des Herzogthums Mecklenburg-Güstrow.

Evershorst, ein Dorf und ein Hof im hannöverischen Fürstenthume Calenberg, ins Amt Calenberg und Langenhagen gehörig.

Everstorf, ein Dorf im churhannöverischen Fürstenthume Lüneburg, ins Amt Haarburg gehörig.

Everstorf, ein Ort im churhannöverischen Fürstenthume und Amte Calenberg.

Everstorf, ein Dorf im Amte Grevismühlen des Herzogthums Mecklenburg-Schwerin.

Evesen, ein Dorf im westphälischen Creise im lippischen Antheile der Grafschaft Schaumburg-Lippe.

Evinghausen, ein Ort im Hochstift und Fürstenthum Oßnabrück in Westphalen, zum Amte Wörden und Vogtey Engter gehörig.

Ewaldshof, s. Falkenhagen.

Ewattingen, ein Pfarrdorf in der sanct-blasischen Herrschaft Blumeck in Schwaben.

Ewentin, ein Dorf, 1 halbe Meile nordwärts von Zasnow im königlich-preussischen Hinterpommern im schlaweschen und pollnowschen Creise in der Abtey Rügenswalde in Obersachsen, 1 Viertelmeile vom buckowschen See.

Ewersen, ein Ort im Bißthume Paderborn im westphälischen Creise.

Ewig, ein nürnbergisches Dorf in Franken, im Amte Hilpolstein, 3 Stunden davon gegen Lauff gelegen.

Ewigen, ein Dorf in der badenschen Landgraffchaft Sausenberg in Schwaben.

Exdorf, ein adeliches Dorf und Rittergut in der Niederlausitz in Churfachsen, im luckauer Amte.

Exenbach, Oechsenbach, ein Pfarrdorf der Herrschaft Alentstetg im Oestreichischen, hinter diesem Städtchen, an der großen Theya, oberhalb dem Mannhardsberge.

Exten, ein Dorf und Vogtey in dem Hessen-Casselgehörigen Antheile der Graffchaft und Amt Schaumburg an der Exter, die in und bey Rinteln in die Weser fällt, 1 halbe Stunde von dieser Stadt, gehört zum Theil den Herren von Wartensleben.

Exter, eine Bauerschaft und Kirchspiel in der Graffchaft Ravensberg in Westphalen, zum Amte Blotho gehörig.

Exweiler, ein Dorf im herzoglich-zweybrückischen Oberamte Neukastel, oder Bergzabern, im oberrheinischen Creise.

Eyb, ein anspachisches Dorf in Franken, 1 halbe Stunde von Anspach gegen die Festung Lichtenau. Ist das Stammhaus der Herren von Eyb.

Eybau, s. Neu-Eybau.

Eybelsbergerhof, ein Ort im Oestreichischen bey Linz, ob der Ens im Hausruckviertel.

Eybenberg, ein Dorf im Königreiche Böhmen im ellnbogner Creise, zur Herrschaft Graslitz gehörig.

Eybstadt, s. Großen-Aubstadt.

Eyburg, ein anspachisches, jetzt königlich-preußisches Schloß in Franken, 3 Stunden von Wassertrudingen gegen Ohrnbau.

Eychholz, ein anspachisches Dorf in Franken, im königlich-preußischen Amte Leutershausen, 1 Meile davon gegen Feuchtwang gelegen.

Eyden, ein Ort in der Abtey Ursperg in Schwaben.

Eyderstede, ein Ort im königlich-dänischen Herzogthume Hollstein in Niedersachsen.

Eydhausen, ein Ganerbendorf im Wirzburgischen in Franken, im Amte Lauringen, 2 Stunden davon gegen Königsberg gelegen.

Eyelshausen, eine Bauerschaft in der Grafschaft Ravensberg in Westphalen, zum Kirchspiel Huldenhausen ins Amt Enger gehörig.

Eyelstedt, ein Ort im Hochstift und Fürstenthum Oßnabrück in Westphalen, zum Amte Wittlage und Vogtey Essen gehörig.

Eyendorf, ein Dorf im churhannöverischen Fürstenthume Lüneburg, ins Amt Winsen an der Luhe gehörig.

Eyerbach, s. Herrn-Eyerbach.

Eyerdorf, Euerdorf, ein Ort an der Saale im Wirzburgischen in Franken, 1 halbe Stunde von Trimberg, in dieses Amt gehörig.

Eyerheim, ein Dorf im Stifte Bamberg in Franken.

Eyerheim, s. Unter-Eyerheim.

Eyerloch, ein anspachisches Dorf in Franken, im königlich-preußischen Vogteyamte Leutershausen, 1 Stunde davon gegen Feuchtwang gelegen.

Eyersberg, ein ins Amt Sulzhorst gehöriges Dorf, 1 Meile nordwestwärts von Treptow, im königlich-preußischen Hinterpommern im greifenbergischen Creise in Obersachsen.

Eyershausen, ein Ort im fürstlich-oranien-nassau-dillenburgischen Amte Tringenstein.

Eyershausen, Euerhausen, ein großes Dorf im Wirzburgischen in Franken, ins Amt Königshofen gehörig.

Eyershausen, ein Dorf im Wirzburgischen in Franken, 1 Stunde von Buttert, in dieses Amt gehörig.

Eyershausen, ein Dorf im Wirzburgischen in Franken, 3 Stunden von Wertheim, gegen Mergentheim gelegen.

Eyershusen, Eisershusen, ein geringes Dorf im Amte Winzenberg des Stifts Hildesheim, ohnweit Wetteborn gelegen.

Eyg, s. Egg.

Eyhusen, ein Ort in der ehemaligen Grafschaft, jetzigem Herzogthume Oldenburg und Delmenhorst, in der Landvogtey Neuenburg und Vogtey Zwischenahn.

Eyl, St. Andönisberg oder Thönnisberg, Schäphuysen, Neurdt, Sevelen, Vernum und Stenden,

den, adeliche Dörfer in dem königlich-preußischen Herzogthume und im Bezirke der Vogtey Geldern.

Eylahammer, ein Hammerwerk im Gebürgischen in Chursachsen, ins Amt Schwarzenberg gehörig.

Eyland, ein Dorf, mitten im Walde, im Königreiche Böhmen im leutmeritzer Creise, zur Herrschaft Tetschen gehörig.

Eylenberg, ein Dorf im Königreiche Böhmen im ellnbogner Creise, zur Herrschaft Neudeck gehörig.

Eylenhammer, ein bayreuthisches Dorf in Franken, im Klosteramt Hof gelegen.

Eylenmühl, eine anspachische Mühle in Franken, ins Oberamt Crailsheim gehörig.

Eylenried, ein Ort im Gerichte Pfaffenhofen im Rentamte München in Bayern.

Eylstedt, ein Dorf im Churhannöverischen, ins Amt Diepholz gehörig.

Eylte, ein Dorf und Edelhof im churhannöverisch-braunschweig-lüneburgischen Amte Ahlden.

Eylvese, ein Dorf im churhannöverischen Fürstenthume Calenberg, ins Amt Wölpe gehörig.

Eylvich, ein Ort im Erzstifte Köln, im Bezirke des Amtes Kempen.

Eynhem, eine Benedictinerabtey an der Schelde in der Grafschaft Flandern im burgundischen Creise

Eyrichshof, Eyringshof, ein denen von Rothenhan gehöriger Ort im fränkischen Rittercreise, im Canton Baupach.

Eyß, ein Dorf in den Herrschaften Mitten, Eyßen und Schenacken im westphälischen Creise, dem Grafen von Plettenberg gehörig.

Eyßboll, ein Dorf in dem königlich-dänischen Herzogthume Schleswig, im Amte und Harde Haderßleben.

Eysdorf, ein zum Rittergute Kittlitz gehöriges Dorf im Amte Calau, in der Niederlausitz in Chursachsen.

Eysdorf, ein Dorf im striegauer Creise des Fürstenthums Schweidnitz im Herzogthume Schlesien.

Eisenbach, ein gräflich-wertheimisches Dorf, 1 halbe Stunde von Oberburg in Franken.

Eysenbühl, ein bayreuthisches Dorf in Franken, ins königlich-preußische Castenamt zu Hof gehörig.

Eysendorf, ein Ort im Gerichte Schwaben, im Rentamte München in Bayern.

Eysenheim, ein Dorf im Wirzburgischen in Franken, 1 halbe Stunde von der Stadt Meirichstatt an der Streu gelegen.

Eysenheim, s. Ober-Eysenheim.

Eysenhof, ein Ort im Oestreichischen, 3 Meilen von Laybach, 1 halbe Stunde von Anersberg in Untercrain.

Eysenhofen, ein Ort im Gerichte Kösching, im Rentamte München in Bayern.

Eyserslohr, ein bayreuthisches Dorf in Franken, ins königlich-preußische Oberamt Himmeleron gehörig.

Eysesheim, ein Dorf im schwäbischen Creise, im Rittercanton im Kreichgau.

Eysezheim, s. Unter-Eysezheim.

Eysheim, ein Dorf am Mayn im Wirzburgischen in Franken, 1 Stunde von Klinzenberg gelegen.

Eysingen, ein Dorf im Wirzburgischen in Franken, dem Stifte Neumünster zu Wirzburg gehörig.

Eyßlingen, ein Dorf im schwäbischen Creise, im Rittercanton am Kocher.

Eysoldsrieth, einige Orte in den Gerichten Dachau und Schrobenhausen im Churfürstenthume Bayern, im Rentamte München.

Eystorf, ein Dorf im churhannöverschen Fürstenthume Grubenhagen im Amte Osterode.

Eytersheim, ein Dorf im Amte und Stifte Aichstätt in Franken.

Eytra, s. Eitra.

Eytting, ein Ort im Gerichte Kirchberg, Rentamts Straubingen in Unterbayern.

Eywan, ein Dorf im Königreiche Böhmen, im leutmeritzer Creise, zur Herrschaft Libochowitz gehörig.

Ezdorf, (Otzdorf) ein Markt und Pfarre im Oestreichischen, an der Gränze vom obern Mannhardsberge, zwischen Waltersdorf und Grafeneck, im Viertel unterhalb dem Mannhardsberge.

Ezdorf, ein Dorf im fränkischen Craise im Fürstbisthume Bamberg, ins Amt Gösweinstein und Pottenstein gehörig.

Ezdorf, Erzdorf, ein Dorf im Amte Rossen, im Gebirgischen in Chursachsen.

Ezelberg, ein Schloß im Gebiete der Stadt Gemünde in Schwaben.

Ezelheim, Hezelheim, ein ritterschaftliches, dem Ort Steigerwald einverleibtes Dorf mit einer evangelischen Kirche im Wirzburgischen in Franken, der adelichen Familie von Seckendorf gehörig.

Ezelheim, ein ritterschaftliches Dorf bey Neustatt an der Aisch, im Bayreuthischen in Franken, den Herren von Seckendorf gehörig.

Ezelkirchen, Edelskirchen, ein Dorf im Bambergischen in Franken, 1 halbe Stunde vom Amte Höchstatt gelegen.

Ezelsborn, s. Eßelborn.

Ezelsdorf, Elzdorf, ein Landgut bey Kemmnaten, im Oestreichischen ob der Ens, im Hausruckotertel.

Ezelsdorf, ein anspachischer Weyler in Franken, ins königlich-preußische Oberamt Burgthann gehörig.

Ezelsreut, Ezelsdorf, ein Ort im Oestreichischen, zwischen dem Kloster Berneck und der großen Theya, oberhalb dem Mamhardsberge.

Ezelsrode, ein Dorf in der Grafschaft Hohenstein in der Herrschaft Clettenberg, 2 Meilen von der Reichsstadt Nordhausen.

Ezelstädten, ein Dorf im Oestreichischen unter der Ens, bey Heinstädten, im Viertel oberhalb des wiener Waldes.

Ezelstein, s. Eselstein.

Ezelwang, ein churpfälzischer Ort im Fürsten- oder Herzogthume Sulzbach in der Oberpfalz, ins Landgericht Sulzbach gehörig.

Ezen, ein Kirchdorf des Stifts Zwettel im Oestreichischen am Zwettelflusse, unterhalb Bernes, oberhalb dem Mannhardsberge.

Ezen, ein Ort im Lüneburgischen, zum Churhannöverischen Amte Winsen an der Luhe gehörig.

Ezenbach, sind 5 Höfe, 3 Viertelstunden von Obergeis, in dieses hessen-casselsche Amt gehörig, an den Gränzen des Amtes Niederaula.

Ezendorf, ein Ort im Oestreichischen ob der Ens, am Flusse Maarn, bey Mettensdorf, im Mühl- und altech Machlandviertel.

Ezendorf, Etzendorf, ein Gut im Oestreichischen ob der Ens, unweit der Donau, bey Ridl und Gottschdorf, im alten Mühlviertel.

Ezenrieth, ein churpfälzisches Dorf zwischen Weyden und Kohlberg, im Fürsten- oder Herzogthume Sulzbach in der Oberpfalz, ins Landgericht und Amt Parkstein gehörig.

Ezenroth, ein Dorf im badenschen Amte Ettlingen in Schwaben.

Ezersdorf, ein Dorf hinter Bärschling im Oestreichischen, nordwärts der Poststraße, zwischen Capellen und Wasserburg, unter der Ens, im Viertel oberhalb des wiener Waldes.

Ezgen, ein Dorf in der östreichischen Cammeralherrschaft Laufenberg in Schwaben.

Ezhof, im markgräflich-badenschen Amt Steinbach, zum steinbacher Stab gehörig.

Ezing, ein Hofmarkt im Gerichte Hals, im Rentamte Burghausen in Bayern.

Ezlenswenden, ein Dorf bey Beilstein in Schwaben. Es gehört Löwenstein und Wirtemberg.

Ezschütz, ein Ort im Amte Leipzig, im leipziger Creise in Chursachsen.

Ende.

www.ingramcontent.com/pod-product-compliance
Lightning Source LLC
Chambersburg PA
CBHW022059300426
44117CB00007B/521